Globale Provinz

– μετα ! –

Georg Rainer Hofmann

GLOBALE PROVINZ

ENTDECKUNG UND BESIEDLUNG
DER DIGITALEN WELT
1980 BIS 2020

VERGANGENHEITS
VERLAG

Impressum

Bibliografische Informationen der Deutschen Nationalbibliothek
Die Deutsche Nationalbibliothek verzeichnet diese Publikation in der Deutschen Nationalbibliografie; detaillierte bibliografische Daten sind im Internet über
http://dnb.d-nb.de abrufbar.

ISBN: 978-3-86408-277-1 (Print) / 978-3-86408-278-8 (E-Book)

Korrektorat: Dr. Ute Schulz

Grafisches Gesamtkonzept, Titelgestaltung, Satz und Layout: Stefan Berndt – www.fototypo.de

© Copyright: Vergangenheitsverlag, Berlin / 2022
www.vergangenheitsverlag.de

Inhalt

Die skurrile Normalität der »Globalen Provinz« – ein Geleitwort

Vor einigen Wochen hat mir Georg Rainer Hofmann, den ich persönlich sehr gut kenne, am Telefon von seiner Arbeit am Skript »Globale Provinz« erzählt: Es gehe ihm um einen »Bericht über die Entdeckung und Besiedlung der digitalen Welt in den Jahren 1980 bis 2020« und es kämen darin viele auch mir bekannte Personen und Institute vor.

In der Tat haben sich die Wege von Georg Rainer Hofmann und mir im letzten Jahrzehnt oft gekreuzt, wir waren in verschiedenen Rollen für verschiedene Organisationen tätig – und meist in ähnlicher Mission.

Ich selbst bin seit vielen Jahren in verantwortlichen Positionen im Themenumfeld der Digitalisierung aktiv, zuletzt bei der »Gesellschaft für Informatik (GI)« und aktuell beim »eco – Verband der Internetwirtschaft e.V.« und hatte von daher keine allzu großen Erwartungen an nochmal »eine weitere Chronik« zur Entwicklung der Computer und des Internets. Überraschenderweise war aber die Lektüre des Skripts von Georg Rainer Hofmann nicht nur unterhaltsam – ich habe durchaus einige mir neue Dinge gelernt. Das Lesen dieses Berichts war an vielen Stellen auch ein »Wiedersehen« mit zahlreichen Wegbegleiter*innen, deren Wirken mir – zu früheren Zeiten und diversen Kontexten – Inspiration und Vorbild war.

Georg Rainer Hofmann schildert auf erfrischende Art und Weise mit einem gewissen ironischen Understatement seine persönlichen Erlebnisse von gut 40 Jahren. Er zeigt seine offenbar nicht geringe Freude, an global-technologischen Entwicklungen mitgewirkt zu haben, die sowohl in der »Weiten Welt« als auch in der »Provinz« Süddeutschlands, in Darmstadt, im Odenwald, in Aschaffenburg, stattfanden.

Also eine »Provinz der Weltklasse« oder etwa eine »Weltklasse der Provinz«?

Die Bewertung sei dem Publikum überlassen, doch feststeht, dass für die Entstehung der – nun normalen – Digitalen Welt oft in beinahe schon skurriler Weise sowohl Zufälle als auch Glücksfälle mitverantwortlich waren und sind.

Das beharrliche Verfolgen großer Ideen durch engagierte Akteure, wie die in diesem Bericht erwähnten Persönlichkeiten José Luis Encarnação, Günter Koch, Guerino Mazzola, Radu Popescu-Zeletin und nicht zuletzt des Gründers des eco, Harald A. Summa, spielten immer wieder eine nicht unwesentliche Rolle hierbei.

Viele der Personen, denen Georg Rainer Hofmann begegnet ist, waren sich der – gegenwärtigen oder künftigen – Bedeutung ihrer Erkenntnisse und Arbeiten damals gar nicht so recht bewusst. Doch haben diese Akteure aus Forschung und Lehre sowie Politik, Wirtschaft und Gesellschaft an vielen relevanten Entwicklungen der digitalen Welt mitgewirkt und so unsere heutige, allgegenwärtige digitale Informationsgesellschaft mitgeprägt.

Der in Teilen sehr persönliche Bericht von Georg Rainer Hofmann zeigt nicht zuletzt die menschliche Seite der technologischen Entwicklung. Denn es wurde an der Digitalisierung in all ihren Facetten stets mit großer Motivation und viel Herzblut, mit Geist und Witz von Menschen für Menschen gearbeitet.

Ich wünsche mir, dass die Entdeckung und Besiedelung der digitalen Welt, die noch lange nicht beendet ist, auch in den kommenden 40 Jahren von vielen engagierten und verantwortungsvollen Persönlichkeiten weiterhin vorangetrieben wird. Die Aufgaben und Herausforderungen, die es für die kommenden Generationen zu lösen gilt, so bin ich fest überzeugt, sind nur lösbar durch den gewinnbringenden Einsatz digitaler Technologien.

Der Bericht lehrt aber auch, dass die Vorhersage der Zukunft der Digitalen Welt so ihre eigenen Tücken hatte – und hat.

Ich hoffe, dass wir gemeinsam aus diesem Bericht lernen, dass es auf jede einzelne Person ankommt und wir unsere digitale Zukunft nur gemeinsam gestalten können. Von daher möchte ich Georg Rainer Hofmann zustimmen, wenn er schreibt, dass uns nach 40 Jahren fortwährender und intensiver Entwicklung der Informationsgesellschaft der Weg von der Betrachtung eher kleinteiliger, oft technischer Details hin zu der holistischen Lösung der anstehenden Probleme führen muss. Die weitere Entwicklung der digital vernetzten Informationsgesellschaft, die Adressierung der zahlreichen offenen Fragen einer solchen internetbasierten Informationsgesellschaft wird wohl nur gemeinsam von Informatiker*innen, Techniker*innen, Ökonom*innen und Geisteswissenschaftler*innen jeglicher Couleur angegangen werden können.

An einer Stelle wird Guerino Mazzola zitiert, der richtigerweise meinte, es sei nun gar nicht so wichtig, wo man herkommt, sondern viel mehr, wo man hingeht. Provinz sei überdies keine Frage der Geographie, sondern eine Frage der Geisteshaltung.

Schlussendlich gebe ich damit auch Helmut Krcmar recht: Das Werk wird man mit Gewinn lesen!

Berlin, im August 2021   Alexander Rabe

Vorwort – Motivation

Zu Beginn der 2020er-Jahre lässt es sich kaum noch leugnen, dass auch der ehemals so innovative »Digitale Wandel« langsam in die Jahre kommt. Eine ganze Reihe der progressiven Personen, die in Forschung und Wirtschaft zu den maßgeblichen Pionieren in diesem Bereich zählen – oder zählten – erreichen nun das Pensionsalter und das Ende ihres aktiven Berufslebens. Immer wieder kam es bei Gesprächen zu einem »man müsste« – ja, man müsste einmal »diese Geschichten« der wichtigen Begebenheiten der Entwicklung von Multimedia, der Offenen Systeme, des Internets, des WWW, des E-Commerce und anderem mehr aufschreiben.

Nach einigem Recherchieren in »alten Sachen« war klar geworden, dass eine Betrachtung etwa mit dem Jahr 1980 beginnen könnte. Bis zum Erreichen der »Entwickelten Informationsgesellschaft« des Jahres 2020 ergibt sich damit ein Berichtszeitraum von circa 40 Jahren.

Der vorliegende Bericht enthält Erlebnisse und Erinnerungen, die sicherlich von vielen Lesern geteilt werden dürften. Für die Entstehung der Informationsgesellschaft wichtig sind die Leistungen von Persönlichkeiten und Wissenschaftlern, die mit großartigen Erfolgen – und auch Rückschlägen, Fehleinschätzungen und Wunderlichkeiten – gearbeitet haben.

Einige der in diesem Bericht erwähnten Persönlichkeiten haben sich freundlicherweise bereiterklärt, den Bericht mit eigenen Beiträgen, thematischen Exkursen, nach dem Motto »wenn man das liest, dann«, zu reflektieren und zu ergänzen. Ich darf mich an dieser Stelle für diese – zum Teil sehr individuellen und spezifischen, aber immer sehr interessanten – Beiträge auf das Allerherzlichste bedanken!

Die Rückschau auf die Verhältnisse der 1980er- und 1990er-Jahre dürfte Vergnügen bereiten, wenn man die noch wenig entwickelten informationstechnischen Verhältnisse von damals mit den heute alltäglichen Resultaten der technischen Entwicklung vergleicht. Dieser Effekt relativiert sich freilich immer mehr im Laufe des Berichts. Einige der Arbeiten ab circa den 2010er-Jahren können naturgemäß bezüglich ihrer Entwicklung und schlussendlichen Bedeutung noch nicht beurteilt werden. Das macht die Lektüre der aktuelleren Teile dieses Berichts etwas aufwändiger, aber hoffentlich auf lange Sicht doch lohnend.

Es können natürlich nicht alle Details der Ereignisse der hier betrachteten circa 40 Jahre geschildert werden. Nicht alle beteiligten Personen können erwähnt werden, obwohl die Verdienste der hier nicht Erwähnten sicher nicht gering zu schätzen sind. Diejenigen mögen sich trösten. Der Bericht des Antonio Pigafetta von der ersten Weltumrundung vor etwa 500 Jahren erwähnt den Kapitän Juan Sebastian Elcano, der nach Magellans Tod das Kommando übernahm, kein einziges Mal, obwohl es Elcano war, der die erste Expedition der Umrundung der Erde vollendete und so die wenigen Überlebenden nach Hause brachte.

Im Sommersemester des Jahres 2021 Georg Rainer Hofmann

Prolog: Plus Ultra – Terra Incognita

Der Prolog greift die Bedeutung der großen Entdeckungen und Fahrten in die Neue Welt vor etwa 500 Jahren auf. Es wird auf den Bericht des Antonio Pigafetta von der ersten Weltumseglung unter Ferdinand Magellan verwiesen.

Vergegenwärtigen wir uns einige der wichtigen Ereignisse in den etwa 40 Renaissance-Jahren von 1490 bis 1530, so sehen wir das Wirken des Universalgelehrten da Vinci, die Fahrten von Kolumbus nach Amerika, da Gama segelt in den Südatlantik und um Afrika herum nach Indien. Die Entwicklung des Kopernikanischen Weltbildes fällt in diese Zeit, genauso wie seine operative Verifikation durch Magellans Expedition und deren Weltumrundung. Gutenberg erfindet eine Methode des Buchdrucks, mit der eine neue Medienwelt geschaffen wird. Es entsteht ein neues Kultur- und Kunstverständnis in der Musik durch Monteverdi und Gabrieli, aber auch in der Architektur durch Bramante und in der Malerei durch Raffael, Dürer, Grünewald, Michelangelo. Es entsteht eine durch Fugger und andere international tätige Kaufleute geprägte globale Ökonomie. Nicht zuletzt entstehen damals neue Formen der Religion, nach Maßgabe des Wirkens von Luther, Melanchthon, Zwingli, Calvin.

Alles das geschah zu wesentlichen Teilen unter der Ägide Kaiser Karls V. und dessen revolutionärer, expansiver Globalpolitik. In seinem neuen, weltweiten Reich ging sprichwörtlich »die Sonne nicht unter«. Karl V. hatte mit seinem Wahlspruch »plus ultra« das antike »non plus ultra« an den Säulen des Herkules bei Gibraltar relativiert. Ging es früher hier, am Ausgang des Mittelmeeres nicht mehr weiter, so war nun – gerade hier – das »plus ultra« und der Ausgangspunkt für den Aufbruch in die »terra incognita«, in das nicht mehr lange unbekannte Neue Land. Unter diesem »plus ultra« sollten sich bislang unbekannte, politische Machtverhältnisse etablieren und fantastische, wirtschaftliche Möglichkeiten ergeben, mit denen sich ein sagenhafter Reichtum erwerben ließ. Das »plus ultra« ist bis heute das Motto im Wappen des spanischen Königreichs.

Eine Reihe von Analogien dieser Renaissancejahre zur Moderne drängt sich geradezu auf. Die Digitale Transformation der Jahre 1980 bis 2020 hat unser politisches, wirtschaftliches, kulturelles und privates Leben ebenfalls völlig gewandelt. Viele Dinge des Alltags sind neu entstanden, eine vormals unbekannte »terra incognita« wurde besiedelt. Auch wir leben in einer sehr interessanten Zeit, die ebenfalls unter dem Motto »plus ultra – immer weiter!« zu stehen scheint. Die Frage, wohin die Reise des »plus ultra« in der nächsten – so schrecklichen wie wunderbaren – Zeit gehen wird, stellt sich heute ebenso wie vor 500 Jahren.

Ferdinand Magellan – portugiesisch »Fernão de Magalhães« – ist der große Planer und Generalkapitän der ersten dokumentierten Weltumsegelung, die die Neue Welt als »rund« verifizierte. Mit fünf Schiffen startete die Expedition im Jahr 1519 in Spanien, es ging immer nach Westen. Nachdem Magellan südlich an Amerika vorbeigefahren und den Pazifik durchquert hatte, wurde er auf den Philippinen getötet. Im Jahr 1522 kehrte unter dem Kommando von Juan Sebastián Elcano nur ein letztes verbliebenes der fünf Schiffe über das Kap der Guten Hoffnung mit 18 Personen nach Spanien zurück – von den etwa 240 Leuten, die drei Jahre zuvor gestartet waren. All das liegt bei Verfassung dieses Textes ziemlich genau ein halbes Jahrtausend zurück.

Man weiß heute von der Reise vor allem durch den detaillierten Bericht eines Überlebenden namens Antonio Pigafetta. Er war auf dem letzten verbliebenen Schiff mitgefahren, hatte also die ganze Expedition erleben dürfen. Pigafetta war keiner der kommandierenden Führungspersonen und er war kein Schiffstechnik-Fachmann, eher ein »Abenteuerlicher Simplicissimus«. Er berichtete stets aus der zweiten Reihe und auf der Basis seiner subjektiven und persönlichen Erlebnisse auf der Magellan-Expedition. Einige seiner Beobachtungen zeigen eine fast naive Sicht auf das epochale Ereignis der ersten Weltumrundung. So war er etwa fest davon überzeugt, dass man sicher nicht noch einmal das Wagnis einer Weltumsegelung eingehen würde. Es habe sich eine solche Reise als viel zu gefährlich und aufwändig herausgestellt.

Die Betrachtung der Historie erlaubt Schlüsse für künftige Handlungsoptionen. Das ist der bekannte Sinn jeder Erinnerung – und jeglicher Geschichtsschreibung schlechthin. In den hier betrachteten etwa 40 Jahren des »Werdens der Informationsgesellschaft« zeigt sich eine eigentümliche Dialektik. Einerseits stellen sie in historischer Perspektive eine sehr kurze Zeitspanne dar, andererseits dauerten diese Jahre sehr viel länger an als andere historische »Sternstunden der Menschheit« – in der Diktion Stefan Zweigs. Einige der Einzelereignisse des »allmählichen Urknalls« der Informationsgesellschaft fanden quasi »einfach so« und in der Provinz statt, hatten aber doch eine globale Bedeutung. Andere Entwicklungen der Informationsgesellschaft sind blanker Zufall gewesen. Es hätte auch ganz anders kommen und weitergehen können.

Die Geschichte der Technik der Rechenmaschinen und der Computer, sowie der Informations- und Kommunikationstechnik im Allgemeinen, wurde an anderer Stelle bereits hinreichend gewürdigt. Hier soll von der Akzeptanz und Verbreitung der Digitalen Technik und dem damit verbundenen wirtschaftlichen und gesellschaftlichen Wandel berichtet werden. Dieser Wandel kam ganz allmählich, aber doch fundamental und eigenartig plötzlich. Ein nicht geringer Anteil der Dinge, die wir täglich benutzen, wurde in nur wenigen Jahrzehnten erfunden oder ist in dieser Zeit wesentlich weiterentwickelt worden.

Technische Entwicklungen wurden in Bezug auf ihr künftiges Potenzial manchmal völlig falsch eingeschätzt. Einige wurden unterschätzt, und man hat noch viele Jahre gebraucht, um eine Erfindung wirklich sinnvoll zu nutzen. Andere wurden hingegen überschätzt, man glaubte Zeichen einer neuen Zeit vor sich zu haben. Diese überschätzten Erfindungen verschwanden aber bald wieder aus der allgemeinen Aufmerksamkeit, weil ihr Nutzwert halt doch nicht so hoch war.

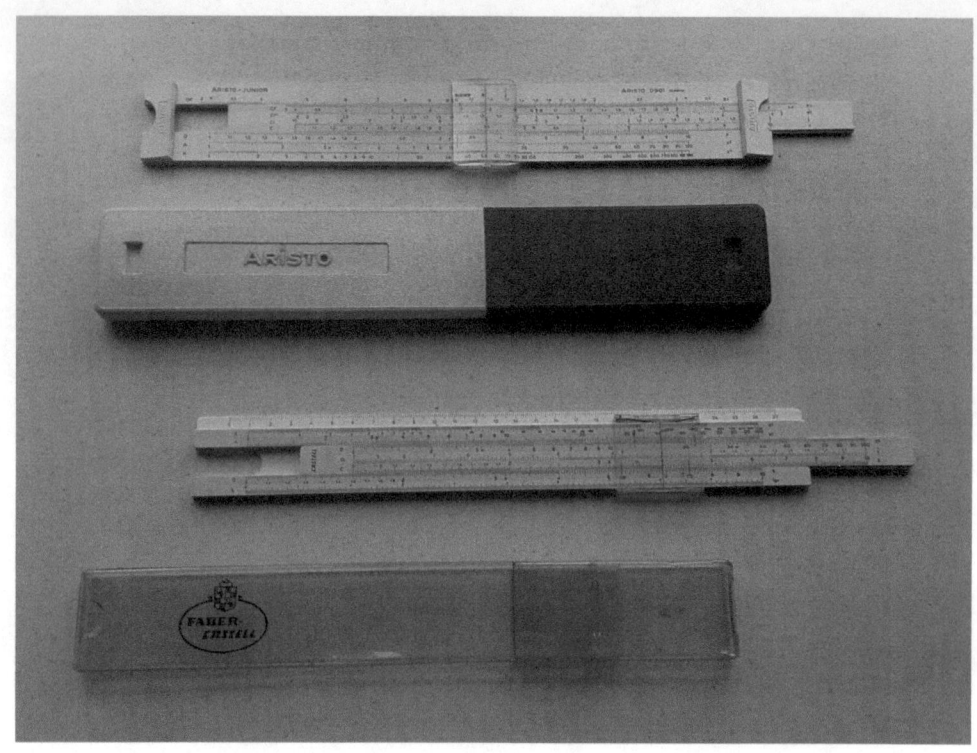

Zwei Rechenstäbe aus der Zeit vor dem Werden der Informationsgesellschaft. Solche Geräte waren vor der Entwicklung der elektronischen Taschenrechner in der Praxis unentbehrlich. Das hier oben abgebildete Exemplar – Fabrikat Aristo – war (m)ein Schulrechner in den 1970er-Jahren. Unten ein komplizierteres Modell – Fabrikat Faber-Castell – wohl vom Anfang der 1980er-Jahre. Es ist eine Leihgabe von Prof. Dr. Christine Giger-Hofmann.

Ein Computer in der Schule – am Gymnasium in Michelstadt (1980 – 1981)

Es wird von der Akzeptanz und der Wertschätzung der ersten Computer im betrieblichen und schulischen Alltag berichtet und wie man damit begann, ein Fach »Programmieren« in der Schule anzubieten und zu lehren.

Zu Beginn der 1980er-Jahre wurde an einigen – allerdings noch sehr wenigen – Schulen ein neues, damals super-fortschrittliches Wahlfach angeboten. Man konnte als Schüler nun »das Programmieren« lernen. Am Gymnasium in Michelstadt im Odenwald, das ich damals besuchte, besaß man bereits einen Schulcomputer. Er war der zweite an einer Schule in Hessen überhaupt, nur ein Gymnasium in Darmstadt hatte bereits vor der Odenwälder Schule einen Computer beschafft. Dies ist ein erster der unglaublichen Zu- und Glücksfälle, von denen dieser Bericht mitunter handelt. Dieser Umstand rechtfertigt es, dass in diesem Bericht manchmal eine subjektive auf Erinnerungen basierende Perspektive »eingenommen werden muss«. Die damaligen Anfänge des Programmier-Unterrichts sind sehr schlecht bis gar nicht dokumentiert. »Das weiß niemand mehr«, war die Auskunft von befragten Fachkollegen der »Gesellschaft für Informatik e.V.« (GI). Im Regelfall war ein Schüler meines Alters in der Schule im Mathematik- und Physik-Unterricht noch mit Rechenstäben, auch »Rechenschieber« genannt, vertraut gemacht worden. Diese Geräte hatten ein Plastik-Etui, um ihre empfindliche Mechanik zu schonen.

Natürlich gab es Anfang der 1980er-Jahre in den größeren Unternehmen und Behörden schon eine Elektronische Datenverarbeitung (EDV) als eine eigene spezielle Abteilung. In diesen EDV-Abteilungen saßen die Jünger des Herman Hollerith und wandelten Handschriftliches in maschinenlesbare Lochkarten um. Sie ließen Programme auf riesigen und wahnsinnig teuren Rechnern laufen und produzierten damit Listen auf seitlich gelochtem grünlichem Endlos-Papier. Der Gebrauch von Computern war absolut nicht jedermanns Sache. In privaten Haushalten gab es einen – höchstens einen – Taschenrechner, aber darüber hinaus im Alltag praktisch überhaupt noch keine Computer. Sie waren noch eine echte »rocket science«. Nur Raumschiffe, wie die des Apollo-Programms, hatten seinerzeit einen Bordcomputer. An Bordcomputer in einem normalen PKW oder gar an Computer am Lenker eines Fahrrads – an so etwas dachte damals niemand. Solche Anwendungen waren noch Lichtjahre entfernt. Personen, wie Professor Thomas Wolf, waren aber schon zu Beginn der 1980er-Jahre echte »EDV-Profis«.

Professor Dr. Thomas Wolf, Berlin
Exkurs – Die IT-Abteilung und ihre Leitung im Wandel der Zeit. Der teure, aber kostenoptimierte Zentralrechner im Batch-Betrieb

Wenn man das liest, dann sollte der Bericht von Georg Rainer Hofmann durch einen Bericht vom Wandel der Funktion der Informationstechnik (IT) in den gewerblichen Betrieben ergänzt werden. In der entwickelten Informationsgesellschaft wird die betriebliche IT kaum noch bewusst wahrgenommen, obwohl sie von fast allen Berufstätigen intensiv genutzt wird. Aus meinen eigenen Erinnerungen kann ich diesen nicht unwichtigen Aspekt gerne erläutern.

Nach meiner Assistentenzeit an der Universität Freiburg begann ich im Jahr 1977 meine Berufslaufbahn in der Abteilung »Wissenschaftliche Datenverarbeitung« bei der Firma Merck KGaA in Darmstadt. Ich war als Biostatistiker ein Nutzer der IT und gleichzeitig ein Entwickler von Computerprogrammen für statistische Verfahren. Mein Mentor bei Merck war damals Prof. Dr. Wolffried Stucky, der spätere Gründer und langjährige Leiter des Instituts für angewandte Informatik und formale Beschreibungsverfahren (AiFB) an der Universität Karlsruhe. Im Jahr 2009 sollte ein »Karlsruhe Institut für Technologie« (KIT) als Fusion der Universität Karlsruhe mit dem Forschungszentrum Karlsruhe gegründet werden. Später war ich selbst lange Jahre am AiFB des KIT als Honorarprofessor tätig.

Die Gesamtheit der IT bestand damals bei Merck aus einem Zentralrechner für primär kommerzielle Anwendungen. Er war aber auch für wissenschaftliche Anwendungen, wie meine Statistik, der einzige verfügbare Rechner. Diese Art »Statistik« umfasste dabei sowohl die statistische Auswertung von Tierversuchen und klinischen Studien als auch frühe »Big Data« Anwendungen, wie Untersuchungen zur Effektivität des Einsatzes von Ärztebesuchen. Mit dem Rechner kommunizierte man mittels Lochkarten – als Eingabemedium – und grüngestreifter 132-stelliger Listen, gedruckt auf dem sogenannten »Schlafanzugpapier« als Ausgabemedium.

Mit dem Rechner gab es also keinen isochronen Dialogbetrieb in Echtzeit, das war damals noch nicht möglich. Der Rechner wurde im sogenannten »Batch« betrieben. Ein Batch ist auf Englisch ein »Stapel«. Und die Daten hatten ja in der Tat die Form von Lochkarten- oder Papier-Stapeln. Die Eingaben als Lochkartenstapel arbeitete der Rechner pro Auftrag vollständig und sequenziell ab. Der Begriff der »Stapelverarbeitung« wurde noch viele Jahre später generell für nicht-interaktive Systeme benutzt. Die Logistik für beide Batch-Medien, also der Weg von meinem Schreibtisch über das Werksgelände zum Rechenzentrum und zurück, wurde per PKW abgewickelt.

Dem eigentlichen Management der IT kam ich erst gegen Ende der 1970er-Jahre näher. Der Grund dafür war meine Unzufriedenheit mit der IT. Mit der Möglichkeit der dezentralen Eingabe von Lochkarten und dezentralem Ausdruck wurden mir als Nutzer die unsagbar langen Brutto-Rechenzeiten transparent. Es war ein ziemlicher »waste of time«, an meinem Schreibtisch auf die Antwort des Zentralrechners auf einen Rechenauftrag zu warten. Zugegebenermaßen stellten meine statistischen Verfahren eine gewisse Herausforderung für die damalige IT dar. Auf jeden Fall wollte ich als Anwender wissen, warum IT so arbeitet, wie sie arbeitet.

Ziemlich schnell lernte ich, dass der Fokus der verantwortlichen Leitung der IT – »narrow minded« – nur auf den Kosten des Großrechners lag. Mehr als ein Jahr lang wurde etwa diskutiert, ob man den Hauptspeicher des Zentralrechners von 800 KB auf 1,5 MB aufrüsten sollte. Die Wartezeiten der Nutzer spielten in diesen Überlegungen kaum eine Rolle, die Kosten von deren Leerlaufzeiten auch nicht. Man versuchte damals, um das Jahr 1980 herum, stattdessen durch ein eigenes quasi »Datenbanksystem« die Plattenumdrehungen und damit Zugriffszeiten auf den Speicher zu optimieren.

Sogenannte »Strategische Überlegungen« zur IT-Entwicklung fanden im Gespräch mit Vertretern des Hauptlieferanten »International Business Machines« (IBM) statt – die Frage, welche neue technische Rechnergeneration wann beschafft werden sollte. Ab dieser Zeit – und noch weitere Jahrzehnte lang – vertrat ich die Position: »Wenn man die IT-Kosten ohne Rücksicht auf den Nutzen der Anwender optimieren will, dann sollte man besser gleich die gesamte IT abschaffen.« Das wäre die konsequenteste und gleichzeitig sparsamste Lösung. Denn unabhängig von der zu erbringenden Leistung nur »sparen zu wollen«, das ist ein sehr triviales Ziel. ❡

Das Paradigma »die Schüler müssen das Programmieren lernen« war einer der ersten Funken des Urknalls der Informationsgesellschaft. Denn damit begann die »Popularisierung der Informationstechnologie« außerhalb der gewerblichen Wirtschaft. Mein Gymnasium in Michelstadt hatte mithilfe von Spenden einen Computer des Fabrikats WANG beschaffen können. Freilich gab es im Lehrerkollegium Bedenken – die Ausbildung an einem solchen neumodischen, technischen Gerät hätte an einem ordentlichen Gymnasium einfach nichts verloren. Dieses ganze Computer-Zeug werde derzeit ja offenbar maßlos überbewertet und gefährde den Stellenwert der wahren, klassischen Bildung. Der Computer galt als das Zeichen einer schrecklichen, neuen Zeit. Die Computer-Befürworter unter den Lehrern argumentierten mit dem unglaublichen Nutzwert der Maschine. Sie könne sogar bei der Verwaltung der Schule helfen, so bei der leidigen und aufwändigen Aufstellung der Stunden- und Raumpläne. Der WANG-Computer galt als ein alleskönnendes »Elektronengehirn«, dessen Möglichkeiten damals aber völlig überschätzt worden sind.

Einer der befürwortenden Lehrer hatte sogar eine elektronische Quarz-Armbanduhr am Handgelenk. Diese Uhr hatte eine rot leuchtende, digitale Vier-Ziffern-LED-Anzeige, die aber nur per Druck auf einen seitlichen Knopf am Gehäuse sichtbar wurde. In der Auslage eines Uhrengeschäfts in Michelstadt stand eine Quarz-Armbanduhr, die hatte eine damals hochmoderne, »permanent sichtbare« LCD-Anzeige mit sechs Ziffern – Stunden, Minuten, Sekunden. Diese Quarzuhr war – für einen Schüler unerschwinglich – sehr teuer, sie kostete um die 650 D-Mark. Wir Schüler standen fasziniert und quasi »ewig« vor dem Schaufenster und beobachteten das Umschalten der Sekunden in diskreten Schritten auf dem kleinen Liquid Crystal Display – im Gegensatz zu den bekannten analogen Zeigerbewegungen der normalen mechanischen Uhren. Besonders interessant sah die Uhrzeitanzeige »11:11:11« aus – auf einem analogen Ziffernblatt ist diese Uhrzeit ja nichts Besonderes. Das war vor über 40 Jahren für uns so faszinierend, weil es im normalen Alltag einfach noch gar keine digitalen Displays gab. Auf den Bahnsteigen der größeren Bahnhöfe gab es – beispielsweise – analoge Anzeigen mit mechanischen Klappbuchstaben. Auf den kleineren Bahnhöfen wurden die Zugverbindungen per Lautsprecher »live« angesagt. Ein digitales Display als Bandenwerbung in einem Stadion war technisch noch völlig undenkbar.

Exkurs – Musik-Erleben in der Globalen Provinz zu Beginn der 1980er-Jahre

Wenn man das liest, dann können wir uns die Entwicklung der Informationsgesellschaft nicht zuletzt daran verdeutlichen, mit welchen Medien man »Große Welt-Musik« in der südhessischen Provinz etwa im Jahr 1980 konsumiert hat. In der Nacht vom 19. auf den 20. April 1980 trat in der Grugahalle in Essen im Rahmen einer »Rockpalast«-Veranstaltung des WDR die US-amerikanische Band »ZZ Top« auf. Die Band aus Texas war in Deutschland noch relativ unbekannt und zum ersten Mal in Europa. Natürlich konnte man im südhessischen Odenwald den WDR nicht direkt per Antenne empfangen. Die Sendung wurde aber vom Hessischen Fernsehen im Rahmen der »Eurovision« übernommen und war daher regional verfügbar. Am damaligen Schwarzweiß-Fernseher gab es keinen Stereo-Ton. Deshalb wurde die Musik zur Fernsehsendung parallel per UKW-Radio in Stereo gehört. Musik zum Mit-Nachhause-Nehmen konnte man stückweise im Plattenladen auf Vinyl-LPs kaufen. Nicht unüblich war der Mitschnitt von Radiomusik per Tonband-Kassettenrekorder. Die Audio-Qualität dieser privaten »bootlegs« war allerdings lausig.

Die Musik von ZZ Top war in der Odenwälder »Szene« allerdings doch schon ein wenig bekannt geworden. In dieser Zeit, das mag ebenfalls etwa im Jahr 1980 gewesen sein, trat im Saal des eigentlich recht biederen Odenwälder Gasthauses »Zur Spreng« eine Band »Rodgau Monotones« auf. Und diese Leute – »crazy enough« – spielten auch Stücke von ZZ Top. Nach einem ersten Auftritt der Rodgau Monotones fragten die Gasthaus-Inhaber, ob diese Musik »denn soweit OK« wäre. Nachdem dies durchweg bejaht wurde, hatten die Rodgau Monotones sogar einen zweiten Auftritt in der »Spreng«. Im April 1980 in der Grugahalle in Essen war – nach einem Kameraschwenk – im Rockpalast-Publikum ein Transparent zu sehen, auf das die Worte »RODGAU MONOTONES grüssen ZZTOP« gepinselt waren. Das war schon »more crazy«, aber »most crazy« war, dass eben diese Rodgau Monotones – »Die Hesse komme!« – im Oktober 1985 selbst auf der Bühne des Rockpalast in Essen stehen sollten. Spaßvögel im Publikum in der Grugahalle schwenkten nun ein Transparent mit »ZZ Top grüßt die Rodgau Monotones«. Diese Dialektik der »Weltklasse der Provinz« und der »Provinz der Weltklasse« ist faszinierend – und sie ist für die Besiedlung der Digitalen Welt und der »Globalen Provinz« nicht untypisch.   ¶

Der WANG-Computer am Gymnasium in Michelstadt war ein Kasten von ungefähr der Größe eines Pilotenkoffers und er verfügte über vier Kilobyte Hauptspeicher. Ein ausrangierter Fernschreiber, ein Telex-Gerät, stand für die Ein- und Ausgabe von Daten am WANG zur Verfügung. Das Telex hatte eine Tastatur, einen Zylinderkopf-Drucker sowie einen Schreiber und Leser für fünf-kanalige Lochstreifen. Die Lochstreifen waren die einzige Möglichkeit, größere Datenmengen, und damit auch Programm-Quellcode, dauerhaft zu speichern. Der Schulcomputer hatte notabene noch keine Festplatte oder andere elektromagnetische oder gar optische Speichermedien. Ein altes Fernsehgerät, dessen Empfangsteil kaputt war, diente als zusätzlicher Monitor.

Man musste sparsam sein, denn man war für den Betrieb des WANG auf Spenden angewiesen. Öffentliche Mittel gab es für einen Computer an einer Schule natürlich noch nicht. Der Computer hatte immerhin etwa 20 000 D-Mark gekostet, was im Jahr 2020 etwa 25 000 EURO entspräche. Der teure Computer erhielt einen eigenen »Computerraum«. Solche Spezialräume gab es bislang nur für den Musikunterricht, mit einem Klavier darin, oder für die Naturwissenschaften, mit Sammlungen und Geräten für diverse Experimente. In seinem »Computerraum« hatte es der Computer gemütlich, dort konnte er nachts schlafen und sich am Wochenende ausruhen. Er konnte ja nicht ahnen, dass für Computer sehr bald eine 7-Tage-24-Stunden-Arbeitszeit üblich sein würde.

Die Schüler, die das nagelneue Fach »Programmieren« belegten und damit, wie man sagte, »an den Computer durften«, trugen die zusammengewickelten Lochstreifenrollen der von ihnen erstellten Programme mit sich herum. Es war das »Statussymbol« der einschlägig Inaugurierten. Im Fach Programmieren wurde man als Schüler unterrichtet, was ein Programm ist und macht, und man lernte die Programmiersprache BASIC kennen. Algorithmen wurden als Daten-Flussdiagramme und Programm-Ablaufpläne in die Schulhefte gemalt. Wir Schüler hatten übungshalber Programmieraufgaben zu lösen. Ich realisierte damals ein Programm, das zu einer gegebenen Wertetabelle als Input feststellte, ob diese Wertetabelle, also die Elemente und ihre Verknüpfung in der Tabelle, eine sogenannte »Abelsche Gruppe« darstellte – oder eben nicht, »Ja« oder »Nein«. Der Output meines Programms war also ein einziges Bit. Aber auch so ein einziges Bit kann eine wertvolle Information darstellen.

Als eine zusätzliche Möglichkeit der Dateneingabe verfügte der Schulcomputer noch über einen Markierungskartenleser. Einer der Physiklehrer ließ uns – von ihm sogenannte – »Computerklausuren« schreiben. Die Ergebnisse der Aufgaben wurden von uns Schülern kodiert mit Bleistift auf eine Markierungskarte übertragen und vom WANG-Schulcomputer ausgewertet. Innerhalb weniger Minuten lagen die Noten vor – ein Vorgang, der bei einer regulären Korrektur durch den Lehrer einige Tage gedauert hätte. Ich hatte mich mit den Markierungen auf meiner Karte vertan und erhielt in einer

Ein Original-Computer WANG mit Peripherie vom Ende der 1970er-, Anfang der 1980er-Jahre. Er ist ein Exponat des »technikum29 Computermuseum« in Kelkheim (Taunus). Abgebildet ist eine funktionsfähige Computer-Anlage WANG 2200B mit umfangreicher Peripherie, wie Monitor (mit einem niedlichen Bildschirm, ohne eine Tastatur, aber mit einem Kassettenlaufwerk als Speicher), separater Tastatur, Kartenlesern – das alles steht im oberen Regal. Der eigentliche Computer steht unten in der Mitte. Neben dem riesigen dreifachen 8-Zoll Diskettenlaufwerk – unten links – ist insbesondere das Plattensystem – unten rechts – bemerkenswert. Es ist gigantisch und hat eine Masse von circa 100 kg und kann – damals sehr komfortable – 5 Megabyte an Daten speichern. Am Gymnasium in Michelstadt hingegen wurde der Schulcomputer WANG fast 40 Jahre im Magazin auf dem Dachboden aufbewahrt. Dann verliert sich seine Spur. Ein banales Ende eines verdienstvollen Lebens – um es anthropomorph auszudrücken.

Physikklausur die – nun gar nicht so gute – Note 3. Natürlich habe ich gegen das skandalöse und offensichtliche Fehlurteil protestiert. Der Lehrer wiegelte ab, er könne da leider nichts mehr machen. Das Verfahren sei nun einmal so »programmiert«. Ich war zum Opfer eines starr programmierten und daher inhumanen Prozesses geworden. Dieser Kartenmarkierungs-Fehler ist mir unvergesslich – und nur(!) deshalb kann an dieser Stelle davon berichtet werden.

Nichtsdestoweniger stellte es für die Schüler einen absoluten Glücksfall dar, dass sie schon so früh mit dem Metier »Computer« in Kontakt gekommen waren. Noch Jahre später hat man bei den diversen Abitur-Ehemaligen-Jubiläen Personen treffen können, die in diversen Bereichen der Informationstechnologie sehr erfolgreich tätig waren. Das Fach »Programmieren« in der Schule hatte schon einen Nutzen für den späteren Berufsweg. Allerdings gab es unter Absolventen auch den Geschäftsführer eines erfolgreichen IT-Unternehmens, der am Gymnasium seinerzeit in »Programmieren« die Note 5 geerntet hatte – und damit gerne kokettierte. Ein einfacher Kausalzusammenhang zwischen Programmierunterricht und beruflichem Erfolg in der IT scheint also auch nicht unbedingt gegeben zu sein.

Der WANG-Schulcomputer hatte ausgesprochene Verehrer. Typischerweise waren das solche Mitschüler, die dem Taxon der Schlaumeier-Artigen zuzurechnen waren. Diese jungen Leute waren das, was man viele Jahre später als »Nerds« bezeichnen sollte. Sie hatten Lochstreifenrollen mit riesigem Durchmesser bei sich und erheischten, damit auftretend, schon einigen Respekt. Einer hatte sogar ein BASIC-Programm geschrieben, mit dem man das Brettspiel »Dame« spielen konnte. Nicht nur mir war völlig unverständlich, was das sollte. Einerseits war der Computer nicht in der Lage, die interessanten, menschlichen Regungen kundzutun, die mit einem Gewinnen oder Verlieren des Spiels verbunden waren. Andererseits kam mir das so vor, als wolle man in einem Hundertmeterlauf gegen ein Motorrad antreten. Das mag ja zu Gottfried Daimlers Zeiten gerade noch lustig gewesen sein. Aber eines Tages würden die Programme und Maschinen formale Spiele, wie »Dame« oder auch »Schach«, sowieso immer gewinnen. Ein Spielen mit einem Computer kann zu einem gigantischen »waste of time« werden. Und so wurde ich in Sachen Computerspiele quasi ein »Abstinenzler« – was sich im Laufe der Jahre als sehr nutzbringend erwiesen hat. Aus der Sicht der Schulleitung schildert an dieser Stelle nun Richard Knapp, was aus der Computerbenutzung an der Schule zu Beginn der 2020er-Jahre geworden ist.

Studiendirektor Richard Knapp, Leiter des Gymnasiums Michelstadt
Exkurs – Computer in der Schule

Wenn man das so liest, so erinnert man sich zurück an die ersten Schulcomputer zu Ende der 1970er-, Anfang der 1980er-Jahre als die damaligen Vorboten einer neuen Zeit. Es war Ende der 1970-er-, Anfang der 1980-er- Jahre, als die ersten Computer ihren Weg in die Schulen fanden. Das waren keine wirklichen Arbeitsgeräte, sondern eher Maschinen, an denen sich kleine Gruppen von mathematisch Interessierten in Sachen Logik und Programmierung ausprobierten. Diese ersten Computer verschwanden irgendwann auf den Dachböden der Schulgebäude, denn sie wurden schnell von der nächsten Generation der Informationstechnik verdrängt, die leistungsfähiger und günstiger waren, das Betriebssystem war nutzerfreundlicher. Die PCs hielten langsam Einzug in die Schulen und zwar in zwei Bereichen. In der Verwaltung ersetzte der PC zunächst die Schreibmaschine. Es folgte eine einfache Datenverarbeitung, die zur Stundenplanerstellung genutzt werden konnte. Von dort führte ein direkter, aber langsamer Weg zur weitgehenden Digitalisierung der Verwaltung. Parallel dazu nutzten immer mehr Lehrkräfte den PC zur Erstellung von Unterrichtsmaterialien. Auch hier nahmen die Möglichkeiten mit zunehmender Leistungsfähigkeit der Geräte zu, ohne dass diese jedoch wirklich den Weg in die Klassenzimmer gefunden hätten. Eine Ausnahme bildeten die sogenannten »Computerräume«, in denen den Lernenden informationstechnische Grundkompetenzen beigebracht wurden.

Zwei Neuerungen leiteten dann – so ab dem Jahr 2010 – einen fundamentalen Wandel ein. Die erste Neuerung war die zunehmende Bedeutung des Internets für die Lernenden. Es war zunächst als Informationsquelle wichtig, aber auch als Kommunikationsmedium über soziale Plattformen, wie zunächst Schüler-VZ und später Facebook und Instagram. Letztlich kamen die Schülerinnen und Schüler damit erst so richtig »ins Boot« der Informationsgesellschaft. Verstärkt wurde diese Entwicklung durch eine zweite Neuerung. Die Verbreitung von Smartphones ermöglichte die Nutzung des Internets – vor allem für diese genannten Zwecke – auch mobil, immer und überall. Die Schulen arbeiteten an Regelungen, wie mit diesen Handheld-Computern umgegangen werden soll, ob sie im Unterricht und auf dem Pausenhof erlaubt oder verboten sein sollten. Für Schülerinnen und Schüler waren und sind Computer zuallererst Geräte für die Kommunikation und Unterhaltung. Es muss ihnen – zum Teil recht mühsam – erst noch beigebracht werden, dass man damit auch arbeiten kann.

Die Informationsgesellschaft hat in den Jahren von 2015 bis 2020 den Unterricht in der Schule gewandelt. Im Schulunterricht kamen leistungsfähige Präsentationsgeräte, wie das interaktive Whiteboard auf. Ein weiterer Wandel wurde vor allem durch die Corona-Pandemie des Jahres 2020 beschleunigt. Bessere Endgeräte und Internetanbindungen ermöglichen die Nutzung von Online-Lernplattformen, Cloud-Lösungen und Videokonferenzsystemen im schulischen Alltag. Damit ergibt sich aktuell eine Situation mit großem Potenzial, aber auch nicht zu unterschätzenden Risiken.

Durch finanzielle Unterstützungsprojekte, wie den sogenannten »Digitalpakt«, werden Schulen nach und nach in allen Räumen mit digitaler Infrastruktur, von Computern über Anzeigegeräte bis hin zu WLAN, ausgestattet. Gleichzeitig verfügen fast alle Schülerinnen und Schüler über private und portable Endgeräte, wie Smartphones, Tablets, Laptops. Der Ausdruck »bring your own device« kennzeichnet diese Situation. Es gibt Leihgeräte, um eventuelle Ausstattungslücken zu decken, und je nach Konzept, »Tablet-Koffer« oder Ähnliches zur Arbeit mit digitalen Medien im Klassenraum. So verlieren die ehedem modernen »Computerräume« paradoxerweise wieder ihre Bedeutung, da viele Nutzungen nun in den regulären Klassenräumen stattfinden können.

Das Strategiepapier »Bildung in der digitalen Welt« der Kultusministerkonferenz aus den Jahren 2016 und 2017 legt sehr detailliert fest, über welche Kompetenzen in Bezug auf digitale Medien die Lernenden heute verfügen sollen. Spätestens seitdem stehen Schulen vor der Herausforderung, in Konzepten zu präzisieren, wie sie sich die »Bildung mit digitalen Medien«, aber auch die »Bildung über digitale Medien« vorstellen. Von der Architektur des Internets über soziale Aspekte, Medienkritik, Spielsucht bis zum Datenschutz ist dies eine gewaltige, aber eminent wichtige Bildungsaufgabe, die Schulen bewältigen müssen. Bedauerlicherweise stehen dafür kein eigenes Fach »Informations- und Medienkompetenz« oder zusätzliche Unterrichtsstunden zur Verfügung.

Die Nutzung von digitalen Medien für den Unterricht vor Ort oder auch zu Hause ermöglicht völlig neue, auch individuelle Lernzugänge, die das Lernen bereichern und effizienter machen können. Den sozialen Kontakt jedoch können digitale Medien weder zur Lehrperson noch zu Mitschüler*innen dauerhaft ersetzen und ihre extensive Nutzung birgt sehr wohl ernsthafte Gefahren für die psychische und soziale Entwicklung von Kindern und Jugendlichen.

Hier eine gute Balance zu finden, ist eine der großen Gegenwarts- und Zukunftsaufgaben der Schulen.

Am 12. Mai 1941 hatte Konrad Zuse seinen Z3, den ersten »echten«, programmierbaren, elektronischen Computer, der Öffentlichkeit vorgestellt. Das war im Frühjahr des Jahres 1981 gerade erst 40 Jahre her. Die Bedeutung dieser Erfindung sollte in den kommenden(!) 40 Jahren eine ungleich größere als in den vergangenen(!) 40 Jahren werden. Für Schüler wie mich war im Frühjahr 1981 vor allem das Ablegen der diversen Abiturprüfungen wichtig. Zum Schluss der Schulzeit war eine große Feierstunde anberaumt, bei der die frischen Abiturienten der Schule – es waren immerhin über 150 – ihre Zeugnisse erhielten. Die Jahrgangsbesten wurden gewürdigt. Vertreter der Lehrer, der Elternschaft und der Schüler hielten jeweils eine kleine Rede. Ich sprach für die Schüler, denn man meinte, diese Aufgabe fiele dem »Schüler Hofmann« ja sicher ganz leicht. Das Thema meines Vortrags war »Vermassung, Vereinsamung und Entfremdung«. Ich erläuterte, dass die – damals noch relativ neue – Struktur des Kurssystems, das die alten Schulklassen abgelöst hatte, die von Karl Marx für die Lohnarbeiter geschilderten Entfremdungsphänomene fördert. »Der Schüler ist in der Schule außer sich und außer der Schule bei sich« – so eine meiner Formulierungen. In den quasi »kontextfreien« Kursen wurde der übergreifende Sinn der Lerninhalte nicht mehr in dem Maß wie früher vermittelt, als die Lehrpersonen eine Schulklasse über Jahre hinweg »kontextsensitiv« begleiteten und prägten. Der Dreikampf »Lernen, Prüfen, Vergessen« konnte bei vom Lehrgegenstand quasi »entfremdeten« Schülern verstärkt beobachtet werden. In der zuhörenden Elternschaft gab es einige reaktionäre Elemente, die allein schon die Erwähnung von Karl Marx in meiner Rede zum Anlass nahmen, meine Ausführungen in Grund und Boden zu verdammen. Verstanden hatten sie zwar relativ wenig, aber zu einem diskreditierenden Protest sahen sie sich allemal qualifiziert.

Auf den philosophischen Weg – und damit auch zu Karl Marx – war ich damals gelangt, weil ein – weiteres – Wahlfach »Philosophie« am Gymnasium angeboten wurde. Es wurde vom späteren Direktor der Schule, Ernst Ruppert, angeboten. Wir Schüler hatten als Basislektüre das Buch von Wilhelm Weischedel »Die philosophische Hintertreppe: Die großen Philosophen in Alltag und Denken« erhalten. Im Unterricht von Ernst Ruppert wurden wir auch mit dem von Karl Raimund Popper geprägten Kritischen Rationalismus bekannt gemacht. Die Frage ist – nach Popper – nicht die absolute Korrektheit einer wissenschaftlichen Theorie, sondern was zu tun sei, wenn man eventuell Fehler in einer Theorie findet. Dieser Ansatz des Kritischen Rationalismus sollte viele Jahre später im Metier der Digitalen Ethik und der Ethik der Automatisierung eine wichtige Rolle spielen. Der kritische Rationalismus fragt danach, wie fehlerhafte Automaten als solche erkannt und verbessert werden können.

Einige Monate nach dem Abitur passierte etwas, was viele Jahre später ein »Posting« genannt werden sollte. Eine Mitschülerin hatte das Manuskript meiner Abiturrede, das ich ihr im Entwurf zwecks Kommentierung überlassen hatte, ohne Rücksprache an die Wochenzeitung *»Die Zeit«* geschickt. Der Zeit-Redakteur Michael Schwelien bereitete gerade die Herausgabe des Buches *»Vorbereitet fürs Leben? Deutsche Abiturreden heute«* vor – und meine Rede wurde darin abgedruckt. Ohne mein weiteres Zutun war das (m)eine erste echte Publikation. Zu Beginn der 2020er-Jahre würde ein Abiturient einen solchen Text einfach in ein Netzwerk stellen – dann wäre er auch von quasi »allen Leuten« lesbar.

Im Sommer 1981 war die Schule dann aus – die Schulzeit vorbei. Von bleibendem Wert waren ausgerechnet die zwei – damals eigentlich ganz nebensächlichen – Wahlfächer »Programmieren« und »Philosophie«. Sie spielten für das Arbeiten und Zurechtfinden in der kommenden Informationsgesellschaft eine wichtige Rolle.

Darmstädter Computergraphik –
Symmetrien und Perspektiven
(1982 – 1986)

Die neue Wissenschaft »Informatik« ist zunächst eher am Rand des allgemeinen Studien- und Hochschulbetriebs positioniert. Ein wichtiger Impuls für ihre allgemeine gesellschaftliche Wahrnehmung ist die Entwicklung von Graphik-Computern, die vielfarbig-bunte Bilder berechnen und verarbeiten können.

Auch in der ersten Hälfte der 1980er-Jahre hatte ein Abiturient den Wunsch, ein Studium zu beginnen, welches Aussichten auf eine einigermaßen zukunftsfähige und einträgliche berufliche Tätigkeit mit sich brachte. Nicht nur meine Überlegungen gingen in Richtung Physik. Der bevorstehende Ausbau der Nutzung der Atomenergie und eine Tätigkeit in einem der neuen Kraftwerke erschien vielen Abiturienten sehr lukrativ zu sein. Auch hielt ich mich hier für absolut qualifiziert – hatte ich doch in der Physik-Abiturprüfung, zum Thema der Gleichungen des Erwin Schrödinger, die Note »sehr gut« erhalten. Ich ahnte noch nicht, wie sehr sich der Wert einer solchen Leistung im Laufe des Lebens relativieren würde.

Aus reiner Bequemlichkeit kam für mich nach der Schulzeit nur der naheliegende Studienort Darmstadt in Frage. So konnte ich weiterhin zu Hause im Odenwald wohnen bleiben und täglich mit dem PKW hin und her pendeln. In Darmstadt gab es die zur Kaiserzeit gegründete Technische Hochschule Darmstadt (THD). Diese THD sollte etwa 15 Jahre später, im Oktober 1997, in »Technische Universität Darmstadt« (TUD) umbenannt werden. Umgekehrt nahmen einige nicht-universitäre Hochschulen – als Fachhochschulen ohne Promotionsrecht, aber mit der Lizenz zum Pragmatismus – nun ihrerseits eine Umbenennung in »Technische Hochschule« vor.

An der TH Darmstadt erschien damals nicht nur ein Studium der Physik, sondern auch anderer technischer Fächer ganz attraktiv zu sein. Ich war mir alles andere als gewiss, was zu tun wäre. Im Herbst des Jahres 1982 trat ich schließlich ein Studium – ausgerechnet – der Informatik an. Ein Onkel arbeitete bei der Deutschen Lufthansa und meinte: »Computer sind die Zukunft!« Vielleicht gab das den Ausschlag. Im Jahr 1982 war das Fach Informatik an der THD noch ein absoluter »second choice«. Sie erschien als ein gerade noch brauchbarer Kompromiss aus akademischem Anspruch, praktischer Umsetzbarkeit und ökonomischer Relevanz. Mit dem Studium der Informatik verband ich – für meinen Teil – damals keine besonderen Erwartungen. Ich habe sowohl das Studienfach Informatik als auch den Studienort TH Darmstadt (THD) aus absolut niederen Beweggründen gewählt. Es war sowohl ein weichenstellender Zu- als auch Glücksfall. Aber, »die Welt ist alles, was der Fall ist« – wie es ein Österreichischer Philosoph einmal auf den Punkt gebracht hat.

Im Jahr 1982 besaßen viele Studierende Autos, wie einen VW Käfer oder einen Opel Kadett. An den Autos kann der Stand der Technik im Alltag der damaligen Zeit erläutert werden. Der typische Motor war ein Ottomotor mit etwa 30 bis 40 PS. Es gab keine Servobremse oder Servolenkung, keine elektrischen Fensterheber, keinen Airbag, irgendwelche Computer waren schon gar nicht in diesen Autos vorhanden. Die Vergaser-Motoren verbrauchten verbleites Benzin – locker mehr als 10 Liter pro 100 km. Um den kalten Motor starten zu können, musste die in den Vergaser einströmende Luft mit einer Seilzug-Starterklappe namens »Choke«, der »Würgung«, zunächst begrenzt werden. War der Motor warm, konnte man den Choke wieder zurückstellen. Die Karosserien rosteten an allen Ecken und Enden. Immerhin waren diese Autos schon etwa einige Jahre benutzbar. Das modernste Auto war damals wohl der »Audi quattro« – er hatte zwar schon einen Allradantrieb, aber (noch) keinen Abgaskatalysator.

Noch auf Jahre hinaus sollte die akademische Informatik – nicht nur an der THD – von Personen geprägt werden, die irgendetwas anderes gelernt oder studiert hatten, und dann im langsam aufkommenden Boom des Metiers Informatik als Quereinsteiger auftraten. Einer der Mitarbeiter im Rechenzentrum der THD war ein gelernter Frisör, der uns – als ich später wissenschaftlicher Mitarbeiter war – am frühen Morgen im Rechnerraum durchaus die Haare schneiden konnte, so dies gewünscht wurde. Auch die meisten Informatik-Professoren an der THD waren selbstredend noch keine echten Informatiker. Studierte Elektrotechniker waren für die Praktische Informatik zuständig, die Theoretische Informatik wurde von Mathematikern vertreten. Informationstechnologie wurde damals von (vor allem männlichen) Experten für (hauptsächlich männliche) Nutzer gemacht. Der Frauenanteil in der Informatik-Professorenschaft an der THD lag bei exakt null Prozent.

Die Informatik war erst wenige Jahre zuvor überhaupt in das Portfolio der akademischen Lehre aufgenommen worden. Die THD hatte dabei allerdings eine wichtige Vorreiterrolle gespielt. Die Darmstädter Hochschullehrer Alwin Walther und Robert Piloty waren frühe Informatik-Pioniere. Es war indes nicht klar, ob sich die Informatik dauerhaft an den Hochschulen würde etablieren können. Sie hätte durchaus das gleiche Schicksal wie die einst mit vielen Hoffnungen bedachte Kybernetik erleiden und wieder in der Versenkung verschwinden können. Die THD hatte mit großem Mut eine der ersten Informatik-Fakultäten namens »Fachbereich Informatik« in Deutschland gegründet. Das war zu meinem Studienbeginn gerade erst zehn Jahre her. Der erste Doktorand in der Informatik in Darmstadt war im Jahr 1975 übrigens Wolfgang Coy, der später als Professor an der Universität Bremen und an der Humboldt-Universität zu Berlin tätig wurde. Viele Jahre später sollte, nach der Anzahl der Studierenden gerechnet, das Fach Informatik eine sehr wichtige Rolle in der akademischen Ausbildung spielen – und das nicht nur am Hochschulstandort Darmstadt.

Exkurs – Das Informatik-Lehrbuch von Koch und Rembold aus dem Jahr 1977

Wenn man das so liest, dann muss man sehen, dass in diesen frühen Jahren so etwas wie die »wissenschaftliche Literatur« der Informatik nur rudimentär existierte. Gegen Ende des Jahres 2013 würdigte man das Erscheinen eines der ersten Lehrbücher im Carl Hanser Verlag, München. Seitens des Verlags war man fast überrascht, dass die Informatik als universitäre Disziplin mit der Gründung der ersten Informatikfakultät an der TU Karlsruhe erst gut 40 Jahre alt war. Wir erleben erst seit den letzten 40 Jahren das Aufkommen der »Computerwissenschaften« in Deutschland mit allen massiven Folgen für Gesellschaft und Wirtschaft.

Die unglaublich breite und schnelle Expansion eines neuen Faches und seine Durchdringung aller Bereiche wurden durch eine erste Generation von Informatikern in Gang gesetzt, die von ihrer Ausbildung her noch eher Mathematiker oder Elektroingenieure waren. In diesem Kontext war das erste, 1977 im Carl Hanser Verlag erschienene Buch zur Ausbildung von angewandten Informatikern ein Wegbereiter. Es war die »Einführung in die Informatik für Naturwissenschaftler und Ingenieure« von Günter Koch und Ulrich Rembold, wobei dem Ersteren, als »Zeitzeugen« der Geschichte der Informatik als Studienfach, das Verdienst zukommt, die Initiierung, Konzeption und den größten Teil der Texte des Buches verfasst zu haben. Dieses Pionierwerk wird bis heute verlegt und ist aktuell unter seinem Ursprungstitel lieferbar.

Es konnte sich als Lehrbuch der Informatikingenieure vieler Generationen so lange halten, weil die in den 70er-Jahren von Koch und Rembold dazu verfassten Konzepte und Grundlagen weitsichtig geplant und formuliert worden waren. Die »Einführung in die Informatik für Naturwissenschaftler und Ingenieure« gehört zu den publizistischen Meilensteinen der Informatik und ihre Autoren zu den maßgeblichen Pionieren.

Das Rhein-Main-Gebiet und auch die Stadt Darmstadt waren in den 1980er-Jahren noch stark vom Kalten Krieg geprägt. Wiesbaden, Darmstadt, auch Babenhausen und Aschaffenburg waren wichtige US-amerikanische Garnisonsstädte. Einen nicht geringen Teil des Frankfurter Flughafens hatte die U.S. Air Force in Benutzung. Mein Auto hatte ein recht einfaches UKW-Radio, das war meistens auf »AFN Frankfurt« (American Forces Network Frankfurt) eingestellt. Ein eher einfaches Radio war nicht so diebstahlgefährdet – teure Autoradios wurden damals gerne und öfters aus den Autos gestohlen. Der AFN residierte in der Frankfurter Bertramstraße neben dem Hessischen Rundfunk. Sonntagnachmittags lief bei AFN immer »Casey's coast to coast«. Das war die US-amerikanische Hitparade, präsentiert von Moderator Casey Kasem.

Man kann sich den Entwicklungszustand der Informationsgesellschaft um das Jahr 1982 klarmachen, wenn man bedenkt, was es damals alles noch nicht gab und wie Studierende damit zurechtkamen. Es gab keine Mobiltelefone, zum Telefonieren musste man entweder zu Hause sein – oder aber einen öffentlichen Telefonzellen-Münzfernsprecher benutzen. Die Telefone in den Büros der THD waren für Studierende tabu. Zuhause im Odenwald hatten wir erst seit wenigen Jahren ein privates Telefon zur Verfügung. Ein Telefonapparat und sein Anschluss wurden von der staatlichen Deutschen Bundespost auf Antrag zugeteilt und quasi »amtlich« installiert. Der Telefondienst war eine staatliche Leistung, für die kein »Preis«, sondern »Gebühren« zu bezahlen waren. Dokumente wurden per Briefmarkenpost verschickt. Wenn es schneller gehen sollte, konnte man die Zustellung am Zielort per rotem »EXPRESS«-Aufkleber beschleunigen, der natürlich extra Porto kostete. Die SMS der damaligen Zeit waren umschlaglose Papp-Postkarten, die man mit bereits aufgedruckter Briefmarke im Postamt kaufen konnte. Kurze Texte ließen sich auch mithilfe von Fernschreibern »Telex« national – und auch international – elektronisch in Echtzeit verschicken.

Es gab noch keinerlei elektronische Kommunikation zwischen den Hochschullehrern der Informatik und den Studierenden. Übungsaufgaben wurden als kopierte Übungsblätter im Anschluss an die Vorlesungen ausgeteilt. Sie wurden zum Teil in Live-Tutorials von Studenten der höheren Semester betreut. Musterlösungen dazu gab es als Papier-Aushänge in den spezifischen »Schaukästen« in den Gängen der Institute – zum Ansehen oder manuellen Abschreiben vor Ort. Studien-Skripte und Materialien konnte man im Institut des Professors als Kopiervorlage ausleihen oder aber als Buch, das der Professor verfasst hatte, im Handel kaufen. Studierende erhielten einen kleinen Rabatt, wenn sie per vom Professor ausgestellten »Hörerschein« im Buchhandel nachweisen konnten, dass sie die zum Buch passende Vorlesung besuchten.

Selbst in der Informatik war die notwendige Literatur damals nur in Papierform verfügbar. Studierende konnten sie in der »Hessischen Landes- und Hochschulbibliothek Darmstadt« ausleihen. Der Zugriff auf wissenschaftliche Arbeiten war ein ultra-langsamer Vorgang, der pro Zugriff einige Tage Zeit kostete. Manche Bücher waren ständig anderweitig ausgeliehen und standen damit faktisch nicht zur Verfügung. Zeitschriften waren oft gar nicht ausleihbar, sondern wurden nur in den Lesesaal der Hochschulbibliothek ausgegeben. Da saß man dann stundenlang und schrieb zu zitierende relevante Textstellen per Hand ab. Die einzige Alternative zur Handschrift war die mechanische Schreibmaschine. In der Stadt gab es Schreibbüros, die die handschriftlichen Vorlagen der Abschlussarbeiten und Dissertationen der THD-Absolventen mit Schreibmaschinen abtippten und in einen ordentlichen Schriftsatz brachten. Für Vervielfältigungen existierten aber schon Xerographie-Kopierer. Das waren riesige Apparate, man konnte sie per Münzeinwurf in Betrieb nehmen. Sie standen an zentraler Stelle in der Nähe der großen Hörsäle. Kopien waren teuer – der Preis von einer D-Mark pro Seite war nicht ganz unüblich.

In der ersten Hälfte der 1980er-Jahre gab es noch lange nicht das, was später als »Social Network« oder als »Messenger Service« bekannt werden sollte. Daher war die Kommunikation in der Studentenschaft noch sehr viel mehr als in den 2010er-Jahren, oder gar zu Beginn der 2020er-Jahre, auf persönlicher Präsenz basierend. Dauernd war irgendwo ein »Happening« oder ein »Event« fällig. Angekündigt werden konnte das damals nur per Plakataushang oder über das Verteilen von Handzetteln, also nicht elektronisch. Die Mensa war in der Regel den ganzen Tag über sehr gut besucht, also nicht nur zur Nahrungsaufnahme. In der Mensa traf man sich als Peer-2-Peer-Lerngruppe zur Bearbeitung von Übungsaufgaben und Klausurvorbereitung. Man erklärte sich die Lehrgegenstände gegenseitig. Man kann ja durchaus zufrieden sein, wenn es gelingt, den Kommilitonen einen Sachverhalt zu erklären. Denn wenn man etwas erklären kann, dann müsste man es auch selbst verstanden haben.

Die Studierenden waren in einem hohen Maße politisch organisiert. Wenn Hochschulwahlen anstanden, dann gab es für die studentischen Vertretungen in Senat oder Fachbereichsrat Bewerberlisten des »Marxistischen Studentenbunds Spartakus« (DKP-affin – DDR-UdSSR-orientiert), der »Hochschulorganisation Kommunistische Studenten« (KPD/ML-affin – albanisch orientiert), einer »Kommunistischen Hochschulgruppe« (KBW-affin – China-orientiert), des »Sozialistischen Deutschen Studentenbunds« (SPD-affin), des »Liberalen Hochschulverbands« (FDP-affin – einige Leute firmierten meiner Erinnerung nach noch unter dem schönen Kürzel LSD – Liberaler Studentenbund Deutschland) und natürlich des »Rings Christlich-Demokratischer Studenten RCDS« (CDU-affin). Hinzu kamen Studentenvereine, die ihre Nationalität mit einer politischen Botschaft verbanden und dahingehend politisch-missionarisch auftraten. Das war damals etwa bei Studierenden aus dem Iran oder aus Vietnam der Fall.

Das »health management«, eine »Gerechte Sprache« und die »political correctness« waren für die Studierenden noch nicht erfunden. In der Mensa waren alkoholische Getränke absolut üblich, und geraucht wurde dort auch. Zigaretten wurden von Werbeleuten in kleinen Dreier-Päckchen am Eingang der Mensa an die Studierenden verschenkt – zum Probieren. Das krasseste technische Lifestyle-Feature des damaligen modernen Lebens war der »Sony Walkman«, mit dem man unterwegs Tonbandkassetten hören konnte. Michael Jackson hatte mit »Thriller« einen Hit und in Deutschland kam Nena mit »99 Luftballons« gerade groß heraus. Ich fand diese Art von Musik nicht so sehr spannend, sondern eher die Neue und Elektronische Musik. Auch die surrealistische Lyrik von Bob Dylan (»Gates of Eden, Desolation Row«) war faszinierend.

Ich hielt es – und halte es immer noch – generell für einen schweren Irrtum, anzunehmen, dass das Hören von Musik vor allem der Erholung dienen solle. In Darmstadt spielte im SV-Darmstadt-98-Fußballstadion am Böllenfalltor im September 1984 eine Band namens »The Police«. Deren Musiker Sting und Andy Summers kannte ich von Eberhard Schoener und seiner Art (»Video Magic«) der Elektronischen Musik. Der Kartenverkauf am Eingang hatte seine Stellung aufgegeben, denn keiner wollte damals in Darmstadt so etwas wie »The Police« hören. Man ließ uns, wie alle anderen zufällig vorbeikommenden Passanten, gerne gratis zum Konzert, damit es wenigstens ein paar Zuhörer gäbe. Vorne auf der Bühne zeigte Sting zum sichtbaren Mond und fragte das Publikum: »can you see the moon?«, um dann mit seinem Lied fortzufahren:

»Giant steps are what you take,
Walking on the moon,
I hope my leg don't break,
Walking on the moon,
We could walk forever.«

Ist das der Zeiten eigener Geist, den man den Geist der Zeiten heißt? Wie wäre der Eintrittskartenverkauf wohl verlaufen, wenn damals schon Facebook und Twitter verfügbar gewesen wären?

Im Jahr 1981 stellte die Firma IBM einen »Portable Computer« PC vor. Damit wurde auf ein Angebot reagiert, dass eigentlich schon seit 1977 auf dem Markt war, nämlich die »Personal Computer« der Firma Apple – die hießen auch »PC« und das schon länger. IBM hatte sich, wie andere Großrechnerhersteller der damaligen Zeit, mit Skepsis die Frage gestellt, wozu in aller Welt ein Mensch einen »persönlichen Rechner« auf seinem Schreibtisch brauchen könnte. Wofür sollte ein solcher PC wirklich gut sein? Was sollte denn damit bitteschön berechnet werden können – oder gar müssen? Man ging deshalb das Thema PC seitens IBM ein wenig halbherzig an. Ein eigenes PC-Betriebssystem wollte IBM nicht entwickeln, man ließ sich deshalb ein »Disc Operating System« (DOS) von einem Jungunternehmer namens Bill Gates liefern.

Professor Dr. Thomas Wolf, Berlin
Exkurs – Die IT-Abteilung und ihre Leitung im Wandel der Zeit – Der PC auf dem Schreibtisch erscheint

Wenn man das so liest, dann muss man wissen, dass der »Computer am Arbeitsplatz« sozusagen über Umwege eingeführt worden ist. In der ersten Hälfte der 1980er-Jahre bahnte sich in der wissenschaftlichen Welt – nicht nur bei meinem damaligen Arbeitgeber Merck in Darmstadt – eine Revolution in der IT an. Man könnte sagen, dass die langen Anwendungs-Entwicklungszeiten und die langen Antwortzeiten der Zentralrechner durch eine quasi »Guerilla-Taktik« überwunden werden konnten. Die Beschaffung und Inbetriebnahme von komplexen und teuren Messgeräten in den Laboren erforderte eine dezentrale IT zu deren Steuerung und Betrieb. An diesen Geräten gab es eigene Prozessrechner.

Diese relativ kleinen betrieblichen Prozessrechner sollten später als »PC« bekannt werden. Sie konnten als Laborausstattung »under cover« an der zen-

Ein – wie es auf dem Gehäuse steht – »Personal Computer« des Fabrikats Casio. Er ist mittels BASIC programmierbar, hat eine Tastatur und einen kleinen graphischen Bildschirm. Abgebildet ist das Exemplar, das ich mir ungefähr im Jahr 1983 zum Beginn des Studiums gekauft hatte.

tralen IT vorbei als Auswerteeinheiten beschafft werden. Ihre Kosten galten nicht als IT – sondern als Labor-Kosten und fielen daher nicht weiter auf. Aber man konnte – welch ein Wunder – damit alles Mögliche machen, wofür man vorher die Leistungen der zentralen IT brauchte. Allerdings reagierte das zentrale IT-Management wenig zielführend. Statt diese Entwicklungen der dezentralen IT zum Nutzen des Unternehmens zu kanalisieren, sah es seine Aufgabe vor allem darin, die dezentralen Beschaffungswege zu behindern. Es sollte möglichst die »ganze IT« weiterhin auf den bewährten Produkten der Firma IBM basieren.

Diese erste Generation der Rechenzentrumsleitung, die »Chief Information Officers« (CIOs), hatten vor allem die beiden Aspekte der Technik und der Kosten im Blick. Solange alles zentral lief, war dieses CIO-Monopol der Technik und Kompetenz unangreifbar. Es erodierte stark ab Mitte der 1980er-Jahre, spätestens mit der Verbreitung der PCs. Mit der explosionsartigen Verbreitung der PCs begann die große Zeit der dezentralen IT, die scheinbar viel billiger war als die zentrale. Der Aufwand für Entwicklung und Betrieb wurde von Anwendern nebenher erledigt, und deren Gehälter tauchten nicht als IT-Kosten auf. Einige »PCs« erreichten die Leistungsfähigkeit von kleinen dezentralen Rechenzentren.

Auf der Herstellerseite hatte diese Entwicklung einen massiven Umbruch zur Folge. Die Zeit des Quasi-Monopols der IBM endete, es folgte der Aufstieg von Firmen, wie erst HP, dann auch Microsoft, Compaq oder auch Dell. Apple betrat den Weltmarkt. Andere Firmen, wie etwa Digital Equipment, verschwanden ganz.

Nach der Erosion und dem Wandel der IT von zentral zu dezentral in den 1980er-Jahren konnte man einen ähnlichen Effekt in den 2010er-Jahren beobachten. Diesmal erfolgte eine Erosion der IT von dienstlich zu privat. Der Grund hierfür war das Aufkommen der Smartphones und die damit verbundene unmittelbar personenbezogene IT. So erfolgte etwa die Kommunikation zwischen Beschäftigten untereinander und wiederum mit der Kundschaft über Apps der – notabene privat beschafften – Smartphones. Auf der Herstellerseite wurde diese Zeit des »bring your own device« vor allem von der Firma Apple und ihren Produkten maßgeblich mitgestaltet. ❡

Im Informatik-Grundstudium der Jahre 1982 bis 1984 hatte man in aller Regel keinen eigenen PC zur Verfügung. Denn ein solches Gerät war noch ziemlich teuer in der Anschaffung. Ein Computer, den man sich eventuell leisten

Ein IBM-Lochkartenstanzer, wie er in der betrieblichen Datenverarbeitung und im Informatikstudium zu Beginn der 1980er-Jahre zum Einsatz kam. Exponat des »technikum29 Computermuseum« in Kelkheim (Taunus). Solche Geräte waren in der Datenverarbeitung weit verbreitet, und damals war es nicht vorstellbar, dass sie jemals nicht mehr eingesetzt werden würden. Der Lochkartenstanzer war das einzige technische Gerät, mit dem man im Informatik-Grundstudium in Interaktion treten konnte. Der eigentliche Computer der Serie SIEMENS 7.500 mit Betriebssystem BS2000 des THD-Rechenzentrums stand, den Studierenden nicht direkt zugänglich, in einem separaten Raum.

konnte, war seit dem Ende der 1970er-Jahre in der Form von programmierbaren Taschenrechnern verfügbar. Es gab auch bereits die sogenannten »Taschencomputer«, »Pocket Computer« (PC), die mit BASIC programmierbar waren. Sie kamen etwa ab dem Jahr 1982 in den Verkauf und kosteten einige Hundert D-Mark. Solche Geräte konnten sich Studierende durchaus leisten. Sie waren für die Lösung ingenieurmathematischer Probleme ganz hilfreich.

Im Grundstudium an der TH Darmstadt wurden Programmieraufgaben am Großrechner des Rechenzentrums des Fachbereichs Informatik nicht etwa in BASIC, sondern in den Programmiersprachen PASCAL, ASSEMBLER oder auch LISP durchgeführt. Es gab eine Anlage aus der Serie SIEMENS 7.500 mit dem Betriebssystem BS2000, die für uns Studenten im Batchbetrieb lief. Der Rechner stand in einem eigenen großen und klimatisierten Raum – und er war für Studierende wie mich nicht direkt zugänglich. Wir mussten unsere handschriftlich entworfenen Programmtexte mit einem Lochkartenstanzer in Lochkartenstapel umwandeln. Der Stapel, der »Batch«, wurde dann an ein Lesegerät abgegeben – und das war es dann, in aller Regel, für diesen Tag. Der Rechner las das Lochkarten-Programm ein und führte es irgendwann aus. Das Ergebnis war ein Ausdruck auf grünlich-gräulichem Recycling-Endlospapier, den das Programm produziert hatte und der auf einem superlauten Trommeldrucker ausgedruckt wurde. Dieser Ausdruck konnte durchaus erst über Nacht erscheinen und dann am nächsten Tag an einer Art Ausgabetheke abgeholt werden. Machte man in der Übung einen Fehler, dann kostete ein neuer Versuch wieder einen ganzen Tag.

Am Fachbereich Informatik an der THD war das Studium der Informatik noch stark an traditionelle Lehrangebote angelehnt, um den »Work Load« des Studiums zu erzielen. Wir hörten im Grundstudium Analysis I und II, Lineare Algebra I und II, Wahrscheinlichkeitsrechnung, Elektrotechnik und noch anderes mehr. Man fragte sich als Student bei einigen dieser Fächer auch damals schon, was diese mit der Praxis der Informatik »als solcher« zu tun haben könnten. Die Vorlesungen im Grundstudium waren als Massenveranstaltungen mit mehreren hundert Zuhörern ausgelegt.

Der Mathematik-Professor in Analysis gefiel sich selbst sehr darin, den Studierenden seine Fähigkeiten im arithmetischen Kopfrechnen zu demonstrieren. Er konnte quasi, »in Echtzeit« vor sich hinmurmelnd, irgendwelche gerade vorbeikommenden Aufgaben lösen. Er sagte etwa so etwas wie, »14 mal 26, das macht 364«, einfach so daher. Einmal murmelte er ein »256 im Quadrat« – und er war noch nicht beim »das macht« angelangt, als ein neben mir sitzender Informatik-Kommilitone im großen Hörsaal »65 536« nach unten brüllte. Alle wandten sich nach ihm um, was er mit einem hochroten Kopf quittierte. Es war klar, dass er das nie und nimmer in dieser Zehntelsekunde per Taschenrechner herausgefunden haben konnte. Der dahingehend beeindruckte Analysis-Professor war sozusagen »aus Versehen« auf eine Zweierpotenz-Rechenaufgabe getreten. Wir Informatikstudenten waren aber für so etwas sensibel.

Exkurs – Informatik und Wirtschaftswissenschaften – Wirtschaftsinformatik

Wenn man das liest, so muss man anmerken, dass an der THD nach dem Vordiplom im Hauptstudium ein Zweitfach gewählt werden musste, um das Studium der Kerninformatik zu ergänzen. Es sollte damit von Seiten der Studienordnung quasi der »Anwendungsbezug« des Informatik-Kernstudiums hergestellt werden. An der THD konnte man zwar bereits seit einigen Jahren die sogenannte »Wirtschaftsinformatik« studieren. Die THD hatte dieses Fach deutschlandweit als erste Hochschule überhaupt eingeführt. Es war also brandneu, aber keineswegs auch ausgemacht, ob man diesem Berufsbild wirklich trauen konnte. In der Tat lief man Gefahr, sich den exotischen Titel »Diplom-Wirtschaftsinformatiker« anzueignen, der sich eventuell nicht bewähren würde und einem lebenslang wegen seiner Unbrauchbarkeit zur Last werden würde.

Allerdings erschien mir vor diesem Hintergrund »irgendwas mit Wirtschaft« ganz spannend zu sein. Ich ging zunächst zu betriebswirtschaftlichen Vorlesungen, die »Einführung in die BWL« und »Buchführung« hießen. Die Hochschullehrer dort betrieben nur allereinfachste Mathematik und redeten in einem völlig überhöhten Jargon von trivialem Zeug wie »Kontenrahmen« und »Buchungssätzen«, und dass man eines Tages als Betriebswirt ganz unglaublich viel Geld verdienen könnte. Zudem versuchten sie sich mit den Studierenden gemein zu machen. Einer leerte sogar – während seiner BWL-Vorlesung – eine von einem Studenten aufs Podium gerichtete Flasche Bier. Das war nun wirklich nicht mein Fall.

So ähnlich wie »BWL« hörte sich von weitem »VWL« an – das könnte eine Alternative sein. Eine von mir probehalber besuchte volkswirtschaftliche Vorlesung »Einführung in die VWL« war in der Tat ein anderer Sport. Auf dem Podium sprach ein mir wegen seiner Souveränität auffallender Professor.

Er hieß Bert Rürup. Ich fasste den Entschluss, an seinem Institut VWL als Zweitfach zu studieren. Es wurden in seinen Seminaren – damals absolut richtungsweisende – Themen wie die »Negative Einkommenssteuer« und das »Bedingungslose Grundeinkommen« behandelt. Die Diplomprüfungen standen dann im Sommer des Jahres 1986 an. Das waren im Prinzip ein paar 30-minütige Interviews, die die Professoren mit den Kandidaten und Kandidatinnen durchführten. Diese ganz wenigen Prüfungen machten den Wert des gesamten Diploms aus. Ein Assistent des Instituts war Zeuge und Manöverbeobachter. In so einer halben Stunde wurden die vier Semester des gesamten(!) Zweitfachs VWL querbeet und für den Kandidaten scheinbar zufällig-willkürlich abgefragt. Bei Bert Rürup erhielt ich so für die »ganze VWL« ein »gut« – aus »Rücksicht auf die armen Eltern«, wie er ironisch hinzufügte.

Es gab an der THD auch Lehr-Angebote aus der Philosophie. Ein Seminar bei Jörg Pflüger und Robert Schurz hieß »Soziale Beziehung Mensch-Maschine«. Es war und ist eine wichtige Sache, das Verhältnis eines einzelnen Menschen zu einer Maschine zu analysieren und das Verhältnis von »Mensch« zum »System« anthropozentrisch zu bewerten. Die damaligen Darmstädter Untersuchungen zur programmierten Gesellschaft und die Rolle der sogenannten »Mega-Maschinen« waren wegweisend. Die Fächer VWL und Philosophie sollten sich später als über die Maßen relevant und nützlich erweisen, wenn es galt, Fragen der Struktur von Software- und Service-Märkten, aber auch ethische Fragen der Informationsgesellschaft zu adressieren. Und so war die Befassung mit Themen aus der VWL und der Philosophie wieder einmal sowohl ein Zufall als auch ein Glücksfall.

Exkurs – Frühe Arbeiten zur Mensch-Maschine-Beziehung

Wenn man das so liest, dann muss man auch sehen, dass diese Darmstädter Aktivitäten durchaus die Aufmerksamkeit der überregionalen Öffentlichkeit fanden. Das Nachrichtenmagazin »Der Spiegel« berichtete von den Darmstädter Arbeiten zur »Sozialen Beziehung Mensch-Maschine« im März 1987. Man fragte in diesem Nachrichtenmagazin, ob es sein könne, dass begeisterte Computerfreaks in ihrem Bewusstsein verarmen und zum »mechanischen Denken« neigen.

Der Psychologe Robert Schurz und der Informatiker Jörg Pflüger, beide in Darmstadt tätig, hätten das Verhalten von Computerfreaks studiert, so

»Der Spiegel«. Aus den Daten habe man den Normalbürger der computerisierten Zukunftsgesellschaft bestimmt. Dieser Typ, so Pflüger und Schurz, sei meistens auf der Flucht – vor den anderen Menschen, der Verantwortung und den eigenen Gefühlen, kurz – vor der Unberechenbarkeit des Lebens. Wenn an die Stelle der Sozialkontakte die anonyme Beziehung zur Maschine tritt, dann wächst die Beziehungslosigkeit unter den Menschen – mit unabsehbaren Folgen. Doch je weniger man von Computern versteht, umso größer werden Ehrfurcht und Angst vor ihr: Technikverweigerer sehen den »Big Brother«, Fortschrittsgläubige vergöttern die Maschine.

Wie rasch dabei der kindische Maschinenglaube zur »Ohnmacht der Vernunft« wird, beschrieb bereits der MIT-Professor Joseph Weizenbaum. Schon im Jahr 1966 hatte Weizenbaum ein Programm namens »Eliza« vorgestellt. Eliza hatte das Ziel, ein Gespräch – mit einem Psychologen im Rahmen einer Therapie – zu simulieren. Es gab Benutzer, die zunächst nicht glaubten, dass sie mit einem Computerprogramm statt mit einem Menschen redeten. Weizenbaum nahm diesen gedankenlosen Computergebrauch als Anlass zur Sorge. Er mahnte immer wieder einen kritischen Umgang mit Computern an. Speziell forderte er, dass der Mensch die letztendliche Kontrolle über die Systeme der »Künstlichen Intelligenz« (KI) behalten müsse. ¶

Unter den hervorragenden Professoren der Informatik an der THD fiel mir José Luis Encarnação auf. Er war schon im Jahr 1975 an die THD gekommen, und er war weder betulich noch borniert. Professor Encarnação war keiner der Pseudo-Intellektuellen, die sich darin gefallen, Sachverhalte mit künstlicher Kompliziertheit und mit sophistischem Vokabular auszustatten, um ihm eine scheinbare akademische Fallhöhe zu verleihen. Er vertrat sein Fachgebiet mit einer kaum fassbaren Energie. Dispute mit ihm, und die blieben im späteren Leben ja nicht aus, wollten sehr gut vorbereitet sein. Vorgebrachte Gegenargumente konnten von Encarnação unaufhaltsam und dampfwalzenartig überfahren werden. Er war aber keineswegs unbelehrbar. Er nannte sein Fachgebiet und sein Institut »Graphisch-interaktive Systeme« (GRIS). Man sagte auch »Computergraphik« dazu. Die Schreibung der »Graphik« mit einem »ph« war dem φ in γραφω – *grapho*, also schreiben, zeichnen geschuldet. Wir behalten diese Orthographie hier bei. Aber was sollte diese »Computergraphik« sein und was sollte daraus werden können? All das mutete ziemlich seltsam an.

Ein GRIS, ein »Graphisch-interaktives System«, war damals ein Computer, der im Gegensatz zu den herkömmlichen Rechnern nicht nur Zeichen, als Buchstaben und Zahlen, verarbeiten und anzeigen konnte, sondern eben auch Graphiken. Darunter stellte man sich zunächst quasi »Strichzeichnungen«, also Vektorbilder vor. Die konnten zum Beispiel mit einer vom GRIS-Computer angesteuerten Zeichenmaschine, einem »Plotter«, als eine technische Zeichnung berechnet und ausgegeben werden. Man konnte sich auch vorstellen, dass man irgendwann diskrete »digitale Rasterbilder« in einem Computer würde speichern und verarbeiten können. Das war aber zunächst noch eher utopisch, denn für viele hundert oder tausende Bildpunkte – »Pixel« – eines Rasterbildes hatte man einfach noch nicht den erforderlichen Speicherplatz zur Verfügung.

Professor Encarnação hatte bei der Leitung der THD durchgesetzt, dass er bei GRIS – vom Hochschulrechenzentrum weitgehend unabhängig – spezielle Computergraphik-Rechner betreiben durfte. Einer der Rechner hatte ein Wechsel-Festplatten-System mit einer Kapazität von zwei Megabyte. Der dazugehörende Datenträger mochte etwa vier Kilogramm Masse gehabt haben. Eine handelsübliche Backup-Disc von zwei Terabyte im Jahr 2020 hat eine um eine Million mal höhere Kapazität – mit der Technik von damals hätte eine 2-Terabyte-Disc also der Masse eines kompletten Güterzugs entsprochen. Überdies hielt man für die Computergraphik die Entwicklung von spezieller schneller Computerhardware für erforderlich. Die Graphik-Rechner, die es noch gar nicht gab, wollte man am Institut GRIS an der THD einfach selber bauen. Dafür hatte man ein Hardwarelabor eingerichtet, und es gab ein Projekt namens »Homogener Multiprozessorkern« (HoMuK). Man konnte sich damals einen leistungsfähigen Graphik-tauglichen Rechner nicht zuletzt deshalb als einen Multiprozessor-Rechner vorstellen, weil die diversen Graphik-Algorithmen der Parallelität der Systeme entgegenkamen. Neben der Konstruktion der einzelnen Modul-Rechner war die Realisierung der sie verbindenden Kommunikationskomponente, das war der »HoMuK-Bus«, eine echte Herausforderung.

Professor Dr.-Ing. Dr. h.c. Dr. E.h. José Luis Encarnação, Darmstadt und Berlin
Exkurs – Die Anfänge der »Computer Graphics«

Wenn ich das so lese, an was sich Georg Rainer Hofmann aus studentischer Sicht erinnert, so steuere ich gerne einige Bemerkungen aus der Sicht des im Text erwähnten Professors bei.

Die Anfänge der Graphischen Datenverarbeitung – »Computer Graphics« – gehen zurück auf technische Entwicklungen in den USA, die circa in der Mitte der 1960er-Jahre stattgefunden haben, unter anderem am »Massachusetts Institute of Technology« (MIT) und an der University of Utah. Ich selbst habe im Jahr 1970 auf diesem Gebiet, also sehr früh in dessen Entwicklung, an der Technischen Universität in Berlin am Institut für Informationsverarbeitung bei Professor Wolfgang K. Giloi promoviert. Danach kam ich, nach einem Intermezzo als Professor an der Universität des Saarlandes in Saarbrücken, im Jahr 1975 auf einen Informatik-Lehrstuhl (ein Fachgebiet) an der TH, der heutigen TU, in Darmstadt. Der Lehrstuhl wurde »Fachgebiet Graphisch-Interaktive Systeme« (GRIS) genannt. Damit waren gleich zwei Claims markiert, die in der späteren Informationsgesellschaft von zentraler Bedeutung sein sollten. Zum einen war die »Graphik« das, was später unter anderem auch als »Multimedia« reüssieren sollte. Und zum anderen war die »Interaktion« neu, denn Computer wurden um das Jahr 1980 herum nicht im direkten Dialog von Menschen mit Maschinen, sondern im »Batch« betrieben. Beide Phänomene sollten Jahre später in der Informationsgesellschaft absolut alltäglich sein. Aber wir waren damals, um das Jahr 1980, herum in Darmstadt die Pioniere.

Mein Bestreben war es, dieses Fachgebiet GRIS als eine wichtige Disziplin in der Informatik zu etablieren und durchzusetzen. In der Zeit der Jahre um 1980 herum bedeutete »wichtig« in der Informatik vor allem, dass die Systeme einen Nutzwert in industriellen und gewerblichen Anwendungen darstellten. An einen kulturellen Beitrag der Informatik oder einen alltäglichen Unterhaltungswert der – gar multimedial-graphischen und interaktiven – Computer dachte damals noch kaum jemand. Daher ging es mir um die breite Einsetzbarkeit und Anwendbarkeit der Technologien, Methoden, Algorithmen und Systeme in »Industrie und Wirtschaft«, die wir in diesem neuen Fachgebietes GRIS erforschten und entwickelten. Dies implizierte, schon aus Kosten- und Effizienzgründen, dass die jeweiligen Anwendungen unabhängig von der im Einzelfall verwendeten Hardware und Peripherie programmierbar sein müssten.

Dafür entwickelte mein Darmstädter Fachgebiet in Partnerschaft mit anderen internationalen Gruppen ein »Application Programming Interface« (API) für Anwendungen der Computergraphik. Dieses API wurde »Graphisches Kernsystem – Graphical Kernel System« (GKS) genannt. Wir konnten von Darmstadt aus bei der fachlichen Entwicklung dieser damals sehr wichtigen Innovation eine auch international führende und tragende Rolle spielen.

Ich zeichnete zu dieser Zeit nicht nur verantwortlich für die Aktivitäten im Bereich der DIN-Normung, die in den 1980er-Jahren zur Entwicklung von GKS und vergleichbaren Graphik-Standards führten, sondern auch für den gesamten Aufbau von anderen DIN-Gremien, die für die Beiträge zur internationalen Normung der graphischen Datenverarbeitung zuständig waren. Das ist in der Entwicklung der Informationsgesellschaft ein relativ seltenes Phänomen, dass ein internationaler Standard wesentlich von Deutschland aus entwickelt, pilotimplementiert und geprägt worden ist. Ein zweites Beispiel wäre etwa die viele Jahre später erfolgte Entwicklung des MP3 zur Audiodaten-Kodierung.

Das GKS war der erste Internationale Standard für Computergraphik. Er hatte die Nummer ISO/IEC IS 7942 und wurde im Jahr 1977 eingeführt. In Deutschland war er schon etwas früher unter der Bezeichnung DIN 66252 veröffentlicht worden. Das GKS stellt verschiedene Basisfunktionen für die Programmierung von graphischen Anwendungen zur Verfügung. Zu diesem Zweck wurden im GKS-System mehrere, aufeinander aufbauende GKS-Leistungsstufen spezifiziert. Konzeptionell stellt das GKS-System abstrakte graphische Darstell- und Eingabemöglichkeiten zur Verfügung und ermöglicht die geräteunabhängige Programmierung von graphisch-interaktiven Anwendungen, sowohl zwei- wie auch dreidimensionaler Graphik. Mit diesem Konzept konnten bereits die Anforderungen vieler Anwendungen bedient werden, wie im Bereich Maschinenbau, Architektur und Bauingenieurwesen, Elektrotechnik, auch in der Medizin.

Das GKS wurde zu einer wichtigen Basis für »Computer-aided Design« (CAD), »Computer-aided Engineering« (CAE), »Computer-aided Manufacturing« (CAM), Entwurf elektronischer Schaltungen und Simulationstechniken, auch für Bildgebende Verfahren und Diagnosesysteme in der Medizin etc. Mit der Entwicklung des GKS war es uns gelungen, das Fachgebiet GRIS in der Informatik-Landschaft als Disziplin fest zu etablieren und zu verankern – auch in einem internationalen Kontext. Die Computergraphik entwickelte eine sozio-ökonomische Relevanz und damit einen Markt für Projekte der Angewandten Wissenschaft. In der Folge hatten wir bei GRIS und später am »Fraunhofer-Institut für Graphische Datenverarbeitung« (IGD) eine gute Situation, was die Gewinnung von Drittmitteln und die Akquisition von Forschungsaufträgen angeht.

Allerdings waren die nicht-technischen Bereiche der Kunst, Kultur und Geisteswissenschaften damit noch nicht für das Fachgebiet GRIS als Anwendungen erschlossen. Viele Personen aus diesen Kreisen meinten sogar, das würde gar nicht gehen, dass ihre hehren Disziplinen etwas mit der profanen »Digitalisierung« im Sinn haben könnten.

Bei diesen spannenden Themen bei GRIS wollte ich dabei sein. Nach dem Vordiplom konnte man sich am Fachbereich Informatik an der THD für einen Job als Studentische Wissenschaftliche Hilfskraft, abgekürzt »Hiwi«, bewerben. Ich wurde bei einem Wissenschaftlichen Mitarbeiter vorstellig, der Detlef Krömker hieß. Die Bewerbung war sehr informell. Ich bin damals – einfach so – in sein völlig verrauchtes Büro marschiert. Herr Krömker rauchte am Tag – meiner Schätzung nach – so eine bis maximal drei Packungen des Fabrikats »Camel ohne Filter«. Ich fragte ihn, ob es für mich als Hiwi etwas Sinnvolles zu tun gäbe. Und das war durchaus der Fall.

Ich wurde von Detlef Krömker bei GRIS akzeptiert, und im Frühjahr 1985 begann meine Karriere als Hiwi und damit als ein »Professional« – denn ich verdiente mein erstes Geld in der Informatik. Es galt, Schaltungen für das »HoMuK-System« in Betrieb zu nehmen. Das hieß insbesondere, leidige Entwurfsfehler zu finden und zu beseitigen. Es mag im Jahr 1985 gewesen sein, als man das Jubiläum »10 Jahre GRIS« beging. Professor Encarnação hatte jede Menge nationale und internationale Gäste von akademischer Bedeutung eingeladen, um sein Institut mit diversen akademischen Kolloquien gebührend zu feiern. Wir durften im Labor den experimentellen HoMuK-Aufbau einem Besucher von der TU Berlin vorführen. So eine Vorführung nannte man damals eine »Demo«. Der Besucher war Professor Wolfgang Giloi, bei dem wiederum seinerzeit Encarnação promoviert hatte. Giloi war der damalige »god father« der Rechnerarchitektur in Deutschland. Er lobte unsere Vorführungen und Arbeiten durchaus.

Am Institut GRIS gab es viele internationale Studierende und Gäste, weil Encarnação das glatte Gegenteil von provinziell war. Er verfolgte internationale Kooperationen und akquirierte internationale Projekte. Wir hatten Wissenschaftler aus China, Brasilien, USA, vielen Europäischen Ländern, auch aus Ländern des damaligen sogenannten »Ostblocks«. GRIS war ein wenig wie Raumschiff Enterprise, mit Vulkaniern und Klingonen und allen möglichen Leuten aus aller Welt und »aller Herren Länder«, wie man damals (noch) sagte. Es wurde klar, dass die entstehende Informationsgesellschaft nur als ein »internationales Unterfangen« sinnvoll, denkbar und gestaltbar ist.

In Darmstadt wurden in der Mitte der 1980er-Jahre die Briefe mit dem Motto »In Darmstadt leben die Künste« abgestempelt. Man zehrte noch von der Weitsicht Großherzog Ernst Ludwigs zu Beginn des 20. Jahrhunderts. Auf der Mathildenhöhe waren seinerzeit eine Reihe von Musterhäusern errichtet und damit der damals neuen Kunstrichtung des Jugendstils entscheidende Impulse verliehen worden. Nach dem Zweiten Weltkrieg sollten die Darmstädter »Ferienkurse für Neue Musik« eine nachhaltige weltkulturelle Bedeutung erlangen. Daran anknüpfend entschied man sich seitens der Stadt Darmstadt, für den Sommer des Jahres 1986 eine große Ausstellung und ein interdisziplinäres Symposium zum Thema »Symmetrie« auf die Beine zu stellen.

Das Symposium angestrebte Niveau war schlicht »Weltklasse«. Das Phänomen Symmetrie sollte in seiner gesamten Mannigfaltigkeit in der Bildenden Kunst, den Naturwissenschaften, der Mathematik, Musik, Philosophie etc. umfassend ausgelotet werden. Man hatte für das Riesenprojekt einen wissenschaftlichen Leiter gewinnen können. Es war ein – meiner Wahrnehmung nach – wahrer Universalgelehrter mit Namen Guerino Mazzola und er kam aus der Schweizer Ortschaft Dübendorf in der Nähe von Zürich. Auf seine Provenienz angesprochen, entgegnete er mir einmal, nach einem für ihn typischen »weischt Rrrainerrr« (mit gerolltem »r«), es sei nun gar nicht so wichtig, wo man herkommt, sondern viel mehr, wo man hingeht. Provinz sei überdies keine Frage der Geographie, sondern eine Frage der Geisteshaltung.

Mazzola hatte in Zürich unter anderem Mathematik und Physik studiert, mit 24 Jahren war er promoviert. Er arbeitete dann in Paris und Rom und habilitierte sich im Jahr 1980 im Fachgebiet der Kategorientheorie. Er war danach nach eigener Auskunft »verschiedentlich tätig«. Nun bezog er eine Projektwohnung in einem idyllischen Haus, direkt auf der Mathildenhöhe in Darmstadt.

Es mag im Sommer 1985 gewesen sein, als wir bei GRIS Guerino Mazzola erstmals begegneten. Es ging ihm um Raffaels Fresko »La scuola di Atene – Die Schule von Athen«. Raffael hatte das monumentale und etliche Quadratmeter große Bild Anfang des 16. Jahrhunderts auf eine Wand in der »Stanza della Segnatura«, dem für zeremonielle Unterschriftsleistungen des Papstes vorgesehenen Raum im Vatikan gemalt. Mazzola hatte einen Plan. Die im Fresko dargestellte Szene sollte als ein dreidimensionales Modell im Computer realisiert werden. Es sollte für die Symmetrie-Ausstellung im Sommer 1986 möglich sein, quasi »neue« Perspektiven und Ansichten der von Raffael dargestellten Szene zu berechnen und zu visualisieren, um so neue Erkenntnissen zur Struktur und Symmetrie des Freskos zu gewinnen.

Encarnação übergab das Mazzola-Problem an seinen Mitarbeiter Detlef Krömker, der wiederum auf mich als seinen Hiwi zukam. Zunächst hatten wir keine Ahnung, wie Guerino Mazzola zu helfen sei. Im Laufe der nächsten Jahre und Jahrzehnte sollte ich allerdings erfahren, dass dieser Umstand für fast alle Forschungs- und Beratungsprojekte – an deren Beginn – typisch ist. Denn wenn das Problem ein Einfaches wäre, könnte man für dessen Lösung ja auch andere Leute – als ausgerechnet uns – beauftragen.

Professor Dr. Guerino Mazzola, Minneapolis
Exkurs – Über Religion, Kunst und Wissenschaft

Wenn man das liest, so muss man sehen, dass meine »interdisziplinären Sünden« schon am Mathematischen Institut der Universität Zürich ihren Anfang genommen hatten. Mein Auftreten als der wissenschaftliche Generalsekretär des Darmstädter Symmetrieprojekts war die unmittelbare Folge davon. Ich hatte mich damals bereits in Zürich mit algebraischer Geometrie und Darstellungstheorie beschäftigt und bei Peter Gabriel (dem Mathematiker, nicht etwa dem Popmusiker) habilitiert. Die Algebra hatte ich bereits zur Entwicklung eines neuen interdisziplinären Gebietes der Mathematischen Musiktheorie quasi »missbraucht«, für viele Fachkollegen war das reine Ketzerei.

Der an der TH Darmstadt tätige Mathematikprofessor Rudolf Wille hatte mich vordem zu einem Vortrag zu meiner Mathematischen Musiktheorie eingeladen. Er fand daraufhin, dass ich für das Symmetrieprojekt genügend progressiv und auch provokativ wäre. Mein Vorhaben, im Rahmen des Symmetrieprojekts Raffaels »Schule von Athen« mithilfe von Computergraphik analysieren zu wollen. Das war nicht nur progressiv, sondern schon ein Sakrileg. Das kannte ich freilich, hatte doch bereits meine Computer-basierte mathematische Analyse von Beethovens »Großer Sonate für das Hammerklavier« eine ähnliche Ablehnung hervorgerufen.

Diese Arbeit war auf erbitterte Gegenreaktionen gestoßen, denn wie konnte ich nur jenes heilige Meisterwerk der ersten Wiener Klassik einer formalen Analyse unterziehen. Die Vorurteile der Kollegen vom philosophischen Fach sahen die Mathematik ohnehin als eine Wissenschaft, die nur komplizierte Tautologien produzierte. Besonders verdächtig war den Geisteswissenschaftlern mein damaliger Musikcomputer. Er war der Urahn der später konstruierten Maschine namens »MDZ71« – und dem Nachfolger »presto«. Mein Musikcomputer hatte die musikalischen Parameter der »Sonate für das Hammerklavier« erbarmungslos durcheinandergewirbelt. Ein Artikel über »Beethoven im Computer« war bereits in der »Neuen Zürcher Zeitung« erschienen.

Die von mir zu verantwortende Entwürdigung von heiligster musikalischer Kunst war also der wissenschaftskulturelle Hintergrund, mit dem dann ab dem Jahr 1985 Raffaels Fresko »with a fresh look« angegangen wurde. Zum Glück hatten mein Team und ich auf der Mathildenhöhe und der junge Informatikstudent Georg Rainer Hofmann und seine Kollegen an der TH Darmstadt, einen wichtigen Mentor im Symmetrieprojekt. Das war der prominente Schweizer Kunstwissenschaftler Oskar Bätschmann, der die neuen Methoden und die Computerkultur überaus herzlich begrüßte. Das war wichtig und zudem nicht unwesentlich, um das Raffael-Projekt zum Erfolg zu führen. Die eher traditionell eingestellten Kollegen von Bätschmann verurteilten das Unternehmen als einen ketzerischen Affront gegen die »Sancta Ecclesia« der Kunstwissenschaft. Nach Beethoven im Computer könnte nun auch noch Raffael im Computer die gängige religiöse Bewunderung der Großkunst stören. Das war schon »deadly shocking«.

Bei unserer Analyse der gängigen Literatur zur »Schule von Athen« mussten wir erkennen, dass bereits recht viele und wichtige geisteswissenschaftliche Erkenntnisse vorlagen. Aber offenbar hatte bisher noch niemand die genaue Geometrie der im Fresko verwendeten Zentralperspektive untersucht. Für Bätschmann war das nicht erstaunlich, lern(t)en doch Kunstwissenschaftler rein gar nichts über die Mathematik und genauen Methoden der Perspektive in ihrem Studium. Also machten wir uns zuallererst an die exakte Rekonstruktion der dreidimensionalen Darstellung im Fresko, wo in einem Raum 57 Personen dargestellt sind.

Es stellte sich heraus, dass Raffael erstens zwei Perspektiven miteinander verquickt hatte: Eine für die Raumteile vor der großen Treppe, eine zweite für die Raumteile hinter der Treppe. Diese virtuose Perspektiventechnik, die Raffael und seine Mitarbeiter vollkommen beherrschten, erzeugt eine quasi-filmische Annäherungsbewegung des Betrachters. Man wird, auf das Fresko schauend, regelrecht in dieses hineingezogen. Und zweitens fanden wir, dass der Doppelstern, den Ptolemäus rechts vorn auf seiner Tafel konstruiert, kein Davidstern ist, wie dies die Kunstwissenschaft bisher ohne weiteres Nachzudenken angenommen hatte. Es ist vielmehr eine Kombination von Dreiecken aus den Platonischen Körpern, was eigentlich kein Wunder in einer Schule von Athen sein dürfte.

Was damals durch die computergraphische Visualisierung der geometrischen Daten der »Schule von Athen« erkannt wurde, war die Tatsache, dass das Doppeldreieck des Ptolemäus isomorph ist zum Doppeldreieck der Fußpunkte der wichtigsten Menschenfiguren im Fresko. Diese Erkenntnis war nur möglich geworden durch den Perspektivenwechsel mithilfe der Algorithmen der Informatik. Das war ein absolutes Novum in der Analyse der »Schule von Athen«, welches ohne Computergraphik verborgen geblieben wäre. Auf philosophischer Ebene gewannen wir so einen weiteren Beleg dafür, dass die sogenannte »ganze Wahrheit« als ein Integral der möglichen Perspektiven gesehen werden muss. Diese Erkenntnis, das Yoneda-Lemma der Kategorientheorie, war nun besser sichtbar geworden. Das durch den Einsatz von komplexen Algorithmen errechnete Integral war der klassischen Kunstwissenschaft vorher unzugänglich.

Diese Resultate des Darmstädter Raffael-Projektes aus der Mitte der 1980er-Jahre sind und bleiben ein fundamentaler Fortschritt im Bestreben, das große Ganze, welches durch das »dis-capere« der Disziplinen zerschnitten wurde, wieder zusammenzufügen.   ℐ

Schon Ende der 1970er-Jahre gab es in den USA an der University of Rochester im US-Bundesstaat New York eine Beschäftigung mit der sogenannten »constructive solid geometry« (CSG). Man hatte eine Beschreibungssprache und ein System namens »PADL-2« (Part and Assembly Description Language Version 2) entworfen. Das PADL kannte primitive, geometrische Objekte (wie Quader, Kugeln, Kegel etc.) und konnte daraus per mengentheoretischer Operationen (Vereinigung, Schnitt etc.) neue komplexere Objekte im Rechner synthetisieren. Detlef Krömker meinte, dass die zur Verfügung stehende Version PADL-2 für unser Raffael-Projekt eingesetzt und benutzt werden könnte – im Informatiker-Deutsch sagte man dazu wohl »hingebogen werden könnte«. Eine computergraphische Darstellung von menschlichen Körpern war damals schon sehr(!) ungewöhnlich. Es war eine schwierige Frage, wie das mit einem CSG-System und seinen primitiven geometrischen Formen möglich sein sollte.

Mazzola hatte auf der Mathildenhöhe in Darmstadt ein Sperrholzmodell der von Raffael dargestellten Szene aufgebaut. Darauf platzierte er hölzerne Gliederpuppen, die auch im Zeichenunterricht als Modell benutzt werden. Diese konnte er vom korrekten perspektivischen Betrachtungspunkt anvisieren. Mit solchen Holzpuppen wurden die Figuren im Fresko nachgestellt, die Gelenkwinkel der Gliedmaßen gemessen, und diese Daten wurden dann über PADL-2 modelliert und visualisiert. Die Herstellung von »Bildern« von unseren Berechnungen war eine Sache für sich. Das PADL-2 konnte Vektor-

Mazzola Krömker Hofmann

Rasterbild – Bildraster

Anwendung der Graphischen Datenverarbeitung
zur geometrischen Analyse eines Meisterwerks der
Renaissance: Raffaels ›Schule von Athen‹

Mit Vorworten von
O. Bätschmann und
J. L. Encarnação

 Springer-Verlag

Titel der Springer-Publikation »Rasterbild-Bildraster« vom Sommer 1986.

bilder als Strichzeichnungen erzeugen, die man mit einem Plotter auf Papier zeichnen lassen konnte. Neben diesen eher technischen Zeichnungen sollten aber auch Farbbilder für das Exponat für die Ausstellung her, also digitale Bilder, farbige Rasterbilder, die aus Pixeln aufgebaut waren. PADL konnte so etwas als »shaded pictures« berechnen und in einer Auflösung von 512 mal 512 Bildpunkten in einer Datei abspeichern.

Sehen oder zeigen konnte man so ein Bild, einen »Frame«, damit noch lange nicht. Die Datei mit dem Rasterbild wurde dann vom Siemens-Zentral-rechner per Telefonmodem auf einen Spezialrechner bei GRIS übertragen, und in einem »frame buffer« gespeichert. Daran war ein Farbmonitor angeschlossen und man konnte – bitte sehr! – das Bild endlich wirklich sehen. Denn dieser Monitor, mit einer klassischen Braunschen Röhre ausgestattet, konnte tatsächlich ein farbiges Rasterbild darstellen. Normale Computermonitore zeigten nur Zeichen monochrom in Grün oder Orange. Das Ganze kostete pro Frame leicht mehrere Stunden Aufwand. Bilder für die Ausstellung brauchten aber noch eine »Hardcopy« – zum An-die-Wand-Hängen.

Für ausstellungsfähige Bilder wurde eine 35-mm-Kleinbildfilm-Fotokame-ra mit Teleobjektiv auf einem Stativ in einiger Entfernung vor dem Monitor platziert. Das Teleobjektiv milderte die kugelförmige Verzeichnung des Bild-schirms. Das Stativ brauchte man, weil es einige Sekunden Belichtungszeit pro Aufnahme benötigte, um das Flimmern des Monitors zu eliminieren. Und so wurden Foto-Negative und auch Vortragsdias unserer Rechenergebnisse fabriziert. Es gab ja noch keine Beamer oder gar große LED-Monitore, also projizierte man in der Symmetrie-Ausstellung eine Diashow mit klassischen Projektoren auf eine Leinwand. Ein Übernehmen der Bilder in ein digitales Dokument, etwa als Abbildung in einer Textdatei, war damals noch völlig utopisch. Das wurde erst möglich mit der Entwicklung der »Architekturen Offener Dokumente« (ODA), wie sie im Kontext des BERKOM-Projekts einige Jahre später erfolgen sollte.

Für das Erstellen von Diaschau-Bildern mit »Textelementen«, Schrift oder Formeln, wurde die mit einem Laserdrucker ausgedruckte entsprechen-de Papierseite mit schwarzer Schrift auf einem Repro-Fototisch durch ein Gelbfilter aufgenommen. Das 35-mm-Negativ zeigte dann weiße Schrift auf blauem Grund. Dieses Negativ konnte im Vortrag wiederum quasi als ein Dia gezeigt werden. Und dieses »Weiß-auf-Blau«-Schriftbild war damals schon schick. Wegen des Raffael-Projekts war ich quasi »ständig« im Institut GRIS. Professor Encarnação genehmigte mir sogar einen Büroarbeitsplatz mit einem eigenen Telefon auf dem Schreibtisch. Das Telefon war bis zur Mitte der 1980er-Jahre wohl das wichtigste Kommunikationsmittel im Büro. Es hatte eine Wählscheibe und war grau – das Fabrikat »Siemens FeTAp 611« hieß daher auch die »Graue Maus«. Dieser Büroarbeitsplatz mit Telefon war ein damals fast unglaubliches Privileg für einen Hiwi-Studenten.

In der Rückschau fällt das fast »niedlich« zu nennende Arbeits- und Prozess-Tempo in der Mitte der 1980er-Jahre auf. Man hatte an einem normalen Arbeitstag eine um Längen geringere Ereignis- und Termindichte zu bewältigen als dies viele Jahre später der Fall war. Das Telefon war das einzige Echtzeit-Medium, die Briefpost hatte eine Reaktionszeit von einigen Tagen. Das Telefax war noch nicht alltäglich und überall in Gebrauch. Drängte ein Kooperationspartner auf eine versprochene Zuarbeit, so konnte man ihn am Telefon vertrösten, das sei schon in der Post. Und man hatte noch den ganzen Tag Zeit, es wirklich zu erledigen und zur Post zu geben.

Einige der Begleitumstände waren unglaublich provinziell und idyllisch, verglichen mit der »around the clock action«, die die entwickelte Informationsgesellschaft Jahrzehnte später mit sich bringen sollte. Gegenüber des Instituts GRIS in Darmstadt gab es eine Gaststätte »Bayerischer Hof«. Setzte man sich dort zur Mittagszeit an einen Tisch, so wurden ohne Bestellung die Tagessuppe und ein halber Liter Bier – eine »Halbe« – gebracht. Dann gab es ein warmes Tellergericht nach Speisekarte. So eine Mittagspause konnte schon mal gut zwei Stunden dauern. Der Nachmittag hatte, abhängig von der Zahl der zu Mittag konsumierten »Halben«, manchmal eine geradezu lässige Grundstimmung.

Das Darmstädter Raffael-Projekt zeigte mithilfe der Perspektivenwechsel in der synthetischen dreidimensionalen Szene, dass Raffaels Fresko zwei Perspektiven aufweist, die allerdings den gleichen Fluchtpunkt, aber eine verschiedene Tiefenskalierung haben. Dadurch entsteht eine Dynamik die den Betrachter quasi in das Bild »hineinzieht«. Professor Encarnação erreichte im Sommer 1986 beim Springer-Verlag in Heidelberg, dass dort eine Monographie zu unserem Raffael-Projekt erschien. Sie hieß »Bildraster-Rasterbild – Anwendung der Graphischen Datenverarbeitung zur geometrischen Analyse eines Meisterwerks der Renaissance: Raffaels Schule von Athen«. Die Autoren waren Guerino Mazzola, Detlef Krömker und ich – obwohl ich ja erst ein Student war. Unser Ansprechpartner beim Springer-Verlag war übrigens Gerd Rossbach. Er sollte ab dem Jahr 1992 die ersten »Deutschen Multimedia Kongresse« (DMMK) initiieren.

Bilder vom Raffael-Projekt der Darmstädter Symmetrie-Ausstellung aus dem Jahr 1986. Szenenmodell und Holzpuppen, die vermessen wurden, und ihre Modellierung und Visualisierung mit dem PADL-2-System.

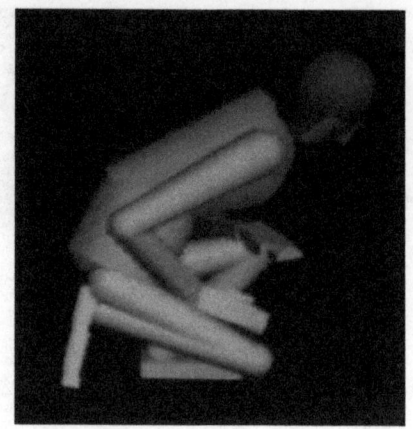

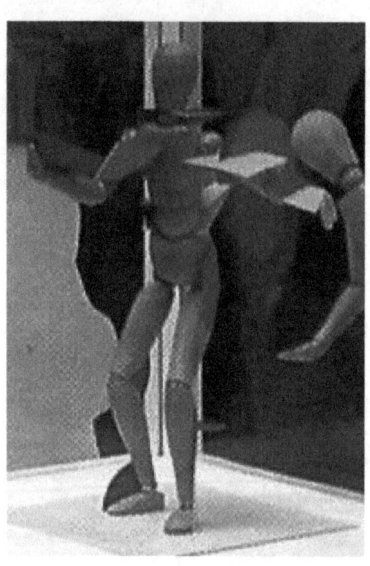

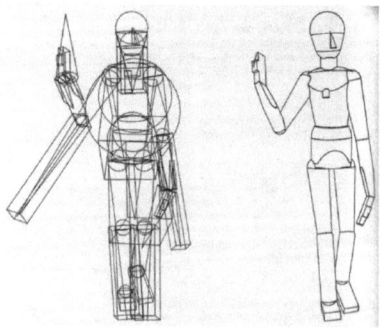

In der Kulturszene waren wir bei einigen professionellen, aber reaktionären Kunsthistorikern quasi »unten durch«. Möglicherweise waren sie gereizt, weil sie erkennen mussten, dass ihre Unkenntnis der Mathematik und Geometrie, mit der sie manchmal gar kokettierten (»in Mathe hatte ich immer eine Fünf«), hier ein wirklicher Nachteil war. Sie verstanden einfach nicht, um was es bei der »Schule von Athen« ging und spürten, dass sie den geometrischen Fähigkeiten eines Raffael absolut nicht gewachsen waren. Das ärgerte sie. So durften wir von völlig Ahnungslosen verfasste Pressetexte lesen, dass wir »Raffaels großartiges Fresko zu einer unsäglichen Badeanstalt« hätten verkommen lassen. Um uns als Techniker generell zu diskreditieren, überschrieb man einen Zeitungsartikel gar mit: »Von Holzpuppen und Holzköpfen«. Viele Jahre später hätte man das wohl ein »hate posting« genannt.

Einige Monate nach dem Ende der Symmetrie-Ausstellung sollte Anfang April 1987 die große Tagung »Datenbanksysteme in Büro, Technik und Wissenschaft« (BTW) der »Gesellschaft für Informatik« (GI) in Darmstadt stattfinden. José Luis Encarnação war eingeladen worden, zur feierlichen Abendveranstaltung den akademischen »Dinner Speech« zu halten, im Festsaal der Darmstädter Orangerie vor mehreren Hundert Zuhörern. Aber Encarnação passed it over to me. »Hofmann, gehen Sie da hin! Sie haben doch diese Raffael-Bilder, damit können Sie einen Vortrag halten.« Er meinte, so eine Aufgabe fiele mir doch sicher ganz leicht. Ich hingegen konnte angesichts der anspruchsvollen Aufgabe und den Erwartungen der Zuhörerschaft schon leicht nervös werden. Die BTW-Teilnehmer rechneten ja mit dem renommierten Professor Encarnação als Redner – und sicher nicht mit einem Studenten, der ihnen irgendwelche von einem Monitor abfotografierte bunte Dias zeigen würde.

Es war wohl so etwas wie mein »Bundesliga-Debut«. Ich war 25 Jahre alt und trug zur BTW-Abendveranstaltung einen Anzug mit Krawatte. Detlef Krömker hatte mir noch mitgegeben: »Lerne die ersten paar Sätze des Vortrags auswendig. Das darf den Zuhörern aber nicht auffallen. Ist erst mal der Anfang gut gegangen, dann läuft der Rest auch. Dann kann kommen, was will«. Der Anfang ging gut, und so lief der ganze Vortrag generell ganz gut. Eine gemeinsame Intentionalität mit dem Publikum war spürbar, und es gab großen Applaus. Bei der Darmstädter BTW-Tagung waren im Publikum die fortschrittlichen Kräfte offenbar in der Überzahl. A small step for mankind, a giant leap for a man.

Ein Merkmal der entwickelten Informationsgesellschaft ist die Ubiquität und Selbstverständlichkeit von digitalen Bildern. So gesehen stand das Raffael-Projekt am Anfang einer fabelhaften Entwicklung, nämlich der Popularisierung der Computergraphik und des Computergraphischen Realismus. Ein Zeichen dieser beginnenden Popularisierung sollte in den Jahren 1987 bis 1989 eine quasi »Deutschland-Tournee« sein, die dem Auftritt an der BTW-Tagung folgte. Ich erhielt viele Einladungen zu Vorträgen, das Raffael-Projekt zu präsentieren.

Professor Dr.-Ing. Dr. h.c. Dr. E.h. José Luis Encarnação, Darmstadt und Berlin
Exkurs – Das Raffael-Projekt und die Anfänge der »Computer Graphics Art«

Wenn ich das alles so lese, so erinnere ich mich an die Ursprünge und an den Sinn und Zweck des »Raffael-Projektes« sowie an die Rolle, die mein damaliger Student Georg Rainer Hofmann dabei spielte.

Die internationale Hauptkonferenz und Messe für das Fachgebiet der Graphischen Datenverarbeitung war damals – und ist immer noch – die der »Special Interest Group on Graphics and Interactive Techniques« (SIGGRAPH) der »Association for Computing Machinery» (ACM). Sie findet jährlich in den USA statt und hat eine weltweit richtungsweisende fachliche Bedeutung. So um das Jahr 1985 begann man sich bei der SIGGRAPH-Konferenz auch mit dem Bereich »Kunst und Kultur« als ein weiteres Anwendungsgebiet der Computergraphik zu beschäftigen. Die sogenannte »Computer Graphics Art« wurde zu einem neuen Segment der SIGGRAPH-Veranstaltungen. Man begann unter anderem zu zeigen, wie Künstler Computergraphik als Werkzeug für die Generierung und Umsetzung ihrer Ideen und Kunstwerke verschiedenster Art nutzen könnten. Diese neuen Technologien konnten aber auch eingesetzt werden als Werkzeug zur allgemeinen Analyse, Interpretation, Bewertung, Vergleichbarkeit und Einordnung von Werken im Kunst- und Kultur-Bereich. Ich war sozusagen ein »Follower« dieser Entwicklung und wollte auch in Darmstadt in diese Richtung aktiv werden.

Für das Großprojekt des Jahres 1986, das interdisziplinäre Symposium zum Thema »Symmetrie«, hatte die Stadt Darmstadt den Schweizer Guerino Mazzola als wissenschaftlichen Leiter gewinnen können.

Im Sommer 1985 wurde Mazzola bei mir vorstellig. Er präsentierte mir seine Sicht und sein Interesse an Raffaels Fresko »La scuola di Atene –Die Schule von Athen«. Er erläuterte mir auch, dass dieses Schlüsselwerk der italienischen Renaissance durch die geometrische Präzision der perspektivischen Ansicht und der Gestik der darin dargestellten Philosophen bestach. Mazzola hatte als Vision vor, die im Fresko dargestellte Szene als ein dreidimensionales Modell im Computer zu realisieren, um dann quasi neue Perspektiven und Ansichten der von Raffael dargestellten Szene zu berechnen, zu visualisieren. Durch diese Simulation wollte er zu neuen Erkenntnissen bezüglich einer inneren Struktur und Symmetrie des Freskos gelangen. Damit war die Idee geboren, ein »Raffael-Projekt« am Fachgebiet GRIS durchzuführen. Die Frage war jetzt »nur noch« die der technischen Umsetzung eines solchen Projektes.

Das Raffael-Projekt fiel in die Zeit, als ich mich mit den ersten Planungen für das »Fraunhofer-Institut für Graphische Datenverarbeitung« (IGD) in Darmstadt beschäftigte. Es sollte dort mit Beginn des Jahres 1987 eine Abteilung geben, die »Animation und Simulation« hieß. Diese Abteilung sollte von Detlef Krömker geleitet werden und sie sollte sich mit der Erforschung der computergenerierten realistischen Bilder und Filme beschäftigen, die als Basis räumliche Szenen mit dreidimensionalen Objekten hatten. Das »Raffel-Projekt« war daher wie geschaffen und kam wie gerufen, um eine der Grundlagen für die Forschungsrichtung dieser künftigen Abteilung zu sein.

Damit konnte ich zudem ein taktisches Ziel verfolgen, mich, ähnlich wie bei ACM-SIGGRAPH, in meinem Institut auch mit der neuen »Computer Graphics Art« zu beschäftigen. Es war deswegen nur konsequent und zielführend, dass die Abteilung »Animation und Simulation« mit Beginn des Jahres 1987 am IGD eingerichtet wurde. Unter den ersten wissenschaftlichen Mitarbeitern (WissMA) war Georg Rainer Hofmann, der bei der Durchführung des »Raffael-Projektes« einen hervorragenden Job gemacht hat.

Das von Mazzola vorgeschlagene »Raffael-Projekt« kann auch gesehen werden als der Anfang einer Entwicklung, nämlich der »Popularisierung« der Computergraphik. Es war ein historischer Einstieg in den Anwendungsbereich »Kultur und Kunst« und den Computergraphischen »Realismus«, als Darstellung und Verarbeitung von computergenerierten realistischen Bildern und Filmen. In den Jahren 1987 bis 1989 wurden die eindrucksvollen Ergebnisse des »Raffael-Projektes« einer breiten, auch nicht-fachlichen Öffentlichkeit präsentiert. Um diese Verbreitung der im Projekt erzielten, sehr interessanten Ergebnisse noch weiter zu verstärken, hatte ich mich erfolgreich beim Springer-Verlag in Heidelberg dafür eingesetzt, dass dort eine Monographie über das »Raffael-Projekt« erscheint. Die Autoren waren Guerino Mazzola, Detlef Krömker und der Student Georg Rainer Hofmann.

Damit hatte das »Raffael-Projekt« meine Absichten und die damit verbundenen Erwartungen bereits mehr als voll erfüllt, nämlich das Erschließen und Ermöglichen von neuen Anwendungen für die Graphische Datenverarbeitung, als Informatik-Werkzeug und als »Enabling Technology« im Bereich Kunst und Kultur. Das Projekt hat gezeigt, wie wertvoll die Methoden, Techniken und Systeme dieser Informatik-Disziplin sind, um Visualisierungen, Analysen, Simulationen und Animationen rechnergestützt für Kunst- und Kulturschaffende zu ermöglichen und zu realisieren.

Das »Raffael-Projekt« hat in den 1980er-Jahren sicher eine Pionierrolle gespielt und wurde zu einem der »Enablers« dieser Entwicklung. Es war dahingehend sehr erfolgreich und hat damit seinen Zweck voll erfüllt. So gesehen zählt mein ehemaliger Student Georg Rainer Hofmann aus meiner Sicht zu den Pionieren der »Computer Graphics Art«. Gerne habe ich auch sein, dieses hier vorliegende, Buchprojekt unterstützt, in dem er über vier Jahrzehnte der Entwicklung der Informationsgesellschaft aus seiner Sicht und auf der Basis seiner persönlichen beruflichen Erfahrungen berichtet.   ❡

Aus einer philosophischen Sicht haben wir damals gelernt, dass der geisteswissenschaftlichen Methode des »Perspektivenwechsels« durchaus eine mathematisch-technische Komponente entspricht. Guerino Mazzolas Interpretation des kategorientheoretischen Yoneda-Lemmas »Verstehen heißt Perspektiven ändern und sammeln« war ein wichtiges – und technisch realisierbares – Element geworden. Dieser Umstand sollte uns auch künftig noch intensiv beschäftigen.

Ich hatte damals ein großes Interesse an einem eiligen Studium, denn ich wollte möglichst bald meine semi-professionelle Hiwi-Tätigkeit durch eine »richtige« Berufstätigkeit ersetzen. Im Herbst 1986 war dann nach acht Semestern das Studium der »Informatik mit Nebenfach Volkswirtschaftslehre und Wahlfach Philosophie« an der THD beendet.

Computer machen Musik in Wien und in Zürich
(1987 – 1988)

Die große Mathematische Musiktheorie wird durch einen kleinen Computer namens »MDZ71« aus Darmstadt unterstützt. Dieser MDZ71 wird in Wien von Herbert von Karajan gelobt, und er gibt auch ein Konzert in Zürich.

Das Darmstädter Institut GRIS von José Luis Encarnação hatte in Mitte der 1980er-Jahre enorm an internationaler Bedeutung gewonnen. Das war vor allem den Beiträgen zur Entwicklung – und internationalen Etablierung – eines der ersten internationalen ISO-Standards für Informationstechnik, dem »Graphical Kernel System« (GKS) zu verdanken. Dieser Standard mit der Nummer ISO/IEC 7942 war ein »Application Programming Interface« (API) für die Darstellung und Interaktion mit vor allem zwei-dimensionalen Vektorgraphiken. Pixel-basierte Rasterbilder spielten nur eine Nebenrolle. Das GKS war unabhängig von Hardware-Plattform und Programmiersprache definiert. Die Arbeiten am GKS brachten GRIS eine hervorragende internationale Vernetzung und eine erhöhte Aufmerksamkeit für Auftragsforschungsprojekte sowohl der öffentlichen Hand als auch der gewerblichen Wirtschaft.

José Luis Encarnação hatte die Bedeutung der Arbeiten von GRIS für die akademische Forschung und für Anwendungen in der Wirtschaft absolut treffsicher erkannt. Er betrieb bereits im Jahr 1984 die Gründung des Vereins »Zentrum *für Graphische Datenverarbeitung* e.V.« (ZGDV). Geschäftsführer des ZGDV wurde Herbert Kuhlmann. Damit griff Encarnação an der THD eine bereits aus den USA bekannte Idee auf. Das ZGDV war als ein »Industrial Programme« dafür da, den Dialog und Wissenstransfer mit prospektiven Projektpartnern aus der Wirtschaft zu intensivieren und zu institutionalisieren. Dieser Grundgedanke sollte Jahre später im Sinne des systematischen »Wissenstransfers« der Hochschulen eine konsequente Weiterentwicklung erfahren.

Es verwundert nicht, dass auch die »Fraunhofer-Gesellschaft zur Förderung der angewandten Forschung e.V.« auf GRIS und das ZGDV aufmerksam wurde. Die Fraunhofer-Gesellschaft hatte ihre Zentralverwaltung in München, die eigentliche Facharbeit wurde in Dutzenden von dezentral lokalisierten und organisierten Instituten ausgeführt. Nach entsprechenden Verhandlungen und Vorbereitungen nahm zu Beginn des Jahres 1987 die »Fraunhofer-Arbeitsgruppe (für) Graphische Datenverarbeitung« (FhG-

AGD bzw. AGD) in Darmstadt ihre Arbeit auf. Die Existenz der AGD war seitens der Fraunhofer-Zentralverwaltung zunächst auf fünf Jahre befristet, sozusagen zur Bewährung. Die Frage war, ob diese »Graphische Datenverarbeitung« einen nachhaltigen Auftragsforschungsmarkt finden würde.

Für die personelle Ausstattung der neuen AGD suchte der – nun frisch gebackene – Fraunhofer-Institutsleiter Professor Encarnação natürlich Mitarbeiter. Er konnte vier Abteilungsleiter für die AGD gewinnen, einer davon war Detlef Krömker. In seiner Abteilung »Animation und Simulation« sollte es um die Erforschung computergenerierter realistischer Bilder und Filme auf der Basis räumlicher Szenen gehen. Das Raffael-Projekt war eine erste Grundlage für diese Forschungsrichtung. So wurde ich mit Beginn des Jahres 1987 ein wissenschaftlicher Mitarbeiter, abgekürzt »WissMA«, bei der AGD, in der Abteilung von Detlef Krömker. Ich blieb also auch nach dem Studium in Darmstadt.

Der »speed of life« in der entstehenden Informationsgesellschaft nahm deutlich zu, die Zahl der Studierenden am Institut GRIS wuchs erheblich. Wir WissMA vertraten Professor Encarnação manchmal in seinen Vorlesungen und Seminaren, denn er konnte den akademischen Lehrbetrieb an der TH Darmstadt unmöglich noch selbst und allein erledigen. Und so kam es – nach meinem eiligen Studium – zu der einigermaßen absurden Situation, dass Kommilitonen, mit denen ich vor einigen Wochen noch gemeinsam die Bank im Hörsaal gedrückt hatte, mir nun als Hörer in den Vorlesungen und Seminaren gegenüber saßen.

Guerino Mazzola war nach dem Ende der Symmetrie-Ausstellung am Sonntag, 24. August 1986, um exakt 18:00 Uhr, demonstrativ pünktlich und sofort aus Darmstadt nach Zürich abgereist. Ich habe in der Rückschau schon den Eindruck, dass sein intellektueller Anspruch nicht immer für eine gedeihliche Arbeitsatmosphäre in der Darmstädter Kulturszene gesorgt hat. Ich hielt weiter zu ihm persönlichen Kontakt. Ab und an gab es ein Telefonat. Man sollte die Wichtigkeit und die Rolle des sozialen Kontextes für eine erfolgreiche akademische Projektarbeit keinesfalls unterschätzen. Ich würde nach all den Jahren durchaus die Meinung vertreten, dass ein funktionierendes Projektteam eher eine sinnvolle Projektaufgabe findet, als umgekehrt, dass sich für eine gegebene Forschungsaufgabe ein sozial funktionierendes Projektteam finden lässt.

So gegen Ende des Jahres 1986 stellte Guerino Mazzola eine neue Projektidee vor. Es sollte ein Musikcomputer mit einem »Graphical User Interface« (GUI) gebaut und »Music Designer MDZ71« genannt werden. Damit hatten wir bei der AGD einen der ersten Projektaufträge, gar einen internationalen, nämlich aus der Schweiz. Mazzola hatte für sein MDZ71-Projekt einen Sponsor finden können.   Das war Toni Hauswirth, »a truly international business man«, der auf einer Insel in der Südsee lebte. Er fiel bei den bodenständigen Fraunhofer-Kollegen auf, weil er als Rechnungsadresse ein Postfach in Panama City angab. Einige Jahre später war er der Sponsor der Nationalmannschaft der Fidschi-Inseln bei den Olympischen Winterspielen im Jahr 2002 in Salt Lake City – never mind.

Man konnte im Laufe des MDZ71-Projekts den Eindruck gewinnen, Guerino Mazzola sei ein Jünger des Pythagoras. Er war gleich diesem davon überzeugt, dass sich im Prinzip große Teile der Welt, und gar schon Teilbereiche der Musik, mit mathematisch-topologischen Strukturen beschreiben lassen müssten. Er hatte bereits 1985 das Buch »Gruppen und Kategorien in der Musik« publiziert. Der MDZ71 sollte das darin entwickelte, sehr radikal-generelle Verständnis von Tonereignissen aufgreifen. Die Dimensionen der Töne waren Höhe, Dauer, Einsatzzeit, Klangfarbe, die entsprechend parametrisiert die Elemente einer Partitur sind. Tonereignisse sollten in dem dadurch aufgespannten multi-dimensionalen »Raum der Töne« mit beliebigen geometrischen Abbildungen und Operationen in allgemeiner Form manipulierbar sein.

Mazzola hatte schon als Kind klassischen Klavierunterricht und seit den 1970er-Jahren trat er auch im Metier des »Free Jazz« auf. Diese »Mathematische Musiktheorie« von Guerino Mazzola war mir sofort sehr sympathisch, hatte ich doch seit meinem elften Lebensjahr Unterricht in Trompete und war bei einem Posaunenchor in der Nähe meines Wohnorts, im Nachbarort Breuberg, in der Kirchmusik engagiert. Von daher wusste ich durchaus, was eine Partitur ist. Mein generelles Interesse an Neuer und Elektronischer Musik war ebenfalls sicher kein Nachteil für das MDZ71-Projekt.

Die Basis der Entwicklung des MDZ71 sollte das »Musical Instrument Digital Interface« (MIDI) sein. Das MIDI war – und ist – ein Industriestandard, damals vor allem unterstützt vom Synthesizer-Hersteller Roland. Mit MIDI können Steuerinformationen zwischen elektronischen Instrumenten-Komponenten, wie Keyboards oder Synthesizern, ausgetauscht werden. Die MIDI-Daten sind lediglich »symbolische« Steuerdaten, keine digitalen Audiosignale. MIDI-Daten modellieren etwa die Betätigung von Keyboard-Tasten und können an einen Synthesizer gesendet werden, der das geforderte Tonereignis dann produziert, was wiederum über einen Lautsprecher hörbar gemacht werden kann. MIDI-Daten sollten im MDZ71 als Partitur visualisiert und fast beliebig editiert und transformiert werden können, um etwa Töne auf die andere Tonhöhe oder Einsatzzeit zu bringen oder ihnen eine andere Klangfarbe zuzuweisen.

Für den Aufbau des MDZ71 war im Jahr 1987 ein kleiner PC namens »Atari ST« der Firma »Atari Corporation« ideal. Dieser hatte standardmäßig eine MIDI-Schnittstelle. Der Atari ST hatte außerdem ein Basissystem »Graphics Environment Manager« (GEM), das die Programmierung einer graphischen Bedienoberfläche für den MDZ71 ermöglichte. Die Graphik war allerdings nur schwarz-weiß, mit einem Bit pro Pixel.

In den Jahren 1987 bis circa 1989 gab es zwar schon E-Mail und die AGD konnte sie auch benutzen, das brachte aber nicht viel, weil man dafür noch zu wenige Kommunikationspartner hatte. Die kritische Anzahl der E-Mail-Teilnehmer war noch nicht erreicht. Eine Fraunhofer-Visitenkarte aus diesen Jahren führte noch keine E-Mail-Adresse auf, wohl aber eine Telex-Nummer. Die allermeisten Arbeitsunterlagen wurden im MDZ71-Projekt zwischen Zürich und Darmstadt per Briefmarkenpost zugeschickt. Ein modernes Echtzeit-Kommunikationsmittel war damals das Telefax, das man aber nur für Dokumente von wenigen Seiten Umfang gebrauchen konnte.

Die Deutsche Bundespost bot sogar einen Schnellbrief-Dienst an, den »Teletex-Brief«. Dazu konnte man als Absender von einem Postamt aus einen Brief per Fax an einen Empfänger schicken, der selbst kein Fax haben musste. Die Post suchte ein Postamt in der Nähe des Empfängers. Dorthin wurde das Fax geschickt, und dann der Thermopapier-Ausdruck dem Empfänger im Briefumschlag per Postboten zugestellt. Wir hatten damals bei der AGD für das Posttechnische Zentralamt (PTZ) in Darmstadt ein kleineres Projekt im Umfeld des Teletex-Briefs. Es ging darum, Monitore für die Darstellung von diesen Teletex-Briefen auszusuchen, um diese Dokumente ohne Ausdruck – von Postamt zu Postamt – weiterleiten zu können. Das Problem war als Gegenstand der Angewandten Forschung schon interessant, weil anscheinend niemand bis dahin auf den Gedanken gekommen war, ein Fax auf einem Bildschirm darstellen zu wollen.

Für den Musikcomputer MDZ71 wurde der Atari ST über das MIDI-Protokoll mit einem Yamaha-Synthesizer TX802 verbunden, der die – damals hochmoderne – Frequenz-modulierte Synthese von Tönen ermöglichte. Der TX802 realisierte damit die Klangfarbe von Tonereignissen als Elemente

Der Musikcomputer MDZ71 auf der Basis des Atari ST und des Yamaha-Synthe-
sizers TX802. Das ist der Aufbau auf einem Tisch im Gebäude der Wiener Gesellschaft
der Musikfreunde, wenige Minuten vor der Vorführung für Herbert von Karajan im Mai
1988. Die Fotographie wurde von Christof Blum zur Verfügung gestellt.

eines unendlich-dimensionalen Funktionenraums. Für die Implementierung der eigentlichen MDZ71-Software konnte ich meinen ehemaligen Kommilitonen Christof Blum gewinnen, der damit seine Diplomarbeit realisierte. Für den MDZ71 wurde eine Verallgemeinerung »Score« des bekannten Prinzips der Partitur programmiert. Die Parameter der Tonereignisse wurden als geometrische Parameter modelliert und dargestellt. Es war dann möglich – aber freilich nicht immer sinnvoll, etwa die Tonart eines Stücks zu verändern oder die Abspielgeschwindigkeit. Man konnte auch, einfach so, die Parameter komplett austauschen, etwa Einsatzzeit versus Tonhöhe, was dann eine aleatorisch anmutende Musik im Ergebnis ergab.

Während des MDZ71-Musikcomputer-Projekts sollte ich, wie so viele andere Kolleginnen und Kollegen sicher auch, eine wichtige Erfahrung machen. Die Programmierung des MDZ71 wurde nicht – mehr – von mir selbst ausgeführt. Ich war unversehens in die Rolle eines »IT-Projekt-Managers« hinein geraten: Ich plante, wer von den Programmierern wann und was realisieren sollte, motivierte die Programmierer und kontrollierte das Ergebnis. Ich fand mich so in der Rolle wieder, die Projektergebnisse gegenüber Guerino Mazzola und anderen Interessierten zu vertreten. Ich hatte ohne große Absicht die Ebene eines quasi »Meta-Informatikers« erreicht, mit einer kleinen Projekt- und Personal-Verantwortung. Das war ein Quantensprung.

Am 24. und 25. Mai 1988 fand ein Symposium der Herbert-von-Karajan-Stiftung bei der Gesellschaft der Musikfreunde in Wien statt. Wir hatten dort einen Vortrag zur Präsentation des MDZ71 eingereicht. Guerino Mazzola hatte es zudem arrangiert, dass sich Herbert von Karajan, der im Jahr 1988 der wohl bekannteste Musiker der Welt war, den MDZ71 persönlich und exklusiv vorführen lassen wollte. Wir hatten den MDZ71 für den Termin in einem Büro des Wiener Musikvereinsgebäudes aufgebaut. Herbert von Karajan »rauschte heran« mit seinem Hofstaat von der Deutschen Grammophon. Karajan hatte ein irrwitziges Auto, einen Porsche 959. Das könnte damals das wohl schnellste Serienauto der Welt gewesen sein. Unvergesslich ist mir unsere MDZ71-Vorführung. Der bereits schwer gehbehinderte von Karajan trug einen dunkelblauen ausgebeulten Trainingsanzug. Wir durften bei dieser Begegnung leider keine Erinnerungsfotos aufnehmen, die Herbert von Karajan persönlich gezeigt hätten.

Dr. Christof Blum, Eschborn
Exkurs – Über Musik mit Menschen und Maschinen

Wenn man das so liest, so wird einem bewusst, wie gut sich die Geschichte der Digitalisierung mit ihren verschiedenen Entwicklungsstufen der vergangenen 40 Jahre anhand der technischen Entwicklungen in der Musik erzählen lässt.

Im MDZ71 wurden Tonereignisse verarbeitet, deren Merkmale nahe an der Notenschrift liegen. Ein Ereignis wird durch Tonhöhe, Einsatzzeit, Dauer und Lautstärke beschrieben. Der angeschlossene Synthesizer erzeugte hieraus Klänge mithilfe von Schwingungsgeneratoren. In gleicher Weise, wie sich die graphische Datenverarbeitung der 1980er-Jahre in Richtung digitaler Bildverarbeitung entwickelte, zog die digitale Signalverarbeitung in der Musik ein. Das Pendant des Pixels ist das Sample. Digitale Signalverarbeitung ermöglicht nicht nur die Reproduktion beliebiger natürlicher Klänge sondern auch eine stark komprimierte Signalspeicherung, wie sie dem MP3-Format zugrunde liegt.

Wie kein weiteres Kürzel steht »MP3« für den digitaltechnikbedingten Umbruch einer ganzen Branche. Physische Tonträger gehören seitdem der Vergangenheit an. Musik ist immateriell geworden. Nein, die MP3-Erfinder kommen nicht aus dem Silicon Valley, sondern vom Fraunhofer-Institut in Erlangen. Freilich hat effiziente Signalverarbeitung nichts mit »Verstehen« zu tun. Auch dies kann am Beispiel der Musik gut illustriert werden. Die populäre Shazam-App »erkennt« in Sekundenschnelle gespielte Musiktitel und nennt Interpreten und Namen des Stückes. Schier endlos scheint die Musikdatenbank zu sein, auf die hier zugegriffen wird. Und der Abgleich erfolgt beeindruckend schnell. Wer aber meint, die App verstehe etwas von Musik, der irrt.

Das Thema »Computer machen Musik« ist heute so spannend wie in den 1980er-Jahren. Technische Innovationen und geändertes Nutzungsverhalten sind grundsätzlich eher lose miteinander gekoppelt. Das soll heißen, dass nicht jeder technologische Quantensprung unmittelbar die Welt verändert, aber im Einzelfall können vergleichsweise kleine technische Fortschritte eine Lawine an Verhaltensänderung hervorrufen. Die Flut an Bildern und Tönen, von denen wir heute umgeben sind, war vor 40 Jahren so nicht vorstellbar. Auch wenn auf Technikebene in weiten Teilen »nur« quantitative Effekte (Netzbandbreite, Prozessorleistung) die Entwicklung prägten, auf Nutzungsebene vollzogen sich fundamentale Veränderungen. Jedem Hobbymusiker steht heute im Internet eine weltweite Bühne bereit. Die Explosion an Kreativität ist spürbar. Musik ist überall. Und mit dem neuen Licht kommt auch ein neuer Schatten, denn die Musik ist nicht mehr ortsgebunden. Die weltweite Bühne steht in weltweiter Konkurrenz. Musik ist billig. Ist sie damit auch »wertlos« geworden? Wie kann ihr Wert geschützt werden?

Freilich ist die Flut an Quellen und Kanälen und die Überwindung von Ortsgebundenheit und klassischen Redaktionsprozessen in der Musik vergleichsweise die kleinere Herausforderung für die Menschheit, bedenkt man die sich im Zeitalter der »Fake News« zuspitzende Frage der Vertrauenswürdigkeit von Nachrichtenkanälen. Hätten wir uns vor 40 Jahren die gesellschaftliche Brisanz vorstellen können, die von Kurznachrichtendiensten ausgeht? Es scheint, als liege trotz Informationsflut der Höhepunkt der Aufklärung bereits hinter uns. Musik hilft zur Beruhigung und Versöhnung. Heute wie damals. Digital wie analog.   ♪

Der MDZ71 spielte in Wien das Stück »Der Dichter spricht« aus dem Zyklus »Kinderlieder« von Robert Schumann. Guerino Mazzola hatte die Papier-Partitur – Ton per Ton – in den MDZ71 eingetippt. Aber bevor wir zur eigentlichen Vorführung der Möglichkeiten des MDZ71 kommen konnten, den geometrischen Manipulationen der »Score«, schritt von Karajan bereits nach den ersten Takten heftig ein. »Das ist falsch, das Stück ist ja ganz falsch gespielt!« Er hatte das Stück in der Originaltonart h-moll erwartet. Offenbar hatte er insoweit ein absolutes Gehör. Guerino Mazzola zeigte, dass es dem MDZ71 per lineare Translation sehr einfach möglich ist, die Tonart eines Stücks komplett zu ändern. Der durchaus Technik-affine Herbert von Karajan war am Ende der Vorführung schon beeindruckt, er meinte, mit dem System MDZ71 könnte man ihn »die ganze Nacht allein lassen«.

Abends dann saßen Guerino Mazzola, Christof Blum und ich auf den allerbesten Plätzen »Balkon Mitte« im großen Goldenen Saal im Musikvereinsgebäude in Wien. Wir hatten für den Abend eine Einladung der Herbert-von-Karajan-Stiftung erhalten. Diesen Saal kennt das internationale Publikum als den Aufführungsort der berühmten Neujahrskonzerte der Wiener Philharmoniker. Wir hörten die Berliner(!) Philharmoniker in Wien(!) mit »Ein Heldenleben« von Richard Strauss. Von Karajan hatte einen Fahrradsattel als einen Sitz am Dirigentenplatz montieren lassen, weil er nicht mehr so gut stehen konnte. Einer der Einsätze der Posaunen nach einer Generalpause misslang, das Dirigat des Perfektionisten Herbert von Karajan war an dieser Stelle einfach zu unpräzise. Diesen Fehler sollte ich als Amateur-Musiker – der aber immerhin das Strauss-Stück einigermaßen kannte – mein Leben lang im Ohr behalten. Der große Herbert von Karajan war offenbar auch nicht unfehlbar – er hatte sich im Dirigat vertan.

Der MDZ71 erfuhr durchaus eine seriöse Rezeption. Am 3. September 1988 wurde das Stück »Der Saitensprung des Ludwig van B« des US-amerikanisch-tschechischen Komponisten Jan Beran im Kunsthaus Zürich uraufgeführt. Es war ein »multimediales« Klavierkonzert, extra für den MDZ71 komponiert. Parallel zu den Tonereignissen lief eine Diashow mit Bildern des Schweizer Künstlers Jakob Sollberger, die dieser dafür ebenfalls extra erstellt hatte. Die Vorführung musste per »full-size panic action« noch einmal neu gestartet werden, weil sie von einem – in Zürich wirklich sehr seltenen – Stromausfall unterbrochen worden war.

Professor Dr. Guerino Mazzola, Minneapolis
Exkurs – Über Musik-Computer auf CD und auf der Bühne

Wenn ich das so lese, dann werde ich an die Episode vom bestandenen »Turing-Test« für Musik-Computer erinnert.

Für mich als Protagonisten des MDZ71 war Jan Berans Komposition für meinen Musikcomputer ein großer Erfolg, ein »proof of concept«, wie man zu sagen pflegt. Aber sie war stilistisch »far out«. Eine Kritik in einer namhaften deutschen Musikzeitung meinte, es würde einem beim Anhören »ganz blümerant«. Zudem war es für mich als Jazz-Pianisten ohnehin wünschenswert, den MDZ71 für den Jazz einzusetzen.

Natürlich war diese Idee damals noch problematisch, da improvisierende Musiksoftware noch nicht entwickelt war. Und auch im Jahr 2020 funktioniert sie noch nicht noch nicht befriedigend. Daher entschied ich mich für das Stück mit dem Titel »Synthesis« für eine Lösung, wo alles Nichtimprovisierte vom MDZ71 übernommen würde, während ich die Improvisationen auf dem Klavier vorzutragen hätte. Der MDZ71 sollte alle Perkussionsinstrumente und den Bass übernehmen. Mit den Synthesizern von Yamaha RX5, TX802 und Roland R-8M wurden so 122 Instrumente angesteuert. Die vier Sätze der Komposition mit den Bezeichnungen »Earthquake«, »Liquid Colors«, »Poem of Wind« und »Burning Spears« wurden alle nach einem motivischen Prinzip, einer Art Leitmotiv, gestaltet, nämlich der mathematischen Klassifikation aller drei-elementigen Motive in 26 Klassen. Die Details kann man in meinem Buch »The Topos of Music« aus dem Jahr 2018 (Band II,

Kapitel 51) nachlesen. Diese Motive wurden als melodische Elemente, aber auch rhythmisch als Perkussionsgestalten benutzt.

Im Frühjahr 1990 benötigte ich für die Ausarbeitung der MDZ71-Komposition »Synthesis« vier Monate. Die gleichnamige CD wurde in einem einzigen »Take« im Studio aufgenommen und dann veröffentlicht, ohne irgendeinen Hinweis auf die computerisierten Perkussionsteile. Um meine Improvisation zur Software-generierten Musik zu erlernen, benötigte ich drei Monate intensiver Einarbeitung. Die Software konnte ja nicht auf Improvisation reagieren, ich als Pianist musste also alles verinnerlicht haben, was der Computer mir vorspielen würde.

Was auf die Veröffentlichung der Synthesis-CD folgte, war durchaus eine Art »Turing-Test« für musikalische Intelligenz. Die Kritiken der CD waren nicht durchaus positiv, man warf mir vor, eine Art »Cecil Taylor im 4/4-Takt« zu spielen, es wäre zu viel Präzision jenseits der offenen Stilistik des Free Jazz. Der musikalische Hintergrund dieses Verdikts war in Wirklichkeit, dass ich mit dieser CD eine Art Synthese von Miles Davis und Cecil Taylor angestrebt hatte. Das war natürlich eine – eine weitere(!) – Todsünde für alle Musik-Puristen. Trotzdem wurde die hervorragende Aufnahmequalität gelobt. Letztes war kein Kunststück, denn die ganzen Perkussionsinstrumente waren ja direkt elektronisch wiedergegeben worden. Das erkannte niemand, im Gegenteil wunderte man sich über die Präzision der Perkussion.

Der Kern dieses Turing-Tests für Musikcomputer ereignete sich aber beim Internationalen Jazz-Festival in Zürich im Herbst 1991. Hier wurde ich eingeladen, die Komposition »Synthesis« auf der Bühne aufzuführen. Man sah also mich als den Pianisten am Flügel samt dem Atari-MDZ71-Computer und sonst nichts. Der bekannte Jazz-Kritiker und Drummer Nick Liebmann von der Neuen Zürcher Zeitung unterhielt sich nach diesem Konzert mit mir und meinte, diese Performance mit dem Computer sei ja nicht schlecht, aber die CD mit den lebenden Musikern finde er besser. Liebmann hatte also als Schlagzeuger die synthetischen Klänge der Synthesizer nicht erkannt. Er hatte auch nicht bemerkt, dass alle Perkussion programmiert war und nicht durch musizierende Menschen aufgeführt wurde.

Dieser »bestandene Turing-Test« war für mich ein Beweis, dass Mensch und Maschine sehr wohl kreativ und auf hohem Niveau zusammenarbeiten können, dass aber die Intelligenz durch und durch dem Menschen anheimgestellt bleibt. ❡

Welche Lektionen hatte man beim MDZ71-Projekt gelernt? Es wurde verstanden, dass ein Teil dessen, was man unter »Musik« begreift, als Tonereignisse von einer Maschine erzeugt, gespeichert, manipuliert und wiedergegeben werden kann. Die Maschine kann sogar zu den Tonereignismengen neue, geometrische Perspektiven – im Sinne von Mazzolas Interpretation des Yoneda-Lemmas – ausrechnen. Es würde sich in naher Zukunft eine »algorithmische Musik« sogar automatisch oder halbautomatisch erzeugen lassen – und damit weit über das hinausgehen, was man bislang unter Elektronischer und Synthesizer-Musik verstanden hatte.

Im täglichen Leben fand eine ganz andere Art der Digitalen Musik Einzug. Die verschiedenen Formen von Automaten-gestützter Musik popularisierten sich gegen Ende der 1980er- und in den 1990er-Jahren tatsächlich. So entwickelte beispielsweise die Musikkultur des »Techno« eine eigene Faszination und eine immense ökonomische Bedeutung. Es wurde im Umfeld des MDZ71-Projekts aber auch verstanden, dass Musik nicht nur aus einer Menge von Tonereignissen besteht, die formal als Daten modelliert werden können. Es fehlt etwa ein geschlossenes mathematisches Modell der Klangfarben. Maschinen haben zudem immer noch keine Chance, einige der echten Musik-Instrumente, wie etwa Blechblasinstrumente, spielen zu können. Nach all den Jahren habe ich den Verdacht, dass der bestimmungsgemäße Gebrauch etwa einer Trompete weiterhin eine exklusive Angelegenheit von »echten Menschen« bleiben wird. Die Roboter können das nicht.

Pioniere in Berlin – Multimedia, Teledienste, Phantasien (1986 – 1989)

Das BERKOM-Projekt in West-Berlin ist eine der Geburtsstätten eines wegweisenden Paradigmas der Informationsgesellschaft: »Der Arbeitsplatz ist der vernetzte Multimedia-Computer – der vernetzte Multimedia-Computer ist der Arbeitsplatz«.

Die Stadt Berlin war bekanntermaßen in der Nachkriegszeit bis Ende der 1980er-Jahre zweigeteilt. Auf der einen Seite der sowjetische Sektor »Berlin, Hauptstadt der DDR« und auf der anderen Seite »Berlin (West)« oder »West-Berlin«, das aus den drei Sektoren der Alliierten USA, Frankreich und Großbritannien bestand. Im Kriegsverbrechergefängnis in Spandau bewachten die vier Alliierten Schutzmächte – gemeinsam – den mittlerweile greisen Hitler-Stellvertreter Rudolf Hess. Dieser war in Alexandria in Ägypten geboren und hatte dort auch seine Kindheit verbracht. In einem Film des ARD-Auslandskorrespondenten Walter Helfer aus dem Jahr 1987 über die Stadt Alexandria fragten Vertreter der dortigen »haute volée«, wie denn ihr ehemaliger guter Nachbar Rudolf Hess nach Deutschland und Berlin gehen und dort in eine derart schlechte Gesellschaft habe geraten können.

West-Berlin war geographisch gesehen eine brutale Provinz, eine völlig isolierte Insel inmitten der Deutschen Demokratischen Republik (DDR). West-Berlin gehörte nach internationalem Recht keinesfalls zur Bundesrepublik Deutschland, sondern hatte einen gesonderten »Vier-Mächte-Status«, der wiederum auf einem Abkommen der vier Siegermächte des Zweiten Weltkriegs beruhte. Wer nach West-Berlin reisen wollte, musste die DDR entweder durchfahren oder überfliegen. Der Flugverkehr nach und über Berlin wurde ebenfalls von den vier Alliierten Schutzmächten gemeinsam überwacht. In West-Berlin war damals die gesamte geopolitische Lage auf ganz wenigen Quadratkilometern zusammengepresst. Der noch junge Udo Lindenberg, damals keine vierzig Jahre alt, sang etwa Mitte der 1980er-Jahre:

»In 15 Minuten sind die Russen auf dem Kurfürstendamm.
Sie lassen ihre Panzer im Parkhaus stehn.
Und wollen im Café Kranzler die Sahnetörtchen sehn.«

Dieses Szenario war nicht ganz unrealistisch – in der Tat. Aber West-Berlin war in diesen Jahren auf eine seltsam dialektische Weise einerseits morbid, andererseits ein Fokus der Weltpolitik des Kalten Kriegs und vibrierend progressiv. Es gab einerseits die technisch ziemlich veraltete West-Berliner S-Bahn. Sie befand sich im Besitz der DDR-Reichsbahn und wurde deswegen im »Westen« kaum benutzt. Andererseits gab es eine Kulturszene, deren populärstes Produkt die Techno-Musik war, die Jahre später die sensationelle Love-Parade hervorbringen sollte. Jemand hatte in dieser Zeit einmal gesagt »was auch immer in Deutschland Neues passieren soll, es passiert zuerst in West-Berlin«. Das war nicht ganz unpassend – im Guten wie im Schlechten. Die britische New-Wave-Rockgruppe »Fischer-Z« dichtete zu Beginn der 1980er-Jahre über »Berlin«:

»Part of the old world lives on this island in Germany
The essence survives, Berlin, Berlin (...)
Young faces new ideals in search of paradise
They merge into the history, the theatre of memories
That make up the feel of Berlin, Berlin«

Auf dieser Insel West-Berlin wurde in der ersten Hälfte des Jahres 1986 von der Deutschen Bundespost das Projekt »BERKOM – Berliner Kommunikationssystem« gestartet. Die Deutsche Bundespost war damals noch ein staatseigener Betrieb und ein öffentliches Unternehmen der Bundesrepublik Deutschland. In der Mitte der 1980er-Jahre gehörten ihr über eine halbe Million Mitarbeiter an, die meisten waren »Postbeamte« – auf Lebenszeit. Sie erledigten sorgfältig und zuverlässig drei völlig verschiedene Geschäftsbereiche.

Erstens gab es die Postbank für Sparen und Zahlungsverkehr, zweitens den Postdienst, der Briefe und Pakete beförderte, und drittens die Fernmeldesparte, die vor allem für den Fernsprechdienst (Telefonie), das Fernschreiben (Telex) und auch die Fernkopien (Telefax) zuständig waren. Alles war wohl geordnet und gut sortiert. Ein Faxgerät und ein Telefongerät hatten sogar verschiedene Anschlüsse, die Stecker waren verschieden. Der Betrieb eines Faxgerätes an einem Telefonanschluss sollte so verhindert werden. Das geniale und radikal neue Element am Projekt BERKOM war, dass sich die Bundespost nun in den Markt von sogenannten »Anwendungen« begeben wollte. Das sollten Systeme – »Innovationsmotoren« – sein, die bei den künftigen gewerblichen und öffentlichen Kunden der Bundespost direkt deren Geschäftsvorgänge digital unterstützen sollten.

Im Jahr 1986 war Christian Schwarz-Schilling der Bundesminister für das Post- und Fernmeldewesen. Die gesamte Datenkommunikation in der Bundesrepublik war noch in der Hand der Deutschen Bundespost als einer hoheitlichen monopolistischen Behörde, die eigenwirtschaftlich alle oben genannten Postdienstleistungen erbrachte. Die Fern-Übertragung von Daten war möglich mithilfe von Akustikkopplern (Modems), die einen Datenstrom in ein Audiosignal umwandelten und dieses über eine Telefonleitung schickten. Der Empfänger hatte die Rückumwandlung in einen Datenstrom vorzunehmen. Bis 1986 war es nur erlaubt, posteigene Modems anzuschließen und zu benutzen. Normalerweise war eine Übertragungsbandbreite von circa 1200 Bits pro Sekunde möglich. Die Übertragung einer 1-Megabyte-Datei hat damals also ungefähr zwei Stunden Zeit in Anspruch genommen. Aber Dateien in dieser Größe waren eher selten. Man konnte so etwas kaum speichern und verarbeiten, weil einfach der Speicherplatz dafür fehlte.

In Deutschland gab es aber bereits ein erstes Online-Informationssystem, das auf dem Telefonnetz basierte. Der sogenannte »Bildschirmtext« Btx war im Prinzip eine Kombination von Telefon und Fernsehen. Er erforderte ein spezielles Btx-Endgerät. Der Btx wurde bereits im Sommer des Jahres 1979 auf der Internationalen Funkausstellung IFA in Berlin vorgestellt. Man hatte in West-Berlin sogar eigene Briefmarken, sie trugen die Aufschrift »Deutsche Bundespost Berlin«. So gab es auch eine eigene Berliner Briefmarke zu Ehren des Btx. Diese Briefmarke wurde angeblich 6,5 Millionen Mal gedruckt.

Der Btx war in der Bundesrepublik Deutschland ab circa dem Jahr 1983 landesweit verfügbar, es hat allerdings die erwarteten Nutzerzahlen nie erreichen können. Zum Start von BERKOM im Jahr 1986 hätten es schon circa eine Million Nutzer sein sollen, es waren aber nur 60 000, damit nur etwa sechs Prozent der Zielvorgabe. Die Briefmarke mit dem Btx-Motiv hatte, wenn man das vergleichen darf, etwa eine 100-mal weitere Verbreitung als die von ihr beworbenen Btx-Endgeräte. Btx fand erst viele Jahre später, etwa ab dem Jahr 1995, ein Millionenpublikum, als es mit dem E-Mail und Internet-Angebot von T-Online – als einem Internet-Dienstleister – zusammen auftrat.

Die Behörde Deutsche Bundespost hatte schon Jahre vorher eine Organisationseinheit namens »Deutsche Telepost Consulting« (DeTeCon) gegründet, die dann ab dem Frühjahr des Jahres 1986 das Projekt BERKOM durchführen sollte. Aus westdeutscher Sicht war BERKOM ein reines Entwicklungshilfe-

Eine Berliner Briefmarke aus dem Jahr 1979 – die neue Textkommunikation über Bildschirm Btx.

projekt für die »wirtschaftlich herausgeforderte« Insel West-Berlin. Die Ziele des Projekts BERKOM waren sehr utopisch formuliert, unter anderem sollte die Entwicklung von Diensten und Anwendungen für geplante Breitbandnetze erfolgen. Der Projektleiter von BERKOM war Jürgen Kanzow, der eine Gruppe von Wissenschaftlern und Technikern um sich geschart hatte. Einige der Anwendungen, die man bei BERKOM vorhatte, galten damals nicht nur als technisch schwierig umsetzbar, sondern waren zwischen »utopisch« bis »glatt verrückt« einzuordnen.

Das erste Manöver war die Entwicklung und Erprobung eines Breitbandnetzes auf Glasfaserbasis. Dazu sollte das damals zwar schon konzeptionell bekannte, aber keinesfalls allgemein verfügbare, Digitale Netz »Integrated Services Digital Network« (ISDN) um Breitbandkanäle ergänzt und erweitert werden, zum sogenannten »ISDN-B« – oder Breitband-ISDN. Neben den ISDN-Basiskanälen mit einer Bandbreite von 64 Kbit pro Sekunde sollten Kanäle von 2 Mbit und gar 140 Mbit pro Sekunde verfügbar sein. Es gelang dann in den Jahren ab 1986 in Berlin tatsächlich, ein eigenes BERKOM-Breitband-Glasfasernetz mit Vermittlungsstellen in Betrieb zu nehmen und den verschiedenen Projektpartnern sogar ein ISDN-B zur Erprobung und Nutzung anzubieten.

Völlig überzogen erschien uns damals der BERKOM-Ehrgeiz, die Entwicklung von Standards zur Daten-Übertragung voranzubringen. Das Ziel war ein »BERKOM-Referenzmodell«, ein Schichtenmodell für Daten-Breitbanddienste, das dem ISO/OSI-Referenzmodell nachempfunden werden sollte. Darauf basierend sollten multimediale Anwendungen, die »Teledienste«, entwickelt und erprobt werden. Dazu zählten eine »Multimedia-Mail«, Videokonferenzen, »Application Sharing« und »Computer-Supported Collaborative Work« (CSCW), Telemedizin, Telepublishing, Fernunterricht, verteilte Datenbanken, Nachrichtendienste ebenso wie »Video-on-Demand«, Hörfunk und Fernsehen im Netz per ISDN, gar elektronische Zeitungen – und allerlei in den Jahren 1986 und 1987 völlig phantastisches Zeug mehr.

Es wurden Illustrationen gemalt und Gehäuse-Funktionsmuster gebaut, wie die Endgeräte aussehen könnten. Entscheidend war aber die Suche nach sinnvollen Anwendungen. Die Kernfrage war, wer und für was könnte man um Himmels Willen eine Zwei-Megabit-Bandbreite, gar eine 140-Mega-bit-Bandbreite, gebrauchen? Es gab kaum Endgeräte, die einen solchen riesigen Datenstrom hätten sinnvoll verarbeiten und speichern können. So meinte man etwa damals, es wäre schon realistisch, dass man – in

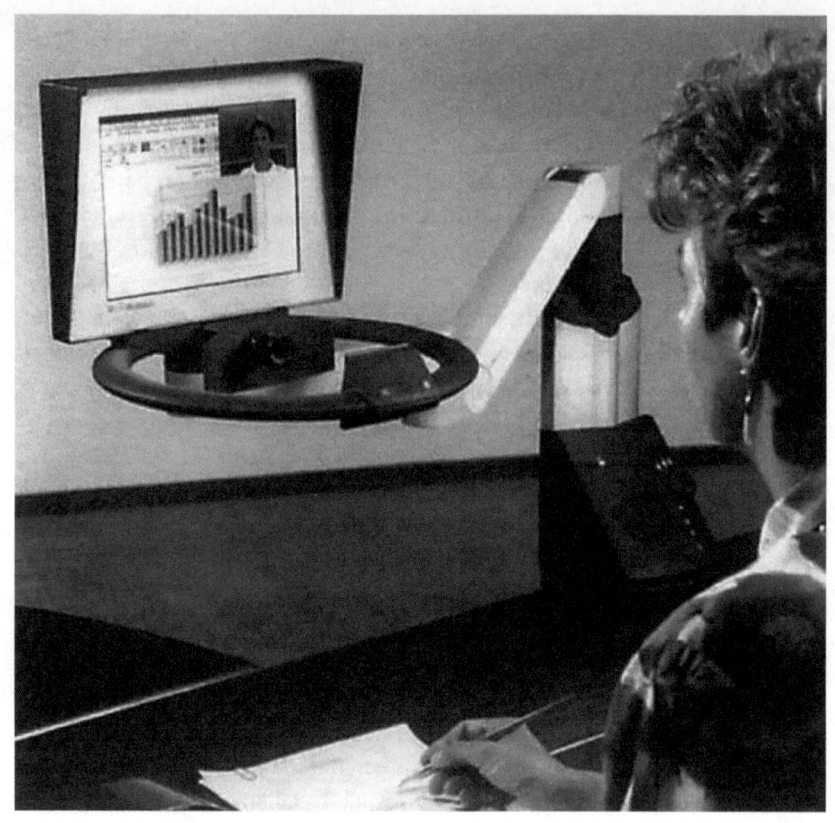

Der Prototyp eines Multimedialen Endgeräts im Projekt BERKOM. Es ist das damals »Mediatel« genannte Gerät, sozusagen ein Ur-Ahn der gängigen Videokonferenzsysteme der späteren Jahre. Der Prototyp zeigt das Videobild des Gesprächspartners und auch eine »Anwendung« auf einem Monitor. Die Benutzerin hantiert aber noch fleißig mit Bleistift und Papier, sie hat in der Tat keinen eigenen PC zur Verfügung. Eine – Medienbruch-freie – Übernahme der Daten in einen PC wäre damals auch gar nicht möglich gewesen. Mit einem findigen System von Spiegeln wurde das Problem gelöst, dass sich die Gesprächspartner quasi »in die Augen schauen« können. Denn die Videokameras waren damals noch größer und konnten daher nicht einfach direkt im Monitorrahmen platziert werden. Die Abbildung stammt aus einem Flyer des BERKOM-Projekts.

allernächster Zukunft – an einem Computer-Bildschirm Lexikon-Artikel per Fernabfrage über das ISDN-B lesen könnte, inklusive eventueller Bilder und gar Video- und Audio-Dateien. In der Tat sollten noch über dreißig Jahre vergehen, bis solche Anwendungen, so in der Form der Wikipedia-Systeme, Allgemeingut geworden sind.

Im Jahr 1986 war die Philosophie der Offenen Systeme und des ISO/OSI-Referenzmodells (»International Organization for Standardization« (ISO) – »Open Systems Interconnection« (OSI)) noch relativ neu. Das ISO/OSI ist ein Referenzmodell für Netzwerkprotokolle in Form einer Schichtenarchitektur. Es war erst 1984 von der ISO als Standard veröffentlicht worden. Das ISO/OSI-Modell sollte die Daten-Kommunikation über unterschiedlichste technische Systeme hinweg regeln und den dazu nötigen Übertragungsprotokollen ihren richtigen Platz und ihre richtige Funktion zuweisen. Das Modell hat sieben Schichten (die sogenannten »Layers«). Entscheidend ist, dass in der gleichen Schicht definierte Netzwerkprotokolle relativ einfach austauschbar sein sollten. So sollten die Endgeräte der Anwendungen über neutrale Plattformen über verschiedenen Netzen und ihren Protokollen betrieben werden können.

Eine Grundidee der BERKOM-Leute um Jürgen Kanzow war, dass man ein ISDN-B für die Übertragung großer Datenmengen brauchen würde. Wenn es aber große Datenmengen irgendwo auf der Welt gäbe, dann müssten sie die Form von Fotos und Videos, Standbilder und Bewegtbilder, haben. Irgendwann im Sommer 1986 muss Jürgen Kanzow dann José Luis Encarnação gefragt haben, ob nicht die Darmstädter GRIS- und AGD-Leute hier helfen könnten, das Breitbandnetz BERKOM mit computergraphischen Anwendungen zu vereinen. Encarnação hat später das Thema in der AGD an Detlef Krömkers Abteilung weitergegeben. Im Projektteam waren Christof Blum und ich dabei. Christof Blum war nach seiner MDZ71-Diplomarbeit und der Beendigung seines Studiums ebenfalls ein WissMA in der Abteilung von Detlef Krömker geworden.

Zu Beginn des Jahres 1987 waren wir bei der Darmstädter »Fraunhofer-Arbeitsgruppe Graphische Datenverarbeitung« (FhG-AGD, kurz AGD) – neben dem MDZ71 – an der Akquisition weiterer Projekte interessiert, um wirtschaftlich bestehen zu können. Das Berliner BERKOM-Projekt war ein »golden client« für uns bei der AGD. Wir hatten einen stabilen Projektpartner und Auftraggeber mit hinreichenden finanziellen Mitteln und einem immensen Forschungs- und Entwicklungsbedarf für die nächsten Jahre vor uns. Wir hätten nicht mehr erwarten können. Für mich persönlich begann ab dem zweiten Halbjahr 1986 dann eine »Berliner Zeit«, die über 30 Jahre lang andauern sollte. Irgendwie war ich dauernd in Berlin zugange ... es war ja auch immer etwas los. Bahllien, Bahllien.

In der zweiten Hälfte der 1980er-Jahre war aus Sicht der West-Berliner überall und in allen Himmelsrichtungen »der Osten«. Wir Darmstädter kamen typischerweise mit dem Flugzeug aus Frankfurt am Main nach Berlin. Aufgrund des Vier-Mächte-Abkommens durften nur alliierte Flugzeuge und Piloten nach und über Berlin fliegen. Die Routen waren regulatorisch aufgeteilt. Vom Flughafen Frankfurt am Main flogen die Amerikaner, und nur die, zum Flughafen Berlin-Tegel, der hatte »TXL« als Kürzel. Zuständig war eine Fluggesellschaft namens »Pan Am«. Die »Pan American Airways« waren weltberühmt, da sie als eine der ersten Airlines interkontinentale Flüge anbieten konnten. Über die DDR ging es mit der »Pan Am« in einem ziemlich engen Korridor. Die Flughöhe von wenigen Tausend Metern war streng vorgeschrieben und wurde ebenso streng überwacht. Nicht selten sah man durch die Fenster des »Pan Am«-Flugzeugs begleitende Kampfflugzeuge vom sowjetischen Typ MiG. Der enge Korridor erlaubte es nicht, schlechtes Wetter zu umgehen, was immer wieder zu sensationellen Wackelflügen führte.

Vom Flughafen Berlin-Tegel ging es dann mit Bus und U-Bahn zum Headquarter von BERKOM, das zunächst – »very tiny« und provisorisch – in einem Obergeschoss des Tagesspiegel-Gebäudes in der Potsdamer Straße untergebracht war. Später zog man um, auf das ehemalige AEG-Gelände im Wedding. Die Fahrten mit der U-Bahn-Linie U8 zum Bahnhof Voltastraße, unter dem »Osten« hindurch, waren beeindruckend. Die allerstrengste Bewachung der Geisterbahnhöfe und die bis zum Äußersten entschlossenen Gesichter der bewaffneten DDR-Grenztruppen machten uns damals glauben, dass die politischen Verhältnisse »Ost versus West« für alle Zeiten zementiert sein würden. Sic transit gloria mundi?

Jahrzehnte später unternahm ich dann mit meinen Studierenden immer wieder Exkursionen nach Berlin. Wir besuchten den Bundestag im Reichstagsgebäude, diverse akademische Institute und auch Berliner IT-Firmen. Irgendwann, so um das Jahr 2010 herum, stellte ich fest, dass die jungen Leute mit meinen Erläuterungen zur DDR und der Teilung Berlins einfach nichts mehr anfangen konnten. Es hätte ihnen genauso gut etwas vom letzten Weltkrieg erzählt werden können. Im Jahr 1991 meldete die »Pan Am« Insolvenz an und im November 2020 wurde TXL geschlossen, da der neue Berliner Flughafen namens »BER« – endlich – eröffnet worden war.

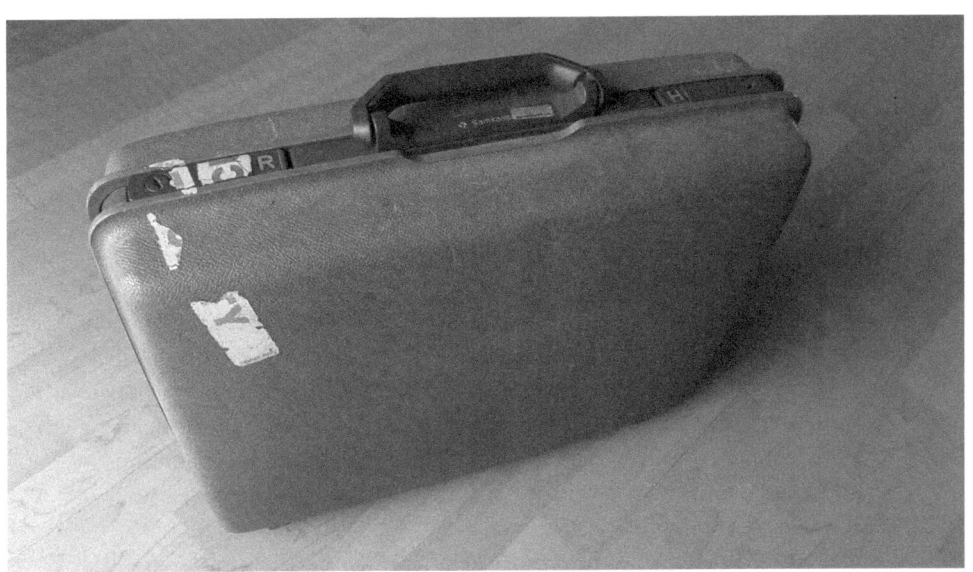

Die Entwicklung der Informationsgesellschaft basierte nicht nur auf Hochtechnologie, sondern auch auf profanen Dingen wie (m)einem Koffer des Fabrikats Samsonite. Er stammt aus den 1980er-Jahren und hat viele Hundert Reisen nach Berlin zu BERKOM, FOKUS, eco-Verband und anderen Kooperationspartnern – und zurück – hinter sich. Er war auch bei vielen Dutzend Reisen zu den internationalen Meetings der diversen Standardisierungsgremien der ISO/IEC JTC1 mit dabei. Wenn man genau hinschaut, kann man noch die jahrzehntealten Reste der Aufkleber der Security der »Pan Am«-Flüge von Frankfurt – über die DDR – nach West-Berlin erkennen. Diese Siegel-Klebebänder über der Öffnung sollten verhindern, dass irgendjemand im Transit über die DDR etwas in den Koffer nach dem Check-in herausnahm – oder hineinlegte. All die Jahre sprachen mich Kollegen wiederholt darauf an, ob ich mir denn keinen neuen Koffer leisten wollte. So ein Neukauf ist aber völlig unnötig, denn ich hatte ja schon dieses sehr brauchbare Exemplar. Später, in der entwickelten Informationsgesellschaft sollte dieses Konsumverhalten wohl als »Minimalismus« bezeichnet und bekannt werden.

Für das Projekt BERKOM war eine Gruppe von Berliner Wissenschaftlern maßgebend, die zunächst noch am Hahn-Meitner-Institut arbeiteten. Dort wirkte seinerzeit Professor Dr. Karl Zander als einer der Leiter. Er war zudem ein Hochschullehrer für Elektrotechnik an der Technischen Universität Berlin. Professor Zander war maßgeblich an der Konzeptionierung von BERKOM beteiligt. Er war es wohl, der es verstanden hatte, den maßgeblichen Führungskräften der damaligen Deutschen Bundespost darzulegen, man müsse auch in die »Entwicklung von Anwendungen« – und nicht nur in das »Anbieten von Diensten« – investieren. Am Hahn-Meitner-Institut arbeitete man unter anderem an verteilten Systemen, das ist Software, zu deren Ablauf und Ausführung mehrere Rechner zusammenwirken müssen. Dies brachte die später in der Informationsgesellschaft essentielle Frage der Zusammenarbeit Offener Systeme, »open systems interoperability«, mit sich. Professor Zander und sein Team arbeiteten auch an einer auf mehrere Rechner verteilen Version des Darmstädter Graphischen Kernsystems GKS.

Bei BERKOM wurde ein Zander-Schüler einer der Leitungskräfte, das war Professor Dr. Radu Popescu-Zeletin. Er konnte den maßgeblichen Regierungskräften klar machen, dass die neuen Kommunikationstechnogien in einem Institut für Kernphysik nicht ideal aufgehoben sein könnten. So kam es zum Anfang des Jahres 1988 zur Gründung der »Forschungsgruppe Offene Kommunikationssysteme« (FOKUS) der »Gesellschaft für Mathematik und Datenverarbeitung« (GMD).

GMD-FOKUS bezog ein Büro am Hardenbergplatz gegenüber des Bahnhofs Zoo. Professor Popescu-Zeletin wurde ihr erster Leiter. Er war außerdem Teil-Projektleiter bei BERKOM und zudem Professor an der TU Berlin. Radu Popescu-Zeletin hatte also mindestens drei wichtige Funktionen. Er war der Berliner »Boss der Offenen Systeme« schlechthin. Sein Auftreten war unglaublich. Ich hatte den Eindruck, dass er alles auswendig wusste, denn nie hatte er Akten oder Projektunterlagen dabei. Seine fachlichen Beiträge waren nichtsdestoweniger fundiert, geschätzt und manchmal auch gefürchtet. Er rauchte, meinte ich damals, »fortwährend«. Er hatte immer eine Pfeifentasche bei sich, um eine neue kalte Pfeife zu stopfen und in Betrieb nehmen zu können, wenn er dies für erforderlich hielt. Wir Darmstädter hatten manchmal nicht geringe Mühe auseinander zu halten, in welcher seiner drei Rollen Radu Popescu-Zeletin zu uns sprach. Er konnte ja sowohl unser »Auftraggeber« (als ein BERKOM-Vertreter), aber auch BERKOM-»Auftragnehmer« (als ein GMD-FOKUS-Vertreter) sein und damit unser Kollege.

Um sich die Innovationshöhe von BERKOM zu vergegenwärtigen, muss man wissen, dass das ISO/OSI-Referenzmodell damals alles andere als Allgemeingut war. Wir »Westdeutschen« mussten uns erst einmal in die Materie einarbeiten. Ab dem Jahr 1987 sollte unser Beitrag eine sogenannte »Anforderungsanalyse« sein. Wir sollten seitens der AGD wissen und sagen können, von welchen Parametern die Datenstruktur »Bild«, wie Standbilder und bewegte Bilder für die neuen Dienste und Geräte für Bildtelefon, Telelernen, Telemedizin, also für Multi-Media-Dokumente auf einem Computer und im ISDN-B, bestimmt sein sollte. Damit hatten wir aber größte Mühe, denn die Übertragung und Darstellung von Bewegtbildern hing damals noch massiv von der analogen Fernsehtechnik ab. Das Farbfernsehen kannte drei große untereinander inkompatible internationale Systeme, nämlich PAL, NTSC und SECAM – und die hatten keine ISO/OSI-Schichten. Die Fernsehsysteme waren hochgradig geschlossene Systeme, bei denen Aufnahmekameras, Speicherung von Bild und Ton auf einem analogen Video-Band, Signalübertragung und Darstellung auf den Bildschirmen quasi »integral« aufeinander abgestimmt waren. Das Zeigen eines Videos auf einem Computerbildschirm war schlicht unmöglich, weil die Bildformate der damaligen Computer und die des Farbfernsehens völlig verschieden waren. Selbstverständlich hatte ein Computer kein Audiosystem mit Mikrophonen und Lautsprechern. Denn es wäre ja für Garnichts gut gewesen.

Während einige der offiziellen BERKOM-Vertreter die von uns vorgebrachten Schwierigkeiten eher mit Unverständnis quittierten, fand ich einen hilfreichen Kollegen in Gestalt von Gerd Schürmann, der ebenfalls vom Hahn-Meitner-Institut zu GMD-FOKUS gewechselt war. Er konnte immer wieder zu nötigen Klärungen der Lage beitragen. Möglicherweise war dafür eine Ursache, dass er – wie ich – einer der Wenigen war, die einen süddeutschen Kulturhintergrund hatten. Mit ihm sollte mich eine über dreißigjährige sehr fruchtbare Zusammenarbeit verbinden, auch wenn wir uns mit wechselnden Visitenkarten begegneten. Aus GMD-FOKUS wurde über 20 Jahre später Fraunhofer-FOKUS. Gerd Schürmann wurde unter Professor Popescu-Zeletin der stellvertretende Leiter dieses Instituts.

Bei BERKOM stellte man sich die Frage sehr radikal und ergebnisoffen, wofür man ein Netz mit großer Übertragungskapazität würde benutzen können. Eine von uns Darmstädtern Ende des Jahres 1986 geäußerte Idee war, dass man über ein ISDN-B quasi »Software ausleihen« könnte. Das wäre doch schön, wenn man von einem kleineren Rechner aus per ISDN-B ein auf einem

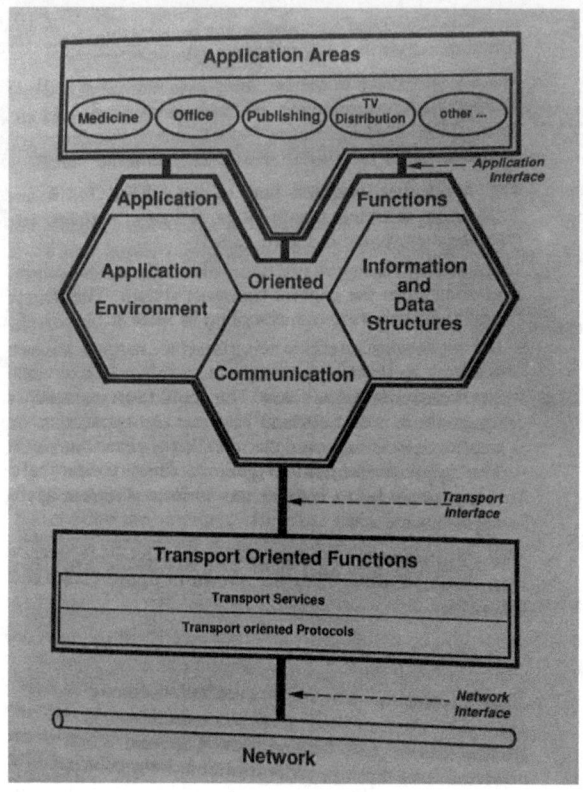

Diagramm zur Architektur des BERKOM Referenzmodells. Die Zeichnung mit den markanten Sechsecken geht wohl auf Peter Egloff zurück. Sie stammt vom Ende der 1980er-Jahre und könnte schon mit PowerPoint erstellt worden sein. Hier wurde sie aus einem Skript kopiert. Diese »Integrative Sicht« auf die diversen Teledienste ist in der entwickelten Informationsgesellschaft eine Selbstverständlichkeit. Damals mussten die Funktionen von Netzwerken, Datenstrukturen, Applikationen erst einmal mühsam in eine Beziehung und ein gemeinsames Modell gebracht werden. Man beachte, dass die später hochkomplexen Felder wie »Medicine« oder »Office« hier mit jeweils einer einzigen Vokabel abgetan werden. Auch an die Verteilung von »TV« über das Netz dachte man, was damals noch super-utopisch war. Für die konzeptionelle Entwicklung der Infrastruktur der Informationsgesellschaft waren die BERKOM-Ergebnisse der späten 1980er-Jahre von fulminanter Bedeutung. Durch die konsequente Trennung in Netze, Dienste und Anwendungen wusste man anschließend weit besser, wie multimediale Teledienste zu gestalten sind.

großen Rechner laufendes System, wie das aus dem Raffael-Projekt bekannte PADL-2, benutzen könnte. Über das Netz würden die Aufträge an die Remote-Software übermittelt, ausgeführt, und der Nutzer erhält die berechneten Ergebnisse, digitale Rasterbilder, per ISDN-B auf seinen Rechner zurück. Ich hatte die Beschreibung der für ein solches Vorhaben nötigen Arbeitspakete im Januar 1987 schon in mein Notizbuch gekritzelt. Aber bei BERKOM meinte man, so ein »Software as a Service« sei nun doch etwas gar zu abgehoben, so etwas könne in der Praxis keine Bedeutung haben. Es wurde daher nicht vordringlich weiter verfolgt. Etwa dreißig Jahre später sollten solche konzeptionellen Ansätze als das »Cloud Computing« eine größere technische und wirtschaftliche Bedeutung erhalten. So hat wohl alles seine Zeit.

Professor Dr. Dr. h.c. Radu Popescu-Zeletin, Peter Egloff, Gerd Schürmann, Berlin
Exkurs – Das BERKOM-Referenzmodell

Wenn man das so liest, so muss man die Rolle des BERKOM-Referenzmodells für einige weitere Entwicklungen der Informationsgesellschaft würdigen und aus der Sicht von weiteren damals in Berlin unmittelbar Beteiligten schildern.

Mitte der 1980er-Jahre initiierten die Deutsche Bundespost und der West-Berliner Senat das Projekt BERKOM, die internationale Bezeichnung war »Berlin Communication System«. Das Projekt BERKOM verfügte über ein jährliches Budget von immerhin circa 200 bis 300 Millionen Deutsche Mark. Es hatte das Ziel, die Entwicklung und Erprobung von Diensten, Anwendungen und Endsystemen für das künftige optische Breitband-Glasfaser-Netzwerk B-ISDN mit einer Übertragungskapazität von bis zu 140 Mbit pro Sekunde zu promoten. Die Zusammenarbeit mit Industrie und Forschungseinrichtungen und den Endnutzern neuer Dienste sowie die Mitarbeit in internationalen Forschungsprogrammen und Standardorganisationen wurden als der Schlüssel für den Erfolg des Projekts BERKOM angesehen.

Schon in der ersten Hälfte der 1980er-Jahre konnten große Anstrengungen bei der Entwicklung von Breitbandnetzen und bei Hardware- und Softwareentwicklungen für Endsysteme beobachtet werden. Es wurde eine Vielzahl von Netzwerktechnologien, wie Leitungs- und Paketvermittlung, in Betracht gezogen. Die Anwendungen waren sehr verschieden, und, wie man Jahre später sagen sollte, sehr »integrativ«. Sie umfassten Telefonie, Datenkommunikation,

Telematik-Dienste, TV-Programmverteilung auf diversen Übertragungsmedien wie Kupferkabeln, Glasfaserleitungen und Satellitenfunk. Große Herausforderungen waren die Digitalisierung der traditionellen analogen Sprach- und TV-Übertragung sowie die Entwicklung von Multimedia-Endsystemen für die Verarbeitung der digitalen Informationen.

Basierend auf den Mechanismen des OSI-Referenzmodells und anderen Standardisierungsaktivitäten konnte unsere Forschungsgruppe am Berliner Institut FOKUS für das BERKOM-Referenzmodell wichtige Beiträge leisten. Im Wesentlichen bietet das Referenzmodell eine Netzwerkschnittstelle für Multimedia Endsysteme, eine Transportschnittstelle für Multimedia Teledienste sowie eine generische Anwendungsplattform mit einer Schnittstelle, basierend auf generischen Multimedia Telediensten. Letztere wird beschrieben durch anwendungsorientierte Funktionen, die die drei wichtigsten Bereiche generischer Teledienste modellieren, die Anwendungsumgebung, die Kommunikationsprotokolle sowie die Informations- und Datenstrukturen. Damals konnte die Basis gelegt werden für das, was später die Architekturen der Rahmen-Standards »DAF – Distributed Applications Framework« der CCITT sowie »ODP – Open Distributed Processing« der ISO werden sollten.

Vorbereitungsarbeiten, die zur Einführung von ODP als ISO-Standard führten, wurden vom Projekt »Advanced Networked Systems Architecture« (ANSA) durchgeführt, an dem wir Berliner ebenfalls beteiligt waren. Das ANSA-Projekt lief in den Jahren von 1984 bis 1998 unter der Leitung von Andrew Herbert, der später der Managing Director von Microsoft Research in Cambridge wurde. Wie an BERKOM waren am ANSA viele großen Computer- und Telekommunikationsunternehmen beteiligt. ANSA wollte eine Softwarearchitektur für verteilte Systeme, später bekannt als »Middleware«, entwickeln.

Die Entwicklungen im Bereich Verteilter Verarbeitung haben die Telekommunikationsindustrie insbesondere bei der Suche nach technischen Lösungen zur Unterstützung von Telekommunikationssystemen beeinflusst. Ab dem Jahr 1993 entwickelte sich das »Telecommunications Information Architecture Consortium« (TINA), ein internationales Konsortium aus Herstellern der Telekommunikations- und Computerindustrie sowie Netzwerkbetreibern, mit dem Ziel, eine offene Dienstarchitektur für Telekommunikationsdienste zu definieren und zu validieren. Die Architektur war durch Eigenschaften wie Objektorientierung, Multimedia, Mobilität, Intelligent Networks und »Common Object Request Broker Architecture« der OMG und Ergebnissen aus ODP und anderen Standards aus der Telekommunikations- und Computerindustrie charakterisiert. Viele Ideen aus dem BERKOM-Referenzmodell konnten in das internationale Konsortium eingebracht werden.

Zu den transportorientierten Funktionen und Transportdiensten muss das »Session Initiatiation Protocol« (SIP) erwähnt werden, das vom Berliner Institut FOKUS aus seine weltweite Verbreitung antrat. Das SIP kann sozusagen für Telekommunikationsteilnehmer über ein Netzwerk eine verbindungslose Verbindung arrangieren. Aus einer Idee bei FOKUS wurde maßgeblich an diesem Mechanismus geforscht, der die Basis für die später absolut alltägliche Internet-Telefonie »Voice over IP« (VoIP) wurde. Bedauerlicherweise wurden die FOKUS-Konzepte einer IP-basierten Telefonie zum damaligen Zeitpunkt von den Verantwortlichen bei der Deutschen Bundespost schlichtweg ignoriert.

Die anwendungsunterstützenden Funktionen werden im BERKOM-Referenzmodell strukturiert in anwendungsorientierte Kommunikationsfunktionen, die Information- und Datenstrukturen und die Anwendungsumgebung. Letztere unterstützt die Identifizierung und Lokalisierung von Informationen, das Management von verteilter Information, den Nutzungszugang, die Ein- und Ausgabe von Informationen ins System, die Speicherung und das Auffinden von Informationen und deren Verarbeitung sowie Sicherheit.

Der Bereich Information- und Datenstrukturen beinhaltet zum einen die allgemeinen Repräsentations-Typen Textzeichen, geometrische Graphik, Rastergraphik, Bewegtbild und Audio und zum anderen die anwendungsspezifischen Repräsentationstypen beispielsweise Roboterkontrolle, Daten für Simulation und Animation, CAD und Messdaten. Daneben gibt es auch noch Unterstützung für allgemeine Strukturierung wie Hyper-Links. Mit einer Reihe von innovativen, verteilten Anwendungen wie Telemedizin und verteilte Audio-und Bewegtbild-Verarbeitung wurden die Bestandteile des Referenzmodells, ausgehend von der Netzinfrastruktur und Endsystemen über Transport und Anwendungsfunktionen, erprobt und international bekannt gemacht.

Mit der Verbreitung des Internets ab circa der Mitte der 1990er-Jahre wurden verteilte Rechnersysteme allgegenwärtig. Jeder Internet-Aufruf eines Programmteils oder Skripts zur Darstellung von multimedialen Informationen über das http-Protokoll nutzt die damals in Berlin im BERKOM-Umfeld gefundenen Prinzipien. Aufgrund der intensiven Zusammenarbeit mit Industriepartnern hatte BERKOM aber auch weltweit einen großen Einfluss auf die Produktentwicklung von Unternehmen sowie Europäische Forschungsprogramme. ∫

Einen bedeutenden Impuls auf der Seite der Hardware stellte die Entwicklung eines neuen Typs von Computern aus den USA dar, den so genannten »Workstations«. Wesentlichen Anteil an der Entwicklung hatte ein Projekt zur »systemneutralen Vernetzung« der Bibliotheksrechner an der Stanford University in Kalifornien, dem »Stanford University Network« (SUN). Die Firma »SUN Microsystems« verschrieb sich der Nutzung Offener Systeme, unter dem Motto »the network is the computer«. Man entwickelte ab dem Jahr 1984 das »Network File System« (NFS), welches einen großen und nachhaltigen Erfolg erzielte. Bevor es das NFS gab, war es üblich, Dateien auf einer Art Tonband zu speichern. Die Bandformate waren in keiner Weise standardisiert, sie waren hochgradig vom System abhängig. Man musste manuell einen begleitenden Notizzettel schreiben, der dem Empfänger mitteilte, wie das Band auf dem Empfängerrechner zu lesen und zu interpretieren sei, wenn denn eine Datei von einem Rechner auf einen Rechner einer anderen Systemumgebung übertragen werden sollte.

Die neuen Workstations stellten einen großen Fortschritt für die Entwicklung der Informationsgesellschaft dar, denn sie hatten das weitgehend Hardware-neutrale UNIX als ihr Betriebssystem. Damit war es möglich, Software weitaus einfacher von Computer zu Computer zu portieren. Auch die Vernetzung wurde durch eine Hardware-neutrale Verbindung, das »Unix to Unix Copy Protocol« (UUCP), viel leichter. Die Workstations hatten zudem direkt angebundene, leistungsfähige Graphiksysteme und Monitore, die den bisherigen Frame-Buffer-Systemen weit überlegen waren. Hinzu kamen schnelle Netzwerkanbindungen und die graphische Nutzungsoberfläche »X-Windows« mit neuen multimedialen Möglichkeiten auf hochauflösenden, großformatigen Bildschirmen. Diese UNIX-Workstations der verschiedenen Fabrikate waren die Hardware-Systeme der neuen Zeit, darauf konnte man für die weiteren Arbeiten aufbauen. Gleichwohl wettete ein Mitglied der BERKOM-Projektleitung »eine Kiste Schampus«, dass es die Firma »SUN Microsystems« nächstes Weihnachten nicht mehr geben würde. Die Vorhersage der Zukunft der Neuen Digitalen Welt hatte – und hat – so ihre eigenen Tücken.

Bei GMD-FOKUS widmete man sich der Entwicklung des »Reference Model of Open Distributed Processing« (RM-ODP). Das war ein Modell, mit dem man die Regeln für den Betrieb offener und verteilter Systems definieren wollte. Es ging um nichts weniger als die großen Fragen der Integration der verteilten – und noch heterogenen – Systeme. Im Jahr 1989 wurde die »Object Management Group« (OMG) als ein Industriekonsortium gegründet.

Natürlich war das Kürzel OMG (»oh my god«) Anlass für manches Grinsen, aber die OMG war recht bald erfolgreich in der Entwicklung von Standards für die herstellerunabhängige, systemübergreifende und objektorientierte Programmierung. Der OMG gehörten vom Start weg wichtige Unternehmen an, darunter IBM, Apple, Sun und andere. Eine der später äußerst relevanten Entwicklungen der OMG war die »Unified Modeling Language« (UML) für die Modellierung von objektorientierten Systemen.

Ende Oktober 1989 war ich zu einem – es war eines der ersten – ISO/IEC/JTC1-Meeting in Recife nach Brasilien geflogen und war am Mittwoch, 8. November 1989 wieder nach Darmstadt zurückgekommen. Ein BERKOM-Meeting sollte gleich am nächsten Tag in Berlin beginnen. Aber das wäre mir dann doch zu viel des Reisens gewesen. Zudem hatte ich an dem darauffolgenden Tag, dem Freitag, Geburtstag, da wollte ich zu Hause sein. Christof Blum vertrat daher die AGD in Berlin, und zufällig habe ich so eine Berliner Sternstunde glatt verpasst. Am späten Donnerstagabend des 9. November 1989 musste seitens der DDR-Grenztruppen die Mauer geöffnet werden, der Druck der normalen Leute auf das politische System war einfach zu groß geworden. Die eigentliche quasi »Invasion der Ostberliner« und die euphorische Party an der Mauer fanden aber dann erst am nächsten Tag statt. Meine heimliche Erwartung, dass dieser 10. November der neue deutsche Nationalfeiertag werden würde, erfüllte sich allerdings nicht.

Realismus und Idealismus in der Computergraphik
(1988 – 1991)

Ein wichtiger Teil der von den Menschen wahrgenommenen Realität wird zu einem Rechenergebnis von Computern. Die traditionellen »Traumfabriken« der Film- und Fernsehindustrie reagieren darauf.

Gegen Ende der 1980er-Jahre wurden zunehmend Fragen angegangen, wie man drei-dimensionale Szenen, die im Rechner in Form geometrischer Datenmodelle vorlagen, mittels der Computergraphik möglichst wirklichkeitsnah und fotorealistisch genau darstellen könnte. Nichts weniger als die »Realität schlechthin« sollte im Computer simuliert und auch am Bildschirm visualisiert werden können. Auch bei der Fraunhofer-AGD in Darmstadt widmete man sich in der Folge des Raffael-Projekts diesen Forschungsthemen.

Speziell in den USA hatte man eine Art des »computergraphischen Realismus« fortwährend weiter entwickelt. Es ging den US-amerikanischen Kollegen darum, Objekte und Gegenstände im Computer mit ihrer Oberflächenstruktur, »Textur«, und ihrer Licht-Materie-Wechselwirkung, wie Schatten, Spiegelung, Streuung und Brechung, nach den bekannten physikalischen Gesetzen der Optik zu simulieren, um dann ein computergraphisches Bild davon ausrechnen zu können. Sie waren mit dem Verfahren des »Ray Tracing«, der Strahlverfolgung, zu beindruckenden Ergebnissen gelangt. Alljährlich wurden an den Konferenzen der »Special Interest Group on Graphics and Interactive Techniques« (SIGGRAPH) der »Association for Computing Machinery« (ACM) an wechselnden Tagungsorten in den USA die Fortschritte präsentiert und diskutiert. Man sah dort Computergraphiken in Form hoch aufgelöster Rasterbilder, die Schattenwurf, Reflexionen, Lichtbrechungen etc. zeigten. Diese Technologien zogen allmählich die Aufmerksamkeit der Film- und Unterhaltungsbranche auf sich.

Als ein Europäisches Pendant zur US-dominierten SIGRAPH hatte sich bereits im Jahr 1980 aus der GKS-Gemeinschaft heraus die »European Association for Computer Graphics« (EUROGRAPHICS) gegründet. José Luis Encarnação hatte die »1« als Mitgliedsnummer zugeteilt bekommen. Es wurde jedes Jahr eine »EUROGRAPHICS Annual Conference« an wechselnden Lokationen abgehalten. Das war einer der weiteren wichtigen Bausteine zur Internationalisierung der Informationsgesellschaft. In Deutschland hingegen wurde im Jahr 1987 eine Fachgruppe »Graphische Animation und

Simulation« bei der »Gesellschaft für Informatik« (GI) gegründet. Detlef Krömker wurde ihr erster Sprecher.

Wie sich noch herausstellen sollte, würden solche realistischen 3D-Graphiken in den folgenden Jahren einen riesigen Markt für sich entwickeln können. Die Filmindustrie hatte natürlich erkannt, dass man mittels computergraphischer Simulation quasi »künstliche Szenen«, was man später die »Virtual Reality« nennen sollte, produzieren könnte. Damit wären Filmszenen machbar, die physikalisch ganz unmöglich oder nur mit allergrößtem Aufwand des Kulissenbaus realisierbar wären. In der Folge trat die »Science Fiction« in eine völlig neue Ära ein, wie die Produktionen »Star Trek«, »Star Wars«, »Jurassic Park« und andere mehr, sehr eindrucksvoll zeigten. Die »Virtual Reality« sollte auch in Computerspielen und in Trickfilmszenen als sogenannte »Computer Animation« eine wichtige Rolle spielen. In der Konsequenz wurde die Computergraphik zu einem »big fat business« in Hollywood.

Ich hingegen konnte mir im Jahr 1988 in Darmstadt – in naiver Weise – absolut nicht vorstellen, dass man für reine Unterhaltungszwecke derart riesige Mengen an Rechenleistung würde aufwenden können und wollen – von der Bezahlbarkeit solcher Produkte ganz zu schweigen. Den Sinn realistischer Computergraphik sahen wir in der Simulation von perspektivischen Ansichten von Szenen, etwa in der Architektur oder auch der Stadt- und Landschaftsplanung. Aus den Planungsdaten eines noch nicht errichteten Gebäudes ein realistisches Bild seines künftigen Aussehens ausrechnen zu können, das erschien uns ein wichtiger Anwendungsfall zu sein. Auch für Bewegtbilder lag eine Anwendung sehr nahe, das war die Generierung der Außensicht für Fahr- und Flugsimulatoren. Der Computer sollte in Echtzeit ausrechnen, was ein Pilot in den Fenstern des Cockpits sehen würde, säße er in einem richtigen Flugzeug oder Fahrzeug – und nicht nur in einem Simulator. Exakt für solche Sichtsimulationssysteme hatten wir bei der AGD sehr gute gewerbliche Auftraggeber gewinnen können.

In der AGD-Abteilung von Detlef Krömker verfolgten wir ab 1988 die Idee, für die Berechnung von realistischen Computergraphiken phänomenologisch vorzugehen. Der Betrachter des Bildes und das, was dieser sehen wollte – oder sollte – wurde zum Maßstab der Überlegungen. In ersten Arbeiten und Publikationen untersuchten wir die Begriffe »Idealismus« und »Realismus« in der Computergraphik. Wir kamen zu dem Schluss, dass die bekannten klinisch-reinen und sauberen Ray-Tracing-Ergebnisse eher einen computer-

Ein mittels des Ray-Tracing-Verfahrens von der Fraunhofer-AGD im Jahr 1988 berechnetes Bild. Die Arbeit von Frau Christine Giger-Hofmann zeigt die Simulation optischer Phänomene, wie Schattenwurf und Spiegelungen. Sie trug den Titel »Fünf vor Zwölf« und wurde – aus welchem Grund auch immer – als Motiv für eine Weihnachtsgrußkarte des Instituts verwendet.

graphischen »Idealismus« als »Realismus« darstellten. Diese Position schien uns gerechtfertigt, weil diese Bilder auf der Basis geometrisch und optisch »idealer Modelle« berechnet worden sind. Im Jahr 1990 konnte ich einen Aufsatz mit dem Titel »Who invented ray tracing?« im Journal »The Visual Computer« platzieren. Der Aufsatz handelte davon, dass wichtige Prinzipien der Bilderzeugung bereits vor circa 500 Jahren von Albrecht Dürer entwickelt und dokumentiert worden waren.

Im Oktober 1989 fand die Jahrestagung der »Gesellschaft für Informatik« (GI) in München statt. Das Motto war eigentlich sehr industriell anmutend »Computergestützter Arbeitsplatz«. Detlef Krömker hatte an der Tagung ein Fachgespräch »Realismus in der Computeranimation: Modellbildung und Simulation« organisiert. Dass dieses Thema – fern des eigentlichen Mottos der Tagung – überhaupt zum Zug kam, kann man als Indiz dafür werten, wie relevant diese Computergraphik-Arbeiten für die nationale Informatik inzwischen geworden waren. Wir hatten seitens der AGD Beziehungen zur Hochschule für Gestaltung in Offenbach aufgebaut. Mit einem der Studierenden von dort, Klaus Reichenberger, hatte ich einen Beitrag und Vortrag »Realismus als eine Kategorie technischer Bildqualität?« an der GI-Jahrestagung in München platzieren können.

Mit diesem – doch sehr philosophisch orientieren – Text versuchten wir auf einige Gegebenheiten aufmerksam zu machen, die helfen könnten, das Umfeld und die Ausprägungen des computergraphischen Realismus sowie die Forderung nach »mehr Realismus in der Computergraphik« besser zu verstehen und zu bewerten. Wir diskutierten den allgemeineren Begriff des »gegenständlichen computergraphischen Bildes«.

Nach den Überlegungen, die bei der AGD in der Abteilung von Detlef Krömker angestellt wurden, sollten für die Berechnung von realistischen computergraphischen Bildern drei Aspekte berücksichtigt werden. Zum einen sollten die dargestellten Objekte nicht mehr als Volumina mathematisch ideal modelliert, sondern als Oberflächen modelliert werden. Die Daten der Oberflächen sollten Polygone sein, die nicht notwendigerweise plan sein müssten. Zum zweiten sollte die Struktur der Oberfläche, die Textur (etwa, ob Straßenbelag als Asphalt, Schotter oder Pflaster darzustellen sei), einfach in der Realität fotografiert werden. Das Foto sollte dann entsprechend digital verarbeitet auf die Polygon-Oberflächen per »Imaging« und »Photo Mapping« projiziert werden. Drittens sollte das vom klassischen Film her bekannte Kulissenschieben in der Computergraphik Anwendung finden.

Bei Veränderungen der Beobachterposition – und damit der Perspektive – sollte in einer Bewegtbild-Sequenz nur der Anteil des einzelnen Bildes, des »Frames«, neu berechnet werden, der sich quasi »merklich« innerhalb einer vorgegebenen Toleranz verändert hatte. Der Teil des Bildes, der sich nicht merklich veränderte, wurde einfach, quasi als »Kulisse«, in das nächste Einzelbild übernommen – und kostete daher keine große Rechenleistung. Das nannten wir die »Nicht-exakte Perspektivische Projektion« – mit dem treffenden Akronym NePP.

Diese Darmstädter Verfahren zum computergraphischen Realismus erhielten eine gewisse internationale Aufmerksamkeit. Ich konnte im Jahr 1988 einen Vortrag »The Calculus of the Non-exact Perspective Projection: Scene-Shifting for Computer Animation« bei der jährlichen Konferenz der EUROGRAPHICS in Nizza halten. Ein weiterer Vortrag berichtete von den »Non-planar Polygons and Photographic Components for Naturalism in Computer Graphics«. Das war 1989, ein Jahr später, an der EUROGRA-PHICS-Konferenz in Hamburg. Die Grundgedanken und algorithmischen Konzepte wurden von zwei Branchen aufgegriffen, an die wir bei der AGD gar nicht gedacht hatten. Sowohl die Computerspiele- als auch die Trickfilm-Leute interessierten sich sehr für die recheneffizienten Algorithmen, die wir vorgestellt hatten. Mich persönlich interessierten diese(!) beiden Anwendungen überhaupt nicht. Nichtsdestoweniger habe ich in den Folgejahren alle fachlichen Anfragen aus diesen Branchen – nach meinen Möglichkeiten – höflich und gewissenhaft beantwortet. Die algorithmischen Prinzipien der NePP kamen in den Folgejahren als »Merging 2D and 3D Computer Animation« und »Mixed Reality« zu einiger Verbreitung und wirtschaftlicher Bedeutung.

In der GI-Fachgruppe »Graphische Animation und Simulation« fanden sich Personen ein, die originär nichts mit Informatik und Computergraphik zu tun hatten, die aber erkannten, dass diese Technologie ihr berufliches Umfeld maßgeblich ändern würde. Es kamen Leute aus der Filmbranche, der Architektur, des Journalismus etc. auf uns zu. Damit erhielt die Computergraphik einen immensen Akzeptanzimpuls in der sich weiter entwickelnden Informationsgesellschaft. Alle diese Leute wollten nichts verpassen, wenn es um die neuen synthetischen Bilder ging. Im Jahr 1989 war es gerade noch möglich, einen Überblick zu behalten. Der Berliner Kameramann und Journalist Bernd Willim veröffentlichte im August 1989 einen »Leitfaden der Computergraphik« – mit dem Anspruch, darin nichts weniger als »alles«

über Computergraphik und Digitale Bilder darzustellen. Es gelang ihm, in einer wahren Herkules-Arbeit auf mehr als 700 eng bedruckten und bebilderten Buchseiten. Bernd Willim war so mit seiner Encyclopédie zur Computergraphik in die Fußstapfen eines Denis Diderot getreten.

In der entwickelten Informationsgesellschaft sind synthetische Bilder überall – in Illustrationen, Werbung, Trickfilm, etc. Es werden kaum noch nicht-digitale Bilder aufgenommen, die Verwendung des traditionellen photographischen Films ist exotisch. Die digitalen Bilder werden per »Imaging«-Verfahren bearbeitet, vervielfältigt, veröffentlicht oder anderweitig verwendet. Das ehemalige Informatik-Randgebiet der Computergraphik ist zu einer alltäglichen Technik für Jedermann und in allen möglichen Anwendungskontexten geworden. Eine gelungene Fusion von Technik und Ästhetik scheint allerdings nicht immer so vollzogen worden zu sein, wie dies wünschenswert gewesen wäre.

Eine Stelle als WissMA war – und ist auch heute noch – in der Regel befristet. Auch ich hatte einen Fünf-Jahres-Vertrag bei der AGD, der von Beginn des Jahres 1987 bis Ende 1991 laufen sollte. Eine typische Überlegung eines WissMA an einem Institut war – und ist – sehr naheliegend. Das überschaubare Gehalt im öffentlichen Tarifsystem sollte durch eine nicht-monetäre Entlohnung in Form der sogenannten »Möglichkeit der Promotion« ergänzt werden. Eine Promotion zum »Dr.-Ing.« war meines Erachtens soweit ganz erstrebenswert.

Die Algorithmen, die bereits 1988 in Nizza und 1989 in Hamburg vorgestellt worden waren, sollten auch das Thema meiner Promotion werden. Nun galt es einen Anwendungsfall dafür zu finden. In unmittelbarer Nachbarschaft zu meinem Wohnort gab es in der Stadt Breuberg, wo ich auch im kirchlichen Posaunenchor mitwirkte, die Kirche von Raibach. Wiederum ein unglaublicher Zufall, denn das Gebäude der Kirche von Raibach wurde in diesen Jahren renoviert. Der in der Stadt Breuberg tätige Pfarrer Thomas Geibel und diverse auswärtige Kunsthistoriker interessierten sich sehr für die Architektur dieser Kirche, die von eigenartigen Symmetrien geprägt schien.

Mit einer studentischen Seminargruppe und mit der Unterstützung von Pfarrer Thomas Geibel wurden die geometrischen Daten des Kirchengebäudes aufgenommen. Diese Daten waren die Umrisse der Wände in Form der sie begrenzenden »nicht-planen« Polygone. Texturen und Wandverkleidungen, wie die Fresken und Malereien aus gotischer Zeit, wurden vor Ort

Leitfaden der
COMPUTER GRAFIK

Visuelle Informationsdarstellung mit dem Computer

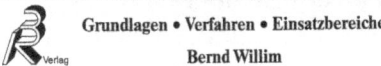

Grundlagen • Verfahren • Einsatzbereiche

Bernd Willim

Leitfaden der
COMPUTER GRAFIK

für Rainer G. Hofmann

– Tausend Dank für Deine Lektoratstätigkeit und Deine fachlichen Anregungen!

Berlin, den 10.9.89

Titelbild der quasi »Encyclopédie« von Bernd Willim zur Visuellen Informationsdarstellung mit dem Computer aus dem Jahr 1989. Die freundliche Widmung ist vor allem einigen gehaltvollen »Lehrgesprächen« und gelungenen Abenden im damaligen Restaurant »Bovril« am Berliner Kurfürstendamm geschuldet.

fotographisch erfasst. Es gelang in der Folge, die Architektur im Rechner realistisch zu modellieren und als die »Raibach Images« zu visualisieren. Auch ein kurzer Film mit Anwendung der NePP wurde realisiert. All das führte zu einer ganzen Reihe sinnvoller Erkenntnisse zu den Bauphasen der Kirche. Vergleichbar den Bildern aus dem Raffael-Projekt wurden auch die »Raibach Images« auf einer ganzen Reihe von nationalen und internationalen Vorträgen präsentiert. Im Publikum war man jeweils erstaunt, mit welch geringer Rechenleistung wir solche »realistischen«, synthetischen Bilder herzustellen vermochten.

Für die Berechnung eines Einzelbildes unseres Raibach-Films brauchte ein Mittelklasse-Computer des Fabrikats MikroVAX von »Digital Equipment« etwa fünf Minuten. Für die 25 Bilder einer Sekunde Computerfilm war man also etwa in zwei Stunden durch. Die Frames wurden einzeln vom Bildspeicher des Computers per Einzelbildaufnahme auf ein – analoges – Videoband in Studioqualität aufgenommen. Das damit verbundene Vorspulen, Stoppen, Aufzeichnen, Rückspulen etc. war für das Originalband ein ziemlicher Stress. Manchmal war das entstehende Video-Original gerade so noch verwertbar, angesichts seiner mechanischen Deformationen, die das ständige Vor- und Rück-Spulen verursacht hatte. Nach einem ganzen Tag VAX-Rechenzeit waren gut 10 Sekunden Raibach-Film soweit fertig. Mein Kollege Edwin Klement, ebenfalls ein WissMA bei der AGD, schrieb damals eine ganze Reihe von entsprechender Software neu und nur für den jeweiligen Zweck, denn so etwas war ja vordem nicht gebraucht worden. So etwa 25 Jahre später sollten für PCs verfügbare Graphikprozessoren solche synthetischen Bewegtbilder in sogenannter »Echtzeit« ausrechnen können. Der Rechner kann dann beim Generieren der Bilder mit deren Anzeige Schritt halten, der Betrachter am Bildschirm muss nicht mehr auf den Rechner warten.

Im Jahr 1989 gaben Professor José Luis Encarnação und Herbert Kuhlmann für den Springer-Verlag ein Buch mit dem Titel »Graphik in Industrie und Technik« heraus. Auch Detlef Krömker, Edwin Klement und ich verfassten dafür einen Beitrag. In »Computeranimierte realitätsnahe Bilder« ging es darum, dass man nun auch Bewegtbilder und Filme künstlich erzeugen und berechnen kann. Das Vorwort für das Buch schrieb der damals fast 80-jährige »Erfinder des Computers« Konrad Zuse. Das wäre einem Vorwort von Ferdinand Magellan für ein Geographiebuch über Feuerland nicht ganz unähnlich. Konrad Zuse schrieb »Viele Annehmlichkeiten un-

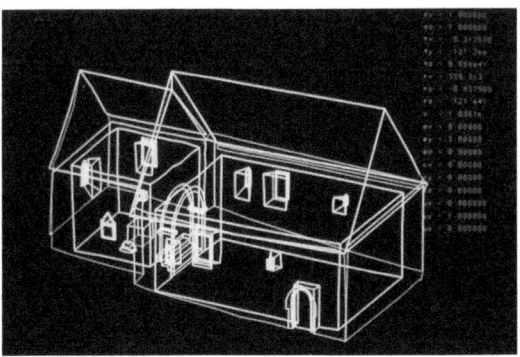

Einige Beispiele der »Raibach Images« aus den Jahren 1988 bis 1990. Sie zeigen die Verwendung von Messdaten und nicht-planen Polygonen für die Modellierung der Geometrie des Gebäudes. Das Verfahren der Nicht-exakten Perspektivischen Projektion (NePP) und der Imaging-Technik für Texturen projiziert photographische Elemente in die Geometrie der Polygone.

seres Lebens sind in ihrer Entstehungsphase von Technikern konzipiert und zu Papier gebracht worden. Von Menschen, die sich – bereits vor der Erfindung des Computers – mit dem Erreichten nie ganz zufriedengaben und ihr schöpferisches Wissen und Können in Weiterentwicklung und Fortschritt investierten.« Und weiter sagte er voraus »Die zum heutigen Zeitpunkt geschaffenen Lösungen markieren damit einen nur scheinbar erreichten Endpunkt. Aus der gegenwärtigen Situation heraus betrachtet, sind weitere Einsatzmöglichkeiten und Leistungssteigerungen von Computern und Peripherien zu erwarten, und es bedarf keiner prophetischen Gaben, der Graphik in Industrie und Technik eine große Zukunft vorauszusagen.« Konrad Zuse konnte damals wohl kaum ahnen, wie sehr er damit Recht behalten sollte.

Am 6. Dezember 1991 kam es zur finalen Vorstellung der Ergebnisse meiner Arbeiten zum »Naturalismus in der Computergraphik« als Abschluss des Promotionsverfahrens. José Luis Encarnação hatte Professor Peter Stucki von der Universität Zürich als Zweitgutachter für meine Arbeit gewinnen können. Das hatte einen taktischen Aspekt. Das Institut von Peter Stucki war in den Verfahren der Bearbeitung von Rasterbildern, dem »Imaging«, ausgewiesen. In meiner Arbeit spielte die Verwendung von aus der Realität entnommenen Rasterbildern zur Generierung neuer künstlicher Bilder eine wichtige Rolle. Encarnação meinte, dass das wohl auch »Imaging« sei, was ich da mache. Er war entschlossen, dem »neuen« Thema Imaging in seinem Institut Fraunhofer-AGD in Darmstadt eine wichtigere Rolle zukommen zu lassen. Daher hieß eine – »meine« – neue Abteilung bei der AGD »Imaging«.

Für meine Doktorarbeit erhielt ich damals die Note »sehr gut« – »mit Auszeichnung« wäre natürlich besser gewesen. Allerdings wurde an der TU Darmstadt etwa 25 Jahre später sogar eine ganze Professur »3D Graphik & Vision« ausgeschrieben mit dem »Wechsel in den Darstellungsformen zwischen der realen und der virtuellen Welt« als »wissenschaftlichem Fokus«. So erhielt wenigstens das Thema meiner Arbeit noch eine Art später Auszeichnung und eine akademische Würdigung.

Die Szene der realistischen Computergraphik wurde immer mehr von den finanzkräftigen Unterhaltungs-, Film- und Spieleindustrien dominiert. Man kümmerte sich etwa um die Darstellung von künstlichen Schauspielern und Trickfilmfiguren. Schon nach wenigen Jahren gab es ganz erstaunliche Fortschritte. Der Film »Jurassic Park« von Steven Spielberg aus dem Jahr 1993 zeigte sehr naturalistische Mischungen von Realwelt-Aufnahmen – etwa der Landschaften und Schauspieler – mit computergenerierten Bildern der quasi »wiederbelebten« Dinosaurier. Die Verfahren, die wir in Darmstadt vorgestellt hatten, wurden später auch als »mixed reality animation« bezeichnet und in der Filmbranche bekannt. Das alles interessierte mich persönlich nicht mehr weiter. Viele der Science-Fiction-Computerfilme waren zudem ästhetisch nicht gerade mein Fall. Und Computerspiele waren meines Erachtens eine unglaubliche Vernichtung zeitlicher, monetärer und manchmal auch intellektueller Ressourcen. Computerspiele und Computerfilme wurden in den folgenden Jahren ein »big fat business« in der Informationsgesellschaft – aber ich selbst war halt nicht mehr dabei.

Offene Systeme – Internationale Standards und Normen
(1990 – 1992)

Die in Deutschland gewonnenen Erkenntnisse zu Offenen Multi-Medialen Systemen mussten auf der internationalen Bühne präsentiert, diskutiert und vor allem standardisiert werden. Das Internet-Protokoll IP erlangt Bedeutung als Grundlage einer alltäglichen und selbstverständlichen Internetnutzung.

Die drei Jahre von 1990 bis 1992 lieferten einige wichtige Impulse zur weiteren Entwicklung der Informationsgesellschaft in Deutschland. Das hatte eine Ursache nicht zuletzt in der speziellen politischen Situation. Im Verlauf des Jahres 1990 sollte der Mauerfall seine weitere Wirkung entfalten. Der Staat DDR, der West-Berlin vollständig umgeben hatte, bestand nur noch bis zum Oktober 1990.

An einem freien Nachmittag im Frühjahr 1990, am Rande eines BER-KOM-Projekttreffens, war noch einmal etwas Zeit für einen Besuch in Ost-Berlin. Die Passkontrolle am neu eingerichteten Übergang am Brandenburger Tor war nun weit lockerer als noch im Sommer 1989, aber es gab noch einen Umtausch von »D-Mark« in die »Mark der DDR«. Man konnte den Effekt des »time warps«, die Trabant- und Wartburg-Autos, die Kleidungsmode, die Preise der Konsumprodukte, die Fassadengestaltung der Häuser, noch erleben, aber Ost-Berlin hatte schon einige bunte West-Sprengsel erhalten. Der Transformationsprozess »der Osten wird zum Westen« war angelaufen und unumkehrbar. Noch im Jahr 1990 konnte man mit den neuen Kollegen in der DDR nur per Telex kommunizieren. Sie hatten kein gescheites Telefon und schon gar kein Internet. Aber schon in wenigen Jahren sollte es auf dem Gebiet der ehemaligen DDR flächendeckend das modernste ISDN in Europa geben, denn ab etwa den Jahren 1991/1992 wurde die Telefoninfrastruktur in den neuen Bundesländern auf der Basis von Glasfasertechnik grundlegend modernisiert. In dieser Hinsicht hatte »der Osten« »den Westen« schon bald überholt.

Die Fraunhofer-AGD in Darmstadt war seit geraumer Zeit sowohl wissenschaftlich als auch wirtschaftlich erfolgreich. Nun bahnten sich einige Veränderungen an. Nach Ablauf der fünfjährigen Bewährungsfrist zum Ende des Jahres 1991 sollte aus der »Arbeitsgruppe« Fraunhofer-AGD wegen des gezeigten Erfolgs ein reguläres »Institut« werden. So entstand das »Fraunhofer-Institut (für) Graphische Datenverarbeitung« (IGD). Es wurden neue

Abteilungen eingerichtet und ab dem Beginn des Jahres 1990 war ich nun selbst ein Abteilungsleiter. Meine Stelle wurde »entfristet«, ich hätte also bis zu meiner Pensionierung nun fast noch vier Jahrzehnte als Abteilungsleiter im IGD bleiben und arbeiten können. Meine Abteilung hieß »Imaging« – wörtlich »Bildern«. Zudem hatte ich einen Lehrauftrag an der THD für das neue Fach »Imaging« erhalten. Wir sollten uns um Fragen der Gewinnung, Speicherung, Verarbeitung – vor allem aber der Kommunikation – digitaler Bilder kümmern. War es im Jahr 1986 noch ein Riesending gewesen, ein Rasterbild, das aus mehreren Hunderttausenden, gar Millionen Pixeln bestand, zu speichern und zu verarbeiten, so war das nun, etwa fünf Jahre später, zu einer Basistechnologie für eine ganze Reihe von Anwendungen geworden.

Auf dem Schreibtisch eines WissMA fand Anfang der 1990er-Jahre ein großer Wandel statt. Dort gab es nun nicht länger nur ein Telefon, sondern auch einen Personal-Computer (PC), eventuell ausgestattet mit einem eigenen Nadel- oder gar einem Laser-Drucker. Gemessen an den Möglichkeiten fünf Jahre zuvor, stand nun auf jedem WissMA-Schreibtisch quasi ein kleines Rechenzentrum zur Verfügung. Mit den Rechnern konnte man sogar schon »monomediale« E-Mails im Internet versenden und empfangen. Sie bestanden nur aus rohem ASCII-Text. Der typische »IBM-PC« war zwar schon Anfang der 1980er-Jahre entwickelt worden, ausgestattet mit einem von IBM zuge-kauften Betriebssystem MS-DOS der Firma Microsoft. Aber IBM hatte kaum Patente oder damit kein Monopol auf die im PC verwendeten Komponenten. Nun stellten auch verschiedene Firmen solche »IBM-PCs« her. Neben IBM traten so unter anderem Compaq, SIEMENS und Hewlett-Packard am PC-Markt auf. Ihnen gemeinsam war die Basis-Software. Diese war kompatibel zum Betriebssystem DOS der Firma Microsoft und den darauf laufenden Anwendungsprogrammen. Dieses Betriebssystem und die Software waren die neuen zentralen Komponenten. Die Hardware trat in den Hintergrund.

Damit hatte sich am Computermarkt eine fundamentale »Kopernikani-sche Wende« vollzogen. Der Markt, der bis in die 1980er-Jahre hinein von den Herstellern der Hardware dominiert worden war, wandelte sich von nun an zu einem Software-Markt. Vordem waren die Software und die Programme nur ein Gratis-Anhängsel der Hardware. Software wurde mit Hardware quasi »mitverkauft«. Nun aber war sie zu einem eigenständigen Produkt geworden, das einen entsprechenden Wert und Kaufpreis hatte. Das war so kaum vor-hersehbar gewesen. Noch im Januar 1986 hatte das Magazin »Der Spiegel« auf seinem Titelbild beängstigt gefragt, wer und was die Marktmacht von

IBM stoppen könne. Im Bereich der großen Computer in den Rechenzentren, der »Main Frames«, hatte IBM fast ein Monopol. Das entspricht in etwa der Marktdominanz von Google im Bereich der Suchmaschinen oder der von amazon im Bereich des Online-Handels im Jahr 2020. Allerdings war der Computergigant IBM nicht mehr unbedingt »über alles in der Welt« positioniert, denn die softwareorientierten Offenen Systeme waren bereits ante portas.

Diese Entwicklung sollte wenige Jahre später auch zu einer völlig neuen Aufmerksamkeit der nationalen und Europäischen Wirtschaftspolitik führen, die die volkswirtschaftliche Bedeutung der Softwareindustrie für sich entdeckte. Software galt als wichtiger »neuer Rohstoff der industriellen Entwicklung«. In der Folge wurde im Jahr 1994 dann das »European Software Institute« (ESI) mit Sitz in Bilbao eingerichtet. Die Firma Apple hatte allerdings seit jeher eine separate Linie mit einem eigenen Betriebssystem verfolgt, mit einer konsequenten Kopplung von Apple-Hardware und -Software. Auch viele Jahre später sollte die »Apple Story« eine besondere Entwicklung aufweisen. Apple hat diese Wende hin zur Software nie vollzogen, sondern verkaufte nach wie vor Hard- und Software als integrierte Produkte.

In den Jahren von etwa 1990 bis 1992 vollzog sich noch eine zweite »Kopernikanische Wende«: Die Computer wandelten sich zu Offenen Systemen. Offene Systeme waren bereits ein Forschungsgegenstand bei BERKOM und im Institut GMD-FOKUS in Berlin – und nun wurden sie populär. Ein Offenes System zeichnet sich durch Interoperabilität und Portabilität seiner Komponenten sowie durch Erweiterbarkeit durch offen spezifizierte – und standardisierte – Schnittstellen aus. Ein klassisches Offenes System ist, um eine Analogie zu bemühen, beispielsweise die Kraftstoffversorgung für Dieselmotoren. Alle Hersteller, die die offen verfügbaren Spezifikationen einhalten, können Diesel-Kraftstoff liefern. Umgekehrt kann man sich bei der Betankung der Fahrzeuge auf die Einhaltung der Spezifikation verlassen.

Offene Systeme sind ohne eine Standardisierung der Komponenten und Verfahren quasi sinnlos. Es muss Verabredungen geben, welche Maße, Formate, Prozesse etc. von den Komponenten eingehalten werden müssen, die ein Teil des Offenen Systems sein sollen beziehungsweise dies werden wollen. Standardisierung bringt aber drei zentrale Fragen mit sich. Wer – erstens – setzt und definiert einen Standard? Wer wird – zweitens – den Standard akzeptieren und sich daran halten? Wer stellt – drittens – fest, dass ein Standard verbessert werden muss, und wer darf den Standard ändern? Standards wurden in historischer Zeit als eine Abkürzung von Lieferbedingungen formuliert. So kann man etwa »Dieselkraftstoff« nach DIN EN 590 bestellen – das kürzt eine detaillierte technische Beschreibung der Eigenschaften des gewünschten Produkts erheblich ab.

Es ist für die gewerbliche Wirtschaft sehr sinnvoll, sich an Normen zu orientieren. Der Lieferant kann auf der Basis der Einhaltung der Norm einen sinnvollen Preis für die angebotene Ware verlangen. Der Kunde kann sich sicher sein, dass er das standardisierte Produkt systemkonform verwenden kann. Normen bieten auch einen erheblichen Investitionsschutz, wenn es darum geht, aufwändige Produktionsprozesse zu realisieren. Es hat sich bewährt und es ist von daher sehr gut, dass eine Norm – wie DIN EN 590 – »offiziell« ist, und nicht quasi »unter der Hand« von jedermann geändert werden darf, sondern nur in einem dafür definierten Verfahren.

In Deutschland ist der Verein »Das Deutsche Institut für Normung e.V.« (DIN) die offizielle Standardisierungs-Organisation. Auf internationaler Ebene ist die ISO (Internationale Organisation für Normung) tätig, sie ist die Vereinigung von nationalen Normungsorganisationen. Für Elektrik und Elektronik ist aber die IEC (Internationale elektrotechnische Kommission) zuständig. Allerdings mit der Ausnahme der Telekommunikation, für die wiederum die ITU (die Internationale Fernmeldeunion) verantwortlich ist. Weil die Informationstechnik ein übergreifendes Ressort ist, wurde bereits im Jahr 1987 von ISO und IEC ein erstes »Joint Technical Committee« (JTC1) gegründet, es erhielt das Kürzel ISO/IEC/JTC1 und hatte eine Reihe von Fachgruppen, jeweils »Sub Committee« (SC) genannt. Das SC24 des JTC1 sollte »Computer Graphics and Image Processing« adressieren. Nebenan, im SC29, ging es um »Coding of Audio, Picture, Multimedia and Hypermedia Information«.

Das BERKOM-Projekt hatte bereits schon sehr vom Aufkommen der neuen Workstations mit dem Hardware-neutralen UNIX profitiert und auch von der Vernetzungsmöglichkeit der Rechner durch das »Unix to Unix Copy Protocol« (UUCP). Nun galt es, im Rahmen des BERKOM-Projekts die Datenstrukturen für die neuen Multimedialen Teledienste in der internationalen Standardisierung durchzusetzen. Unsere Aufmerksamkeit galt vor allem zwei neuen Telediensten. Der eine war die »Multi Media Mail» (MMM) und der andere die »Multi Media Collaboration« (MMC). Das sollte eine praktisch nutzbare Kommunikations-Plattform für Multimediale Teledienste sein. Etwa so 20 Jahre später, ab circa dem Jahr 2010, waren MMM und MMC dann allgemein bekannt und verfügbar. Mit MMM konnte man per Mail nicht nur ASCII-Texte, sondern auch Bilder, Videos und Audiodateien verschicken. Die verfügbaren MMCs wurden als Videokonferenzsysteme populär, die nicht nur Video und Audio der Teilnehmer, sondern auch Bildschirminhalte an die jeweils anderen Teilnehmer übertragen können.

Man konnte – etwa ab dem Jahr 1990 – durchaus große Rasterbilder in einer Datei auf einem Band abspeichern. Man hätte sie sogar per Rechner in einem Netzwerk versenden können, was aber im verfügbaren Telefonnetz für ein 3-Mbyte Bild immer noch etwa eine Stunde gedauert hat. Zudem war das Format solcher Dateien nicht standardisiert. Das bedeutete, dass der Sender einer solchen Bilddatei dem Empfänger eine formlose Beschreibung mitschicken musste, wie denn die Pixel-Werte in der Datei angeordnet sind, und wie sie zu lesen und darzustellen wären. Schon seit dem Jahr 1987 hatten wir in Darmstadt an einem »standardisierten« Bilddatenformat gearbeitet, es hieß FTCRP – »File Format for the Device-independent Transfer of Coloured Raster Pictures«. Wir konnten es im nationalen Rahmen bei einem Fachgespräch der Gesellschaft für Informatik in Berlin zur Diskussion stellen. Nach einigen Verbesserungen durfte ich das FTCRP als eine »Electronic Imaging Application« im Januar 1989 in Los Angeles bei der SPIE präsentieren, der »Society of Photo-Optical Instrumentation Engineers«. Die US-amerikanischen und internationalen Kollegen fanden unser »Tschörmehn Feil Konntzebbt« durchaus »worthwhile consideration«.

Vor dem Hintergrund dieser Arbeiten fand ich mich schließlich ab dem Jahr 1989 als ein offizieller DIN-Delegierter auf dem internationalen Parkett bei der ISO/IEC/JTC1/SC24 wieder. Das FTCRP war ein bundesdeutscher Diskussionsbeitrag für ein internationales »Image Interchange Format« (IIF) geworden, das es weiter zu entwickeln und zu standardisieren galt. Das IIF war wiederum ein Teil des »Image Processing and Interchange Standard« (IPI), der als grundlegender Standard für das Imaging etabliert werden sollte. Ein erstes internationales ISO/IEC-Treffen zum IPI fand bereits Ende Oktober, Anfang November 1989 im brasilianischen Recife statt. In den Jahren 1990 bis 1992 sollten etliche internationale ISO/IEC-Meetings für den IPI und das IIF folgen. Die Lokationen waren unter anderem Washington, Darmstadt, Amsterdam, Ottawa, Norwich, Hamburg. Delegationen aus den USA, Frankreich, Österreich, Großbritannien, Japan waren regelmäßig präsent. Alles Englisch, das ich damals auf dem Gymnasium wegen fehlender Voraussicht nicht gelernt oder schnell wieder vergessen hatte – nun durfte ich es in einem umfangreichen Nachhilfeunterricht, »learning by doing«, pragmatisch nachholen. Die internationalen Kollegen attestierten mir allerdings einen krassen »Rhine Main Accent«, den ich partout nicht abzulegen in der Lage war.

Diese ISO/IEC-Meetings fanden immer über eine ganze Woche – von Sonntag zu Sonntag – statt. Wir hatten für den Flugzeugtransfer manchmal Übergepäck-Zuschlag zu bezahlen, weil wir so viele schwere Papier-Dokumente mitnehmen mussten. Editorische Arbeiten an den Normen-Dokumenten wurden von Hand erledigt – mit Bleistift auf Papier, »penciling it down« – und dann nach der Rückkehr im Darmstädter Institut editorisch umgesetzt. Von einem papierlosen Büro wurde hier und da bereits gesprochen. Es war aber bezüglich einer echten Umsetzung noch sehr weit entfernt. In diesen Jahren war es aber interessant zu beobachten, dass von Meeting zu Meeting immer mehr die ersten tragbaren Computer, die »Portables« und »Laptops«, verfügbar waren. Es war fast schon ein Statussymbol der ISO/IEC-Delegierten, jeweils das neueste Modell mit den kleinsten Abmessungen und der geringsten Masse mit dabei zu haben. Diese ersten Laptops waren allerdings, verglichen mit den Modellen des Jahres 2020, schwere Dinosaurier.

Ein Mitglied der US-amerikanischen Delegation war William K. Pratt. Er war Professor an der University of Southern California in Los Angeles und hatte bereits Ende der 1960er-Jahre das absolut richtungsweisende Buch »Digital Image Processing« veröffentlicht. Er erwähnte irgendwann ganz beiläufig, dass er in seinem Institut wohl das allererste digitale Farbbild der Welt in einem Computer gespeichert hätte, so circa im Jahr 1968. Dieser William K. Pratt war der Neil Armstrong des »Color Imaging«. Er signierte für uns ein Exemplar seines Buches.

Im Herbst 1990 wurde sowohl seitens BERKOM als auch seitens der EUROGRAPHICS ein fachlicher Workshop angeregt. Es sollte ein Retreat-Meeting der im neu entstehenden Bereich »Graphics and Communication« ausgewiesenen führenden Europäischen und internationalen Forscher sein. Man wollte an drei Tagen, vom 15. bis 17. Oktober 1990, den Stand der Wissenschaft und künftige Entwicklungslinien von »Multi Media«, »Image Interchange«, »X-Windows« und anderem mehr besprechen. Die absehbare »Große Fusion« von multimedialer Computergraphik und Telekommunikation sollte weiter voran gebracht werden.

Man meinte, wegen des Reiseaufwands der internationalen Teilnehmer sollte das Treffen besser in West-Deutschland sein, nicht weit vom Frankfurter Flughafen entfernt. Internationale Flüge von und nach Berlin waren nach dem

Mauerfall und der Wende noch nicht im dem Maße verfügbar. Aus irgendwelchen Gründen wurde ausgerechnet ich gefragt, ob ich dafür – »all over the Rhine Main Area« – ein geeignetes Tagungshotel wüsste. Mein Vorschlag, die Tagung im »Hotel Burgterrasse« an der Burg Breuberg stattfinden zu lassen, wurde tatsächlich akzeptiert – welch ein Zufall. Es bedeutete, dass ich natürlich den bei Weitem kürzesten Anreiseweg aller Teilnehmer hatte. Es waren nur wenige Kilometer. Zum Erstaunen und zur Heiterkeit der Teilnehmer trug bei, dass ich mit dem lokalen Personal des Tagungshotels im einheimischen rheinfränkischen Dialekt – nicht nur in Englisch, sondern auch auf Deutsch(!) mit einem »Rhine Main Accent« – zu sprechen in der Lage war.

Es waren 29 Personen aus Deutschland, Frankreich, Großbritannien, Italien, Griechenland, Belgien, auch aus den USA und Kanada an den Breuberg gereist. Beispielsweise war aus Kanada von der Memorial University of Newfoundland der Associate Professor Dieter W. Fellner gekommen, der im Jahr 2006 als Nachfolger von José Luis Encarnação die Leitung des Fraunhofer-IGD in Darmstadt übernehmen sollte. Leider konnten die Gäste wegen des sehr schlechten Wetters die Schönheit der umgebenden Odenwälder Landschaft nicht würdigen. Ein wichtiger Diskussionspunkt am Breuberger Treffen war die Rolle des Europäischen RACE-Projekts ARGOSI – »Application Related Graphics and OSI Standards Integration«. Der Gegenstand von ARGOSI war der Transfer von Graphischen Informationen in internationalen Netzwerken und die Verbesserung der Anwendungen von Software und Systemen in diesem Kontext. Jahrzehnte später sollten die konzeptionellen Beiträge von ARGOSI in Anwendungen wie der Übertragung von Bildern in vielen Bereichen der Wissenschaft, von der Wettervorhersage über Medizin und Mechatronik, alltäglich und sehr nützlich sein. Die Ergebnisse des Breuberger Workshops wurden von den britischen Kollegen sorgfältig editiert und in einem Band im Springer-Verlag publiziert. Sie sollten den weiteren Normierungs-Prozess im ISO/IEC/JTC1 stark beeinflussen.

In der Rückschau, viele Jahre später, habe ich den Eindruck, dass das Meeting am Breuberg eine Art von »Solvay-Konferenz« im Bereich der Multimedialen Teledienste und damit der Informationsgesellschaft im Allgemeinen war. Die Solvay-Konferenzen, so benannt nach ihrem Sponsor Ernest Solvay, sind eine Serie von internationalen Fachgesprächen der modernen Physik. Die erste Solvay-Konferenz im Jahr 1911 sah circa 25 Personen. Es waren die damals führenden theoretischen Physiker. Walther Nernst schlug Ernest Solvay als Motto »Einführung der Quanten in die theoretische Physik«, vor. Max Planck, quasi

Ein Schauplatz großen technischen Fortschritts: Das Hotel Burgterrasse unterhalb der Burg Breuberg im nördlichen Odenwald. Dort fand im Oktober des Jahres 1990 der wegweisende EUROGRAPHICS-Workshop »Graphics and Communication« statt. Im Jahr 2020 ist das ehemalige Hotel eine Tierpension geworden. Die Abbildung ist die Ablichtung einer Ansichtskarte aus dem Antiquariat.

der »Erfinder der Quanten« zeigte eine gewisse Skepsis. Er meinte, dass dieses Thema noch zu unbekannt sei und dass sich kaum jemand für den Vorschlag interessierten dürfte. Diese subjektive Einschätzung untertrieb die später sich ergebende Wirkung der Solvay-Konferenz bei weitem. Die Vorträge und Ergebnisse der Solvay-Tagung wurden publiziert und waren maßgeblich für die weitere Entwicklung der theoretischen Physik. So erging es auch uns mit der Breuberger Tagung: Die Allgemeinheit der Informatiker fand damals noch »Graphics and Communication« eher weniger interessant. Aber die sehr gute Dokumentation der Vorträge durch die EUROGRAPHICS war wegweisend für die weitere Entwicklung der multimedialen Informationsgesellschaft.

Einige der Protagonisten des Breuberger Workshops, darunter Gerd Schürmann (GMD-FOKUS, Berlin), David Duce (»Rutherford Appleton Laboratory«, Chilton, Oxfordshire), Ralf Cordes (»Telenorma Bosch Telecom«, Frankfurt am Main) und andere europäische Kollegen aus Spanien und aus Finnland fanden sich mit uns vom IGD zusammen. Wir brachten im EU-Programm RACE II (»Research and Development in Advanced Communications Technologies in Europe – Part 2«) ein Projekt auf die Beine, das zu Beginn des Jahres 1992 startete. Das Projekt hieß »Advanced Multimedia and Image Communication Services« (AMICS), und man wollte in zwei Jahren eine allgemein verwertbare »Image Communication Open Architecture« (ICOA) zustande bringen. Die Aufgabe der ICOA war ein Beitrag zu einer »road map« für die Digitale Bildkommunikation. Diese »road map« sollte sich eng an die sich entwickelnde internationale Standardisierung anlehnen.

Bei der Konzeption der ICOA war es völlig klar, dass sich ein großes Rasterbild, gar ein digitales Video, keinesfalls einfach so durch ein ISDN-Netzwerk in »Echtzeit« übertragen ließe. Dafür war dessen Datenmenge viel zu groß – und die Bandbreite des ISDN viel zu gering. Es musste irgendeine Reduktion der Datenrate erreicht werden, damit das Netzwerk mit der normalen Abspielgeschwindigkeit, der »Echtzeit«, eines Videos würde Schritt halten können. Im ISO/IEC/JTC1/SC29 fragte man sich, ob eine verlustbehaftete Datenkompression und Übertragung von lediglich denjenigen Parametern von Bildern und Tönen weiterhelfen könnte, die für menschliche Wahrnehmung physiologisch wesentlich sind. Die SC29-Arbeitsgruppen, die sich mit diesen physiologischen Fragen beschäftigten, nannten sich »Moving Picture Experts Group« (MPEG) oder auch »Joint Photographic Experts Group« (JPEG). Die jeweiligen Akronyme ihrer Arbeiten, die Bildkompressions-Algorithmen »mpg« und »jpg«, sollten in der Informationsgesellschaft weltbekannt werden.

Fraunhofer-Kollegen aus Erlangen hatten im SC29 zudem eine Audio-Codierung namens »Layer III« für das MPEG-Verfahren vorgestellt. Sie nannten ihren »MPEG Audio Layer III« kurz nur »MP3«. Sie meinten, dieses MP3 könnte man echt gut gebrauchen, wenn man beispielsweise Musik über das ISDN übertragen oder auch in Dateien speichern will. Aber so etwas wollte im Jahr 1991 eigentlich niemand. »The very latest thing« der Jahre 1991 und 1992 war der »DiscMan« von Sony, ein portables Abspielgerät für Musik-CDs. Mir wurde aus Japan so ein Teil per privatem Direktimport mitgebracht. Der Nickel-Cadmium-Akku meines Exemplars hielt circa eine gute Stunde durch. Es konnte also eine einzige CD gehört werden, dann musste der Akku des DiscMan wieder aufgeladen werden.

Die »Image Communication Open Architecture« (ICOA) des RACE-Projekt AMICS hat für die entwickelte Informationsgesellschaft eine weiteren wichtigen Aspekt zur Folge. Bei BERKOM und GMD-FOKUS in Berlin gab es ein Arbeitsfeld, das sich der »Open Document Architecture« (ODA) und dem damit verbundenen Datenaustausch »Open Document Interchange Format« (ODIF) widmete. Man wollte damit in multimedialen Dokumenten enthaltenen Komponenten austauschen und auch Dokumente von Rechner zu Rechner »offen« transferieren. Es sollte also möglich sein, etwa ein Bild in einem Dokument am Bildschirm zu markieren und es in ein anderes Dokument einzufügen. Oder auch eine Textdatei mit Bildern per E-Mail von einem Rechner zu einem anderen zu senden. Die Berliner Gruppe um Radu Popescu-Zeletin und Gerd Schürmann erzielte mit ihren Beiträgen zu ODA und ODIF wichtige konzeptionelle Fortschritte.

Die Arbeiten um der ODA und des ODIF wurden im Rahmen der ISO/IEC standardisiert und in vielen Anwendungen im Bereich der Bürosysteme, der Medienwirtschaft und der Wissenschaft ganz essentiell. Das »pick and put« von Objekten ist derart selbstverständlich geworden, dass man kaum noch sieht, dass es dafür einer intensiven konzeptionellen Entwicklungsarbeit bedurfte. Ein weiterer Ausläufer der ODA-ODIF-Philosophie war die Entwicklung des multimedialen »Hyper Text«. Dessen Merkmal ist der zusätzliche Datentyp des Verweises auf andere Dokumente. Diesen Mechanismus kannte man von jeher als die Pfeile »→« mit denen in klassischen Lexikon-Artikeln auf andere Artikel verwiesen worden ist. Als »Uniform Resource Locator« (URL) sollte dieser Mechanismus zu großer Bedeutung im WWW kommen.

Dr. Ralf Cordes, Nürtingen
Exkurs – Der Open Link Server und das RACE-II-Projekt AMICS

Wenn ich das so lese, so ergänze ich gerne einige Erlebnisse von Seiten eines, wie es damals hieß, »Vertreters der Industrie«. Das Projekt AMICS mit der Nummer »R2056« im Programm RACE II verfolgte das Ziel, eine offene Architektur für die multimediale und insbesondere Bildkommunikation zu schaffen. Ich konnte einige persönliche Vorarbeiten und wissenschaftliche Teilergebnisse aus meinem industriellen Umfeld in das Projekt AMICS mit einbringen.

Seit Mitte der 1980er-Jahre hatten wir an der TU in Braunschweig im dortigen »Institut für Betriebssysteme und Rechnerverbund« ein Projekt namens »Multimedia Büro-Informationssystem« (MuBIS) auf den Weg gebracht. MuBIS wurde damals von der Nixdorf Computer AG unterstützt und das erste Mal im Jahr 1987 auf der CeBIT der Öffentlichkeit vorgestellt. Die 1987er CeBIT war notabene erst die zweite CeBIT überhaupt. Auf der damaligen »Schneebit«, es gab zwei Tage vor der Messe einen ziemlichen Schneesturm in Hannover, wurde auch einer der ersten Laptop-Computer der Welt vorgestellt. Die Firma Compag präsentierte dieses circa 9 Kilogramm schwere Gerät mit dem schlagenden Argument, das sei nun ein PC, den man wirklich überall mit hinnehmen könnte.

Das Projekt MuBIS hatte schon die Integration unterschiedlicher Datenformate und Medien am Arbeitsplatz zum Inhalt. An so etwas, wie eine digitale Videokonferenz, war noch nicht zu denken, aber hochauflösende Bilder, wie etwa Röntgenbilder, konnten am Bildschirm durchaus dargestellt werden. Für mich war das Projekt MuBIS die Plattform, um mit einer Arbeit zu benutzerspezifischen Arbeits- und Retrieval-Umgebungen zu promovieren. Einer der konzeptionellen Gedanken, der aus dieser Arbeit reüssieren sollte, war der sogenannte »Open Link Server«. Dieses war eine formale Beschreibung, um digitale Informationsobjekte unabhängig von deren Lage zu adressieren und in einer Arbeitsumgebung darzustellen. Etliche Jahre später würde man sagen, wir hätten eine Anwendung (»App«) mit einem weltweiten »Directory Service« dahinter. Das ist in der entwickelten Informationsgesellschaft allen allgemein als ein »Uniform Resource Locator« – oder eine URL – bekannt.

Mit dieser in Braunschweig erworbenen Expertise durfte ich dann bei und für die Bosch Telecom GmbH eine Teilprojektleitung in einem RACE-I-Projekt übernehmen. In diesem von der Alcatel-Gruppe geführten Projekt ging es um »Multimedia Communication Presentation and Representation« auf einer Workstation, einem Breitband-fähigen »Endgerät«. Das Konzept des Open Link Servers wurde mit den damaligen Standardisierungsgremien wie MPEG (»Moving Picture Expert Group«) und besonders der MHEG (»Multimedia and Hypermedia Information Coding Expert Group«) in Verbindung gebracht. Es gab unzählige Workshops, Projektmeetings, »Drafts« und »Revisions«. Schließlich und endlich legten wir uns in unserem Teilprojekt auf eine Implementierung des Open Link Servers unter SUN X-Window »X11« fest. Wir konnten einen Prototypen mit Videokonferenz-Möglichkeiten über das VBN (»Vorläufer-Breitbandnetz«) sowie einem lokalen ATM Hub der Firma Alacatel auf der Telecom '91 präsentieren. Die Konferenz und Ausstellung Telecom '91 fand unter dem Motto »An Interconnected world: Improving the quality of life for all« im Oktober 1991 in Genf statt.

Gleichzeitig gelang es uns, aus unserem Teilprojekt heraus auf der ersten »ACM Conference für Hypertext/Hypermedia« die Ideen des Open Links Servers in einer Poster Session in San Antonio im Dezember des Jahres 1991 vorzustellen. Diese Poster Session ist bei Insidern weltberühmt. Ich stand mit meinem Exponat (»Poster«) Rücken an Rücken mit einem gewissen Tim Berners-Lee und durfte etwas zu globalen Hypertext Strukturen präsentieren. Für die Entwicklung des WWW ist der »ganze Rest« Geschichte. Für den »Open Link Service« ging es dann weiter im RACE-II-Projekt R2056 AMICS.

Nach vielen weiteren Projekt-Meetings sowie der Präsentation des Open Link Servers auf dem »IEEE Workshop on Telematics« im Jahr 1992 in Korea startete dann das Projekt AMICS mit dem Fraunhofer-Institut für Graphische Datenverarbeitung (IGD), mit GMD-FOKUS (dem späteren Fraunhofer-FOKUS) und weiteren internationalen Partnern aus Spanien, Finnland sowie England. Die Ziele waren ambitioniert, viele der entwickelten Ideen waren grandios, die Implementierungen sehr gut brauchbar. Für die Bosch Telecom GmbH durfte ich weitere CeBIT-Beiträge mit unseren Multimedia-Endgerät-Entwicklungen durchführen. Der Vorsitzende der Geschäftsführung und »Gottvater« der Robert Bosch GmbH, Dr. h.c. Hans Lutz Merkle war in Begleitung des damaligen Postministers Schwarz-Schilling und sie sahen sich unsere Arbeiten auf der CeBIT im Jahr 1987 mit Interesse an.

Wir haben im AMICS Projekt versucht und daran gearbeitet, Standards wie MHEG, MPEG mit unterschiedlichen Standards zum Austausch von Informationen wie dem ISO/IEC »Image Interchange Format« (IIF) zusammen zu bringen. Das Ganze war sehr schwierig. Dazu kam die Diskussion um die

Verwendung der neuen Internet-Protokoll-Netze (den IP-Netzen) anstatt der ATM-Netze (»Asynchronous Transfer Mode«) als Breitbandübertragungsmedium. Die Frage war, ob es weiterhin Signalisierungsprotokolle und echte Leitungsverbindungen geben sollte oder ob doch nur Datenpakete (die sogenannten »Tokens«) verbindungslos übertragen werden sollten. In unserem Projekt AMICS gab es viele Diskussionen über diese Richtungen. Am Ende »gewannen« das IP und die verbindungslose Technik. Das Projekt AMICS war ein Lebensabschnitt und eine interessante Zeit, die ich sicher nicht missen möchte.

Für mich persönlich ging mit dem Ende von AMICS und die Entwicklung des ICOA mein letztes echtes Forschungsprojekt zu Ende. Mit dem Jahr 1994 vollzog ich eine komplette Abkehr vom wissenschaftlichen Projektarbeiten sowie Forschungs- und Förderaktivitäten. Einer der Gründe war das sogenannte »Bangemann Papier«, das viele zukunftsweisende Punkte aufwies, wie zum Beispiel das »Distance Learning«. Die vielen Ideen aus den zahlreichen RACE und ESPRIT Projekten wurden meines Erachtens in dem Report fokussiert und in eine Art Masterplan gepresst. Nur ist leider nicht viel umgesetzt und nicht viel in Angriff genommen worden. Ein weiterer Grund war die strategische Entscheidung meines Arbeitgebers, entwicklungsseitig auf Verteilnetze sowie ATM und B-ISDN zu setzen.

In den wilden 1990er-Jahren entstanden in den europäischen Projekten viele Publikationen – und es wurden viele Reisen zu Europäischen Projekttreffen unternommen. Als ein wesentliches Nebenergebnis von Multimedia und Hypermedia bleibt für mich persönlich »ein besseres Verständnis meiner europäischen Nachbarn«, wie es ein EU-Kommissar einmal formulierte. Die Entwicklung der Informationsgesellschaft wäre ohne eine internationale Zusammenarbeit nicht denkbar gewesen – und umgekehrt hat die Entwicklung der Informationsgesellschaft eben diese internationale Zusammenarbeit sehr gefördert. ❡

Im Europäischen RACE-Projekt AMICS und bei BERKOM stellten sich noch neue, in den Jahren 1991 und 1992 völlig überraschende Fragen: Wie sollte man dieses Internet Protocol (IP) einordnen? Welche technische und wirtschaftliche Bedeutung sollte man der US-amerikanischen Entwicklung namens »Internet« zubilligen? Wie seriös war das? Natürlich kannte man das IP als eine Grundlage der E-Mail (»Simple Mail Transfer Protocol« (smtp)) und von Dateitransfers (»File Transfer Protocol« – (ftp)) seit einigen Jahren. Nun gab es aber speziell in den USA Leute, die meinten, man könne auf der

Basis des IP auch Multimediale Teledienste, wie das MMM und MMC, mit Bildübertragungen etc. realisieren. Das IP passte aber nicht so recht in die Schichten des international standardisierten ISO/OSI-Modells. Das IP war zudem verbindungslos und damit nicht-isochron konzipiert. Im Internet-Protokoll spielt die Dimension der »Zeit« einfach keine Rolle.

Das IP kannte – und kennt – nur die Versendung von kleinen Datenportionen »Token«, die ohne eine Anbindung an die physikalische Zeit – »nicht-isochron« – vom Sender, über eventuell mehrere Vermittlungsknoten, an den Empfänger geliefert werden. Es wird nicht wie beim klassischen Telefon eine echte Leitung geschaltet, die dann Sender und Empfänger exklusiv zugeordnet wird. Beim IP sind die Kommunikationsteilnehmer nur virtuell »verbindungslos verbunden«, über Rechenzentren, die die Token über beliebig und situativ zugewiesene Leitungen austauschen. Ein IP-basiertes Bildtelefon könnte also mitten in der Übertragung eine schlechtere Bildqualität zeigen oder das Bild und der Ton für einige Sekunden wegen IP-Überlastung komplett stehen bleiben oder ausfallen. Das Internet-Protokoll kann keine Garantie dafür geben, ob und wann es mit der Datenübertragung wieder geregelt weitergehen könnte. Das IP war damit eine reine Horror Show für unsere bodenständigen Auffassungen von einer verlässlichen Teledienst-Qualität. Nichtsdestoweniger hat sich das IP durchgesetzt – und die bereits damals prognostizierten negativen Konsequenzen wurden ebenfalls eine alltägliche Realität. Wegen der nicht-isochronen IP-Protokolle treten in Telefonaten und Videokonferenzen Bild- und Ton-Aussetzer immer wieder auf. Und niemand kann sicher(!) vorhersagen, wann(!) eine E-Mail zugestellt werden wird.

Wie groß die Skepsis gegenüber dem Internet zu Beginn der 1990er-Jahre noch war, kann daran abgelesen werden, dass noch im Jahr 1996 die Festschrift zu »10 Jahre BERKOM« die Vokabeln »WWW« oder »Internet« nicht enthält – weil diese Dinge selbst im Jahr 1996 noch nicht »richtig relevant« waren. Ein anderer Punkt war, dass es für das IP keine offizielle Standardisierung durch die ISO/IEC gab. Wer waren die Leute hinter diesem IP? Wer sorgte für eine Verlässlichkeit und Stabilität der Spezifikationen und der Normen-Dokumente? Erst im Jahr 1992 wurde dann die »Internet Society« (ISOC) gegründet, die als – simple – Nichtregierungsorganisation für die Pflege und Weiterentwicklung des IP zuständig ist. Die ISOC arbeitet nur auf der Ebene und der Basis von Selbstverpflichtungen. Es gab und gibt – berechtigterweise – durchaus die Meinung, dass angesichts der wirtschaftlichen

Bedeutung des IP dieser Umstand ein nicht geringes technisches und politisches Risiko darstellt.

Einige Jahre später, circa 1994, konnte der Standard OSO/IEC 12087-3 »Information Technology – Computer Graphics and Image Processing – Image Processing and Interchange (IPI) – Part 3: Image Interchange Facility (IIF)« von »unserem« ISO/IEC/JTC1/SC24 fertig gestellt werden. Er hat die Formate GIF und TIFF – und andere Formate für die Bildverarbeitung und das »Imaging« – konzeptionell massiv beeinflusst.

In der entwickelten Informationsgesellschaft ist es selbstverständlich, dass man eine digitale Fotografie mit vielen Millionen Bildpunkten per Smartphone aufnehmen kann und sie an ein anderes Smartphone verschicken kann. Natürlich kann der Empfänger das Bild in wenigen Sekunden dann auf seinem Smartphone sehen – und zwar korrekt(!) sehen. Der immense konzeptionelle Aufwand für die technischen Formate und Protokolle, der bewältigt werden musste, um die Kommunikationsgeräte kompatibel zu machen, der fällt niemanden mehr auf. Man kann umgekehrt argumentieren, dass ohne die Standardisierungsarbeit in den frühen 1990er-Jahren die Bildkommunikation im Jahr 2020 »so einfach« nicht möglich wäre.

Im Herbst 1992 stellte sich mir die Frage, ob ich denn die Stelle als IGD-Abteilungsleiter mein ganzes Berufsleben innehaben sollte. Nach über zehn Jahren Studium, Promotion und WissMA im Umfeld von THD und IGD hatte ich schon das Gefühl, ein neuer beruflicher Kontext – und auch eine monetäre Verbesserung – könnten ja nicht so ganz verkehrt sein.

Zudem meinte ich – allerdings viel zu selbstbewusst, wie ich bald erfahren durfte – in der Informationstechnologie über eine ziemliche Expertise zu verfügen. Gerade erst hatte ich zusammen mit dem Team meiner IGD-Abteilung »Imaging« noch ein – meiner Meinung nach – Standard-Werk »Imaging – Bildverarbeitung und Bildkommunikation« im Springer-Verlag herausgegeben. Ich meinte, eine künftige Beschäftigung in leitender Position bei einer namhaften Unternehmensberatung wäre wohl die richtige künftige Tätigkeit für mich. Nach einer ganzen Reihe von Bewerbungen bei bekannten Unternehmensberatungen erhielt ich allerdings nur eine einzige Einladung zu einem Vorstellungsgespräch – bei der KPMG Unternehmensberatung GmbH in Frankfurt am Main. Das war wieder ein unglaublicher Zufall, denn die KPMG-Leute hatten mich nur deshalb zu einem Gespräch eingeladen – und sogar eingestellt, weil sie offenbar meinen Lebenslauf etwas eigenwillig interpretiert hatten. Aber ohne diesen Zufall hätte dieser Bericht nicht in dieser Form geschrieben werden können.

Business in Frankfurt – IT-Transfer und das WWW
(1993 – 1996)

Die internetbasierte Informationsgesellschaft hat nicht nur ein technisches, sondern auch ein ökonomisches Fundament. Das ehemalige Orchideenfach »Wirtschaftsinformatik« erlangt eine zentrale Bedeutung.

In der Mitte der 1990er-Jahre haben weitere wesentliche Innovationen der Informationsgesellschaft ihren Durchbruch im Geschäftsleben und im Alltag erlangt. Ab circa Sommer 1995 war es dann üblich, dass eine ordentliche Visitenkarte eine E-Mail-Adresse hatte, die dem »Simple Mail Transfer Protocol« (STMP) entsprach. Das bedeutete, dass ein – notabene vernetzter, mit dem hausinternen WLAN und dem Internet verbundener – PC auf keinem normalen Schreibtisch mehr fehlen durfte. In der Wirtschaft und Politik wurde das WWW populär. Man wollte »ins Netz« und nahm die Zuarbeit neuartiger Dienstleister in Anspruch. Sie wurden mit dem neuen Begriff »Internetagentur« bezeichnet. In der Politik erstrebten nun die Mandatsträger eine Präsenz im WWW. Die Verhüllung des Berliner Reichstagsgebäudes war im Juni und Juli 1995 live per Webcam als »private broadcasting« im Internet »all over the world« zu sehen.

Mit Beginn des Jahres 1993 war ich dann kein Forscher mehr, sondern ich wurde ein Unternehmensberater – bei der KPMG Unternehmensberatung GmbH in Frankfurt am Main. Einer der bei der KPMG Verantwortlichen, ein »Partner« im Jargon der Berater, war Dr. Thomas Wolf. Er war ein Mathematiker und sollte einer meiner Vorgesetzten werden. Thomas Wolf war schon bei meinem Bewerbungsgespräch bei der KPMG in Frankfurt am Main im Juli 1992 dabei und fragte mich wegen meiner Anschrift: »Ach, Sie kommen aus dem Odenwald?«. Er wohnte – welch ein Zufall – nur wenige Kilometer von meinem Zuhause entfernt und war daher ebenfalls ein Fernpendler. Um das KPMG-Büro zu erreichen, mussten wir beide – separat – täglich immerhin knapp 200 Kilometer mit dem PKW vom Odenwald nach Frankfurt am Main bewältigen. Dieser Aufwand war für künftige Überlegungen zur Telearbeit nicht ganz unbedeutend.

Bei der KPMG verstand man indes unter dem Begriff »Imaging« eine spezielle Art neuartiger Geschäftsprozesse. Es waren nun – etwa im Jahr 1993 – optische Speichermedien allgemeiner verfügbar, quasi eine frühe Art von CD-ROMs, mit denen man pro Datenträger mehrere Hundert Megabyte

Daten speichern konnte. Damit war es möglich, in den Unternehmen und Behörden bisherige Papier-Dokumente und Belege zu scannen. Darauf ließ sich wiederum eine elektronische Dokumenten- und Vorgangsbearbeitung – in einem dann »papierlosen« Büro – aufbauen. Der klassische Papier-gebundene »Workflow« konnte durch Datenkommunikation per vernetzter Rechner ersetzt werden, was einen erheblichen Effizienzgewinn für die Geschäftsprozesse in den Unternehmen versprach. Das Ganze nannten die KPMG-Berater – in der Tat – ebenfalls »Imaging«. Das war in Bezug auf seine technischen Grundlagen nur ein ganz schmaler Ausschnitt dessen, was wir beim Fraunhofer-IGD in Darmstadt unter »Imaging« verstanden hatten. Ich musste erkennen, dass meine bisherige Fraunhofer-Expertise nur sehr beschränkt bei KPMG brauchbar war. Umgekehrt wurde mir klar, dass ich vom »daily business« der KPMG und deren Mandanten aus der Industrie und der Finanzdienstleistung nur herzlich wenig verstand. Ich kam um die Erkenntnis nicht umhin, dass meine Einstellung bei KPMG wohl einem Missverständnis des Begriffs »Imaging« in meinem Lebenslauf geschuldet war.

Ich war als voriger Fraunhofer-Wissenschaftler zudem ernüchtert, was das Niveau der Informationstechnik in den Büros der KPMG anging. Dort war, im Jahr 1993, die Kommunikation per E-Mail noch nicht allgemein üblich. So konnte ich mich zunächst immerhin als KPMG-interner Dozent in Sachen Offene Systeme nützlich machen. Ich hielt in den diversen KPMG-Niederlassungen Vorträge über »Design Principles for a Global Electronic Mail System«. Immerhin brachte mich diese Tournee bis in das KPMG International Headquarter nach Amstelveen in den Niederlanden. In der Zeit vor der Popularisierung des WWW gab es natürlich noch keine internetbasierte Recherche, im Sinne von »Google«. Als Berater musste man für eine Recherche die Informationen papierbasiert in der Bibliothek suchen. Üblich waren allerdings schon Online-Wirtschafts-Auskünfte. Die Anbieter waren zum Beispiel Fach-Verlage, die Anfragen und Ergebnisse wurden per Modem übermittelt. Diese Auskünfte waren ziemlich teuer, so etwas konnte man nicht ständig in Anspruch nehmen.

Die Mitarbeit bei der ISO/IEC/JTC1 musste ich ebenso aufgeben wie den Lehrauftrag an der TH in Darmstadt. Die Kontakte zu Detlef Krömker (Fraunhofer-IGD) und zu Gerd Schürmann (GMD-FOKUS) pflegte ich auf einer persönlichen Ebene weiter. Allerdings begegnete man von Seiten der Akademiker der »Beratungsbranche« doch etwas reserviert. Irgendwie galt Beratung damals als nicht sehr seriös. Unternehmensberater standen im

Verdacht, eine zweifelhafte Qualifikation und wenig brauchbare Arbeitsergebnisse mit unverschämt hohen Honorarforderungen zu kombinieren.

In den ersten Monaten des Jahres 1993 gab es eine ganze Reihe von intensiven Gesprächen mit Thomas Wolf. Es war klar erkennbar, dass es seit den sieben Jahren ab dem Jahr 1986 im IT-Markt offenbar ein wachsendes Problem gab. Die ehedem so zuverlässige Eigendynamik des IT-Marktes war verloren gegangen. Das vormals übliche fast unreflektierte Kaufen von herstellerseitig angebotenen IT-Produkten durch die Anwender gab es nicht mehr. Nicht nur die beiden marktführenden amerikanischen Unternehmen »International Business Machines« (IBM) und »Digital Equipment Corporation« (DEC) verloren – gemessen am Kurs ihrer Aktien – dramatisch an Wert. Auch der Aktienkurs führender europäischer Unternehmen verfiel. Zwischen den Jahren 1986 und 1993 verlor beispielsweise die Olivetti-Aktie über 90 Prozent ihres Wertes. Andere Unternehmen, wie Siemens Datentechnik und Nixdorf, konnten sich nur unter Zuhilfenahme von Fusionen am sich immer schwieriger gestaltenden IT-Markt behaupten. Der oben erwähnte »Spiegel«-Titel von 1986 zur Situation der Firma IBM beschrieb – genauer besehen – keinen allmächtigen, sondern einen bereits schon stark wankenden Riesen.

Professor Dr. Thomas Wolf, Berlin
Exkurs – Die IT-Abteilung und ihre Leitung im Wandel der Zeit – CIOs und die IT als Service-Provider

Wenn man das liest, so muss man sehen, dass etwa zu Beginn der 1990er-Jahre auch die große Zeit der integrierten Standardsoftware der Fabrikate SAP, Oracle usw. begann.

Nach meiner Zeit bei Merck bin ich im Jahr 1984 zur KPMG Unternehmensberatung GmbH nach Frankfurt am Main gewechselt und sah die Welt aus der Perspektive des Beraters, nicht mehr als unmittelbarer Anwender. Sehr schnell merkte ich, dass meine Ideen zur Gestaltung sinnvollen IT-Einsatzes von vielen Unternehmen nun weitaus positiver wahrgenommen wurden. Vielleicht war dies einfach dem Umstand geschuldet, dass meine Leistungen – als die eines externen Beraters – jetzt viel teurer bezahlt werden mussten.

Die konsequente Nutzung der IT als ein Gestaltungsmittel für optimierte Geschäftsprozesse fand bei der Einführung von Standard-Software Fabrikaten wie SAP oder Oracle nur sehr rudimentär statt. Dass man für globale Einkaufsoptimierung auch globale Material- und Lieferanten-Daten benötigt, das hatte man den Anwendern eher selten gesagt. Das spätere Ausbügeln dieser fundamentalen Mängel hat je nach Konzerngröße dann 3- bis 4-stellige Euro-Millionenbeträge gekostet.

Parallel merkte man zunehmend, dass die dezentrale IT im Unternehmen ja so isoliert und dezentral gar nicht gestaltbar war. Daten wurden manuell übertragen, um Medienbrüche zu überwinden. Es gab keine konsistente, semantische Beschreibung von Daten. Mit untauglichen Mitteln und ohne systematische Methodik wurden umfangreiche lokale Anwendungen gebastelt. Diese später zu bereinigen, kostete wiederum einen Millionenaufwand.

Das Management-Prinzip der CIOs dieser Zeit – etwa ab Mitte der 1990er-Jahre bis weit über den Beginn der internetbasierten Digitalisierung hinaus – sah die IT als einen Service-Provider, die Anwender bestimmen die Anwendungen. Auf den Vorstandsetagen vieler Industrieunternehmen wurden die IT und ihre CIOs nur als solche reinen Service-Provider wahrgenommen. Eine gestalterische Kompetenz für das Gesamtunternehmen wurde ihnen nicht unterstellt – und das meist auch sehr zu Recht.

Die zweite Generation der CIOs waren keine IT-Monopolisten mehr, ganz im Gegenteil sie wurden zu Erfüllungsgehilfen der Fachabteilungen. Gleichzeitig wurde die Zuständigkeit der klassischen Systemanalyse an die Basis der Anwender gegeben. Dabei wurde vernachlässigt, dass dort weder die methodische Kompetenz noch ein integratives Denken verbreitet waren – und immer noch nicht sind. Vom Selbstverständnis her hat sich die Mehrheit der CIOs aus dem »Business« sehr zurückgezogen und sich auf die Rolle als Leiter eines Service-Providing im Unternehmen fokussiert.   ¶

Die »Old School« des Marktes für IT war ein lineares Modell des »Plan-Build-Sell« der IT-Hersteller. Sie gingen davon aus, dass sie den Bedarf an Datenverarbeitungsmaschinen ihrer Kundschaft richtig – quasi – »erraten« und ihre Produkte danach ausrichten könnten. Das war in der wachsenden Durchdringung der Anwender-Unternehmen mit Informationstechnik nun nicht mehr unbedingt der Fall. Die Bedarfe der Käufer wurden verfehlt, weil sie nicht präzise erkannt wurden. In der Folge gab es Probleme mit der Nicht-verfügbarkeit von Anwendern erwünschter Produkte oder der Nicht-Vermarktbarkeit von fertig konstruierter und fabrizierter IT. Die klassischen Methoden für Marketing und Beschaffung von IT waren nicht mehr brauchbar.

Wir sahen bei der KPMG die Notwendigkeit der strukturellen Weiterentwicklung des IT-Marktes in Formen der »Kooperation«. Solche Kooperationen wären quasi eine »Forum-Situation« und wir nannten das dazugehörige KPMG-Beratungsprodukt »IT-Transfer«. Es sollte insbesondere der qualifizierte Dialog zwischen Hersteller und Anwender, der »user vendor collaboration«, zum gegenseitigen Verständnis der Problemstellungen ein wesentliches Element sein. Mit der zunehmenden Kompliziertheit der Informatiklösungen wurden der direkte Dialog und die Zusammenarbeit zwischen Entwicklung und Anwendung zu einem Wettbewerbsvorteil für die System- und Software-Industrie. Wenn es um die ökonomische Klärung der Bedeutung der IT ging, um die Rolle der Marktteilnehmer, um ökonomisch-rationale Märkte etc. so waren mir nun die im Studium an der THD erworbenen Kenntnisse in VWL eine große Hilfe. Das neue KPMG-Geschäftsfeld »IT-Transfer« sollte sich sogar bald im »real business« bewähren. Und wieder waren unglaubliche Zufälle sehr förderlich.

Jürgen Kanzow war zu Beginn des Jahres 1993 in Berlin der Geschäftsführer der neugegründeten DeTeBerkom GmbH geworden. Diese neue Firma sollte das frühere BERKOM-Projekt organisatorisch verstetigen. Dem Team des früheren BERKOM-Projekts wurde nun die allerwichtigste neue Aufgabe zugetragen, nämlich die Organisation eines »Informationsverbundes Bonn-Berlin« (IVBB). Es sollte möglich sein, per »Multi Media Collaboration« (MMC) den künftigen absehbar zweigeteilten Regierungssitz Bonn-Berlin zu unterstützen. Die Beamten und Angestellten der Regierung sollten mithilfe der Multi-Media Teledienste von BERKOM ihre Verwaltungs- und Regierungsgeschäfte verteilt in Bonn und Berlin bearbeiten können. Es war eine unglaubliche Herausforderung, die vormaligen Forschungsgegenstände nun in die praktische Anwendung zu bringen. Eigentlich war ich ja mit BERKOM seit meinem Weggang bei Fraunhofer nicht mehr weiter verbunden, aber – welch ein Zufall – Jürgen Kanzow war seinerzeit an der TU Berlin als Verbindungsstudent beim »Corps Normannia« aktiv geworden, genau wie einer meiner Frankfurter KPMG-Kollegen.

Natürlich bekamen wir bei KPMG wegen dieser persönlichen Bekanntschaft keinen Projektauftrag – wohl aber einen ersten »Audienztermin« bei der neuen DeTeBerkom GmbH. Thomas Wolf und ich stellten Jürgen Kanzow und seinem neuen Prokuristen Andreas Kindt unsere Überlegungen vor, wie ein künftiger IT-Markt im »IT-Transfer« wohl strukturiert sein müsse. Und so sind wir als KPMG mit der DeTeBerkom GmbH ins Geschäft gekommen – und wieder war ich regelmäßig in Berlin. Wir hatten ein Projekt zur »Bedarfsschätzung Teledienste in der Öffentlichen Verwaltung« (BTÖV), dessen Ergebnisse direkt in den IVBB eingeflossen sind.

Am BTÖV war neben uns – auf Wunsch der DeTeBerkom – vor allem Helmut Krcmar beteiligt, der damals an der Universität Hohenheim tätig war. Ebenfalls mit dabei war das Fraunhofer-Institut IAO aus Stuttgart. So kamen wir in Kontakt mit der wissenschaftlichen Wirtschaftsinformatik-Szene auf nationalem Spitzenniveau. Dadurch weitete sich unser fachlicher Horizont entscheidend – weg von der reinen Technologie, hin zur Ökonomie. Die damals entwickelte »BTÖV-Methode« zur Schätzung der Akzeptanz von Telediensten sollte ein wichtiger Vorläufer späterer Projekte und Antworten zu Akzeptanzfragen sein. Der methodische Ansatz von BTÖV wurde Jahre später für die Entwicklung der sogenannten »Case-based Evidence« an der TH in Aschaffenburg weiterentwickelt.

Andreas Kindt, Inning am Ammersee
Exkurs – Die »Teledienste« der 1990er-Jahre als Vorläufer des »Homeoffice«

Wenn man das so liest und sich die Selbstverständlichkeit vergegenwärtigt, mit der im Jahr 2020 auf Grund der weltweiten Corona-Pandemie auf das »Homeoffice« umgeschaltet wurde, dann sollte doch einmal eine Würdigung der umfassenden Vorarbeiten der inzwischen alltäglichen Arbeitshilfen und -formen erfolgen. Nebenher bemerkt ist »Homeoffice« einer der »englischen« Begriffe, die im Rest der Welt interessanterweise mit dieser Bedeutung kaum eine Verwendung finden.

Ich kann mich noch gut an die BERKOM-Pilotprojekte Anfang der 1990er-Jahre erinnern, wo neben der Entwicklung der ersten kühlschrank-großen Bild-Telefone auch Versuche zur gleichzeitigen Bearbeitung von Texten und graphischen Dokumenten erfolgten. Wobei letztere auch gerade erst »frisch« die Oberfläche eines Bildschirmes »erblickt« hatten – im Zuge der ersten graphischen Benutzeroberflächen.

In einer eigenartig gründlichen Weise erfolgten dann die Spezifikationen und Entwicklungen gleich über alle sieben Schichten des damals so populären ISO/OSI-Modells der Offenen Systeme hinweg. Dieser »komplette« Ansatz lieferte zwar für die Zwecke der Kopplung unterschiedlicher Systeme unschätzbare Hilfen. Für die Definition und für die Gestaltung von Netzwerk-Protokollen bis Layer-3 (der Vermittlungsschicht – »Network Layer«) ist dies bis heute absolut brauchbar. Leider wurde die Notwendigkeit einer kompletten Beschreibung und Festlegung bis zum Layer-7 (der Anwendungsschicht – »Application Layer«) hinauf völlig falsch eingeschätzt und überschätzt.

Dies führte unvermeidlich dazu, viele Merkmale dort hinein zu definieren und festzulegen – und damit gleichzeitig in der Frühphase der Einführung die ersten Schranken für eine schnelle Verbreitung der neuen Teledienste aufzubauen. Es konnte immer nur der komplette Teledienst bezogen werden. Auch alle Endgeräte gehörten dazu, sie bildeten den sogenannten »Netzabschluss« – und waren damit amtlicherseits zulassungspflichtig. So gab es in der nationalen ISDN-Standardisierung auf der Basis des Signalisierungsprotokolls 1TR6 dann auch eine gleich zweistellige Anzahl vorgesehener Identifier für Teledienste. Damit sollten sich dann die jeweiligen Endgeräte zu erkennen geben, und in der zentralen Steuerung dann auch nur kompatible Geräte (wie Telefon mit Telefon, Telefax mit Telefax – aber nicht gemischt) zueinander in Verbindung treten können.

Nachdem die grundsätzliche technische Machbarkeit für Computer-basierte Kollaboration erfolgreich nachgewiesen werden konnte, stellte sich natürlich als nächstes die Frage nach den nutzbringendsten Anwendungsbereichen. Diese waren dann nacheinander Gegenstand von Erprobungen und zahlreichen Anwendungsversuchen. Auch das »Fernzeichnen« war übrigens so ein heißer Anwärter für einen solchen – separaten – Teledienst. Es hat sich freilich nie als ein solcher und eigenständig durchsetzen können.

Nach der deutschen Wiedervereinigung im Jahr 1990 war mit der Verlagerung der Hauptstadt im Juni 1991 der Regierungsbeschluss für einen zweigeteilten Regierungssitz in Bonn und Berlin erfolgt. Dies brachte die unschöne Vorstellung mit sich, dass in absehbarer Zeit viele Beschäftigte der Ministerien und der nachgelagerten Behörden mit Flugzeug und Bahn ständig zwischen den beiden Standorten pendeln müssten. Man sah auch Autobahnen gefüllt mit begleitenden Lastwagen voller Regierungs-Aktenberge. So war bald die Erkenntnis gereift, dass hier mittels Telekommunikation entgegengewirkt werden sollte. Das hatte in der Folge tatsächliche eine für damalige Zeiten breitbandige Vernetzung der Standorte im sogenannten »Informationsverbund Bonn-Berlin« (IVBB) zur Folge. Das war zwar eine absolut konkrete und sehr sinnvolle Anwendung, aber einen echten frühen Anschub von Telekooperation in den Anwendungen brachte das noch nicht hervor. Die IVBB-Teledienste konnten allerdings die physischen Reisen zwischen Bonn und Berlin kaum ersetzen.

Angesichts dieser unausweichlichen Erkenntnislage zur Nicht-Benutzung der neuen Teledienste wurden dann bei BERKOM und der Deutschen Telekom – im Sinne eines »alles wieder zurück auf Los« – Grundsatzfragen der Akzeptanz adressiert. Dies geschah zum Beispiel mit dem Projekt BTÖV (»Bedarfsschätzung für Teledienste in der öffentlichen Verwaltung«). Im Projekt BTÖV mit dabei waren unter anderen die Universität Köln mit Professor Dr. Dietrich Seibt, die Universität Hohenheim mit Professor Dr. Helmut Krcmar, das Fraunhofer-IAO in Stuttgart sowie die KPMG Unternehmensberatung Frankfurt und Berlin mit Dr. Thomas Wolf und Dr. Georg Rainer Hofmann. Das Projekt BTÖV hat unter anderem gezeigt, dass in einer fast irrationalen Weise eine Reisetätigkeit gegenüber der Benutzung von Telediensten nach wie vor bevorzugt wurde.

Gleichzeitig rückte der normale Arbeitnehmer in der gewerblichen Wirtschaft in den Fokus des Interesses. Zielbranchen waren unter anderem die Finanzdienstleister. Es gab einige Vorhaben in den 1990er-Jahren, die eine »Telearbeit im ländlichen Raum« propagierten. Der treibende Faktor für Home-Offices war schlichtweg die Vermeidung unnötiger Pendler-Fahrten vom Umland in die Städte hinein. Die privaten Haushalte hatten damals noch keine breitbandige Anbindung. Daher wurden die sogenannten »Telehäuser« oder »Telearbeits-Zentren« konzipiert und erprobt. Sie verfügten über die erforderliche Anbindung, was in der Regel zwei Megabit pro Sekunde für alle Arbeitsplatze zusammen bedeutete. Von einer Reihe von Pilotprojekten abgesehen, fanden auch sie keine größere Verbreitung. Ein Grund der mangelnden Akzeptanz ist wohl in der damaligen Externalisierung der Mobilitätskosten der Arbeitnehmer zu suchen. Deren Zeitaufwand und monetärer Aufwand für das Pendeln wurde etwa in Arbeits- und Tarifverträgen weitgehend ignoriert.

Und so pendelte sich in der Europäischen Union der Anteil des »remote work« in einer Größenordnung um die zehn Prozent ein. Erst im Jahr 2020 erzwang die internationale Corona-Pandemie auf einen Schlag einen Anstieg des »remote work« und die Akzeptanz der dafür nötigen Teledienste um vielfache Größenordnungen. Einen Virus hatten wir damals bei den Akzeptanzbetrachtungen bei BERKOM nicht ins Kalkül gezogen – das war jenseits aller Vorstellungskraft. Dennoch dürfte bei BERKOM ein wichtiger Teil der technischen Grundlagen für die Systeme gelegt worden sein, die sich über 20 Jahre später in der Corona-Krise bewähren sollten. ¶

Professor Helmut Krcmar wiederum wechselte im Jahr 2002 von Hohenheim an die Technische Universität München. Das »WirtschaftsWoche-Ranking« wies ihn im Jahr 2019 als den forschungsstärksten BWL-Professor im deutschsprachigen Raum aus. Er ist schon ein vielbeschäftigter Mensch, ohne Zweifel. Im Winter der Jahre 2020/2021 erklärte ich ihm, um was es in diesem Bericht vor »Besiedlung der Digitalen Welt« gehen soll. Er war zunächst ganz begeistert, und er wollte auch einen kleinen Beitrag liefern. Im Februar 2021 musste er mir nach einigen Aufschüben dann schreiben »Lieber Rainer, die nun folgende E-Mail tut mir weh, denn … Ich muss zugeben, dass ich es auch am Dienstagabend nicht geschafft habe, einen Text zu liefern, der Deinem Wirken und Deinen Gedanken genügen könnte. Zu viel ungeplante Krisen und Telefonate und noch kein Ende in Sicht … es bringt auch nichts, da noch mal um Aufschub zu bitten. Also mit rabenschwarzem Gewissen … alles ohne mich in den Druck. Und eines ist sicher: Das Werk wird man mit Gewinn lesen! Mit großer Entschuldigung und Bitte um Verständnis – Helmut.« Meine Antwort war in der Art: »Ich trage Deine sehr bedauerliche Absage mit großer Fassung« – denn man kann das alles ja sehr gut verstehen.

Ein anderes »IT-Transfer«-Projekt der KPMG im Kontext DeTeBerkom fragte etwa im Jahr 1994 bei der Bayerischen Hypotheken- und Wechsel-Bank (Hypo-Bank) in München nach den Möglichkeiten, eine Bank ohne einen Schalterbetrieb, also auch ohne Bankgebäude und Filialen, etablieren zu können. Der Kontakt zur Kundschaft sollte nur über Teledienste erfolgen. Neben telefonischen Kundenkontakt könnten, so die Überlegungen, auch die Multimedialen Teledienste der DeTeBerkom eine Rolle spielen. Das Internet und das WWW hatten wir dafür noch nicht im Fokus. Wir waren also weit davon entfernt, eine »Bank im Internet« zu konzipieren – aber nichtsdestoweniger wurde daraus im Jahr 1996 eine »Internet-Bank«. Das Projekt mit der damaligen Hypo-Bank lieferte wichtige Impulse für die weitere Gestaltung von deren Tochter »Direkt Anlage Bank«. Sie wurde zu einem wichtigen Pionier des internetbasierten Telebanking in Deutschland.

Bereits im Frühjahr des Jahres 1993 wurden wir bei KPMG auf die »European Software and System Initiative« (ESSI) aufmerksam. Es gab eine ESSI-Informations-Veranstaltung des zuständigen Referats bei der Europäischen Kommission in Brüssel, bei der ein IT-Unternehmer aus Freiburg referierte, er hieß Günter Koch. Er sprach von der Bedeutung der Software als »dem neuen Rohstoff der Industrie« und gab sich als ein großer Protagonist des politischen Aufstiegs der Software-Industrie zu erkennen. Besonders wichtig war ihm die Zuverlässigkeit von IT-Systemen, die nur über eine entsprechende »Qualität der Software« erreichbar wäre. Die Software-Qualität setze wiederum entsprechende »qualitativ hochwertige Produktionsprozesse« der Software voraus.

Professor Dr. h.c. Günter Koch, Wien
Exkurs – Eine kleine (Vor-) Geschichte der Software-Qualität (BOOT-STRAP)

Wenn ich das so lese, dann steuere ich gerne einige Bemerkungen zur Geschichte der Software-Qualität und der damit verbundenen Prozesse bei.

Ich bin mir fast sicher, dass ich es war, der damals ab circa 1980 den Marken-Begriff der »Softwarequalität« erstmals im deutschsprachigen Raum bekannt gemacht hat, indem ich als frischgebackener Software-Unternehmer die Dienste meines Unternehmens mit dem Slogan »Wir machen Qualitätssoftware« annoncierte. Um was es mir ging, möchte ich anhand einer Begebenheit aus dem Jahr 1982 schildern. Im Rahmen eines Akquisitionsgesprächs beim Geschäftsführer eines heute führenden Technologiehauses bot ich ein Projekt an. Es ging um die Entwicklung einer Automatisierungssoftware nach allen Kriterien eines professionellen Software-Engineering – es dürfte um ein Auftragsvolumen von etwa 30 000 D-Mark gegangen sein.

Mein Angebot wurde abgelehnt. Die ablehnende Antwort begründete mein Gesprächspartner damit, dass er seinem Sohn zu Weihnachten einen Heimcomputer »Commodore 64« (es konnte auch ein »Atari« gewesen sein) geschenkt habe. Sein Sohn würde die seinem Unternehmen gestellte Aufgabe gewiss innerhalb von zwei Wochen programmiert haben. Man muss es kaum erwähnen, dass dieser familiäre Do-It-Yourself-Ansatz schief ging. Den anschließenden professionellen Auftrag bekam schamhafterweise allerdings ein Konkurrent von mir.

Dieses für mich fast traumatische Erlebnis hat mich meine ganze Zeit als Softwarehaus-Manager intensiv beschäftigt. Immer ging es darum, Kunden zu vermitteln, dass eine »gute Software« nicht zum Billigtarif zu haben ist. Meine vermeintlich ultimative Idee war, Softwarekonstruktionen ähnlich wie architektonische Gebilde zu visualisieren. Das trieb mich vor allem in meiner Zeit – in der zweiten Hälfte der 1990er-Jahre – am »European Software Institute« (ESI) in Bilbao um. Zur gleichen Zeit wurde in Bilbao das Guggenheim Museum gebaut, das als Architekturikone mit Finite-Elemente-Software aus dem militärischen »Computer Aided Design« (CAD) konstruiert wurde. Wenn so ein komplexes Gebäude als Drahtmodell darstellbar und analysierbar ist, dann müsste, so dachte ich weiter, Gleiches doch auch für Softwarekonstruktionen funktionieren. Der Stand der Kunst und meines Wissens ist circa 25 Jahre später, dass man Programme in ihrer statischen Struktur sehr wohl graphisch darstellen kann. Das große Drama ist allerdings in der Visualisierung der dynamischen Ablaufstrukturen und der darin verborgenen Komplexität begründet. Das scheint ein immer noch nicht befriedigend gelöstes Thema zu sein, zumindest für die Bewerbung von Softwareprojekten.

Ich bilde mir ein, dass ich zuvor, bereits seit den 1970er-Jahren, am anwendungsorientierten Informatiklehrstuhl für Automatisierung an der Informatikfakultät der Universität Karlsruhe das Thema »Industrielles Software-Engineering« quasi exklusiv »besetzt« hatte. Sicher ist, dass mein nach der Universitätszeit begonnenes Unternehmen, anfangs aus Marktgründen »Biomatik«, dann »2i Industrial Informatics« genannt, über die 1980er-Jahre an den seinerzeit spannendsten deutschen und europäischen Verbundprojekten auf diesem Gebiet beteiligt war. Sehr gut erinnere ich mich an das europäische Projekt »ToolUse«, im Jahr 1985. Sein Ziel war die Schaffung einer Umgebung zur methodenbasierten Software-Entwicklung, in Kooperation mit einem französischen Forschungszentrum in – nomen est omen – Toulouse.

ToolUse ist deshalb der Erinnerung wert, weil in diesem Projekt zwei Themen profund angegangen wurden. Zum einen waren dies formale Korrektheitsbeweise für Computerprogramme und zum anderen die – meines Wissens erstmalige – Formulierung und Einführung der Idee von »formalisierten Software-Prozessen«. Das war ein Startschuss für den anschließenden Hype in Prozessmodellierung nicht nur in der IT-Industrie. In der entwickelten Informationsgesellschaft ist Prozessmodellierung so gut wie über alle Unternehmens- und Organisationsabläufe in jedweder Organisation alltäglich und gängig.

Ebenfalls erinnerlich ist mir, dass ich zum Jahreswechsel 1989/1990 in einem eiskalten Firmenbüro, die Heizung war ausgefallen, mein aus den Software-unternehmerischen Aktivitäten gewonnenes Wissen zum Thema Software-Entwicklungsprozesse, zu ihrer Qualifizierung und Messung sowie zu ihrer aufbauenden Einführung in Softwareunternehmen in einen Projektantrag zur Förderung im IT-Rahmenprogramm der EU, damals hieß das noch ESPRIT, zusammenfasste. Der Name des Projektes war »BOOTSTRAP«.

Woher kam der Begriff »bootstrap«? Mich hatte aber eine Erfahrung mit der frühen Programmierung, so etwa um das Jahr 1972, von Prozesscomputern der DEC PDP-11-Klasse geprägt. Um einen solchen Rechner zum Laufen zu bringen, musste man an deren Konsole händisch über Schalter eine Serie von Einstellungen zur Eingabe in das sogenannte Zentralregister vornehmen. Dann wurden nacheinander 8-Bit-Speicherworte eingetragen, um diese anschließend als Sequenz als Initialprogramm ablaufen zu lassen. Dieses Ur-Programm las daraufhin ein Ladeprogramm ein, das wiederum von einem externen Datenträger, damals Lochstreifen, ein nächstes Programm einlas. Dieses Programm wiederum startete weitere Prozesse, bis die Maschine schließlich lief und man ihr endlich Anwenderprogramme, damals primär für technische Berechnungen, eingeben konnte. Der Fachbegriff für ein solches quasi »Hochziehen« der Computer, das »bootstrapping«, ist dem Englischen entlehnt. Zu Deutsch ist das eine Schlaufe (englisch »strap«) an der Ferse von Stiefeln (englisch »boot«), die damit per Hochziehen, gegebenenfalls mit einem Stiefelanziehhaken, leichter angezogen werden können. Heute spricht oder liest man immer noch vom »booten«, wenn zum Beispiel das Betriebssystem eines Personal Computers neu gestartet wird.

Dieser Vorgang eines Starts von Null an – »booten« – hatte mich fasziniert, weil er mir dann auch als Metapher für das Hochfahren einer Organisation oder eines Projektes anwendbar erschien. Jedenfalls hatte das 1990 zur Förderung genehmigte und im gleichen Jahr gestartete, internationale Projekt BOOTSTRAP zum Ziel, neue Software-Entwicklungsprozesse hinsichtlich ihrer Qualität und Wirtschaftlichkeit sowie mittels eines Assessment-Verfahrens kontrollierbarer und auch sicherer zu machen. Das programmatische Konzept dazu hatte ich später, im Sommer 1993, kurz vor meiner Berufung als Direktor des ESI, in einem Artikel mit Überschrift »Process assessment: the ‚BOOTSTRAP‘ approach«, in der Zeitschrift »Information & Software Technology« beim britischen Verlag Butterworth-Heinemann zur Diskussion gestellt. Natürlich kann und muss die Qualität des Ergebnisses eines Software-Entwicklungsprojektes, also das geschaffene Software-Produkt, durch Konstruktions- und Prüf- bzw. Testmethoden direkt analysiert und gesichert werden. Aber mindestens gleichgewichtig nimmt die Qualität des Entwicklungsprozesses Einfluss auf dieses Ergebnis.

Ein Umstand aus jenen Jahren soll verdeutlichen, mit welchen immensen Schwierigkeiten die Informatik und ihre Industriekunden, damals primär das US-amerikanische Militär, beim Thema Softwareentwicklung zu kämpfen hatte. Mitte der 1980er-Jahre bemängelte der Rechnungshof der USA, dass circa 80 Prozent der staatlichen Softwareprojekte Fehlschläge waren. Die entsprechenden Investitionsmittel waren praktisch zum Fenster hinausgeworfen. Um diese Missstände abzustellen, wurde in den USA die Gründung eines Instituts, das auch im Jahr 2020 noch existierende »Software Engineering Institute« (SEI), ausgeschrieben.

Die Ausschreibung gewann die Carnegie-Mellon Universität in Pittsburgh, die am neu einrichteten SEI über Jahre zum Thema »Bessere Software« mit mathematischen Ansätzen herumdokterte und zu keinem praxisverwertbaren Ergebnis kam. Nach einer Evaluierung dieses Misserfolgs wurde ein Mann namens Watts Humphrey aus der Hardware-Industrie angeheuert. Humphrey hatte schon bei IBM erfolgreich ein sogenanntes Reifegradmodell zur Bemessung der Expertise einer technischen Organisation eingeführt. Er übertrug sein Modell namens »Capability Maturity Model« (CMM) ab 1988 beim SEI ganz pragmatisch auf die Softwareentwicklung. Auch über 30 Jahre später sollte das CMM-Modell in seiner erweiterten Form als CMMI (das »I« stand für »Integration«) der internationale »Goldstandard« für die Qualifizierung von Softwareproduktions-Einheiten in Bezug auf Kompetenz und Professionalität sein.

Für mich war die Idee der Reifegradmessung à la CMM, kombiniert mit meinem eigenen Konzept, nämlich der Berücksichtigung einer zweiten zu messenden Dimension, nämlich die Identifikation des Profils und der Kultur eines Unternehmens, das Schlüsselkonzept, das ich in einem programmatischen Ansatz zusammenbrachte. Das BOOTSTRAP-Projekt wurde unter meinem Direktorat ab 1993 am »European Software Institute« (ESI – dieses Akronym bzw. der Institutsname) wurde bewusst »symmetrisch« zu SEI gewählt) eine Basis zur Schaffung des in den 1990er-Jahren begründeten ISO/IEC-Standards 15504, auch kolloquial benannt als »Software Process Improvement and Capability Determination« (SPICE).

Nach dieser Norm SPICE qualifizierten in den nächsten Jahren große Teile der Europäischen Industrie, so beispielsweise BOSCH und Volkswagen, ihre Softwareprozesse sowie den Reifegrad ihrer Softwareabteilungen bzw. -zulieferer. Allerdings haben die US-Amerikaner mit ihrem CMM(I)-Standard dagegen gehalten, vor allem indem sie ihre Zulieferer – und das galt und gilt auch für Teile der europäischen Industrie – auf die CMM(I)-Qualifikation verpflichteten. Und so hat dann letztlich der konzeptionell und – typisch europäisch – komplexere und deshalb bessere Standard, nämlich »mein« SPICE, den Kürzeren ziehen müssen und wird heute nur noch in Nischen vor allem der europäischen Software-Industrie angewandt.

Die Vorstellung des BOOTSTRAP-Projektes anlässlich einer Veranstaltung der EU-Kommission in Brüssel brachte mich im Jahr 1993 erstmals mit Georg Rainer Hofmann zusammen. Er war damals noch ein Consultant bei der KPMG und saß im Auditorium. Elemente der weiteren Geschichte unserer sich daraus entwickelten langjährigen kollegialen und freundschaftlichen Zusammenarbeit lassen sich hier in diesem Bericht nachlesen. ❡

Ich rief Günter Koch einige Tage später an, um ihm das KPMG-Business »IT-Transfer« vorzustellen. Er empfahl mir, einen Abteilungsleiter im Bundesforschungsministerium – damals noch »BMFT« in Bonn, Herrn Götz Niederau, zu kontaktieren. Dieser könnte mir die Zusammenhänge der diversen politischen Förderungslinien der Software-Industrie in Deutschland und Europa am besten erläutern. Insbesondere sei die Gründung eines »European Software Institutes« (ESI) in der Planung. Günter Koch verschwieg mir damals allerdings, dass er höchst selbst der designierte Generaldirektor dieses ESI werden sollte. Mit Herrn Niederau suchte ich das Gespräch. Es endete Monate später mit der Etablierung eines KPMG-Projekts »European Associated Software Engineering« (EURASE) im ESSI-Programm – und einem neuen »hot spot« der Entwicklung der Informationsgesellschaft. Das war das sogenannte »IKTT«. Es sollte seinen Standort – ausgerechnet – mitten im Odenwald haben. Ich komme darauf in einem separaten Kapitel zurück.

Parallel bahnte sich im Metier des IT-Marktes eine weitere spannende Entwicklung an. Für den 17. Juni 1993 hatte Rainer Thome, Professor für Wirtschaftsinformatik an der Universität Würzburg, zu einem Termin für die Planung – und bestenfalls der Gründung – einer neuen Fachgruppe »Software- und Service-Markt« (FG SWSM) der »Gesellschaft für Informatik« (GI) in sein Institut nach Würzburg eingeladen. Der Fachbereich Wirtschaftsinformatik (WI) der GI hatte dieses Thema einige Monate vorher in Münster an seiner ersten Wirtschaftsinformatik-Konferenz »WI-Tagung« als wichtig erkannt. Rainer Thome kümmerte sich nun um die entsprechende Umsetzung. Er konnte seinen WissMA Andreas Hufgard für die operative Umsetzung und Betreuung der FG SWSM gewinnen. Im Rahmen dieser neuen FG SWSM traf sich eine ganze Reihe von Leuten, die den »IT-Markt« generell weiter entwickeln wollten. Dazu zählte ich mich auch. Und ich wurde, ob verdient oder unverdient, zum ersten Sprecher der neuen FG SWSM gewählt. Daher nahm ich eine gewisse Koordinationsrolle für die Treffen und die fachlichen Arbeit der neuen FG SWSM für die folgenden Jahre wahr.

Exkurs – Wirtschaftsinformatik-Konferenzen

Wenn man das liest, so muss man sich zusätzlich verdeutlichen, dass sich eine akademische Disziplin »Wirtschaftsinformatik« (Information Management) erst im Laufe der 1990er-Jahre wirklich emanzipierte. In der Gesellschaft für Informatik wurde ein entsprechender Fachbereich Wirtschaftsinformatik FB WI eingerichtet. Dieser veranstaltete im Jahr 1993 in Münster eine erste WI-Tagung als nationale Leitkonferenz. Die Tagung sollte Teilnehmer aus der Praxis und aus der Wissenschaft zusammenbringen. Es waren circa 500 Personen dabei. Der damalige Bundeswirtschaftsminister Jürgen W. Möllemann war einer der Hauptredner.

Die Wirtschaftsinformatik-Tagung im Jahr 1995 in Frankfurt am Main sah circa 800 Teilnehmer. Die Themen waren Wettbewerbsfähigkeit durch IT, Einsatz von innovativen Technologien und Wirtschaftlichkeit der IT. Im Jahr 1997 in Berlin ging es um internationale Geschäfte auf der Basis flexibler Organisationsstrukturen. Der damalige Regierende Bürgermeister Eberhard Diepgen eröffnete die Tagung, an der circa 1000 Personen erstmals das Internet als neue Schlüsseltechnologie erörterten. Die wachsende Bedeutung des Internets und das »Electronic Business Engineering« waren Themen auf der Tagung im Jahr 1999 in Saarbrücken. Die Eröffnungsrede hielt Reinhard Klimmt, damaliger Ministerpräsidenten des Saarlandes. Es nahmen 1300 Personen teil. Das dürfte das »all time high« an Besucherresonanz gewesen sein.

Die Tagung zur Wirtschaftsinformatik im Jahr 2001 präsentierte Methoden und Anwendungen für den E-Commerce in Augsburg. Die Tagungen im Jahr 2003 in Dresden und im Jahr 2005 in Bamberg griffen Themen auf, wie »Medien – Märkte – Mobilität« und die damit verbundenen Transformations- und Vernetzungsprozesse. Die Schlagwörter »eEconomy«, »eGovernment« und »eSociety« sollten die Durchdringung von Wirtschaft, öffentlicher Hand und Gesellschaft mit vernetzten Systemen kennzeichnen.

Ab 2005 wurden die Tagungen »elitärer« und sie wandelten sich zu einer Jahres-Messe der universitären Wirtschaftsinformatik, so meine Wahrnehmung. Ihre Relevanz für die auch internationale wissenschaftliche Forschung nahm deutlich zu, im Gegenzug gingen die Teilnehmerzahlen etwas zurück, weil man die Probleme der sogenannten »Praktiker« und »Pragmatiker« aus dem Kreis der Wirtschaft oder aus dem Kreis der Fachhochschulen – anscheinend – nicht mehr in dem Maße wie früher anzusprechen verstand. ¶

Man war bei der neuen FG SWSM überzeugt, dass es in den nächsten Jahren eine Unzahl neuer IT-Unternehmen gibt und dass Software ein Bestandteil des täglichen Lebens werden würde. Mit im Juni 1993 in Würzburg dabei war Bettina Horster, die damals an der Universität in Münster promovierte. Sie empfahl mir, einen gewissen Harald Summa für die nächsten Treffen der FG SWSM einzubeziehen. Herr Summa war für uns Informatiker und Wirtschaftsinformatiker ein »rare bird«, denn er war ein »Diplom-Kaufmann«, und außerdem trug er einen Schnauzbart. Es folgten nach dem ersten Meeting in Würzburg etliche Fachgespräche der FG SWSM, etwa in Suhl und in Heidelberg, auch in Düsseldorf und Nürnberg. Eines der wichtigen Themen war die Sicherstellung der Effizienz und die Qualität der hergestellten Software. Das Thema der Software-Qualität wollten wir bei KPMG in besonderem Maße aufgreifen, denn wir glaubten, dass es von besonderer ökonomischer Relevanz für die KPMG-Klientel sei.

Im Jahr 1994 bewarb sich die KPMG Unternehmensberatung in Frankfurt um die Durchführung des Projekts EURASE im Rahmen des bereits erwähnten europäischen ESSI-Programms. Mit im Konsortium waren das Information Management Forschungsprogramm »IM 2000« von Professor Hubert Österle an der Hochschule St. Gallen und auch KPMG-Kollegen aus London. In EURASE wurde das Ziel des Erfahrungsaustausches zur effektiven Nutzung der IT in Unternehmen angestrebt, speziell ging es um Informationssysteme als Hebel der Digitalen Transformation in der geschäftlichen Praxis, Formen des effektiven und effizienten IT-Management und um die Hersteller-Nutzer-Kooperation in der Software-Innovation. Mit EURASE war für den IT-Kooperationsmarkt und »IT-Transfer« eine institutionelle Basis geschaffen, seine Folgeprojekte sollten als »Value-added Software Information for Europe« (VASIE) bis zum Jahr 2000 beim – dann existenten – »European Software Institute« (ESI) in Bilbao unter der Leitung von Günter Koch weitergeführt werden.

Im April 1995 fand in Heidelberg die zentrale der EURASE-Konferenz statt. Das war circa zwei Wochen nach der Darmstädter WWW3. Die EURASE-Konferenz mit prominenter internationaler Besetzung war ein fachlicher Höhepunkt der »IT-Transfer«-Aktivitäten der KPMG. Als Veranstalter mit dabei war die Fachgruppe »Software- und Service-Markt« der Gesellschaft für Informatik GI e.V. Die Konferenzen dieser Art konnten damals natürlich – noch – nicht elektronisch angekündigt und beworben werden. Sie wurden per Briefmarkenpost als »direct mailing« versendet.

Unterstützend wirkten dabei kommerziell tätige Händler von einschlägigen Anschriftenlisten.

Für die Entwicklung der Informationsgesellschaft waren Kooperationsmodelle, wie das des »IT-Transfer« der KPMG, essentiell. Sie führten zum Offenen Dialog zwischen Entwicklern und künftigen Nutzern und zum allseitigen Nutzen. Eine wichtige fachliche Auswirkung war die Etablierung von rationalen, mehrdimensionalen, hierarchisch gewichteten Nutzwertmodellen für die IT. Eines der ersten Großprojekte, das von den neuen Kooperationsprinzipien des »IT-Transfer« beeinflusst wurde, war die Realisierung des »Elektronischen Handelssystems« (EHS) bei der Deutschen Börse AG, das später unter dem Namen XETRA bekannt werden sollte. Das EHS wurde in moderner Denkweise »kooperativ« spezifiziert.

In den Fachgesprächen der FG SWSM wurden schon ab dem Jahr 1994 konkrete Einsatzmöglichkeiten des WWW erörtert und umgesetzt. Bei einem meiner unregelmäßigen Kontaktpflege-Besuche im Fraunhofer-IGD in Darmstadt meinte Detlef Krömker, dass er sich in Form einer Konferenz für diese neue WWW-Technologie engagieren wollte. Ein Brite, er hieß Tim Berners-Lee, und ein Belgier namens Robert Cailliau hätten Anfang 1994 eine erste WWW Conference am europäischen Forschungszentrum CERN in Genf organisiert, eine zweite hätte im Herbst 1994 in Chicago stattgefunden.

Für den April 1995 wollten Tim Berners-Lee und Detlef Krömker nun eine dritte WWW Conference, die sie »WWW3« nannten, in Darmstadt anberaumen. Die WWW3 war von ihrer Bedeutung für die Informationsgesellschaft wiederum mit einer Solvay-Konferenz vergleichbar. Neben Tim Berners-Lee und Detlef Krömker, den Co-Chairs, sollte eine Gruppe von gut zwanzig Personen als Programmkomitee die WWW3 inhaltlich positionieren.

Auch ich gehörte zum WWW3-Programmkomitee, was ich im Nachhinein sehr erstaunlich finde. Es sollte darum gehen, einen »Markt der Möglichkeiten« der neuen WWW-Technologien zu veranstalten, mit Vorträgen, Debatten, Poster Sessions etc. Es lief mit der WWW3 sehr gut, etwa 1500 Teilnehmende waren nach Darmstadt gekommen. Das waren weit mehr Personen als man erwartet hatte. Sie bekamen als »typisch deutsches« Souvenir einen »beerstein«, einen mit Bier zu füllenden Steinkrug, mit dem von Robert Cailliau entworfenen Logo des WWW. Man glaubte offenbar, dass Deutsche, wenn(!) sie überhaupt etwas trinken würden, dann(!) müsste es Bier aus einem ebensolchen Krug sein.

Titel der Proceedings der Poster Sessions der dritten WWW Conference »WWW3«
im April 1995 in Darmstadt. Es ist die Reihenfolge der Schlüsselbegriffe im Untertitel
interessant: Zuerst wird die Technologie, dann werden die Werkzeuge und erst zum
Schluss die Anwendungen genannt. Damals war ein alltäglicher Gebrauch des WWW
noch kein Gegenstand der aktuellen Diskussion.

Die »beerstein«, die auf der Dritten World Wide Web Conference, der WWW3 in Darmstadt, im Jahr 1995 an die Teilnehmer als ein »typisch deutsches Souvenir« verteilt wurden. Das Logo des WWW war ein Entwurf von Robert Cailliau – es wurde weltbekannt. Ein Sponsor der WWW3 war auch Marc Andressen mit seinem Produkt »Mosaic«. Mosaic war wohl der erste WWW- Browser, der multimediale Hypertext-Dokumente darstellen konnte. Vor Mosaic bedeutete das Surfen im WWW vor allem das Lesen von reinen Textdokumenten.

Detlef Krömker sprach mich damals an und meinte, man könnte bei der WWW3 doch ein Fachgespräch, eine »Panel Diskussion«, organisieren, das sich mit dem »Geschäft im Internet« auseinandersetzt. Damit könnte ich einen Beitrag zur WWW3 leisten, denn ich hätte doch auch »Wirtschaft«, nämlich VWL, studiert. Der erzielte Erfolg sollte Detlef Krömker Recht geben. Es kam eine respektable Podiumsdiskussion zustande. Es nahmen Harald Summa (Kölner Software Hanse), Tim Cole (German Online Kiosk), Rainer Klute (NADS GmbH), Gerd Meissner (Spiegel online), Axel Pawlik (EUnet GmbH) teil, die sich am Dienstag, dem 11. April 1995, um 16:00 Uhr mit dem Thema »Commercial Use of the WWW in Europe?« auseinandersetzten. Man beachte das Fragezeichen! Die Frage war in der Tat, ob man im Internet jemals systematisch Geld verdienen könnte.

Professor Dr. Detlef Krömker, Frankfurt am Main
Exkurs – WWW3: »The Third International WWW Conference« – oder: Warum ausgerechnet Darmstadt?

Wenn ich das so lese, dann erinnere ich mich gut an den 28. Mai 1994. Es war ein Samstag und Robert Cailliau und ich saßen in seinem kleinen Büro beim CERN in Genf zusammen und reflektierten über die erste WWW-Konferenz, die genau einen Tag vorher zu Ende gegangen war. Robert hatte sie seinerzeit organsiert und sie war mit 380 teilnehmenden Personen in jeder Hinsicht ein voller Erfolg-.

Auch aus meiner damaligen Abteilung im Fraunhofer IGD waren diverse Aufsätze – etwa über Suchmaschinen – veröffentlicht worden. Wir hatten quasi ein »Gespür für einen möglichen Erfolg« des WWW entwickelt. Wir waren offenbar bei etwas Neuem und Faszinierendem dabei. Aber was daraus einmal werden sollte, das wussten wir im Mai 1994 natürlich noch nicht.

Robert Cailliau und ich hatten uns in Genf beim CERN getroffen, weil wir über unseren gemeinsamen EU-Projektantrag für »WISE – World Wide Information Support for RD Efforts in Central and Eastern Europe« sprechen wollten. Das Projekt WISE lief in den beiden Jahren 1995 und 1996. Wenn man in der CORDIS-Datenbank der EU die Projektbeschreibung für WISE aufruft, dann stellt man fest, wie faszinierend progressiv wir damals waren.

»The use of modern telecommunication facilities can significantly improve the availability of information and the possibilities of international collaboration. (...) The basis of the implementation of the WISE concept are the advanced communication technologies and services of the Internet and the World Wide Web WWW. The Internet is the most used telecommunication network world wide with over 25 million users and it is assumed that until the end of this century it will grow up to over 100 million users. WWW is a world-wide distributed information base. (...) The project will help to overcome national borders, so that scientists all over Europe can stay in contact and profit from developments all over Europe.«

Das Darmstädter Fraunhofer IGD hatte schon seit dem Jahr 1992 erste Erfahrungen und auch Eigenentwicklungen mit dem WWW gemacht. Wir Darmstädter hatten das WWW als Informationssystem schon sehr früh entdeckt und konsequenterweise eine Kooperation mit Robert Cailliau und Tim Berners-Lee begründet. Dazu zählte unter anderem ein Studierendenaustausch mit dem CERN und die Mitarbeit an der Entwicklung des Web Browsers namens »MacWWW«. Wir brachten damit sozusagen »das WWW und den Apple zusammen«, denn Tim Berners-Lee entwickelte ja »nur« für die NeXT-Workstations, die Steve Jobs maßgeblich mitentwickelt hatte. Aber alles, was mit dem WWW zu tun hatte, lief im Jahr 1994 noch auf vergleichsweise »kleiner Flamme«. Es gab für die Entwicklung ziemlich wenig Geld, aber dafür waren wir mit viel Engagement bei der Arbeit.

Robert Cailliau war damals mit der öffentlichen Ankündigung der ersten WWW-Konferenz in Genf Jo(seph) Hardin vom NSCA nur »um Stunden« zuvorgekommen, wie es hieß. Das NCSA (»National Center for Supercomputing Applications, University of Illinois at Urbana–Champaign«) war die intellektuelle Heimat des Mosaic-Browsers. Der Begriff »Mosaic« war in den Jahren 1993/1994 quasi ein Synonym für »Web Browser« überhaupt. Aus dem Mosaic-Browser wurde später unter anderem der »Microsoft Internet Explorer« entwickelt. Jo Hardin wollte ursprünglich eine Konferenz veranstalten, die »The 1st MOSAIC Conference« oder »Mosaic and the Web« heißen sollte. Da den Leuten vom NCSA aber die Genfer vom CERN zuvorgekommen waren, hieß der Event im Oktober 1994 in Chicago Illinois dann »WWW2: The Second International WWW Conference«.

Robert Cailliau sagte im Mai 1994 unvermittelt zu mir: »Das musst du jetzt machen.« – »Was?« – »Na die »WWW3: The Third International WWW Conference« organisieren. Wir müssen sie wieder nach Europa holen«.

Das war natürlich einfacher gesagt als getan. Dann aber wurde die WWW3 mit viel Arbeit und Engagement und gelegentlich auch Spaß umgesetzt. Über

25 Jahre später habe ich an dieser Stelle die Gelegenheit mich noch einmal bei den vielen hilfreichen Geistern herzlich zu bedanken, die zum Gelingen beigetragen haben. Die WWW3-Konferenz fand dann in der Osterwoche des kommenden Jahres, das war vom 10. bis 14. April 1995 unter dem Motto »Technology, Tools, and Applications« statt. Es gab bei der WWW3 mehr als 1400 teilnehmende Personen, darunter hohe Gäste, wie der Hessische Ministerpräsident Hans Eichel. Aus den USA war Alan Kay gekommen, auf den – berechtigterweise – das Zitat »The best way to predict the future is to invent it« zurückgeht. Er war einer der Pioniere in den Bereichen der objektorientierten Programmierung und der Gestaltung graphischer Benutzungsoberflächen. Alle großen Computer-Hersteller waren als Aussteller an der WWW3 dabei, die viele Neuigkeiten präsentierten. Und es gab ein fantastisches »Social Event« in der Mensa auf der Lichtwiese der TH Darmstadt.

Es ist ein bisschen wie bei den Olympia-Städten ... Darmstadt reihte sich ein in die Reihe der WWW-Städte mit Genf, Chicago, Darmstadt, Boston, Paris, Santa Clara und so fort. Bis heute – im Jahr 2021 – gibt es keine weitere WWW-Stadt in Deutschland. Was war das mit der WWW3 ... ich würde sagen: Es war, wie so oft im Leben, ein gesteuerter Glücks- und Zufall zugleich. ❡

Die Teilnehmer des Podiums »Commercial Use of the WWW« fragten nach der generellen Akzeptanz einer Kommerzialisierung des WWW, das bislang eine Non-Profit-Angelegenheit von Altruisten war. Würden sich – auf der Basis des WWW – schwierige Probleme, wie die effiziente Wiedergabe von Text, Graphiken, Bildern etc. an einem Computer-Bildschirm, so lösen lassen, dass den Nutzern quasi ein »bebilderter Warenkatalog« geboten werden könnte? Wie sollte man eine verbindliche Bestellung und wie das Bezahlverfahren auf die Reihe bekommen? Wie sollte die Auslieferung der Waren erfolgen, die Lagerhaltung, Warenwirtschaft, Logistik? Axel Pawlik hatte in Dortmund eine Firma namens »EUnet« gegründet, die ihrer Kundschaft die Möglichkeit bot, per Telefonmodem-Einwahl Zugang zum Internet zu bekommen. Er war damit einer der ersten kommerziellen »Internet Service Provider« (ISP). Er »verkaufte den Zugang« zum Internet. Tim Cole hatte ein Manöver gestartet, das er »Blog« nannte. Er meinte, in Zukunft sei jeder sein eigener Nachrichtenredakteur, das Internet wäre die absolute Demokratisierung der Nachrichtenlage und der Medienlandschaft. Er musste sich unseren Ulk anhören, dass er die paar Dinge, die er in Zukunft lesen wolle, ja nun selbst schreiben könne. Viele Jahre später sollte das Phänomen der sich in den diversen Blogs und »Social Networks« selbst verstärkenden Meinungen noch sehr relevant werden – zum Teil als »Meinungsresonanzkatastrophen« auf eine eher unrühmliche Art.

Gerd Meissner hatte sogar die wilde Vorstellung im Gepäck, dass man künftig Zeitungen und Bücher in elektronischer Version per WWW an die Leser verkaufen könnte. Er hatte sogar einen ersten Piloten gebaut, der seit einigen Monaten im Netz war. Der hieß »Spiegel online« und lief unter einer Domain namens »bda.de«. Das »bda« bedeutete »Bundesdatenautobahn«.

Exkurs – Eine Pressemeldung zur Bundesdatenautobahn und das WWW

Wenn man das so liest, dann fragt man nach der damaligen Rezeption des WWW in der Öffentlichkeit. Ungefähr einen Monat nach dem WWW3 in Darmstadt, am 12. Mai 1995, erschienen in der Tageszeitung »die tageszeitung (taz)« zwei Beiträge des Autors Jochen Wegner.

Der erste Beitrag war ein Interview mit Frank Simon, dem Projektleiter der »Bundesdatenautobahn« (BDA). Diese BDA hatte damals etwa 40 Kunden, darunter »Der Spiegel«, der Mobilfunk-Anbieter »e-plus« und die Bertelsmann-Tochter »Telemedia«. Auf die Frage, ob einer der BDA-Kunden nennenswertes Geld mit seinen WWW-Seiten verdiene, sagte Frank Simon, dass die Akzeptanz der Nutzer gegenüber Netzgeschäften noch zu gering sei. Selbst einfache Bestellungen, etwa von Abos oder Versandartikeln, werden eher selten getätigt. Den BDA-Vertragspartnern ginge es eher um einen verbesserten Kontakt zu Lesern oder Kunden. Der Spiegel etwa bekäme über das interaktive WWW in der Woche rund 300 Briefe per E-Mail.

Weiter meinte Frank Simon, dass man durchaus auf die »Corporate Identity« der BDA Wert lege. Beate Uhse etwa hätte man nicht bei der BDA akzeptiert, obwohl sie vielleicht noch erheblich mehr Menschen im Netz anzöge als »Der Spiegel«. Aber solche Kundschaft zerstöre das Umfeld für alle anderen Anbieter. Das, wofür die Netznutzer bezahlen würden, seien harte Informationen. Die Leute seien gern bereit, etwa für den Abruf eines Artikels, einen kleinen Betrag zu zahlen. Der sei aber zu klein, dass er für eine Kreditkartenfirma interessant wäre. Daher gäbe es einige Ansätze, elektronisches Geld einzuführen.

Ein zweiter Beitrag in der »taz« am selben Tag hatte die Überschrift »Schönes neues Web«. Darin berichtete Jochen Wegner, dass es nun rund vier

Millionen Computer mit vierzig Millionen Nutzern im Internet gäbe. Aber das Volumen des Internets im Jahr 1995 war erst ein Promille des Volumens im Jahr 2020. Wegner zitiert Tim Berners-Lee mit den Worten, »Schreiben Sie einfach: Ich freue mich, dass es funktioniert hat«. Dieses »es« begegnete dem Umstand, dass das dezentrale Internet viele systembedingte Mängel hatte. Dokumente lagerten in vielen verschiedenen, digitalen Formaten in unterschiedlichen, lokalen Computern, Texte, Bilder, Töne und Musik, ja sogar Filme schlummerten im Netz. Auch assoziatives Stöbern in der Weltbibliothek war lange Jahre kaum möglich.

Hier habe Tim Berners-Lee nun, so die »taz« weiter, seine revolutionäre Idee am CERN in Genf eingesetzt, als er versuchte, die mühsame Netznutzung für Teilchenphysiker bequemer zu gestalten.

Gleich mehrere der bekannten Probleme wollte er mit einer Konzept-Klappe schlagen, die heute »World Wide Web« heißt. Die ideale Grundlage für die Repräsentation verstreuten Wissens schienen ihm »Hypertext-Dokumente« zu sein, Texte, die Verweise auf andere Texte enthalten. Der Vorteil: Ein Leser kann statt im Urstück weiterzulesen, auf Wunsch sofort den Fußnotentext aufschlagen, der wiederum Verweise auf andere Texte enthalten mag. Eine solche assoziative Lesereise soll, so das WWW-Konzept, unbemerkt um die ganze Welt führen können.

Alle Verweise aller Dokumente bilden zusammen ein »weltweites Gewebe«, das, wie das Internet selbst, keine absoluten Hierarchien kennt und sich dem Netz deshalb am besten anschmiegen kann. In jeder Dokumentschachtel können viele neue Schachteln sein, die ihrerseits Schachteln enthalten und so fort – ein Land aus Schachteln, ohne Ende und Anfang. Hypertext aber war Berners-Lee nicht genug. Im World Wide Web sollte es gleich sein, ob tatsächlich Texte oder aber Bilder, Töne, Filme, Zeitungslayouts und beliebige andere Standarddaten aus den Internet-Beständen verknüpft werden. So sollte dem Netz ganz im Geist der damals gerade aufkommenden »Multimedia«-Mode auch gleich ein neues, buntes Kleid gewoben werden.

Eine wirkliche Kulturrevolution habe nicht das ätherische WWW-Konstrukt des Genfer Datenphilosophen ausgelöst, sondern das Programm des US-Informatikers Marc Andressen namens »Mosaic«, mit dem sich auch blutige Laien elegant durchs WWW hangeln können. Bisherige sogenannte »WWW- Browser« waren eintönig. Mosaic war bunt, zeigte Bilder auf Wunsch direkt an, spielte die Sounddateien oder Filme direkt ab und ließ sich einfach mit der Maus bedienen. Und plötzlich seien auch die Geschäftsleute da gewesen. Auf der ersten internationalen World-Wide-Web-Konferenz ein Jahr zuvor am CERN machten sie weniger als ein Prozent der knapp 400 Teilnehmer aus, auf der dritten, die an der Technischen Hochschule in Darmstadt stattfand, waren es schon mehr als die Hälfte.

Die Basis des überbordenden WWW-Angebots bildete immer noch eine »Unmasse« wissenschaftlicher Informationen von Universitäten, Forschungseinrichtungen und Behörden. Auch in Deutschland scharten sich zaghaft die ersten paar hundert Firmen um zwei Dutzend Anbieter, die sich für »WWW-Präsentationen« bezahlen ließen. Nicht nur in Deutschland, auch international war mit WWW freilich noch kaum Geld zu verdienen. Die meisten kommerziellen Informationsanbieter lockte zu jener Zeit eher der Wunsch nach mehr Werbung, Image oder Kundenbindung. Ein hohes Gut der zukünftigen, virtuellen Konsumgesellschaft wurde zudem von den Web-Weisen, die gerade in Darmstadt tagten, in seinen technischen Niederungen noch diskutiert: die Privatheit. Möglichst schnell wollten Insider Standards verabschieden, um etwa das Ausspähen von Kreditkartennummern zu verhindern.

Die wahren Datenphilosophen auf dem Darmstädter Weltkongress sprachen indes allenfalls über Kommunikationsprobleme. Niemand wusste so genau, wo welche Daten im WWW liegen – und wie sie effizient und effektiv gefunden werden könnten. Je nach Suchphilosophie sollten Adresse, Überschrift oder sogar das Inhaltsdestillat eines neuentdeckten Dokuments als eine Datenbank des Web-Wissens verfügbar gemacht werden können. Die Technologie der Suchmaschinen steckte im Mai des Jahres 1995 absolut noch in den Kinderschuhen. ¶

Möglicherweise war diese Podiumsdiskussion am WWW3-Kongress »der Urknall des E-Commerce in Deutschland«. Wären wir in der Raumfahrt tätig gewesen, dann wäre das mit dem gelungenen erstmaligen Flug eines Helikopters auf dem Mars vergleichbar. Das Fernsehen hätte »live« aus dem Raumfahrt-Kontrollzentrum die Bilder von Wissenschaftlern gesendet, die sich »going crazy« über den Empfang der Signale und Bilder aus einer fremden Welt freuten. Wir hingegen waren uns der – gegenwärtigen oder künftigen – Bedeutung unserer Erkenntnisse absolut nicht bewusst. Es war im April des Jahres 1995 in Darmstadt soweit alles ganz normal. Im Sommer 1995 gründete Harald Summa von der Kölner Software Hanse dann einen neuen Verein in Bonn. Er hatte mit dem Namen »eco« keinen klaren Internet-Bezug. Das

Ein Beispiel für ein typisches Multimedia-Produkt aus der Mitte der 1990er-Jahre. Die CD-ROM »Birds of Europe« stammt aus dem Jahr 1995 und hatte nicht nur Texte und Bilder, sondern in sensationeller Weise auch Tonaufnahmen der Vogelstimmen zu bieten. Es war damals gängige Meinung, dass diese Publikationsform das neue große Verlagsgeschäft sein werde und das gedruckte Buch auf Papierbasis in wenigen Jahren von diesen CD-ROMs weitgehend ersetzt sein würde.

»eco« stand für »E-Commerce Forum« – mit dem grünen »öko« hatte das Ganze nichts zu tun.

Parallel zum WWW entstand ab dem Jahr 1992 ein zweiter Technologie-Strang, der ebenfalls als »Multi Media« bezeichnet wurde und später mit dem WWW fusionieren sollte. Dieses »Multi Media« hatte mit dem WWW zunächst noch nichts gemeinsam, denn es sollte vor allem ein Verlagsgeschäft sein. Man dachte daran, neben den bekannten Druckwerken künftig auch CD-ROMs im großen Stil verkaufen zu können. Die CD-ROMs sollten nicht nur Texte enthalten, sondern auch Audio und Videos. Man glaubte mit den CD-ROMs als dem »new papyrus« den großen, künftigen Markt der Verlage für die nächsten Jahrzehnte vor sich zu haben. Die Entwicklung der multimedialen CD-ROMs wurde sozusagen als der »zweite Gutenberg« angesehen – eine wegweisende Erfindung für die Medienlandschaft. Als ein Indikator kann betrachtet werden, dass »Multimedia« von der »Gesellschaft für deutsche Sprache« als das Wort des Jahres 1995 gewählt wurde. Meines Wissens ist außer »Multimedia« kein technischer Begriff jemals wieder das Wort des Jahres in Deutschland geworden.

Als spezifischen Branchentreff organisierte Gerd Rossbach vom Springer-Verlag ab dem Jahr 1992 einen »Deutschen Multi-Media Kongress« (DMMK). Der DMMK fand 1994 und 1995 am Heidelberger Stammsitz von Springer statt. Ich war als Vertreter der KPMG Unternehmensberatung ein Mitglied im Beirat des DMMK. Der Kongress hatte damals mit dem »Internet« oder dem »WWW« freilich noch nichts im Sinn. Im April 1995 trat ein – bislang völlig unbekannter – »homo novus« namens Thomas Middelhoff am DMMK ans Mikrophon und verkündete, dass das wahre Geschäft nicht im stückweisen Verkauf von CD-ROMs, sondern im Online-Bereich zu sehen sei. Wie »online« Geld zu verdienen sei, das wusste er allerdings auch noch nicht so genau zu sagen. Der Heidelberger Auftritt von Herrn Middelhoff wurde ambivalent beurteilt. Einige Zuhörer waren von seiner selbstsicheren Art des Vortragens sehr beeindruckt. Sie ließ darauf schließen, dass es das angestammte Handwerk von Herrn Middelhoff sein müsse, die Zukunft einigermaßen sicher vorhersagen zu können. Andere meinten, die Selbstsicherheit von Herrn Middelhoff habe ein bedauerliches Übermaß erreicht, sie sprachen gar von einer »Hybris«, die in seinem Gebaren erkennbar sei.

Gerd Rossbach, Heidelberg
Exkurs – Die Anfänge des »Deutschen Multimedia Kongresses« (DMMK)

Wenn ich das im Jahr 2020 so lese, so kann ich es kaum glauben, dass seit der Gründung des DMMK bereits über 25 Jahre vergangen sein sollen.

Auch ich habe einen technischen Hintergrund und war in den Jahren von 1972 bis 1977 ein Informatikstudent an der Universität Karlsruhe. Mein Absolventen-Jahrgang war der zweite in der Karlsruher Informatik überhaupt. Es lag damals unglaublich viel Anfang in der Luft. Das wird deutlich, wenn man bedenkt, dass ich – als eine einfache studentische Hilfskraft – der Geschäftsführer der ruhmreichen »Gesellschaft für Informatik« (GI) war. Später gab ich das Amt an den ersten hauptamtlichen Geschäftsführer der GI, Herrn Hermann Rampacher, ab.

Nach einer kurzen Zeit als Assistent am Lehrstuhl von Gerhard Goos in Karlsruhe wurde ich Mitarbeiter beim wissenschaftlichen Springer-Verlag in Heidelberg. Von dort aus ging ich in den Jahren 1985 bis 1990 nach Kalifornien in das dortige »Springer Westcoast Office«. In der Zeit dort gab es eine mich prägende Lektüre. Das Buch hieß »Cd Rom the New Papyrus: The Current and Future State of the Art«, Steve Lambert und Suzanne Ropiequet waren die Herausgeber, ein gewisser William H. Gates hatte das Vorwort geschrieben. Es war extrem spannend zu erfahren, dass der Inhalt eines vielbändigen Lexikons nun auf einer kleinen Plastikscheibe Platz finden sollte.

Wieder in Deutschland veranstaltete ich mit Hilfe einer eigens gegründeten »Garos Kongressplanung GmbH« den ersten »Deutschen Multimedia Kongress« (DMMK). Das war im Frühjahr 1992. Der DMMK hatte damals noch kein Interesse am Internet. Zentral waren aber der Gegenstand des »Desk-top Publishing« und »Electronic Publishing«. Die Gestaltung von Publikationen verlagerte sich damit auf den Schreibtisch der Autoren. Die Autoren schrieben nicht mehr per Schreibmaschine, sondern am PC. Sie druckten ihre Texte – nun auch mit »multimedialen« Bildern – nicht mehr auf Typenrad- oder Kugelkopf-Maschinen, sondern auf den neuartigen Laserdruckern aus. Damit war die Erstellung der Texte zu einem Teilprozess der digitalen Informationstechnik der Verlage geworden.

Der folgende DMMK im Jahr 1994 stand unter dem lapidaren Motto »Multimedia 94 – Grundlagen und Praxis«. Eigentlich sollte der Kongress nur alle zwei Jahre stattfinden. Doch bereits 1995 – nur ein Jahr später – war der nächste DMMK – wieder – in Heidelberg fällig. Das Tempo hatte zugenommen, der Wandel von der Industrie- zur Informationsgesellschaft war in allen gesellschaftlichen Bereichen nicht mehr zu leugnen. Neue Formen der Kommunikation und Information gewannen an Bedeutung und Multimedia-Technologien bildeten das Rückgrat dieser Entwicklung. Die aktuellen Trends im deutschen und internationalen Multimedia-Markt wurden am DMMK auf hohem Niveau gezeigt und kompetent diskutiert. Der Bundesminister für Bildung, Wissenschaft, Forschung und Technologie war der Schirmherr der Veranstaltung. Dr. Jürgen Rüttgers eröffnete den Kongress mit einem Grundsatzreferat zur technischen Entwicklung von Multimedia und den sich daraus ergebenden Anwendungsperspektiven.

Ab dem Jahr 1996 wurde der DMMK dann vom Springer-Verlag organisiert. Ich für meinen Teil habe ab dem Jahr 1996 bis zum Jahr 2001 den »Deutschen Internet Kongress« veranstaltet, der zunehmenden Wichtigkeit des Internets Rechnung tragend. Eine Episode aus dem Jahr 1998 sollte erwähnt werden. Der damalige debitel-Geschäftsführer Dr. Joachim Dreyer, der den Kongress eröffnete, führte aus: »In fünf Jahren werden wir TV- und Video-Angebote und Telefondienste auf dem Internet haben. Ich gehe sogar so weit zu behaupten, dass es in zehn Jahren keine andere Telefonie als die Internet-Telefonie geben wird«. Das galt damals als eine absolut überraschende und waghalsige Prognose. Das Internet wäre damit nicht mehr »ein Teil« der zukünftigen Medienlandschaft, es wäre mit der zukünftigen Medienlandschaft »identisch«, weil es keine anderen als internetbasierte Medien mehr geben würde.

In der entwickelten Informationsgesellschaft ist das Publizieren natürlich nicht mehr am Bedrucken von Papier orientiert. Die Publikationen sind längst immateriell und im Netz verfügbar. Die ehemals zentrale Rolle des Textes ist durch Bilder und Videos stark relativiert worden. Der Vernunftoptimismus der frühen Jahre, als wir davon ausgingen, dass jeder Autor nun ein eigener Verlag sein könnte, hat sich ebenfalls stark relativiert. Auch in den Zeiten der Video-Portale und des auf digitaler Technik basierenden »Print-on-Demand« ist die unentbehrliche Rolle der Redaktionen und der »Editorial Boards« und ihrer Aufgabe der Qualitätssicherung der Publikationen evident. ❡

Im Mai 1996 fand der DMMK dann in der nagelneuen Messe in Leipzig statt. Es waren »alle« da. Es war ein weiteres, epochemachendes Treffen – wiederum mit den Solvay-Konferenzen der Atomphysiker vergleichbar. Es gab erstmals eine größere politische Aufmerksamkeit der Spitzenpolitik für die entstehende Informationsgesellschaft. Der Bundesforschungsminister Jürgen Rüttgers und der sächsische Ministerpräsident Kurt Biedenkopf sprachen vom »Zukunftsfaktor Multimedia«. Der Vorstandsvorsitzende von Bertelsmann, Mark Wössner, fragte, »was bedeutet die Digitale Revolution für die Gesellschaft?« in der Wechselwirkung von Informationsgesellschaft und Demokratie. Harald Summa hielt zwei Vorträge über die Funktionsprinzipien des Internets, nicht ohne auf die absehbare besondere Verantwortung hinzuweisen, dass »das Netz human gestaltet werden müsse«. Rainer Thome aus Würzburg entwarf Szenarien zu einem Telelernen »Lehren, Lernen, Üben mit Multimedia«. Das Szenario sollte 25 Jahre später in der Corona-Krise eine fulminante Bedeutung erlangen. Tobias Kollmann trug über »interaktives Fernsehen« vor, er meinte, das sei ein wichtiges, künftiges, multimediales Medium.

In den Konferenzteilen wurden die wesentlichen neuen Fachgebiete abgesteckt. Darunter »Medizin und Telemedizin«, »Multimedia und Recht« oder auch »Financial Services in Online-Diensten«, wie ein Vortrag von Bettina Horster hieß. Thomas Middelhoff sah große und viele »Neue Chancen mit Neuen Medien«. Geht man die Liste der Vorträge durch, so kann man an den Überschriften erkennen, wie weit sich das zu erobernde neue Land damals auftat. Die Titel der Vorträge waren etwa »Internet und Online-Dienste«, »Die Macht der Visualisierung«, »Urheberecht und Neue Medien«, »Online-Werbung«, »Electronic Banking« – und andere mehr in ähnlicher Diktion. Insgesamt gab es fast 50 Vorträge in dieser Spielklasse, wobei die dazu passenden Aufsätze jeweils nur wenige Seiten Text umfassten. Hinter diesen Titeln hätte man einige Jahre später, nach der weiteren Entfaltung der fachlichen Arbeit der Informationsgesellschaft, jeweils ein komplettes Lehrbuch vermuten können. Hinzu kam eine Reihe von höchstwertigen Podiumsdiskussionen, wie etwa zur Rolle der Qualität der Software, für die Günter Koch vom ESI aus Bilbao eigens nach Leipzig gekommen war.

Aus dem Odenwald waren Herbert Kuhlmann und Olaf Reubold zum DMMK nach Leipzig gekommen, um über die Pioniertaten des IKTT zur Internetpräsenz der Region Odenwald zu berichten. Im Beirat des DMMK hatte ich bereits seit Monaten darauf hin gewirkt, dass »auch der DMMK« eine

»Page« brauche, ein Informationsangebot im WWW. Der DMMK bekam in der Folge tatsächlich eine Präsenz im WWW. Diese »Fusion Multimedia und WWW« wurde realisiert – ausgerechnet, welch ein Zufall – durch das Odenwälder IKTT und die nagelneue dortige STTI GmbH. Das Start-up Unternehmen STTI durfte sein Logo als Sponsor des DMMK direkt neben denen der großen nationalen Medien-Konzerne präsentieren. Und so landete der DMMK im WWW. Wäre das ein »normales«, sozio-politisches oder auch Sport-Ereignis gewesen, das Fernsehen hätte das sicher live übertragen.

Harald Summa warb am Rande der Vorträge und der Ausstellung für sein neues eco-Forum. Er versuchte auch Mark Wössner, den Vorstandsvorsitzenden von Bertelsmann, für die Idee eines Verbandes für den E-Commerce zu gewinnen. Wössner wies ihn aber brüsk mit einem »was will dieser Mann von uns?« ab. Das mit »Multi-Media« sei ja soweit schön und gut, aber was das mit diesem »Internet« sein solle, das war keineswegs offensichtlich, zumal das »Internet« noch in Konkurrenz zu Diensten wie CompuServe und T-Online auftrat. Die Digitale Welt war halt erst an ihren Küstenregionen besiedelt.

In der Vorbereitung des DMMK in Leipzig wurde auch erörtert, was man den Teilnehmern als »Social Event« anbieten könnte. Gesucht wurde eine fachfremde, kulturell ansprechende, unterhaltsame, intellektuell zu bewältigende Unterhaltung – am besten mit einem gewissen lokalen Bezug. Ich wusste natürlich mit meiner Blechbläser-Affinität von Ludwig Güttler und präsentierte im Beirat des DMMK den Vorschlag, mit Güttler ein Konzert zu arrangieren. Das gelang tatsächlich, und so besuchten die Teilnehmer des DMMK abends ein Konzert des Trompeten-Virtuosen Güttler und seinem Ensemble in der Leipziger Thomaskirche. Der Musiker war schon irritiert, dass das unbedarfte Publikum in den Pausen zwischen den Sätzen applaudierte. Die Nerds vom DMMK zollten auch Szenen-Beifall nach virtuosen Stellen, mitten in einem Satz. Herr Güttler zahlte so einen gewissen Preis für seine Popularität. Und der DMMK zeigte deutlich, dass das mit der Hochkultur noch einmal eine ganz andere Sache ist.

Bei der KPMG in Frankfurt trat regelmäßig ein Referent im Rahmen der internen Weiterbildung auf, als quasi ein »Berater für Berater«. Er hieß David Maister und war Professor in Harvard. Er hatte ein Buch geschrieben »Managing the Professional Service Firm«. Er erklärte darin nichts weniger, als wie eine Unternehmensberatung funktioniert, wie sie ihre Kundschaft gewinnt, Projekte durchführt und dauerhaft ökonomisch erfolgreich sein kann. Ich griff das Thema mit größter Energie auf. Es war doch nur kon-

Anzeigen aus dem Tagungsband zum »Deutschen Multimedia Kongress« (DMMK) im Jahr 1996. Links bewirbt der Spiegel-Verlag seine drei Online-Angebote. Das »Internet« steht noch in Konkurrenz zu Diensten wie »CompuServe« und »T-Online«. Rechts eine Werbung der STTI GmbH. Sie war zum Jahresende 1995 in Erbach im Odenwald gegründet worden und eines der ersten Unternehmen mit einem expliziten und ausschließlichen »Internet«-basierten Geschäftsgegenstand. Die STTI hat die Pioniertat der Fusion von DMMK und WWW realisiert.

sequent, dass eine IT-Firma im »IT-Transfer« eine Beratungskompetenz entwickeln musste.

Wir waren bei KPMG davon überzeugt, dass der Gesamtmarkt für Unternehmensberatung zunehmend von der Wirtschaftsinformatik bestimmt sein würde. Und umgekehrt würde wohl der Markt für Wirtschaftsinformatik zunehmend ein Beratungsmarkt. Dies bedeutete für die klassischen Ingenieurberufe, insbesondere aber für Informatiker und Wirtschaftsinformatiker, dass die Projekt- und Beratungstätigkeiten in zunehmendem Maße die klassischen Software- und Hardware-Produktentwicklungstätigkeiten ergänzen würden. Das Geschäftsfeld »IT-Transfer« wurde erweitert. Wir boten seitens der KPMG den diversen IT-Firmen und Software-Häusern an, sie im Metier der Beratungskompetenz zu instruieren. Es ging darum, quasi von »von Beratern Beratung zu lernen«.

Professor Dr. Andreas Hufgard und Professor Dr. Rainer Thome, Würzburg
Exkurs – Customizing und Adaption – Rolle der IT-Beratung

Wenn wir das so lesen, so ergreifen wir gerne die Gelegenheit zu einigen Bemerkungen zu den Marktstrukturen des IT-Beratungsmarktes. Neben dem »Plan-Build-Run« der Individual-Software ist die Ergänzung und Anpassung von Standard-Software ein wichtiger Ansatz.

Anfang der 1990er-Jahre reifte der Gedanke, dass nicht jede betriebswirtschaftliche Softwarelösung als Ergebnis einer individuellen Entwicklung entstehen muss. Gerade »Standard«-Anwendungssoftware kann erstaunlicherweise die sogar flexiblere Alternative sein. In der Praxis war der Ansatz der individuellen Anpassung von Standard-Anwendungssoftware von IBM (System »Copics«), SAP (Systeme R/2 und R/3) und Nixdorf (System »COMET«) bereits betrieben worden. Die damals signifikant wachsende Disziplin der Wirtschaftsinformatik griff den Grundgedanken auf und versuchte ihn in neuen Konzepten wissenschaftlich zu systematisieren.

Für viele Informatiker war die Anpassung einer bereits im Einsatz befindlichen Software an eine andere, ähnliche Aufgabenstellung ein abwegiger Gedanke. Die Programme wurden konsequent entsprechend den betrieblichen Aufgaben und Abläufen im »Plan-Build-Run« entwickelt. Die Forschung setzte damals ihre Hoffnungen auf Software-Entwicklungsumgebungen mit Code-Generatoren, was aber nie wirklich so gut funktionierte, wie es wünschenswert gewesen wäre.

Von IBM und SAP stammt der Begriff des »customizing«, abgeleitet von »custom made«, englisch für »maßgearbeitet«. Das heißt, eine »fertige Lösung« sollte zukünftige Veränderungen der Organisation und der Abläufe »dynamisch« nachvollziehen können. Wir bevorzugten den Begriff »adaption«, weil er dem zu erreichenden Ziel besser entspricht und damit näher kommt. Englisch »adaption« bedeutet nämlich »Anpassung« an die jeweiligen Gegebenheiten mit Verfahren, die ohne eine eigentliche Codeanpassung auskommen.

Als Leitbild für die Adaption einer Standard-Anwendungssoftware sahen wir es an, die beste Auswahl von funktionalen Fähigkeiten aus dem gesamten vorgegebenen Lösungsumfang der Standardsoftware zu treffen. Dazu sind die Anforderungen des Anwenders und die Fähigkeiten der Module der Standard-Anwendungssoftware in einem Adaptionsprozess abzugleichen. Die Potenziale der Software sind auszureizen und der Anteil von Ergänzungsentwicklungen muss gleichzeitig möglichst niedrig gehalten werden. Die damit einhergehende betriebswirtschaftliche Konfiguration und Ablauforganisation ist auch der Dreh- und Angelpunkt für Erweiterungen und Änderungen des Lösungsumfangs, sowohl vor und während, als auch nach der Implementierung in der produktiven Anwendung.

Auf der Grundlage unserer theoretischen Arbeiten in den Jahren 1994 bis 1996 konnten wir in Würzburg ein Spin-Off-Unternehmen an der Universität gründen. Das war die »IBIS Prof. Thome AG«. Wir konnten etwa im Jahr 1997 ein neuartiges Werkzeug für die Anforderungsanalyse von SAP R/3 mit integrativen Konfigurationsregeln konzipieren, entwickeln und auch vielfach zum erfolgreichen Einsatz bringen. Ein erstes Beratungs- und Adaptionswerkzeug »Live Kit Structure« wurde nachfolgend in einer Entwicklungskooperation zwischen der Siemens AG und der IBIS Prof. Thome AG in Ergänzung zur Standardsoftware SAP R/3 realisiert. Es kann als Vorbild für Werkzeuge zur betriebswirtschaftlichen Konfiguration gelten und ist seitdem im operativen Einsatz.

Die Realisierung eines regelbasierten Anpassungs- bzw. Konfigurationswerkzeugs, das Bestandteil einer Softwarearchitektur ist, war erst mit der Entwicklung der völlig neuen SAP-Softwaregeneration möglich. Vorreiter war hier circa im Jahr 2008 die Cloud-Suite SAP »Business ByDesign«. Sie war erstmalig mit einer Regelbasis für die betriebswirtschaftliche Konfiguration ausgestattet. Das Konzept war tragfähig, langfristig angelegt und gleichzeitig aufwändig. Das Verfahren ist Anfang der 2020er-Jahre der Gegenstand eines

Kooperationsprojekts, das einen »Business Adaptation Catalog« auch für die aktuelle Lösung SAP S/4 HANA.

Wir sehe unsere Werkzeugentwicklung der circa 25 Jahre von 1995 bis 2020 als ein wichtiges Beispiel für den zunehmenden Einsatz von Softwarewerkzeugen in einer IT-Beratung. Neben erhöhter Produktivität und Qualität lassen sich auch größere Veränderungen im Berufsbild eines IT-Beraters feststellen. Wir sehen weniger die »free wheeling« Künstler, sondern eher die »serious engineering« Methodiker. Weitreichende, betriebswirtschaftliche Gestaltungsmöglichkeiten sind die Träger des nachhaltigen, auf adaptierter Standard-Software basierenden unternehmerischen Erfolgs.　　　§

Diese Aufgaben des Berater-Beraters waren wiederum ein wichtiger persönlicher »Quantum Leap«. Bei der Fraunhofer-Gruppe in Darmstadt war ich ein IT-Projekt-Manager geworden, quasi ein »Meta-Informatiker« mit Projekt- und Personal-Verantwortung. Nun ging es darum, als ein Berater-Berater in der Rolle eines »Meta-Meta-Informatikers« den Projekt- und Personal-Verantwortlichen zu erklären, wie sie erfolgreich ihre Arbeit bewerkstelligen könnten. Interessanterweise fand sich dafür ein guter Markt. Nachdem ich diese Prinzipien Helmut Krcmar und Rainer Thome erläutert hatte, wurde ich stante pede ab dem Sommer 1995 Lehrbeauftragter sowohl an der Universität Hohenheim als auch an der Universität Würzburg. Mein Lehrauftrag war das damals neue, weil gerade für diese Lehraufträge eingerichtete, Fach »Management von IT-Unternehmensberatungen«.

Zu Beginn des Jahres 1995 hatte ich die Frankfurter KPMG-Niederlassung verlassen und war zu KPMG nach Berlin gewechselt. Aber dann, am Donnerstag, dem 1. März 1996 sah ich eine Anzeige in der Wochenzeitung »Die Zeit«. Es war eine Professur für »Datenverarbeitung und weiteres wirtschaftswissenschaftliches Fach« zu besetzen, an einer neuen Hochschule in Aschaffenburg. Das war ja gewissermaßen vor meiner Odenwälder Haustür. In Aschaffenburg musste offenbar eine ganz neue Hochschuleinrichtung entstanden sein, was mir bis dahin völlig entgangen war. Als Prokurist bei der KPMG konnte man sich sicher nicht über die Einkommensverhältnisse beschweren, aber andererseits kostete eine solche quasi »totalitäre« Anstellung sehr viel Zeit. Die Aussicht auf eine neue akademische Freiheit erschien nicht ganz unattraktiv zu sein, wie auch immer sich diese »akademische Freiheit« und ihr Einfluss auf die Lebensqualität exakt gestalten würde.

Eine Erinnerung an die Darmstädter Studienzeit wurde wach. Bert Rürup meinte in einem Seminar einmal beiläufig zu uns Studenten: »Wissen Sie, Sie können entweder Ihr Einkommen oder Ihre Lebensqualität maximieren. Eine noch einmal ganz andere Alternative ist: Sie können natürlich auch Professor werden.« Ich schickte eine Bewerbung nach Aschaffenburg.

Ein Hot Spot – das IKTT im Gräflichen Schloss in Erbach (1994 – 2000)

Dieses etwas spezielle Kapitel berichtet von Wissenstransfer und Entwicklungen, die sich im eher beschaulichen Odenwald zugetragen haben, aber für die entstehende Informationsgesellschaft nicht ohne Bedeutung waren.

Mit dem Jahr 1994 hatte der »IT-Transfer« bei der KPMG mit den Europäischen Projekten EURASE und VASIE eine gute Basis gefunden. Die GI-Fachgruppe »Software- und Service-Markt« SWSM hatte sich etabliert. Es gab aber ein »winziges« persönliches Problem. Der Fahrweg von Zuhause im Odenwald in das Frankfurter KPMG-Büro war mit circa 200 Fahrkilometern pro Tag ziemlich lang. Die Benutzung des PKW bedeutete, dass ich an jedem normalen Arbeitstag mindestens zwei – gar drei – Stunden im Auto auf der Stau-gefährdeten Autobahn A3 zubrachte. Dieser Aufwand auf der Seite der Arbeitnehmer interessierte die Arbeitgeber nicht, der Wohnort der Arbeitnehmer war eine reine Privatsache. Berufstätige mit einem Arbeitsplatz in der Nähe ihrer Wohnung waren schon zu beneiden.

Vor diesem Hintergrund entstand eine »wahre Weltidee«, man müsste und könnte, so der Gedanke, ein regionales Büro gründen. So ein Büro sollte in netter Lage im Odenwald positioniert sein und einen überschaubaren Weg zur Arbeit bedeuten. Mit der neuen ISDN-Technik müsste es möglich und machbar sein, eine Art von »Telearbeitsplatz« einzurichten. So könnte man sich den täglichen Weg zur Arbeit nach Frankfurt sparen.

Der – verwegene – Ansatz war, ein »Institut« für Informations- und Kommunikationstechnik in der Provinz zu gründen, welches Themen wie die neuen Internet-Anwendungen und das WWW adressieren sollte. Ich telefonierte über dieses »Odenwälder Thema« mit Thomas Wolf, er war mittlerweile zur KPMG nach Berlin gewechselt und dort Niederlassungsleiter geworden, und auch mit Günter Koch in Freiburg, den ich im Brüsseler ESSI-Kontext kennengelernt hatte. Letzterer fand meine Darlegungen soweit ganz nett und riet mir, wiederum Kontakt mit Götz Niederau, dem bereits erwähnten Regierungsdirektor im Bundesministerium für Forschung und Technologie (BMFT) in Bonn aufzunehmen. Götz Niederau hatte im Metier der Förderung der Software-Industrie in Deutschland und auch in Europa sowie der des ESSI-Programms viele Fäden in der Hand. Es ging unter anderem um die bereits dargestellte Gründung des »European Software Institute«

(ESI), als dessen erster »Managing Director« ausgerechnet Günter Koch intensiv im Gespräch war.

Ein paar Wochen später, es mag im Mai 1994 gewesen sein, stellten Günter Koch und ich Götz Niederau ein erstes Konzept für ein »Hessisches Zentrum für Informations- und Kommunikations-Technologie« vor. Unser damaliger Ansatz ist fast »tollkühn« zu nennen. Das neue »Institut« sollte nichts weniger als eine deutsche »Relay Station« für das sich gerade in Gründung befindliche ESI in Bilbao werden – und das ausgerechnet in der süddeutschen Provinz im Odenwald. Niederau reagierte in einer sehr speziellen Form. Warum auch immer er das tat, er verwendete sich umgehend beim entsprechenden Referat im Hessischen Wirtschaftsministerium für die Grundidee von Günter Koch und mir. Zudem kam er auf den Gedanken, sich »den Odenwald« doch einmal vor Ort anschauen zu wollen.

In Erbach im Odenwald hatte ich im Frühsommer 1994 parallel »va banque« gespielt. Ich war beim dortigen Landrat des Odenwaldkreises, Horst Schnur, vorstellig geworden und sprach von einer Planung für ein »Hessisches Zentrum für Informations- und Kommunikations-Technologie«, das man im Odenwald ansiedeln könnte. Landrat Schnur war von der eigentlich noch sehr rudimentären Idee – gelinde gesagt – sofort begeistert. »Da machen wir was« war seine Parole. Horst Schnur war ein sehr engagierter Regionalpolitiker, der absolut davon überzeugt war, dass »sein Odenwaldkreis«, fast vor den Toren Frankfurts gelegen, sowohl kulturell, wirtschaftlich, touristisch, als auch politisch, massiv unterschätzt würde. Das wollte er ändern. Er hatte angefangen, den Öffentlichen Nahverkehr und regionale Eisenbahn neu zu organisieren. Er stand zudem im Begriff, das »Odenwälder Tourismus Informationssystem« (OTI) zu realisieren. So etwas hatte er bei einem Besuch in der »Central Region« in Schottland gesehen, in der Partnerregion des Odenwaldkreises. Das OTI war freilich ein nicht-vernetztes »Stand-alone«-System Die Interessenten mussten zum Standort des Systems kommen, um die Information abholen zu können.

Im Landratsamt im Odenwald gab es einen Wirtschaftsförderer namens Rolf Ditter. Rolf Ditter begann sogleich mit der Suche nach einem geeigneten Bürostandort – aber, für was eigentlich? Außer einer sehr vagen Idee hatten wir nichts in der Hand. Rolf Ditter nannte das Manöver nur das »Landeszentrum«. Um was es genau gehen sollte, das war noch völlig offen. Ich stellte, nebenläufig sondierend, aber zielgerichtet, in den Raum, man könnte eventuell Herrn Götz Niederau vom BMFT in Bonn für einen Vor-Ort-Termin im

Odenwald gewinnen, um die Seriosität des Vorhabens »Landeszentrum« zu bekräftigen.

Götz Niederau folgte einer entsprechenden offiziellen Einladung des Landrats, das war – wenigstens für mich – nicht allzu überraschend. Es konnte ein Besuch des Bonner BMFT-Beamten im Odenwaldkreis tatsächlich zeitnah realisiert werden. Herr Niederau investierte sogar seine private Zeit, um sich ein »Bild vom Odenwald« zu machen. Er war vom 22. bis 24. Juli 1994 vor Ort, an einem Wochenende. Götz Niederau logierte in einem Hotel in der Altstadt von Michelstadt, deren berühmtes Stadtbild einer Postkartenidylle gleicht. Und Götz Niederau verfügte über eigenes – tragbares – C-Netz-Mobiltelefon, was damals die große Aufmerksamkeit der Anwesenden auf sich zog. Es war etwas größer als ein Schuhkarton, und es wog sensationeller Weise nur ein paar Kilogramm. Ein gutes Jahr später, so etwa im Spätsommer des Jahres 1995, wurde ich selbst ein Besitzer eines Mobiltelefons. Es war nur noch etwa so groß wie eine gängige Fernsehfernbedienung und wog ein paar Hundert Gramm. Telefonate damit begannen standardmäßig oft noch mit der Frage, »wo man denn gerade sei«. Etwa 20 Jahre später, in der Globalen Provinz der Informationsgesellschaft, war der konkrete Aufenthaltsort einer Person dann völlig egal geworden.

Schon tags darauf, am 25. Juli, war eine neuerliche Besprechung im Landratsamt fällig, eine von sehr vielen im Jahr 1994. »Wir müssen das Tempo halten« war die Devise der Kreispolitik. In der gleichen Woche, am 28. Juli, kreierte man im Hessischen Wirtschaftsministerium in Wiesbaden die Bezeichnung: »Hessisches Zentrum für I&K-Technologie-Förderung«. Die Planung eines solchen Zentrums sollte nun konkretisiert werden. Das »I&K-Technologie« stand für »Informations- und Kommunikations-Technologie«. Man erkennt hier, dass die »I&K« im Jahr 1994 noch nicht fusioniert waren und daher bewusst getrennt genannt wurden.

Dank der aktiven Zuarbeit und den Erläuterungen von Götz Niederau aus Bonn für seine Wiesbadener Kollegen war es für Thomas Wolf und mich nun gar kein großes Problem mehr, für die KPMG einen Planungsauftrag des Hessischen Wirtschaftsministeriums zu erlangen. Der Abschlussbericht zu unseren Planungen lag nach wenigen Wochen vor, er hatte den griffigen und knappen Titel »Strukturpolitische Technologieförderung in Hessen – ein Hessisches Pilotprojekt zur Förderung professioneller Telearbeitsmöglichkeiten und Wirtschaftsförderung in strukturschwachen Gebieten, verbunden mit der Errichtung des Hessischen Landeszentrums zur Informations- und Kommunikations- (IuK-) Technologieförderung«.

Es stand darin zu lesen: »Es sollen hierbei regionale und überregionale Maßnahmen miteinander kombiniert werden. Die unmittelbare regionale Wirkung (Schaffung von (Tele-) Arbeitsplätzen in der Region, verkehrspolitische und ökologische Aspekte, kommunale Interessen bei der Gewerbeansiedlung) wird verstärkt durch überregionale Aspekte, speziell der Einbindung nationaler und europäischer Aktivitäten und Förderprogramme für die Stärkung der IuK-Technologie. Strukturpolitische Aspekte werden so mit Technologie- und förderpolitischen Aspekten verzahnt«.

Und weiter war ein wesentliches Ergebnis der Untersuchungen und den bisherigen Überlegungen zum Standort, dass das Landratsamt des Odenwaldkreises mit großem Interesse reagiert habe, als eine Prüfung der Standortfrage für das »Hessische Landeszentrum« herangetragen worden sei. Die Suche von Rolf Ditter nach einer repräsentativen Unterkunft für das »Landeszentrum« war sehr erfolgreich. Nach einigen Ortsterminen stand fest, dass es die »Alte Brauerei« im Schlossensemble in Erbach sein könnte. »Das Gebäude steht zur Verfügung«, ließ damals der Besitzer, Graf Franz II. zu Erbach-Erbach, ausrichten. Das waren ja Perspektiven für das sogenannte »Landeszentrum« – es sollte ein Büro in einem klassischen Schloss bekommen.

Am 17. Oktober 1994 kam es zur offiziellen Präsentation der Planungsergebnisse durch Thomas Wolf und mich im Wirtschaftsministerium in Wiesbaden. Es war eine ganze Reihe von ideellen Unterstützern anwesend. Wir hatten es seitens der KPMG verstanden, unsere Projektpartner aus dem Berliner DeTeBerkom-Kontext zu aktivieren. Die Fraunhofer-Gesellschaft schickte Vertreter des IAO aus Stuttgart und sogar von ihrer Zentralverwaltung aus München. Für das nagelneue ESI war Günter Koch aus Bilbao da. Wir hatten es geschafft. Eigentlich war die Errichtung des »Hessischen Zentrums« in Erbach im Odenwald kaum noch zu verhindern.

Ich hatte »Darmstadt« ja per Ende 1992 verlassen – und die IGD-Institutsleitung war mir gegenüber daraufhin durchaus etwas reserviert aufgetreten. Am 24. November 1994 kam es aber zu einer überraschenden Kontaktaufnahme. Das »Zentrum für Graphische Datenverarbeitung e.V.« (ZGDV) in Darmstadt zeigte Interesse an der geplanten Odenwälder Einrichtung. Der Vorstandsvorsitzende des ZGDV war der IGD-Leiter José Luis Encarnação. Er schlug vor, das neue »Landeszentrum« als eine Unterorganisation des Darmstädter ZGDV zu gründen. Diese Initiative konnte als ein sehr gelungener – für Encarnação typischer – Vorschlag angesehen werden. Es entstand nämlich eine Win-Win-Situation. Das ZGDV erweiterte seinen Geschäftsradius und das »Landeszentrum« verfügte »ad hoc« über eine juristisch und wirtschaftlich stabile Mutterorganisation. Sah man etwa aus der Sicht des Darmstädter Fraunhofer-Instituts IGD ein Engagement des Stuttgarter Fraunhofer-Instituts IAO als eine Konkurrenz im Rhein-Main-Gebiet? Das kann im Nachhinein und »nach all den Jahren« nicht mehr beurteilt werden.

Am 6. Dezember 1994 erfolgte die formale Gründung des »Forums für Informations- und Kommunikations-Technologietransfer des ZGDV e.V.« (IKTT). Es wurde als eine eigenständig operierende Einrichtung des Darmstädter ZGDV installiert. Beim IKTT-Forum konnte man niedrigschwellig gegen ein Entgelt von 1500 D-Mark pro Jahr quasi »mit dabei« sein. Es war kein echter Vereinsbeitritt im juristischen Sinn. So tat man sich relativ leicht mit einer Zustimmung. Man erhielt die regelmäßigen Informationen und Newsletter des IKTT, wurde zu Veranstaltungen des IKTT eingeladen etc., pp. Rolf Ditter war sehr erfolgreich: Im Sommer des Jahres 1995 waren fast alle wesentlichen Gewerbebetriebe des Odenwaldes Mitglieder des IKTT geworden. Mit deren Beiträgen, in der Summe waren das einige Zehntausend D-Mark im Jahr, war eine gewisse Grundfinanzierung gesichert. Das IKTT sollte von drei Personen geleitet werden. Von der IKTT-Mitgliederversammlung als »Geschäftsführer« bestimmt wurden Herbert Kuhlmann vom ZDGV in Darmstadt, Rolf Ditter von Landratsamt – und ich.

In diesen Wochen hatte die Gruppe von Professor Österle von der Hochschule St. Gallen zu einem EURASE-Meeting in die Schweiz nach Luzern eingeladen. In einer freien Stunde spazierte Harald Summa, der einen Unterauftrag im Rahmen von EURASE von der KPMG erhalten hatte, am Luzerner Seeufer neben mir her. Er meinte anerkennend, ich hätte ja nun mein »IKTT-Institut« realisieren können, so etwas wolle er ja auch. Er denke da an ein »E-Commerce Forum«, und er wolle es abgekürzt »eco« nennen. Harald Summa hatte nicht geringe Mühe bis circa Mitte 1995 die Gründungsmitglieder zusammen zu bringen, um dann endlich sein eco gründen zu können.

Harald Summa, Köln
Exkurs – Die Gründung des eco-Verbandes

Wenn man das so liest, dann muss man wissen, dass mit der Abschaltung des Arpanet im Jahr 1990 die kommerzielle Phase des Internet begann, zunächst in der Form von Ausgründungen verschiedener Forschungsprojekte aus den Universitäten. In Deutschland wurden damals an der Uni Karlsruhe und der Uni Dortmund jeweils Projekte betrieben, die Zugang zum Internet in den USA hatten. Das heißt, in dieser Phase war das Internet eigentlich ein »Nerd-Projekt«, die Wirtschaft hat sich noch gar nicht dafür interessiert. Es gab ja auch noch gar kein »WWW-Internet« in dem Sinne wie es später bekannt wurde, sondern nur einfache Textnachrichten-Protokolle.

Gemeinsam mit dem Dortmunder Provider »EUnet«, der eine Ausgründung aus der Dortmunder Uni war, habe ich Strategien entwickelt, dieses neue Internet bei deutschen Unternehmen populärer zu machen. Zu diesem Zweck haben wir am 26. Juni 1995 das »Electronic Commerce Forum e.V.« – kurz: eco – gegründet. Unser Ziel war es, relevante Unternehmen und Firmen, die sich für das Internet interessierten, miteinander ins Gespräch zu bringen und gemeinsame Ideen für die weitere Verbreitung des Internet als elektronisches Handels-Medium zu entwickeln. Die sieben für eine Vereinsgründung notwendigen Mitglieder habe ich damals nur mit Mühe und Not zusammen getrommelt. Das war der Anfang des Verbandes eco.   ¶

Das IKTT erhielt im April des Jahres 1995 zunächst ein provisorisches Büro in der Hauptstraße in Erbach. Es war eine ehemalige kleine Sparkassenfiliale – und für mich persönlich absolut Gold wert. Ich war zu Beginn des Jahres 1995 von Frankfurt zu Thomas Wolf ins Berliner KPMG-Büro gewechselt. Er war ja bereits zwei Jahre vorher der Leiter der Berliner Niederlassung geworden. An einem privaten Umzug nach Berlin hatte ich nicht das geringste Interesse. So einmal, maximal zweimal pro Woche nach Berlin fliegen, darüber ließe sich noch reden. Die ISDN-Telefonie erlaubte allerdings die Umleitung meiner Berliner KPMG-Telefonnummer nach Erbach. In grandioser Weise konnte ich so von Erbach aus die »Berliner Geschäfte« erledigen. Dieser Effekt war im Allgemeinen wegweisend für die weitere Entwicklung der Informationsgesellschaft, denn es war die Relativierung des physischen Aufenthaltsorts eines Kommunikationspartners.

Im Mobilfunk wurde Mitte der 1990er-Jahre das analoge C-Netz durch das digitale D-Netz abgelöst. Allerdings hatte man im sich entwickelnden, digitalen Mobilfunknetz noch einige Jahre keinen D-Netz-Empfang am Erbacher Schloss. Rolf Ditter erhielt von der Deutschen Telekom noch Mitte des Jahres 1994 die lapidare Auskunft, der Aufbau des D-Netzes sei nun soweit abgeschlossen, ein weiterer Ausbau sei nicht mehr vorgesehen. Dieser Zustand wurde einige Jahre später mit der einsetzenden Liberalisierung des Marktes stark relativiert. Landrat Schnur hatte das Motto »Wir brauchen

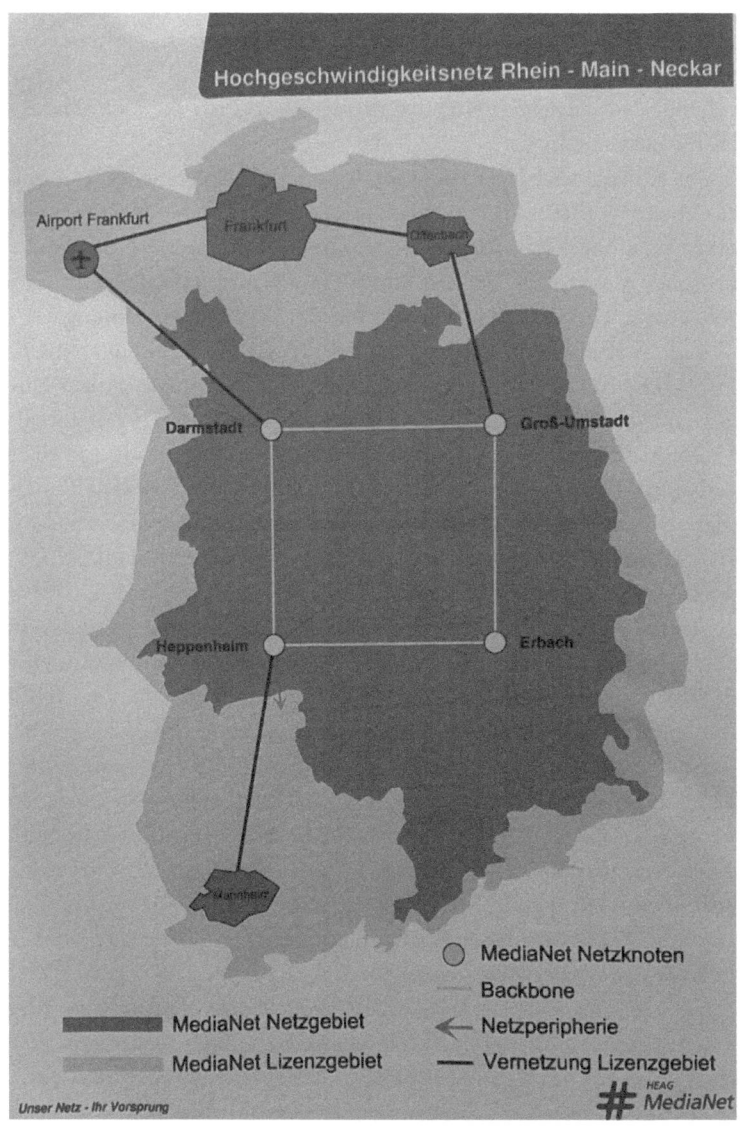

Das Glasfaser-Netz der »HEAG medianet« im Jahr 1996. Es waren in ganz Süd-hessen insgesamt nur vier Kabel verfügbar. Aber sie bildeten die frühe Basis für das circa 15 Jahre später in der Region verfügbare, flächendeckende Breitband-Telekommunika-tionsnetz der »entega«.

eine Datenautobahn, der Odenwald muss ins Netz« als politisches Programm ausgegeben. Das Thema »Datenautobahn«, das war die Terminologie damals, sollte sich zu einem zentralen Punkt für die fachliche Arbeit des IKTT entwickeln.

In der Konsequenz legte die damals neue »HEAG medianet GmbH« einen – einen(!) – Breitbandanschluss mit Glasfaser ins Schloss nach Erbach. Das war eine größere Baumaßnahme, ausgiebig diskutiert von den Passanten am Erbacher Marktplatz, der mit einer Art »Blaumilchkanal« durchquert werden musste. Die normalen Bürorechner im IKTT waren bislang nur über eine 2-mal-64 Kbit ISDN-Verbindung der Deutschen Telekom an die Rechner im ZGDV in Darmstadt angeschlossen. Das war unser ganzer Zugang zur weiten Welt des sich rasant entwickelnden Internets. Es gab damals für das ISDN noch keine Flatrate. Bezahlt wurde nach Verbindungszeit, auch pro erfolgtem Leitungsaufbau. Es gab Monate, für die das IKTT mehrere Hundert Deutsche Mark ISDN-Verbindungskosten aufbringen musste.

Viele Jahre später wurde klar, dass man im Odenwald – dank IKTT – in Sachen Internet dem Rest der Republik weit voraus war. Am IKTT gab es eines der ersten WWW-basierten deutschen regionalen Informationssysteme im Netz. Die Internetpräsenz auf dem frisch reservierten »www.odenwald.de« hieß »RIO Regionaler Informationsdienst Odenwald«. Das RIO war die Internet-Identität des Odenwaldes schlechthin. Es spielte deutschlandweit eine Vorreiterrolle. Passanten kamen im Sommer 1995 von der Straße ins IKTT-Büro, um »ins Internet« sehen zu dürfen. Zu sehen gab es zum Beispiel per Live-Webcam das Christo-Projekt des verhüllten Reichstagsgebäudes in Berlin. Später hat das IKTT ein »Internetkino« veranstaltet. Mithilfe eines – für spätere Verhältnisse riesigen – Beamer-Projektors führte man im Besuchersaal im Alten Rathaus am Erbacher Marktplatz »das Internet« vor. Das war ein öffentlich zugängliches Surfen. Das war vergleichbar mit den ersten Jahren des Fernsehens, als die Leute in öffentliche sogenannte »Fernsehstuben« gingen, um das Fernsehprogramm zu verfolgen. Von einem privaten Internetzugang war man im Allgemeinen noch weit entfernt. Man ahnte nicht, dass nach nur wenigen Jahren »alle im Netz« sein sollten.

Olaf Reubold, Erbach im Odenwald
Exkurs – »HEAG medianet« und »STTI GmbH«

Wenn ich das zu Beginn des Jahres 2021 so lese, dann sind seit der Gründung der STTI GmbH zum Ende des Jahres 1995 ein paar Wochen mehr als 25 Jahre vergangen. Ich war zunächst ein Projekt-Mitarbeiter beim IKTT. Später wechselte ich zur Spin-off STTI GmbH, deren Geschäftsführer ich über 25 Jahre lang bleiben sollte.

Mitte der 1990er-Jahre gab es im südhessischen Odenwald sehr gute Rahmenbedingungen für internetbasierte Dienstleistungen. Die HEAG AG verfügte über einen Glasfaserring in der Region, der ursprünglich zur Unternehmens-internen Nutzung verlegt wurde. Nun aber wurde diese Glasfaser auch zur externen Nutzung angeboten und stand Dritten zur Verfügung. Im Odenwaldkreis gab es Mitte der 1990er-Jahre einen starken politischen Willen, eine technische Vorzeigeregion zu werden, wie man an Einrichtung und öffentlich-politischen Unterstützung des IKTT erkennen kann. Das IKTT war sozusagen bundesweit ziemlich einmalig.

Durch das Wirken des IKTT wurden viele Projektideen aus der Wirtschaft und dem kommunalen Bereich quasi »geweckt«. Dies zeigen die Pilotprojekte in der Wirtschaft, wie frühe Formen von Online-Banking oder das »www.odenwald.de« als »der« WWW-Informationsserver der Region. In diesem Umfeld wurde im Dezember des Jahres 1995 die STTI GmbH gegründet, um erste kommerzielle, internetbasierte Projekte vor allem in der Region umzusetzen. Im Jahr 1996 wurde die HEAG MediaNet GmbH gegründet,

Im Nachgang zu der Verlegung des Breitbandkabels im Jahr 1996 in den Schlosshof in Erbach gründete die »HEAG Südhessische Energie AG« zur Vermarktung der Konzern-eigenen Infrastruktur ein Tochterunternehmen, die »HEAG MediaNet«. Sie war ein regionaler Anbieter für Telekommunikation, Daten-Services, Telefonie, Internet und Mobilfunk. Die HEAG, gegründet im Jahr 1912 als Hessische Eisenbahn-Aktiengesellschaft betrieb in Darmstadt die elektrischen Straßenbahnen und auch ein Elektrizitätswerk. Später wurde die HEAG »der« Energieversorger der Region Südhessen. Manche Leute glaubten, »HEAG« stünde für Hessische Elektrizitäts-Aktiengesellschaft, was aber nicht der Fall war.

Der Auftrag der HEAG MediaNet war, im beginnenden Wettbewerb der Deutsche-Telekom-Konkurrenten eine Rolle zu spielen. Das Angebot der HEAG MediaNet sollten Internet- und Sprachdienste für Privat- und Geschäftskunden sowie die Bereitstellung und Wartung von Telefonanlagen sein. Sie ging später in der »ENTEGA medianet« auf, die ein eigenes hochleistungsfähiges Glasfaser- und Kupfernetz in ganz Südhessen betreibt.

Die beiden Firmen HEAG MediaNet und STTI erleben diese »Jahre des Aufbruchs« von 1995 bis 1998 im deutschen Internet gemeinsam. Das Büro der STTI war im Gebäude des IKTT mit untergebracht. Damit war die STTI das erste Unternehmen, das an den Hochleistungs-Glasfaserring der HEAG angeschlossen wurde. Das ermöglichte der STTI bereits in der Zeit der analogen Modems ein Megabit-Surfen im Odenwald. Der erste Webauftritt der HEAG MediaNet wurde von der STTI GmbH realisiert. Das war gleichzeitig ein typisches STTI-Geschäft der damaligen Jahre. Es ging eigentlich immer darum, für Kunden eine Domain im Netz zu reservieren und dann irgendwelche Informationsangebote zu Produkten und Dienstleistungen zu realisieren. In den späteren Jahren kamen E-Commerce-Projekte, wie Online-Shops und Reservierungssystem im Tourismus, hinzu.

Im Jahr 2003 wurde mit der Vertriebsgesellschaft der HEAG AG, der neu gegründeten ENTEGA, eine weitere Kooperation etabliert. Der Geschäftskundenvertrieb bündelte neben der Energie (Strom und Gas) und der Telekommunikation nun auch den Webauftritt für HEAG-Kunden, wiederum in der Kooperation mit STTI.

Die ENTEGA medianet versorgt mehrere Landkreise in Südhessen flächendeckend mit DSL. Hierbei werden auch gekoppelte Flat-Produkte (»ENTEGA Zuhause Flat«) im Bereich Energie und Telekommunikation angeboten. Die STTI GmbH ihrerseits ist wahrscheinlich eines der ältesten Unternehmen »im Netz«. Es ist eine Full-Service-Agentur für professionelle Internetprojekte, Programmierung, Webdesign und Hosting geworden. ⸮

Wegen der Pilotprojekte von kommerziellen WWW-Präsenzen kam es bei der dritten WWW-Konferenz in Darmstadt zur dortigen Podiumsdiskussionen »Commercial Use of the World Wide Web in Europe?« Man stellte sich die auf internationalem Niveau noch offene Frage, ob es jeweils eine ernsthafte gewerbliche Bedeutung des WWW geben könne. Im Odenwald war längst ein »ja« die Antwort. Immer mehr regionale Vereine und Unternehmen kamen zum IKTT, um eine Präsenz im WWW zu realisieren. Einige von diesen waren nationale Pioniere in ihren jeweiligen Branchen.

Auch der Odenwälder Landrat Horst Schnur erhielt vom IKTT eine Präsenz im Netz. Mit dem Argument, »der Bill Clinton ist ja auch im WWW«,

Diverse Zeitungsmeldungen der lokalen Odenwälder Presse aus der Mitte des Jahres 1996. Etliche der lokalen Unternehmen waren für ihre Branche jeweils absolute »Internet-Pioniere«. Die Sparkasse Odenwaldkreis hatte eine Pilotfunktion in der Region Hessen-Thüringen, ebenso das Autohaus Schäfer für die Vertragshändler der BMW AG. Diverse Führungskräfte und Mandatsträger unterstreichen mit ihrer Präsenz die damalige Wichtigkeit dieser technischen Unterfangen.

fand er sein persönliches WWW-Projekt hinreichend begründet und den technischen Aufwand dafür absolut vertretbar. In der Rückschau kann man sagen, dass damit etwas Revolutionäres passiert ist. Ausgerechnet der Landrat Horst Schnur in der Odenwälder Provinz war einer der ersten Mandatsträger, der sich über das WWW – und damit ohne die Zwischenschaltung und Filterung eines redaktionell betreuten Mediums – direkt an die Bevölkerung wenden konnte. Natürlich waren diese Mitteilungen noch »tiny«, es gab nur Texte, Bilder und Fotos. Für eine brauchbare Videobotschaft per WWW fehlte noch die Bandbreite des Netzes.

Diese direkte Kommunikation in der Politik war strukturell völlig neu. Bislang konnten von den Regierenden immer nur Pressemitteilungen herausgegeben werden, und es entschied eine Rundfunk- oder Zeitungsredaktion, was damit geschah. Nicht selten waren die Mandatsträger mit dem Umfang und der Form unzufrieden, wie die Pressemitteilungen dann in den Medien erschienen. Die neue Möglichkeit der direkten politischen Arbeit im WWW schien damals wesentlich zu einer Neuen Digitalen Welt des Wahren, Schönen und Guten beizutragen. Wie hätte man damals ahnen können, dass circa 25 Jahre später die Verantwortungslosigkeit von – angeblich führenden – infantilen Mandatsträgern soweit gehen könnte, dass ihre kindischen und größenwahnsinnigen, zudem objektiv unwahren »messages« vom Blogging-Dienst Twitter mit Warnhinweisen zur Ordnung gemahnt, gar gelöscht werden müssten.

Vor Ort im Odenwald waren die Kollegen vom »Odenwälder Tourismus Informationssystem« (OTI) etwas weniger glücklich, da die Stand-alone-OTI-Infosäulen keine Chancen gegenüber dem zunehmend ubiquitären RIO im WWW hatten. Einer der OTI Betreiber wurde einmal mir gegenüber sehr ungehalten, er hielt mir vor: »Dieses Internet haben Sie doch nur erfunden, um uns zu schaden.« Das war dann aber doch zu viel der Ehre. Ich beteuerte, dass das Internet keine Erfindung von mir sei – und ich schon gar nicht die Absicht habe, die OTI-Leute zu ärgern. Für mich selbst reservierte ich im Sommer 1995 die Domain »rimhorn.de«. Darin war der Name meines Wohnorts enthalten. Ich fand es totschick, über die E-Mail-Adresse »hofmann@rimhorn.de« verfügen zu können. Man sieht, welche unglaublichen Manöver zur Frühzeit der Digitalen Welt noch möglich waren.

Am 20. Juli 1996 fand dann die Eröffnung des frisch renovierten IKTT-Gebäudes im Schloss in Erbach statt. Das Wetter war schön, Landrat Horst Schnur und ESI-Direktor Günter Koch hielten eine Rede, auch der junge Graf Eberhard XIX. zu Erbach-Erbach würdigte die neue Einrichtung IKTT. Waren doch die »Drei Sterne« vom gräflichen Wappen gestalterisch in das Logo des IKTT eingeflossen. Man hatte damals das Gefühl, dass so viel Anfang wie an diesem einem Tag sehr selten ist. In der Rückschau darf man wohl sagen, dass das IKTT seine Existenz der schieren Unermüdlichkeit seiner lokalpolitischen Protagonisten verdankte – und einer ganzen Reihe glücklicher Zufälle.

Den Segen der »großen« Hessischen Landespolitik erhielt das IKTT im September des Jahres 1996 durch den Staatssekretär Matthias Kurth vom Wirtschaftsministerium. Er nahm sich einen halben Tag Zeit, besichtigte das Büro im Schloss in Erbach und ließ sich ausführlich berichten, was bislang geschehen ist und was weiter geplant war. Und Herr Kurth, der eigentlich Jurist war, fand das im IKTT bereits Erreichte ganz eindrücklich.

Mitte der 1990er-Jahre wurde die Deutsche Bundespost privatisiert und in drei Unternehmen aufgeteilt. Vor dem Hintergrund der ehemaligen Monopol-strukturen war nun eine Regulierung der Märkte erforderlich. Diese Aufgabe übernahm ab dem Beginn des Jahres 1998 die neu geschaffene »Regulie-rungsbehörde für Telekommunikation und Post« (RegTP). Später hieß diese Behörde »Bundesnetzagentur für Elektrizität, Gas, Telekommunikation, Post und Eisenbahnen« – kurz »Bundesnetzagentur« (BNetzA). Matthias Kurth war in den Jahren 2001 bis 2012 der Präsident der BNetzA. Im Jahr 2018 war ich, wegen meiner Mitarbeit bei der Marktüberwachung des Online-Handels für den eco-Verband, als einer der Gäste bei der Jubiläumsfeier »20 Jahre BNetzA« eingeladen. Sie fand im Plenarsaal des Bundestags in Bonn statt. Bundeskanzlerin Angela Merkel hielt die Festansprache. Und Herr Kurth, auf die Zeiten und Aktivitäten vor fast 25 Jahren im Erbacher Schloss angespro-chen, konnte sich gut erinnern. Er fand – sichtlich amüsiert – das damals am IKTT Erreichte – nach all den Jahren – wiederum ganz eindrücklich.

Ab circa dem Spätsommer 1995 nahm die Nutzung des WWW erheblich an Fahrt auf; es ist quasi »so richtig losgegangen«. Fast alle Unternehmen wollten nun irgendwie mit Werbung für ihre Angebote im WWW präsent sein, auch alle möglichen Vereine und Ämter. Das ging klar über das hinaus, was man im gemeinnützigen IKTT leisten konnte. So wurde am 23. Dezember 1995 ein neues Unternehmen gegründet, die »Service to the Internet GmbH« STTI. Es war ein echtes Spin-off des IKTT. Der Geschäftsführer der STTI wurde Olaf Reubold, der vorher eine temporäre Stelle am IKTT hatte. Der beurkundende Notar fragte noch ungläubig, was denn der »Service to the

Das Gebäude »Alte Brauerei« im Schlosshof in Erbach im Odenwald, in dem das Büro des IKTT untergebracht war, im Jahr 1997. Im Erdgeschoss, links vom Eingang, wurde das Videokonferenzsystem installiert. Im ersten Stock waren die Büros der Mitarbeiter. Die »ESI Service Management GmbH« und die »STTI GmbH« waren im zweiten Stock.

Ein frühes Videokonferenzsystem wird im IKTT in Betrieb genommen. Dies war im Jahr 1997 möglich geworden, weil die HEAG Medianet eine Breitbandverbindung ins Erbacher Schloss gelegt hatte. Erste Benutzer sind Landrat Horst Schnur und Vertreter des Hessischen Wirtschaftsministeriums. Das System ermöglichte nur eine Audio-Video-Kommunikation, es gab keinerlei Integration mit einem Personal Computer und daher keine Daten-Kommunikation.

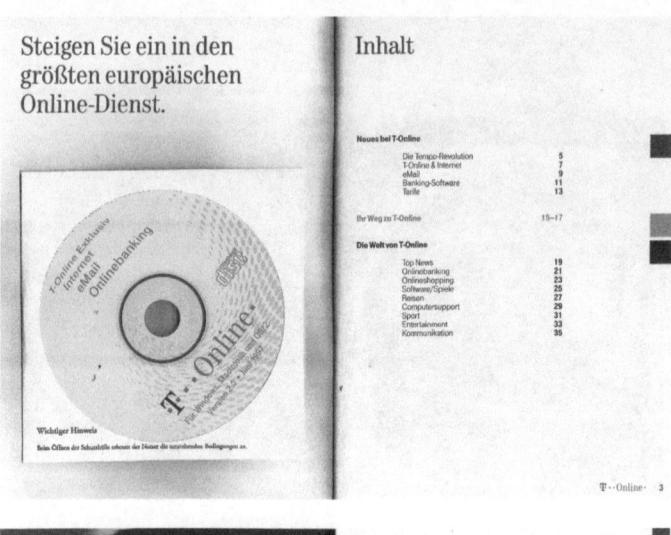

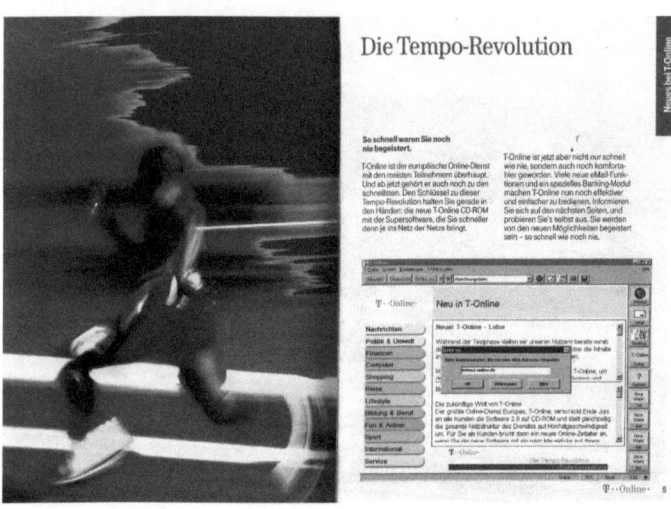

Ein Prospekt der T-Online aus dem Jahr 1997. Die Basis-Software für einen T-Online- und Internet-Zugang wurde quasi wie ein »Fertiggericht« per CD-ROM an den prospektiven Benutzer ausgeliefert. Produkte wie diese haben der Popularisierung des WWW und der anderen internetbasierten Anwendungen erheblichen Vorschub geleistet. Die damals typische für T-Online nutzbare Bandbreite waren die circa 64 Kilobit des ISDN – oder weniger, wenn ein Modem am normalen Telefonnetz benutzt wurde. Gut 20 Jahre später war eine 100-fache Bandbreite für das »Surfen im Netz« durchaus alltäglich.

Internet« bedeuten solle – und ob wir uns das wirklich vorstellen könnten, dass man mit »diesem Internet« dauerhaft Geld verdienen könne? Die STTI GmbH hat nicht nur die große »dotcom crisis« und die des Neuen Marktes überlebt. Sie hat es verstanden, sich über 25 Jahre hinweg mit immer neuen WWW-Dienstleistungen zu positionieren. Die STTI GmbH ist damit eines der ältesten, noch bestehenden Internet-Unternehmen in Deutschland.

Das Jahr 1998 war geprägt von überregionalen Verflechtungen und einer Anerkennung der IKTT-Arbeit. Das Team am IKTT wurde in Projekte namens »PEM – Prioritäre Erstmaßnahme« des Stuttgarter Fraunhofer-Instituts IAO eingebunden, ebenso in ein Europäisches Projekt des »European Social Fund« (ESF) zur Ausbildung von Arbeitnehmern und Arbeitnehmerinnen in Sachen »Digitale Transformation«. Das PEM sollte die »Dienstleistungen für das 21. Jahrhundert« identifizieren. Am IAO wurde ein Schwerpunkt im Bereich des Dienstleistungsexports gesehen.

Auch Harald Summa vom damals neuen »eco e.V.« besuchte das IKTT. Er fuhr mit seinem Volvo von Dortmund bis nach Erbach. Er nahm als einer der »lessons learned« mit, dass der eco auch »regionale Präsenz« zeigen müsse. Es gab diverse – zu diesem Zweck von Harald Summa erfundene – »eco LokalTalks«, unter anderem auch in Wiesbaden und in Frankfurt.

Die Odenwälder Kreisstadt Erbach war vom 12. bis 21. Juni 1998 Gastgeberin des »Hessentags«, »die« Hessische Landesmesse und Kulturschau schlechthin. Der Hessische Ministerpräsident Hans Eichel besuchte zu diesem Anlass das IKTT und ließ sich insbesondere das »Regionale Informationssystem Odenwald« (RIO) vorführen. Es war ihm sofort klar, dass die in Erbach vertretenen Themen auf Landesebene aufgegriffen werden müssten. Im Februar 1999 gab es eine kleine Konferenz zum Thema »Teleworking«, im Juni 1999 wurde dann ein »Software-Dialog Hessen« und im September 1999 eine Veranstaltung »Hessische Kommunen im Netz« durchgeführt. Diese Ereignisse fanden jeweils in Wiesbaden statt. Wir hätten sie natürlich lieber im Odenwald gesehen.

Mit Günter Koch vom ESI sollte eine ganz eigene IKTT-Aktivität begründet werden. Es ging darum, die Qualität der Produktionsprozesse von Software zu taxieren, um daraus die Kreditwürdigkeit von Softwarefirmen abzuschätzen. Dem Problem der Bewertung solcher immaterieller Güter hatte sich insbesondere Wolfgang Alm verschrieben. Ich hatte Wolfgang Alm kennengelernt, als ich im Jahr 1995 bei seinem damaligen Arbeitgeber einen Vortrag zum Thema »IT-Transfer und Elemente der Beratungsbetriebslehre«

Auf dem Hessentag 1998 in Erbach. Landrat Horst Schnur und der damalige Hessische Ministerpräsident Hans Eichel lassen sich von Herbert Kuhlmann – links – und Georg Rainer Hofmann – rechts – den Stand und die Exponate des IKTT erläutern.

hielt. Ich konnte ihn gewinnen, nach Erbach ins IKTT zu wechseln und in dem ESI- Projekt -»Software Process Assessment« für das IKTT tätig zu werden. Er versuchte, das schwierige Problem eines Banken-kompatiblen Rating-Systems zur Beurteilung von Bonität und Kreditwürdigkeit von Softwarefirmen zu lösen. Er nannte das Projekt RASY.

Professor Dr. h.c. Günter Koch, Wien
Exkurs – Produktivität der Software-Industrie

Wenn man das liest, so sollte man verstehen, dass die ideologische Grundlage für das RASY das generelle Ziel ist, auch die Produktivität der Herstellung von IT-Systemen und speziell von Software messbar und damit steuerbar zu machen.

In der entwickelten Informationsgesellschaft lernte das allgemeine Publikum dieses Problem spätestens mit den Lock-Downs während der Corona-Pandemie ab dem März des Jahres 2020 kennen. Damals erreichte die Diskussion um das Homeoffice große Aufmerksamkeit. Durchaus berechtigt waren Einwendungen von Unternehmensführungen, dass Arbeitsproduktivität gerade in der informellen, inter-subjektiven und persönlichen Kommunikation entstehen kann. Es wurde aber von dieser Seite mehrheitlich das Argument vorgetragen, dass man nicht kontrollieren könne, ob die Beschäftigten wirklich arbeiten und nicht nur auf Kosten des Unternehmens sich schöne Tage zuhause machen.

Die Frage der Arbeitsproduktivität war zu dieser Zeit in einigen, wenigen Berufssparten, speziell in der IT- und Software-Wirtschaft, »ein alter Hut« und für uns Software-Leute schon länger kein Thema mehr. Denn spätestens in den 1980er-Jahren kamen Methoden zur Messung der Produktivität von Programmiertätigkeiten in Schwange. Primitivste Maßzahlen waren zunächst die »Lines of Code«, also wieviel Zeilen Programm ein Software-Ersteller pro Zeiteinheit zustande brachte. Das war zweifelsohne ein sehr zweifelhafter Parameter.

Am seinerzeit von mir geleiteten ESI war das eines unserer heißen Themen. Sophistischere Verfahren wurden adoptiert und adaptiert und den ESI-Mitgliedsfirmen und -Kunden empfohlen, so etwa die Messung der »Function Points« und die vom damals berühmten Software-Engineering- und Betriebswirtschafts-Guru Barry Boehm propagierten diversen Verfahren der »Software Economics«. Nach landläufiger Meinung dienen »Function Points« als eine Basis für Aufwandsschätzung, Benchmarking und allgemein zur Ableitung von

Kennzahlen für Produktivität und Qualität. Streng genommen sind die »Function Points« beziehungsweise ihr Zählergebnis nicht als eine harte Messgröße zu betrachten. Man sollte eher von einem Bewertungsverfahren sprechen, das einem ein Gefühl für die Komplexität eines Computerprogramms geben kann.

Boehm hob das Thema auf ein wissenschaftliches Niveau mit Konzepten, wie das »Constructive Cost Model« (COCOMO) zur Softwarekostenberechnung, das Spiralmodell zur Kosten- und Risikoanalyse sowie eine erweiterte Delphi-Methode (»wideband delphi«). Es ging bei allen diesen Ansätzen darum, mathematisch fundierte betriebswirtschaftliche Rational-Ökonomie in der Softwareindustrie einzuführen.

Es waren dies die Jahre, in denen die später als »neoliberale Ökonomik« bezeichnete Philosophie einem ersten Höhepunkt entgegenstrebte. Diese Entwicklung war wesentlich getragen von der Absicht, letztlich »alles« kalkulierbar, monetär quantifizierbar und damit ökonomisch rational steuerbar zu machen. Seitens des ESI in Bilbao verfolgten wir diesen Ansatz gemeinsam mit der »ESI Service Management GmbH« mit Sitz in Erbach im Odenwald.

Professor Dr. Wolfgang Alm, Aschaffenburg
Exkurs – Rating-Systeme für immaterielle Güter (RASY)

Wenn ich das so lese, so sehe ich mich an meine Zeit in Erbach im Umfeld des IKTT erinnert. Ich war damals der Geschäftsführer der »ESI Service Management GmbH« mit Sitz in Erbach im Odenwald. Es gab eine enge Zusammenarbeit mit dem ESI in Bilbao, das von Günter Koch geleitet wurde. An beiden Orten arbeitete man am Problem der Software-Qualität. Eine naheliegende Anschlussfrage der damals aufkommenden neoliberalen Ökonomik war, ob IT-Firmen, die Software-Produkte hoher Qualität herstellen konnten, auch ökonomisch nachhaltig aufgestellt waren. Sie sollten wiederum für den Kapitalmarkt besonders kreditwürdig sein.

In der zweiten Hälfte der 1990er-Jahre, zum Ende des 20. Jahrhunderts, hatten die Bedeutung und das Interesse an den Geschäftsaktivitäten rund um das Internet weltweit und auch in Deutschland stark zugenommen. Zu erkennen war dies an der Entwicklung im Bereich »New Economy«, wo eine Vielzahl an Unternehmen gegründet wurde, die Dienstleistungen und Software rund um das Internet anboten. Die Gründung des Marktsegmentes »Neuer Markt« im Jahr 1997 an der Deutschen Börse, eine Antwort auf die Technologiebörse NASDAQ in New York, hat diesem Umstand Rechnung getragen.

Auch das Land Hessen hat die Software-Branche mit damals mehr als 1300 einschlägigen Unternehmen in Hessen als bedeutenden Wirtschaftsfaktor identifiziert. Um diese Branche im nationalen als auch im internationalen Wettbewerb zu unterstützen, wurde die Aktionslinie »Hessen-software« im Rahmen der Landesinitiative »Hessen-media« gegründet. Ein Teilprojekt innerhalb von »Hessen-software« war das Projekt RASY, das ein Ratingsystem für Software-Firmen zum Gegenstand hatte. Der Aufbau des Ratingsystems RASY wurde von der »ESI Service Managementberatung GmbH« in Erbach durchgeführt. Die Entwickler des Ratingsystems waren mein damaliger Mitarbeiter Volker Tietz und ich.

Grundidee für das Ratingsystem RASY war, dass Softwareunternehmen sich langfristig nur dann erfolgreich am Markt positionieren können, wenn sie die Softwareerstellungsprozesse beherrschen. Nur aufgrund standardisierter und gelebter, qualitativ hochwertiger und nachhaltiger Prozesse sind die Softwareunternehmen in der Lage, beständig gute Software zu entwickeln. Ein Ansatz, der auch vom damaligen CMM-Reifegradmodell (»Capability Maturity Model«) verwendet wurde.

Kern des Ratingsystems RASY war der Quick-Check, ein Fragebogen, der den Reifegrad der Prozesse im Softwareunternehmen diagnostisch zu ermitteln in der Lage war. Folgende vier Bereiche wurden mit insgesamt 105 Fragen abgefragt:

· Software-Entwicklungsprozess, mit Fragen zur Organisation der Softwareabteilung, zu Abteilungskultur und Mitarbeitenden, zu Methoden und Techniken der Software-Entwicklung und zur Kundenorientierung,
· Management, insbesondere Vertrieb- und Support-Management
· Marktsituation, mit Fragen zu Kosten, Auslieferung und Services
· Zertifikate und Assessments

An der ersten Phase des Quick-Checks (Version 1.0) haben im Jahr 1998 insgesamt 46 Unternehmen aus Hessen teilgenommen. Aufgrund der negativen Entwicklung des »Neuen Marktes« und dem Platzen der New-Economy-Blase zu Beginn des Jahres 2000 kühlte sich das öffentliche Interesse an den Unternehmen aus dem Bereich New Economy sehr stark ab, was auch zu einem allmählichen »schleichendem« Ende der Aktivitäten im Bereich »Hessen-software« und im Projekt RASY geführt hat.

In der entwickelten Informationsgesellschaft ist das Rating von Software- und IT-bezogenen Prozessen ein Allgemeingut. Es wird von den professionellen Rating-Unternehmen und Wirtschaftsauskünften selbstverständlich mit abgedeckt. Die »ESI Service Management GmbH« wurde später von einem größeren IT-Unternehmen aus Hof, Oberfranken, übernommen. Ich selbst wurde dann ab dem Jahr 2001 Professor in Aschaffenburg.   ¶

Ein wesentliches Element des IKTT war die Basis seiner sogenannten »Mitglieder« und der niedrigschwellige Zutritt zu diesem Kreis. Am 13. Januar 1998 kam Gerd Schürmann von GMD-FOKUS aus Berlin zu Besuch. Er sollte später ein sehr erfolgreiches »eGov-Labor« bei FOKUS in Berlin ins Leben rufen, das die Strukturen des IKTT Erbach ziemlich genau nachempfand. Gerd Schürmann hatte verstanden, dass man im Sinne des »IT-Transfer« den Dialog zwischen Anbietern und Nachfragern der IT organisieren musste. Dafür war ein neutrales Institut geradezu prädestiniert. Die Etablierung des eGov-Labors bei FOKUS durch Gerd Schürmann brachte eine ganze Reihe neuer Aufgaben mit sich.

Im Frühjahr des Jahres 2000 hatte man im Odenwald einige regionalpolitische Entwicklungen zu gewärtigen, in die ich keinesfalls involviert sein wollte. Es ging um völlig unrealistische Engagements des Odenwaldkreises in der – sehr – schillernden Medien- und Filmwirtschaft. Ich schrieb an Landrat Schnur einen Brief mit der Bitte um meine Demission in Sachen IKTT. So war ich quasi »dann mal weg«. Wiederum einige Jahre später war die Mission des IKTT endgültig erfüllt, es waren nun »alle im Netz«. Im Jahr 2004 wurde das Büro geschlossen. Nur die STTI GmbH blieb weiterhin als ein Mieter im ehemaligen IKTT-Gebäude im Erbacher Schloss. Mir kam die Sentenz, »das Chaos ist aufgebraucht, es war die schönste Zeit«, von Bert Brecht in den Sinn.

Viele Wirkungen sind vom IKTT ausgegangen, viele Gäste, auch aus der überregionalen Politik, waren zu diversen Inspirations- und Informationsbesuchen da. Der Beirat des »Deutschen Multimedia Kongresses« (DMMK) tagte ab und zu in Erbach. Ich hatte eigentlich das Büro im Erbacher Schloss als eine dauerhafte persönliche »Residenz« gesehen, aber meine Zeit mit dem IKTT war schon nach fünf Jahren abgelaufen. Einige Jahre später rief mich Herbert Kuhlmann an. Das Büro des IKTT werde aufgelöst. So war ich im Januar des Jahres 2004 noch einmal vor Ort, um ein paar Dinge, Bücher, Zettel etc., als Erinnerungstücke zu sichern, die ich vordem dem IKTT überlassen hatte. Sie waren bei der Verfassung dieses Berichts sehr hilfreich.

Wir hatten im IKTT erkannt, dass die Internet-Technologie und der weitere Ausbau der Informationsgesellschaft keine Sache der »Informatik« und der »Informatiker« mehr waren. Der einsetzende Digitale Wandel wurde viel zu wichtig, um ihn den Ingenieuren überlassen zu können. Die Mitglieder im IKTT waren in der Regel ja keine IT-Unternehmen. Damit war ein entscheidender Schritt aufgezeigt. Die Informationstechnik war jedermanns Sache geworden. Nach dem Jahr 2000 konnte man nicht mehr mit »für die DV haben wir unsere Spezialisten« und mit IT-Ignoranz kokettieren. Eine Führungsperson, die als Internet-Analphabet auftrat, sich mit den damals üblichen Suchmaschinen nicht auskannte oder sich ihre E-Mails gar auf Papier ausdrucken und vorlegen ließ – sie war nun zu einer als »No-Brainer« diffamierbaren Person par excellence geworden.

Wir hatten in den IKTT-Jahren auch die Erkenntnis gewonnen, dass der Standort nicht allzu wichtig ist, wenn es um Avantgarde-Technologie geht. Das Verhältnis der Provinz zur Großen Welt hatte sich mittels des Internets völlig verschoben – und zwar endgültig. Pfarrer Thomas Geibel brachte es auf den Punkt, dass in Frankfurt oder in Berlin, gar im kalifonischen Silicon Valley ja jeder ein Institut gründen könne. So etwas im Odenwald auf die Reihe zu bekommen, das sei doch etwas Besonders. If you can make it there, you can make it everywhere.

Der Neue Markt der Börse und Wissenstransfer
in Aschaffenburg
(1997 – 2000)

Den ökonomischen Pionierjahren im Internet folgen Abenteuer am Neuen Markt der Frankfurter Börse. In Aschaffenburg wird eine neue Hochschule gegründet. Dort lehrt man – zunächst noch – »Datenverarbeitung« und man entwickelt den »Wissenstransfer in Sachen Internet« weiter.

Aschaffenburg ist eine Stadt mit circa siebzigtausend Einwohnern im Regierungsbezirk Unterfranken im Nordwesten des Freistaats Bayern. Die Aschaffenburger Verhältnisse und die dortige Aufbruchsstimmung gegen Ende des letzten Jahrhunderts sind schon eine kleine Darstellung wert. Denn viele Aspekte der sich entwickelnden Informationsgesellschaft dürfte man auch in anderen Städten in ganz ähnlicher Form kennen. Im Frühjahr des Jahres 1996 hatte ich mich – relativ schnell entschlossen – auf eine Professur für »Datenverarbeitung und weiteres wirtschaftswissenschaftliches Fach« an der – noch sehr neuen – Hochschule in Aschaffenburg beworben.

Aschaffenburg gehörte über Jahrhunderte politisch und kirchlich zum Erzbistum Mainz und hat von daher die kulturelle Prägung des Rhein-Main-Gebietes. In Aschaffenburg wohnen traditionell keine Lederhosen- und Dirndl-Bayern. Das Ondit »Bayern ist groß und München ist weit« kursiert vor Ort als die zutreffende Abwandlung eines bekannten russischen Sprichworts. Aschaffenburg war im Zweiten Weltkrieg das Ziel von massiven Luftangriffen. Etwa die Hälfte der Einwohner war damals obdachlos geworden. Neben den Schäden des Luftkrieges wurden bei der Einnahme der Stadt durch die U.S. Army bedeutende Kulturgüter, wie das Schloss Johannisburg, noch weiter beschädigt und faktisch zerstört. Noch viele Jahrzehnte später musste Neubauten in Aschaffenburg erstmal eine Untersuchung des Baugrundes nach Blindgängern vorausgehen.

Die U.S. Army erreichte kurz vor Ostern 1945 von Westen kommend Aschaffenburg. Nach wenigen Tagen – sinnloser – Verteidigung mit großen Kollateralschäden kapitulierte die Stadt am 3. April 1945. Die U.S. Army sollte nach dem Ende des Zweiten Weltkriegs diverse noch vorhandene Aschaffenburger Kasernenanlagen für Jahrzehnte belegen. Die Militärpräsenz in der Stadt war ziemlich dominant. Man konnte unter der damaligen Makro-Ordnung der Welt »West versus Ost« gut leben, wenn man im Alltag den Level der Nuklear-Waffen-Bedrohung ignorierte. Diese bedeutete nichts weniger als die jederzeit mögliche vollumfängliche Vernichtung der Zivilisation.

Nicht alle US-amerikanischen Armeeangehörigen traten in der Öffentlichkeit in Erscheinung. Die »barrack rats« zogen für ihren Lebenswandel das geschlossene Ökosystem »Kaserne« vor. Wieder andere mussten durch ein Türschild »off limits« der »Military Police« klargemacht werden, dass Aufenthalte in diesem bestimmten Lokal nicht erlaubt sind. Und noch andere konnten die wenig liberale Verordnungslage zur Jagd in Deutschlands Wäldern absolut nicht nachvollziehen. Sie kannten aus den USA ganz andere Verhältnisse. Es gab in Aschaffenburg US-amerikanische Läden, »used car salesmen«, Bibliotheken, U.S. Mail, Banken, Kliniken – und US-amerikanisch geprägte Kneipen. Sie hatten (k)eine Sperrstunde »until the last one has gone« und waren für Zivilisten – wie für mich zu meiner Studienzeit – ohne Frage sehr attraktiv. Zudem hatten sie die richtige Musik.

Der Freistaat Bayern hatte in der ersten Hälfte der 1990er-Jahre diverse Unternehmensbeteiligungen aufgegeben, was zu erheblichen monetären Erlösen führte. Nun fragte sich die Staatsregierung von Ministerpräsident Edmund Stoiber, was man mit dem ganzen Geld wohl anfangen könne. Man traf die weise Entscheidung, in neue Hochschulen zu investieren. Es sollte damit die akademische Landkarte Bayerns komplettiert werden. In Aschaffenburg warben diverse politische und ökonomische »stake holders« intensiv um die Errichtung einer neuen Fachhochschule. Aschaffenburg war schon einmal eine Hochschulstadt gewesen. Es gab einst eine Forsthochschule, die aber im Zuge der Bayerischen Zentralisierung Anfang des 19. Jahrhunderts nach München verlegt worden war. Die Errichtung einer Aschaffenburger Hochschule traf in München auf eine nicht geringe Skepsis. Einer der Staatsminister meinte, er könne sich wirklich nicht vorstellen, dass man in Aschaffenburg jemals mehr als 1000 Studierende sehen werde.

Professor Dr. Hans-Georg Stark, ehemaliger Vizepräsident der TH Aschaffenburg
Exkurs – Technische Hochschule Aschaffenburg

Wenn man das so liest, dann findet man sich fast unwillkürlich in eigenen Erinnerungen an die Historie der Informationsgesellschaft wieder.

Die Entdeckung und Besiedelung der digitalen Welt war zu Beginn der 1990er-Jahre noch ganz am Anfang. Ich arbeitete bei TECMATH, einem Spin-Off der TU Kaiserslautern, und war dort mit Bild- und Signalanalyse beschäftigt. Für eine »MicroVAX«, einer in wissenschaftlichen Kreisen damals sehr beliebten Maschine, schrieb ich eine einfache Simulation der biologisch motivierten Hebbschen Lernregel. Das führte dazu, dass sich »der Computer« einfache Bilder in der Hinsicht quasi »merken« konnte, dass veränderte oder verrauschte Versionen der antrainierten Bilder über mehrere Iterationen immer wieder zu den ursprünglichen Originalen zurückführten. Alle diese Berechnungen waren noch analytisch beschreibbar, aber ich war damals schon versucht, dieser Technologie magische Komponenten zuzuschreiben. Solche Verfahren würde man heute unter dem Begriff »KI« subsumieren.

Doch nun möchte ich mit einem Monty Pythonschen »and now for something completely different ...« meine kurze Ausführung eher im Sinne von Georg Rainer Hofmann weiterführen. Er hatte mich, als ehemaligen Vizepräsidenten der Hochschule, gebeten, einen Text beizusteuern, der die Entwicklung des »Fachbereichs Betriebswirtschaft und Technik der Fachhochschule Würzburg-Schweinfurt-Aschaffenburg, Abteilung Aschaffenburg« (so die Bezeichnung im Jahr 1996) zur »Technischen Hochschule Aschaffenburg« (so hieß sie ab dem Jahr 2019) skizziert. Ich bin der Meinung, dass allein der Vergleich des bürokratisch-monströsen Wort-Ungetüms aus Gründertagen mit der (hoffentlich nicht nur vorläufigen) Benennung der Aschaffenburger Hochschule den Leser*innen einen, zwar durchaus komprimierten, im Gegenzug aber sehr anschaulichen, Eindruck dieser Evolution vermittelt.

In der Tat spreche ich hier von einer Evolution, denn Revolutionäres hat nicht stattgefunden. Das ist durchaus nichts Schlechtes. Auch Max Planck hatte trotz der (notgedrungenen) Einführung seines Wirkungsquantums eine sehr evolutionäre Sichtweise auf eine behutsame Weiterentwicklung der Physik. Revolutionäre Konsequenzen seines Handelns haben sich erst später herauskristallisiert. Ganz evolutionär wuchsen die Zahl der Studierenden und der Studiengänge in Aschaffenburg. Im Jahr 2007 waren ca. 1 600 Studierende eingeschrieben waren. Damit war allerdings – heimlich, still und leise – die von Georg Rainer Hofmann zitierte Prognose eines Bayerischen Staatsministers bereits widerlegt. Einen wesentlichen Beschleunigungsimpuls lieferte in den Folgejahren der »Hochschulpakt«, eine konzertierte Bund-Länder-Aktion mit dem Ziel, vor allem in MINT-Fächern für Studierendenaufwuchs zu sorgen. Dies geschah in Aschaffenburg besonders deutlich. In den zehn Folgejahren wuchs die Student*innenzahl auf mehr als 3 400. Die TH Aschaffenburg hat sich in Sachen Studierendenzahl also mehr als verdoppelt. Dies gilt auch für die Bautätigkeit auf dem Campus, in schneller Folge entstanden neue Gebäude auf dem alten Campus, der Campus II wurde hinzugemietet, der Campus III und Außenstellen in Miltenberg und am Industriecenter Obernburg bezogen.

Nicht nur das Wachstum der Studierendenzahl war in diesem Zeitraum bemerkenswert, sondern noch etwas anderes hat zur Profilierung beigetragen. Die TH Aschaffenburg hat, für eine kleine Hochschule bemerkenswert, intensive Forschungs- und Transferaktivitäten entfaltet. Sichtbarer Ausdruck dieser Aktivitäten ist ihr »Zentrum für Wissenschaftliche Services und Transfer« (ZeWiS) am Standort Obernburg. Gerade die Kollegen Georg Rainer Hofmann und Wolfgang Alm haben dort wesentlich zur Entwicklung der Komponente »Wissenstransfer« beigetragen.

Der Transfer ist inzwischen nicht nur in Bayern, sondern auch im Bund als dritte Hochschulmission neben Forschung und Lehre anerkannt. Diese Entwicklung kann kaum noch als evolutionär bezeichnet werden, das ist – nicht nur für die TH Aschaffenburg – eher schon revolutionär.   ¶

Nach Maßgabe des lokalpolitischen Drängens der Aschaffenburger einerseits und der Münchener Vorsicht andererseits startete man einen Versuchsballon. Im Jahr 1995 wurde die bereits länger bestehende »Fachhochschule Würzburg-Schweinfurt« um eine Außenstelle – eine sogenannte »Abteilung« – zur »Fachhochschule Würzburg-Schweinfurt-Aschaffenburg« erweitert. Da der Kalte Krieg vorbei war, gaben die US-Amerikaner viele Einrichtungen und Immobilien frei. So konnte es kommen, dass man bei der Standortsuche für die »Abteilung Aschaffenburg der Fachhochschule Würzburg-Schweinfurt-Aschaffenburg« auf die ehemalige Jägerkaserne in der Würzburger Straße kam. Das Anwesen war 1896 auf einem Areal von über sechs Hektar nahe der Stadt errichtet worden. Dort war bis zum Ersten Weltkrieg ein Königlich-Bayerisches Jägerbataillon stationiert – daher der Name »Jägerkaserne«. Die Kaserne war »a prima vista« absolut ideal für die Errichtung eines Hochschul-Campus. Man musste nun »nur noch« die US-amerikanischen Modifikationen wieder beseitigen sowie die Gebäude instand setzen und hochschulfreundlich umbauen.

Exkurs – Ein Szenenwechsel: von Berlin nach Aschaffenburg

Wenn man das liest, kann man sich fragen, wie ich von der KPMG in Berlin an die Hochschule in Aschaffenburg geraten konnte. Im Juni 1996 wurde ich aufgrund meiner Bewerbung zu Probevorlesungen nach Aschaffen-

Die Aschaffenburger Jäger-Kaserne. Die erste Aufnahme stammt wohl aus den frühen 1950er-Jahren und zeigt die Situation der Nutzung als US-amerikanische Kaserne. Die Gesamtsituation ist eher rustikal und man kann die vielen damals neuen »barracks« – Wohnunterkünfte – der Militärs erkennen. Die zweite Aufnahme aus dem Jahr 1996 zeigt die Situation zu den Zeiten des Umbaus, aus einer Kaserne wurde ein Hochschul-Campus. Das dritte Bild aus dem Jahr 2020 zeigt den gelungenen Campus der Technischen Hochschule Aschaffenburg, der in den Ratings der Studierenden stets sehr gute Beurteilungen erhält.

burg eingeladen. Die ganze Szene war durchaus niedlich und das Auditorium war – sehr – übersichtlich. Nur eine Handvoll Studierende folgten meinen Ausführungen. Ein größeres Auditorium für eine Pflichtvorlesung war offenbar nicht aufzutreiben. Das Pflichtthema war »Methoden zur Auswahl von Standard-Software«. Ich nutzte das Thema, um über die »mehrdimensionale hierarchische gewichtete Nutzwertanalyse« zu informieren, die wir bei der KPMG im »IT-Transfer« und bei der Beschaffung des XETRA bei der Deutschen Börse angewendet hatten.

Als Wahlthema berichtete ich über das »Professional Service Firm Management« aus den Hohenheimer und Würzburger Vorlesungen zur Beratungsbetriebslehre. Ich stellte natürlich in Aussicht, diese Themen künftig in die Lehre in Aschaffenburg einbringen zu können, sollte ich die Professur erhalten. Im anschließenden Gespräch mit dem Berufungsausschuss wurde dessen größte Sorge artikuliert. Sie bestand darin, dass ich Aschaffenburg nur als eine Durchgangsstation einer weiteren Karriere nutzen wollte. Ich verwies im Gegenzug darauf, dass Aschaffenburg für mich aufgrund meines Wohnorts eine große Attraktivität hätte. Ich gedächte zu bleiben, sollte hier akzeptiert werden.

Ich rechnete mir gewisse Chancen auf diese ausgeschriebene Stelle als Professor aus. Aber nach meiner Kenntnislage konnte so ein Berufungsverfahren schon einige Zeit dauern. Manche Stellen müssen gar mehrfach ausgeschrieben werden, weil es im Verfahren schwierig ist, sich auf einen Kandidaten zu einigen. Ich erwartete also – im besten Fall – in circa einem oder zwei Jahren die KPMG zu verlassen. Doch bereits nach wenigen Wochen erhielt ich einen Anruf aus Aschaffenburg. Man sei sehr an meiner Person interessiert, und man habe sich mit dem Wissenschaftsministerium in München schon dahingehend abgestimmt, meine baldmöglichste Berufung zu realisieren. Ich wurde direkt gefragt, ob ich bereits schon zum Wintersemester der Jahre 1996/1997 in Aschaffenburg würde antreten können.

Per 1. November 1996 war ich dann ein »Professor« geworden. Der 1. November ist in Bayern ja der Feiertag »Allerheiligen« – und so hatte ich an meinem ersten Arbeitstag schon mal frei. Einige meiner Studierenden kamen auf dem zweiten Bildungsweg. Sie waren durchweg einige Jahre älter als ich.

In den Jahren 1997 und 1998 war bemerkenswert, dass ich drei Visitenkarten simultan innehatte. Ich war Professor an der »Abteilung Aschaffenburg der Fachhochschule Würzburg-Schweinfurt-Aschaffenburg«, ich war Mitglied der – freilich ehrenamtlichen – Geschäftsführung des IKTT im Schloss in

Erbach im Odenwald und ich war – in genehmigter Nebentätigkeit – immer noch ein Prokurist der KPMG Management Consulting, mit einer Anschrift in Berlin. Das zeigt, was damals alles so möglich war. Das Personal war sehr knapp, wenn es um IT ging.
⁋

Die Dynamik der entstehenden Informationsgesellschaft produzierte massive Verwerfungen. Im Januar 1998 wurde die »Digital Equipment Corporation« (DEC) von »Compaq« gekauft. Compaq war eigentlich nur ein Newcomer – aber extrem erfolgreich im Bereich der portablen PCs. Der Erfolg verschaffte dem Unternehmen die Mittel, den ehemaligen Giganten DEC zu übernehmen. Ein weiteres Ereignis war wegweisend. Aus dem Jahr 1998 hat sich ein Video erhalten. Es zeigt Steve Jobs, nun wieder bei der Firma Apple, der einen neuen Computer anpreist. Er nennt ihn »iMac«. Dieser iMac sollte die »excitement of the internet« mit der »simplicity of Macintosh« kombinieren. Das Gerät war in der Tat auf eine einfache Handhabbarkeit ausgelegt. Auch Nicht-Techniker sollten mit dieser neuen »Internet Surf-Maschine« zurechtkommen können. Das »i« in iMac bedeutete – laut Steve Jobs – unter anderem »internet«, »individual«, »inform« und auch »inspire«. Die Firma Apple sollte dieses »i« später zu einem ihrer zentralen Markenzeichen kultivieren.

Im Jahr 1998 brachte der iMac noch eine weitere Entwicklung in Gang. Das Gehäuse war aus einem durchscheinenden und gleichzeitig farbigen Kunststoff. Die Kombination »durchsichtig und bunt« wurde große Mode und fand sich bald in weiteren Geräten in ähnlicher Form wieder. Das iMac-Design markierte einen Trend. Computer waren von da an auch »schick« und quasi »vorzeigbar«. Das »i« stand hier wirklich für »inspire«. In den Folgejahren sollten Computer und andere Internet-affine Geräte – sowie die viel später aufkommenden Smartphones – auch eine gewisse Designqualität aufweisen müssen, um bei den Käufern erfolgreich sein zu können. Die Computer hatten damit erstmals die Sphäre der Technik mit der Sphäre der Alltäglichkeit, auch des Vergnügens und der Unterhaltung, zusammengefügt. In der Konsequenz sollte man in der entwickelten Informationsgesellschaft Hardware, Laptops, Tablets, Smartphones, allein schon deshalb ausrangieren, weil deren Gehäuseformen und -farben nicht mehr »aktuell« waren. In diesen Jahren kurz vor der Jahrtausendwende war aus der IT ein Modeartikel geworden. Es konnte für den Besitzer »peinlich« sein, ein veraltetes Gerät zu benutzen.

Bei der KPMG arbeiteten wir im Laufe des Jahres 1997 weiter an der Spezifikation und der Beschaffung des elektronischen Handelssystems XETRA für die Börse in Frankfurt. Es sollten bald erste XETRA-Versionen an die Anwender übergeben werden können. An der Frankfurter Börse spielte sich parallel ein spezielles Geschehen ab. Man eröffnete dort im März 1997 ein neues Segment, es hieß »Neuer Markt«. Am Neuen Markt sollte die Euphorie um die sogenannte »New Economy« einen entsprechenden Kanal finden, der neue Aktiengesellschaften mit Finanzinvestoren zusammenbringen könnte. Es sollte über einen Börsengang die möglichst systematische Eigenkapitalfinanzierung von Unternehmen der Internet-orientierten »Zukunftsbranchen« ermöglicht werden.

Tatsächlich verzeichnete das neue Börsensegment von 1997 bis 2000 ein ganz rasantes Wachstum. Diverse Emissionshäuser für Aktien des Neuen Markts traten auf mit »initial public offerings«. Die Anleger waren völlig von der Rolle; es wurde alles gekauft, was irgendwie nach »Internet-Geschäft« aussah. In den Medien und im Fernsehen traten diverse, sogenannte – und selbst ernannte – »Börsengurus« auf, die normalen Sparern die Geldanlage in neuen Aktien dringend empfahlen. Der Schauspieler Manfred Krug trat werbend für die Aktie der Deutsche Telekom AG auf. Er sang in Werbespots: »Ich war so gerne Aktionär«, was bei unbedarften Kleinanlegern sehr gut ankam. Der Börsengang der Deutschen Telekom wurde in seiner Popularität prototypisch für die Akzeptanz des Neuen Marktes und den »Hype« in seinem Umfeld.

Zwar erschienen einige der Unternehmen am Neuen Markt absolut obskur zu sein. Aber, dass das Internet neue Gewinnmöglichkeiten mit sich bringen würde, das war in der Tat auch mir klar. Wir hatten ja schon Ende des Jahres 1995 – sicher nicht ohne kommerzielle Interessen – die STTI GmbH in Erbach gegründet. So investierte ich im Rahmen meiner begrenzten Möglichkeiten in den NEMAX, den Index des Neuen Marktes. Der Index ging förmlich durch die Decke, und auch ich war bei dieser phantastischen Entwicklung mit dabei. Der tägliche Blick auf die wachsenden Kurse bedeutete mir – einerseits – ein nicht geringes Vergnügen. Andererseits hatte ich doch eine gewisse Sorge, ob und wie weit das Ganze wohl gehen könnte – ewig, soviel war klar, sicher nicht. So blieb bei aller Freude über die positiven Kursentwicklungen immer auch ein »mulmiges Gefühl« im Hintergrund.

In Aschaffenburg ging es um die Jahrtausendwende ebenfalls aufwärts, aber nur im besten Sinn. Es kamen nicht nur mehr und mehr Studierende, auch aus den Bundesländern Hessen und Baden-Württemberg und aus dem Ausland. Der ganze Campus war eine einzige Baustelle mit Umbauten, was zur Folge hatte, dass man mir vor Ort zunächst kein gescheites Büro und keinen PC anbieten konnte, keinen Internet-Anschluss etc. Das war nicht weiter dramatisch. Ich hatte ja parallel das IKTT-Büro in Erbach, das IT- und Internet-mäßig bestens ausgestattet war.

Im Sommersemester 1997 bot ich erstmals das »Professional Service Firm Management« – eingedeutscht »Beratungsbetriebslehre« – in Aschaffenburg an. Das war die konsequente Weiterführung der Lehraufträge an den Universitäten Hohenheim und Würzburg. An der Hochschule wurde im Jahr 1998 noch jemand gesucht, der das Fach »Programmierung« gestalten könnte. Auf meine Empfehlung hin wurde Wolfgang Alm aus dem Erbacher IKTT-ESI-Projekt als ein Lehrbeauftragter engagiert. Im Jahr 2001 sollte er ebenfalls Professor in Aschaffenburg werden.

Mein Lehrgebiet »Datenverarbeitung und Unternehmensführung« war eher eine Nische im akademischen Portfolio. Aber ab den Jahren 1997 bis etwa 2000 explodierte es förmlich und nahm an Bedeutung zu. Das lag daran, dass diesem Lehrgebiet das neue Thema »Digitale Transformation« und der damit verbundene Wissenstransfer förmlich zufielen. Ich wurde in diesen Jahren oft von der Aschaffenburger IHK und auch Unternehmen der Region Untermain zu Vorträgen zum Thema »Internet« eingeladen. Es ging – in der Diktion Bob Dylans – in einer »Never Ending Tour« vor allem darum, die Strukturen der neuen internetbasierten Wirtschaft darzulegen. Klar war, dass »das mit dem Internet« nicht mehr so schnell vorbeigehen würde. Es war kein »Hype«. Man sollte sich auf langfristige Auswirkungen eines internetbasierten Paradigmenwandels einstellen. Die Volkswirtschaft würde durch das Netz neue Marktstrukturen erhalten.

Andreas Kindt, Inning am Ammersee
Exkurs – Online für alle! – »Bin ich denn schon drin? – Ich bin drin!«

Wenn man das liest, so muss man sehen, dass der etwa im Jahr 1995 beginnenden Etablierung der geschäftlichen Internetnutzung gegen Ende der 1990er-Jahre die große Akzeptanz des Internets im privaten Bereich folgte. Mehrere Gründe können für diese fulminante Entwicklung identifiziert werden.

Ein bekannter Gewinner des Tennisturniers von Wimbledon spielte in einem Werbespot einen wenig Technik-affinen Normalmenschen, dessen Frage und gleichzeitige Antwort: »Bin ich denn schon drin? – Ich bin drin!«, zu einem geflügelten Wort wurden. Der Werbespot adressierte in einer nicht ganz so ernst gemeinten Art und Weise eine der existentiellen Fragen der späten 1990er-Jahre, als es um den Einstieg in die massenhafte Verbreitung und Nutzung von Internetanschlüssen ging. Es war die Zeit der großen Umstellung von den ersten einzelnen Internet-Zugangsdiensten, wie »America Online« (AOL), »Microsoft Network« (MSN), und auch lokalen deutschen Anbietern, wie zum Beispiel die »EUNet GmbH«, auf einen allgemeinen Internet-Zugang. Und dann war da natürlich noch die Deutsche Bundespost Telekom mit der frisch gegründeten T-Online, die geradewegs aus dem Bildschirmtext Btx der 1980er-Jahre hervorgegangen war.

Mit Btx hatte die Bundespost schon früh, etwa ab dem September 1983, eine sehr anwendungsorientierte technische Plattform auf die Beine gestellt. Die Seiten folgten einer Format-Vorgabe der »Conférence Européenne des Administrations des Postes et des Télécommunications« CEPT und leiteten sich anfänglich in der Art der Nutzung etwas von den Teletext-Seiten ab. Während Teletext des Fernsehens minimalistische und technisch sehr komplizierte Dialogmöglichkeiten anbot, war es in Btx von vornherein vorgesehen, durch Eingaben auf einer Tastatur Auswahlen vorzunehmen und Aktionen auszulösen. Populäre Anwendungen entwickelten sich sodann recht schnell in den Bereichen der Werbung, etwa im Bereich Versandhandel und auch Touristik. Eine grundlegende Einschränkung war allerdings dem Architektur-Aspekt geschuldet, dass alle Seiten grundsätzlich zentral auf dem Bildschirmtext-Leitrechner gespeichert wurden. Es wurden eigens Editiersoftware und Editierstationen entwickelt. Später gab es aber auch die Möglichkeit sogenannte »Externe Rechner« an das Btx zuzuschalten. Sie waren quasi die direkten Vorläufer der späteren Web-Server.

Allerdings fand der Ansatz, Btx bis auf ISO/OSI-Ebene 7, der Anwendung, als Teledienst zu fixieren, keine dauerhafte Akzeptanz. Findige Köpfe nutzten die Anbindungsprotokolle der externen Btx-Rechner soweit minimal und in der Visualisierung am CEPT-Format vorbei im Transparentmodus. So waren direkte Anzeigen von ASCII-Zeichen möglich und beispielsweise mittels IBM-3270-Terminal-Emulationen zum Aufsetzen der ersten preiswerteren Remote-Terminals nutzbar. Es wurde damit klar, dass der Access – als solcher – der erfolgskritische Teil des Teledienstes war.

Das zeigte auch die – im Vergleich mit dem Btx – wesentlich weitere Verbreitung der sogenannten »Minitels« in Frankreich. Sie hatten von vornherein auf eine Ende-zu-Ende Verbindung zwischen den Minitels und vielen einzelnen

Seitenservern gesetzt. Die Minitels erfreuten sich in ihrer über 30-jährigen Nutzung in den Jahren 1982 bis 2012 großer Beliebtheit. Es hielt sich zwar hartnäckig hierzulande das Argument, das wäre nur der Tatsache hoher Subventionen und der wesentlichen freieren– weil nicht zentral eingeschränkten – Nutzung besonders populärer Seitenangebote geschuldet.

Wie auch immer – schlussendlich war der reine Internet-Access die Dienstleistung mit der höchsten Akzeptanz und durch die Gründung der T-Online und die Ausrichtung auf Internet-Services wurde ein gewaltiger Zuwachs an freien Internet-Anschlüssen erreicht. Im Jahr 1995 wurde dann Bildschirmtext in »T-Online« umbenannt und im Jahr 1996 schließlich die »Online Pro Dienste GmbH & Co. KG« aus der Deutschen Telekom ausgegliedert und kurz danach in Form der eigenständigen »T-Online International AG« in ein Internet-Unternehmen überführt.

Diese starke Verbreitung und Erhöhung der Akzeptanz wurde natürlich auch durch eine massive Verbesserung bei den Übertragungskapazitäten unterstützt. Bei den herkömmlichen Übertragungsverfahren durch analoge Modems, anfänglich sogar durch Akustikkoppler, waren die Übertragungsraten stark limitiert. Die Akustikkoppler schafften mit dem V.23-Protokoll 1200 Bit pro Sekunde, später die Modems mit V.34 bis zu 19 200 Bit pro Sekunde, beziehungsweise 28 800 Bit pro Sekunde. Sie wurden durch das im Jahr 1989 neu eingeführte digitale ISDN mit 64 Kilobit pro Sekunde abgelöst. Mittels Kanalkopplung waren sogar bis 128 Kilobit pro Sekunde möglich.

Neben dem Access zum allgemeinen Internet und der Erhöhung der Bandbreite der Netze war ein dritter Faktor für die hohe Akzeptanz von »Online« sehr förderlich: das Finden eines angemessenen und attraktiven Tarifs. Man experimentierte etwa im Jahr 1998 mit einer ISDN-Flatrate. »Flatrate« war damals ein neues Kunstwort. Obwohl zunächst nur nachts verfügbar, wurde sie kurz nach der Einführung so heftig genutzt, dass sie nach einiger Zeit wieder vom Markt genommen wurde. So zwei Jahre später war die Flatrate im Zusammenhang mit den DSL-Anschlüsse wiedergekommen um zu bleiben. Ganz ähnlich war das etwa 15 Jahre später bei den Flatrates für den mobilen Internet-Zugang. Die Power-User gingen ab da nicht mehr offline.   ⸮

Die vordem höchst theoretische Annahme des »ideal-transparenten Marktes« in der VWL war durch das Internet nun eine Realität geworden. Darauf würde man reagieren müssen. Ein Aussitzen des Internets ist unmöglich, das war die zentrale Botschaft meiner damaligen Missionsreisen zur gewerblichen

Wirtschaft in der Region. Viele Jahre später sollte man erkennen, dass diese Vorträge nichts anderes als frühe Formen des »Wissenstransfer« waren. Gegen Ende des Jahres 2020 wertete man in der Bayerischen Landesregierung diesen Wissenstransfer der auf dem traditionellen Humboldt'schen Ideal beruhenden Forschung und Lehre als ebenbürtig und definierte damit eine dritte Säule der Aufgaben einer Hochschule.

Es mag im Spätsommer des Jahres 1999 gewesen sein, als ich zum nationalen Kongress eines Unternehmens in der Stadthalle von Aschaffenburg eingeladen war. Es war eines der ersten am Neuen Markt notierten Unternehmen. Die Firma bot Dienstleistungen im Telekommunikationssektor und Mobilfunk an. Ich sollte deren versammelten Händlern und Vertretern die sich abzeichnende sensationelle »New Economy« möglichst allgemeinverständlich erläutern. Ich konnte nicht anders, als den Anwesenden zu erklären, dass das erfreuliche, quasi »exponentielle« Umsatzwachstums ihres Unternehmens der Anfang der seit langem bekannten Marktdurchdringungskurve in der typischen Form eines »liegenden S« sei. Was soll ich sagen? Einige der Zuhörer hatten schon einen gewissen »neureichen« Habitus.

Man sollte aufpassen, so mein damals vorgebrachter Rat, wie man die demnächst eintretende Marktsättigung würde managen können, denn die Bäume wüchsen nun einmal nicht in den Himmel. Der Vorstandsvorsitzende der Firma war nach meinen Erläuterungen einigermaßen außer sich. Er erklärte sichtlich erbost seinen Händlern und Vertretern im Publikum, dass ich ein »old-school«-Professor sei, der offenbar überhaupt nicht verstanden habe, dass das hier zur Debatte stehende – völlig neue – Geschäft keinerlei erkennbare Grenzen habe. Selbstverständlich ginge das exponentielle Wachstum auf absehbare Zeit so weiter, denn man habe es hier mit völlig neuen Formen des Wirtschaftens zu tun. Er riet mir, ich solle dringend meine völlig veralteten Theorien überarbeiten.

Ich selbst hatte den Bau eines privaten Wohnhauses begonnen. Ich war im Laufe des Jahres 1999 und speziell im Winter von 1999 auf 2000 schon ziemlich irritiert, dass ich meine Handwerker- und Baumaterialrechnungen durch den Verkauf von absolut hoffnungsvollen Aktien finanzieren musste. Ich dachte, »die Anderen« werden jetzt am Neuen Markt unendlich reich. Ein Professoren-Kollege brachte es bei einer Dienstbesprechung spöttisch auf den Punkt, er meinte »und in diesen dynamischen Zeiten investiert der Kollege Hofmann ausgerechnet in schnöde Steine«. Damit schien er ziemlich Recht zu haben, mein Verhalten war merkwürdig.

Die Aufwärtsbewegung des Neuen Marktes wurde angetrieben durch vermeintliche Fachleute, die mit immer neuen, enthusiastischen Kaufempfehlungen für Kursübertreibungen sorgten. Manche am Neuen Markt gelisteten Unternehmen zeigten irrwitzige Verluste und Kapitalvernichtungen. Auf dem Höhepunkt der Spekulation hatten manche Unternehmen am Neuen Markt einen höheren Börsenwert als viele der etablierten deutschen Industriekonzerne. Ein Referent an einem Neujahrsempfang in der Aschaffenburger Stadthalle zu Anfang des Jahres 2000 rief ins euphorisierte Publikum »Betriebsergebnisse sind eine Größe von gestern. Heute kümmert sich niemand mehr um Unternehmensgewinne, entscheidend ist jetzt die »cash burn rate«, die Phantasie des Unternehmens, sonst nichts«. Diese Szene der Euphorie der Ahnungslosen und der Missachtung aller traditionellen Werte verstärkte meine vagen Sorgen um die Zukunft des Neuen Marktes um ein Vielfaches. Konkreten Anlass zu Panik sah ich aber noch nicht. Das sollte sich bald ändern.

Exkurs – Das »cluetrain manifesto« vom Mai 2019

Man wenn das liest, so muss man sehen, dass vor der Jahrtausendwende ein ökonomischer Strukturwandel stattfand. Zu der Zeit, als der Neue Markt im Jahr 1999 sein volles Tempo aufgenommen hatte, veröffentlichen die US-amerikanischen Autoren Rick Levine Christopher Locke, Doc Searls und David Weinberger eine programmatische Schrift, das »cluetrain manifesto« als eine Sammlung von 95 Thesen. Die Anzahl der Thesen war ein Bezug zu Martin Luther. Die Thesen hatten teilweise den Charakter einer Prophezeiung für die Gestalt der neuen internetbasierten Märkte und das Verhältnis von Unternehmen und ihren Kunden.

Das »cluetrain manifesto« beschreibt, wie die neue internetbasierte Kommunikation das konventionelle Marketing und seine übliche, einseitige »broadcasting«-Kommunikation relativiert, weil den Beziehungen der Menschen untereinander eine neue Bedeutung zukommt. Einige der Kernaussagen mit quasi »ewiger« Gültigkeit sind in deutscher Übersetzung nachfolgend aufgeführt.

· Märkte sind Gespräche.
· Die Märkte bestehen aus Menschen, nicht aus demographischen Segmenten.
· Das Internet ermöglicht Gespräche zwischen Menschen, die im Zeitalter der Massenmedien unmöglich waren.
· Als Resultat dieser Entwicklung werden Märkte intelligenter, besser informiert

und besser organisiert. Die Teilnahme an den vernetzten Märkten verändert die Menschen grundlegend.

- Es gibt keine Geheimnisse mehr. Die vernetzten Märkte wissen über die Produkte der Unternehmen mehr, als die Unternehmen selbst. Ob die Nachricht gut oder schlecht ist, sie wird weitergegeben.
- Wer annimmt, die Online-Märkte seien dieselben Märkte, die einst die TV-Spots im Fernsehen erduldet haben, macht sich etwas vor.
- Die meisten Marketingprogramme gründen auf der Angst, der Markt könnte erkennen, was wirklich in den Unternehmen geschieht.
- Die Märkte möchten sich nicht mit Phrasendreschern unterhalten. Sie möchten an Gesprächen teilnehmen, die sich hinter den Firewalls der Unternehmen abspielen.
- Gegen eure Werbung sind wir immun. Also vergesst es.
- Unternehmen geben Milliarden für das »Jahr-2000-Problem« aus. Warum können sie dann diese Zeitbombe nicht ticken hören? Hier geht es sogar um mehr.
- Wir existieren sowohl innerhalb der Unternehmen, als auch außerhalb von ihnen. Die Grenzen, die unsere Gespräche trennen, erscheinen uns wie die Berliner Mauer. In Wirklichkeit sind sie jedoch lediglich Ärgernisse. Wir wissen, dass sie fallen. Tatsächlich arbeiten wir von beiden Seiten der Mauern daran, dass sie fallen. **¶**

Die Gegenbewegung der »real world« im Aktienmarkt fiel sehr heftig aus – und sie verlief quasi sehr »fies«, insbesondere für die privaten Kleinanleger. Ab circa März 2000 fielen die Kurse am Neuen Markt und zwar ruckweise. Es ging immer ein großes Stück abwärts und wieder ein kleines Stück aufwärts. Das ist sehr typisch für das Platzen einer Spekulationsblase. Die normalen, naiven Anleger hofften bei jedem dieser großen Absack- und kleinen Aufwärtsbewegungen, dass sich die Kurse wieder völlig erholen würden – und stiegen nicht kontrolliert aus. Sie wollten eben keine »Verluste realisieren«, wie es im Jargon der einschlägigen Börsengurus hieß. Sie blieben im Neuen Markt investiert – mit desaströsen Folgen.

Der Index des Neuen Markts verlor von März 2000 bis zum Oktober 2002 circa 95 Prozent seines Wertes. Viele Kleinanleger hatten ihre Ersparnisse verloren. Einige der Kaufempfehlungen hatten geraten, Aktien am Neuen Markt Kredit-basiert zu kaufen, weil ja die Kapitalkosten für die aufgenommen Kredite locker von den traumhaften Kursgewinnen kompensiert werden würden.

Nicht wenige der Kleinanleger an der Börse waren auf absehbare Zeit glatt ruiniert. Und so forderte die internetbasierte Wirtschaft der sich entwickelten Informationsgesellschaft nicht wenige tragische Opfer. Mir waren auch nur die – indes bewohnbaren – »schnöden Steine« geblieben, um die erwähnte Diktion meines Kollegen zu bemühen.

Im neuen Jahrtausend – neue Wirtschaft und neuer Staat (2000 – 2004)

Zur Halbzeit der hier betrachteten etwa 40 Jahre berichtet dieses Kapitel, dass sowohl der Einzel- und Großhandel als auch die öffentliche Verwaltung ein Teil der Informationsgesellschaft werden. Bei der Einweihung eines Denkmals von internationaler Bedeutung werden Nationalhymnen mit verschiedenem Erfolg gespielt.

Im Winter der Jahre 1999/2000 begann ein neues Jahrtausend. Wie schon tausend Jahre vorher inspirierte auch dieser Jahrtausendwechsel die Freunde eines gepflegten Weltuntergangs.

Nicht wenige Personen fürchteten damals eine sogenannte »Jahr-2000-Krise« in der Informationstechnik. Bereits geraume Zeit vor dem Jahreswechsel vom Jahr 1999 zum Jahr 2000 gab es Warnungen vor massiven Computerproblemen. Diese sollten aus dem Umstand resultieren, dass die Jahreszahl in vielen Computerprogrammen, um etwas Speicherplatz zu sparen, nur mit zwei Ziffern gespeichert war. Die Jahreszahl »2000« würde daher, in der Form »00« gespeichert, als die Jahreszahlen »1900« oder gar »0000« mehrdeutig und eventuell falsch interpretiert werden können. Auf der Basis dieses Fehlers könnten weltweit alle möglichen Steuerungssysteme ausfallen, der Bahn- und Flugverkehr zusammenbrechen, die Nachrichtenmedien durcheinander geraten und dergleichen Katastrophen mehr. Nicht wenige Beratungsunternehmen verdienten im Jahr 1999 gutes Geld mit entsprechenden Präventionsprojekten. Aber die Jahr-2000-Krise war zu guter Letzt ein weitaus kleineres Problem, als man befürchtet hatte. Es hätte ja bereits am Silvesterabend – aus deutscher Uhrzeit-Perspektive – in Australien und im Fernen Osten zu Jahr-2000-Katastrophen kommen müssen, denn dort hatte das neue Jahrtausend schon längst begonnen. Aber in den Abendnachrichten an Silvester des Jahres 1999 war davon nichts zu hören. Und so begannen der neue Tag, das neue Jahr, Jahrzehnt, Jahrhundert und Jahrtausend sozusagen »ganz normal« – ohne größere IT-Komplikationen.

Günter Koch war im Jahr 2000 nicht mehr der Chef des »European Software Instituts« (ESI) in Bilbao. Er hatte sich umorientiert und war nun der Vorstandsvorsitzende der nationalen österreichischen Forschungsgesellschaft ARCS (Austrian Research Center Seibersdorf). Das ARCS entspricht in seinem nationalen, politischen Stellenwert in Österreich ungefähr dem der

Fraunhofer-Gesellschaft in der Bundesrepublik Deutschland. Günter Koch wohnte nun in Wien, wo ich ihn Mitte Februar des Jahres 2000 besuchte. Obzwar das ESI eine politisch nicht unwichtige europäische Einrichtung war, so war es doch – meiner Wahrnehmung nach – in die Wirren der »regionalen« Politik seines Standortes geraten. In Bilbao schienen die lokalen, baskischen Interessensträger mit dem deutschen Günter Koch als Direktor des ESI nicht so recht klar gekommen zu sein.

Insofern hatte sich Günter Koch mit seiner neuen Position beim ARCS persönlich durchaus verbessern können. Wir sprachen damals in Wien – unter anderem – über die »Produktivität von Forschung«. Wenn Forschung im Allgemeinen »Wissen« produziert, dann sollte es doch möglich sein, dieses Wissen zu bilanzieren und zu bewerten. Damit würde man entscheidende Argumente gewinnen können, um die nicht unerheblichen finanziellen Mittel zu rechtfertigten, deren die öffentliche Forschung ihrer Natur gemäß bedarf. Wir fanden eine neue Vokabel »Wissensbewertung« und beschlossen, uns mit diesem Thema weiter zu beschäftigen. Günter sprach auch ergänzend von »Wissensbilanzen«, die man für Universitäten, Forschungsinstitute, aber auch Unternehmen zu erstellen in der Lage sein müsse – und das in einer nicht allzu fernen Zukunft.

In Berlin hatte man zu der Zeit die DeTeBerkom GmbH in eine neue Telekom-Konzerntochter und Gesellschaft »T-Nova GmbH« umorganisiert. Deren Geschäftsführer war Andreas Kindt geworden. Er war mir von den früheren BERKOM-Projekten, wie dem BTÖV, gut bekannt. Überdies hatte er sich in der GI-FG SWSM engagiert und war dort ein Mitglied des Leitungsgremiums. Und so kam es über diesen Kontakt zu einer Kooperation: Andreas Kindt und seine Firma T-Nova hatten sich ein Riesen-Thema vorgenommen. Es ging ihnen darum, den Markt für die sich abzeichnende Digitalisierung der öffentlichen Verwaltung, »E-Government«, kurz »eGov«, genannt, abzuschätzen. Man war bei der T-Nova der Meinung, dass – auch – die öffentliche Verwaltung zunehmend mit Anwendungen der internetbasierten Kommunikation und des Dokumenten- und Prozessmanagement in Kontakt kommen müsste. In ersten Fingerübungen stellten wir die Anzahlen der deutschen Verwaltungen und deren Prozesse zusammen. Es war sofort klar, dass das einen gigantischen Markt darstellte. Der Telekom-Konzern wollte mit der T-Nova GmbH daran teilhaben. Ab Oktober des Jahres 2000 wurde an einem Thema gearbeitet, das »Virtuelle Kommune« genannte wurde. Es müsste doch möglich sein, so glaubte man, dass man sich in naher Zukunft Behördengänge ersparen könnte, weil man die Verwaltung per Teledienst kontaktieren könne. Dieses E-Government sollte – trotz aller erzielten Fortschritte – eine Dauerbaustelle für viele Jahrzehnte werden.

Von 1998 bis 2005 war Edelgard Bulmahn die Bundesministerin für Bildung und Forschung. Kurz nach der Jahrtausendwende wurde von ihrem Ministerium ein Prozess forciert, der die »Gesellschaft für Mathematik und Datenverarbeitung« (GMD) massiv betreffen sollte. Die GMD repräsentierte die Philosophie einer staatlich grundfinanzierten Forschungseinrichtung, die zwar auch aktiv am Forschungsmarkt auftrat, aber verglichen mit der Fraunhofer-Gesellschaft wegen ihrer höheren Grundfinanzierung weniger am freien Markt der Auftragsforschung präsent sein musste. Natürlich kostete diese Grundfinanzierung erhebliche staatliche Mittel. Das Ministerium beschloss, die GMD mit der Fraunhofer-Gesellschaft zu fusionieren. Das Fraunhofer-Modell war für den Staat – schlicht und ergreifend – billiger, denn die Grundfinanzierung der Fraunhofer-Gesellschaft war proportional geringer bemessen. Im Gegenzug mussten Fraunhofer-Institute verglichen mit GMD-Instituten einen höheren Umsatzanteil am freien Markt erzielen, also im Projektgeschäft höher professionalisiert sein. In Berlin war von diesem Prozess das Institut GMD-FOKUS betroffen, aus dem im Sommer 2001 das neue »Fraunhofer-Institut FOKUS« wurde.

Das FOKUS mit Radu Popescu-Zeletin musste sich damit »marktorientierter« aufstellen. Man hatte erkannt, dass man Elemente der Akquisition und erfolgreichen Durchführung von Beratungsprojekten für FOKUS adoptieren könne. Gerd Schürmann, damals einer der Abteilungsleiter bei FOKUS, meinte, ich könnte ihm und seiner Belegschaft doch Inhalte aus meinen Vorlesungen zur »Beratungsbetriebslehre« im Rahmen eines Trainings vermitteln. Vor diesem Hintergrund trafen circa ab dem Jahr 2003 in Gestalt des Duos von Gerd Schürmann und mir zwei Diskussionslinien zusammen. Die eine Sache war das Thema E-Government, das auch bei der T-Nova bearbeitet wurde, und das andere Thema war die Ausrichtung dieser E-Government-Thematik als ein Beratungsprodukt bei – nun – Fraunhofer-FOKUS.

Ein Merkmal der entstehenden Informationsgesellschaft war und ist die »Durchdringung« sämtlicher Lebensbereiche mit Informationstechnologien. Dazu ist es natürlich nötig, die Betroffenen und Anwender in die Gestaltung der technischen Infrastruktur entsprechend einzubeziehen. Bei der KPMG und beim IKTT war dieses Prinzip als der »IT-Transfer« bereits adressiert worden. Gerd Schürmann ging nun genau diese taktische Aufgabe für FOKUS sehr geschickt an. Er brachte ein »Fraunhofer FOKUS eGov-Labor« zustande, welches ab circa dem Jahr 2004 voll operativ war. Er sprach in diesem Kontext von einem »neutralen und unabhängigem Forum«, welches auf eine Zusammenarbeit in Sachen E-Government mit privatwirtschaftlichen und öffentlichen Akteuren hinwirken sollte. Ich war als ein Mitglied des sogenannten »Advisory Board« beim eGov-Labor mit dabei. Vielleicht kann man die nun auch in Berlin verwendete Vokabel »Forum« als eine Nachempfindung der Bezeichnung des Odenwälder »Forums« IKTT sehen. Vielleicht lag die Bezeichnung »Forum« aber auch – einfach so – in der vielbesungenen Berliner Luft.

Professor Dr. Dr. h.c. Radu Popescu-Zeletin und Gerd Schürmann, Berlin
Exkurs – Das Berliner E-Government-Labor bei FOKUS

Wenn man das liest, so muss man natürlich sehen, dass das, was man in der Informationsgesellschaft unter »E-Government« versteht, recht mühsam entwickelt werden musste. Unser Institut FOKUS hat dazu sicher in einem gewissen Maß beitragen können.

Die Wissenschaftler bei FOKUS hatten von jeher, schon seit der Gründung des Instituts, über viele Jahre die Fragen der Interoperabilität bei Offenen Systemen und Kommunikationstechnologien erforscht. Mit dem Berliner E-Government-Labor sollten diese Kenntnisse hinsichtlich IT-Infrastrukturen und Interoperabilität für und mit der Wirtschaft und der Verwaltung weiter entwickelt werden.

Das E-Government dient prinzipiell der Durchführung und Unterstützung von IT- und internetbasierten Prozessen innerhalb von öffentlichen Institutionen, insbesondere Behörden, und zwischen diesen und den Bürgern oder privaten Unternehmen und Organisationen. Durch die IT werden die Prozesse in der Regel beschleunigt, behördliche Informationen sind rund um die Uhr verfügbar, Anträge können etwa außerhalb von regulären Öffnungszeiten der Ämter gestellt werden.

Ob die IT auch eine Vereinfachung der behördlichen Prozesse mit sich bringe, das war eine ganz andere Frage. Für viele Mitarbeitende in den Behörden und auch für viele Bürgerinnen und Bürger bedeutete die Benutzung von Rechnern eine Erhöhung der Kompliziertheit ihrer täglichen Arbeit sowie einen zusätzlichen persönlichen Qualifikationsbedarf. Als die Anbieter von

E-Government-Systemen Anfang des neuen Jahrtausends mit der Stereotype »die Bedienung des Systems ist ganz einfach« für ihre Angebote warben, haben sie die prospektiven Nutzerinnen und Nutzer in vielen Fällen glatt belogen. Konsequenterweise war die Akzeptanz der öffentlichen IT manchmal eine ziemlich zähe Angelegenheit.

Mitte der 1990er-Jahre waren viele Behörden und politische Mandatsträger noch alles andere als IT-freundlich und IT-affin aufgestellt. Einige IT-Hersteller hatten den öffentlichen Bereich bereits als strategisch wichtige Kundschaft identifiziert. Auch im Konzern der Deutschen Telekom sah man im Metier des E-Government einen wichtigen Markt, der dringend zu entwickeln sei. Konsequenterweise plante man, ein Angebot namens »Virtuelle Kommune« zu platzieren. An die Vermarktung gingen die Anbieter mit den klassischen Bedarfsschätzungen und einem Push Marketing heran.

So etwa ab dem Jahr 1995 konnten wir bei FOKUS das Konzept einer kooperativen, IT-Prozess-orientierten Struktur der öffentlichen Verwaltung entwickeln. Es war das, was man etliche Jahre später unter »E-Government«, einer elektronischen Regierung und Verwaltung, verstehen sollte. Die Kernidee war, die verschiedenen Beteiligten des öffentlichen Sektors, wie die Verwaltungen des Bundes, der Länder, der Kommunen, den diversen Kammern und parafiskalischen Einrichtungen sowie des privaten Sektors und der Wirtschaft im Rahmen der neutralen FOKUS-Umgebung in der Zusammenarbeit zu unterstützen.

Wir sahen es für FOKUS als eine lohnenswerte Aufgabe, quasi ein »Forum« zu arrangieren. Es war im Prinzip die gleiche »user vendor cooperation«, von der auch beim »European Software Institute« (ESI) und bei den Wirtschaftsinformatikern der »Gesellschaft für Informatik» (GI) die Rede war. Wir dachten an eine Art E-Government-Labor, das unter dem Motto »vom Solo zum Orchester« arbeiten sollte. Die spätere offizielle Schreibweise für die Einrichtung war dann »Fraunhofer FOKUS eGovernment-Labor«. Es dauerte freilich noch einige Jahre, bis wir da waren, wo wir hinwollten.

Seit 2004 bildet das Fraunhofer FOKUS eGovernment-Labor ein neutrales unabhängiges Forum für die Zusammenarbeit der Akteure. Gemeinschaftlich entwickeln und integrieren die über 80 Laborpartner innovative Konzepte, Anwendungen und Best-Practice-Lösungen. Das Fraunhofer FOKUS eGovernment-Labor erfüllt somit die Funktion einer Werkstatt, eines Schaufensters und eines Kompetenzknotens. Hier entsteht quasi »E-Government zum Anfassen«. Neueste Technologien werden in konkreten Anwendungsszenarien für die Verwaltung der Zukunft erprobt und zur Anwendungsreife gebracht.

In der Gestaltung der IT-Infrastrukturen spielt die Interoperabilität eine entscheidende Rolle. Das war und ist ein Schlüsselthema, denn erst durch interoperable Systeme und entsprechende Regelungen können Bürger, Unternehmen und Verwaltungen kooperieren. Ein Zusammenarbeiten funktioniert nur dann, wenn die technischen, semantischen und organisatorischen Aspekte berücksichtigt werden. Es gab die Herausforderung, dass einige der Anbieter-Unternehmen die Strategie verfolgten, Schnittstellen und Protokolle nicht bekannt zu geben, um sich eine Alleinstellung am Markt zu sichern. So waren wir bei FOKUS manchmal in der Rolle eines Schiedsrichters, der die Beteiligten zum fortschrittlichen Arbeiten zu ermahnen hatte.

In der »Werkstatt« wurden interoperable Lösungen, Prototypen und Szenarien unter Einbeziehung der Partnerprodukte und Expertenwissen entwickelt. Für die beteiligten Partner aus der Verwaltung gab es somit die Gelegenheit, sich unabhängig von Ausschreibungskontexten mit den verschiedenen Technologien der Industrie vertraut zu machen.

Gemeinsam mit den Partnern wurden im sogenannten »Schaufenster« die sich naturgemäß immer weiterentwickelnde, technische Kompetenz und erarbeiteten Lösungen als Muster-Systeme betrieben. Wir veranstalteten immer wieder Workshops und Messen, um die diversen Systeme vorzuführen. Mithilfe von Studien, White Papers sowie Broschüren wurden die existierenden Möglichkeiten der IT kommuniziert. Das trug sicher im Metier der Anwender zu einer qualifizierten Diskussion bei anstehenden Beschaffungen bei.

Die »Kompetenz« floss in die interdisziplinäre Forschung sowie Beratung im Umfeld der öffentlichen Verwaltung ein. Wir formulierten und entwickelten beispielsweise Roadmaps, Nutzwertanalysen, Ausschreibungsunterstützungen, Evaluationen von Projekten der öffentlichen Verwaltung, Durchführung von fachspezifischen Schulungen. Nicht zuletzt engagierten wir uns in der Mitarbeit bei der einschlägigen nationalen und internationalen Standardisierung.

Die interessierten Partner konnten im Advisory Board artikulieren, welche Themen für sie wichtig waren und sie entsprechend positionieren. Es wurden die Möglichkeiten von Web-Service Technologien für die Verwirklichung von E-Government-Lösungen dargestellt. Weitere Themen waren »Open Source« in der Verwaltung, »Open Data«, Service Orientierte Architekturen, Dokumenteninteroperabilität, Sichere Identitäten, »Cloud Computing«, Prozesskettenunterstützung und andere mehr.

Wir haben bei FOKUS über viele Jahre Großprojekte der öffentlichen Verwaltung begleitet, etwa bei der Einführung des neuen, elektronischen Personalausweises. Gemeinsam mit der Bundesdruckerei bauten wir das »Secure eIdentity-Labor« auf, in dem neue »eIdentity«-Anwendungen entwickelt wurden und die Möglichkeiten sowie die Sicherheit des elektronischen Personalausweises erprobt werden konnten. Leider wurde bei der Einführung des Ausweises bei den Bürgerinnen und Bürgern aufgrund der etwas unhandlichen Nutzungsmöglichkeit, über einen Kartenleser, mit einer sechsstelligen PIN, nicht die erhoffte Akzeptanz erreicht.

Wir waren ab dem Jahr 2007 auch bei der Planung der »Bürgerhotline«, der einheitlichen Behörden-Telefon-Rufnummer 115, mit dabei. Die Service-Orientierung der »115« half möglicherweise, die nationale Verwaltung ein wenig aus einem »Dornröschenschlaf« zu wecken. Mit der Verlagerung der Verwaltung in die IT und mit der damit verbundenen Probleme mit formalen Systemen ist die Verfügbarkeit eines humanen Ansprechpartners nicht zu überschätzen.

Im März des Jahres 2013 ist dann am FOKUS das Kompetenzzentrum »Öffentliche Informationstechnologie» (ÖFIT) eröffnet worden. Es wird durch das Bundesministerium des Innern gefördert. Ganz im Sinne der »E-Government-Labor-Philosophie« konzentriert man sich bei ÖFIT nicht nur auf technische Infrastrukturen, sondern entwickelt darüber hinaus praktikable Konzepte, Anwendungen und Prototypen. ÖFIT fördert die Interoperabilität von IT durch Begleitforschung im Bereich Normen und Standards, erarbeitet Vorschläge für effiziente Prozesse, sichere IT-Lösungen und übergreifende IT-Architekturen für die gesamte öffentliche Verwaltung.

»Ich freue mich, dass mit Fraunhofer FOKUS eine etablierte Forschungseinrichtung das Thema öffentliche Informationstechnik aufgreift. Die öffentliche Verwaltung ist auf eine unabhängige, wissenschaftliche Begleitung in diesem an Bedeutung gewinnenden Bereich dringend angewiesen«, so der damalige Bundesinnenminister Hans-Peter Friedrich anlässlich der Eröffnung von ÖFIT.   ⁋

Gerd Schürmann schaffte es in seinem »eGov-Labor« bei FOKUS in Berlin über 80 Partner zusammen zu bringen, die sich gemeinschaftlich für innovative IT-Konzepte und Anwendungslösungen engagierten. Das Konzept der »dialogischen Technologiegestaltung« in »Foren« und das Innovationsmanagement, wie es das Odenwälder IKTT und das Berliner »Fraunhofer

FOKUS eGov-Labor« gezeigt hatten, sollte in der entwickelten Informationsgesellschaft quasi ein verbreiteter und akzeptierter Standard werden.

In den Jahren ab 2002 arbeitete man bei FOKUS und auch bei der »T-Systems der Deutschen Telekom AG«, in die die T-Nova GmbH mittlerweile integriert worden war, verstärkt an diesen Szenarien einer elektronischen Verwaltung. Dafür etablierte sich – bekanntermaßen – der Begriff »E-Government«. Natürlich war »allen« klar, dass es so mit der papierbasierten, personalintensiven und zuständigkeitsorientierten Verwaltung nicht weiter gehen könne. Man war daher der Meinung, dass es erforderlich und möglich sein müsse, Verwaltungsprozesse als »Formale Systeme« daten- und regel-basiert zu implementieren. Bürgerinnen und Bürger sollten nicht mehr im Amt erscheinen, um irgendwelche Papieranträge abzugeben. Das sollte viel effizienter – und weniger fehleranfällig – per elektronischem Formular und per vernetztem Computer erledigt werden. Der große Fehler dieser Jahre war, dass man glaubte, es wäre die menschliche Arbeit in der Verwaltung durch Computer komplett zu ersetzen. Es wäre viel klüger gewesen, darauf hin zu arbeiten, die Menschen durch Computer weitgehend zu unterstützen. Viele der E-Government-Vorhaben hatten massive Akzeptanzprobleme, weil die Beteiligten nicht bereit waren, auf die zwischenmenschliche Vertrauensbasis zu verzichten, die ein Besuch in den Behörden mit sich bringt. Zudem waren einige der Systems fehlerhaft implementiert, beziehungsweise viel zu früh mit den Endanwendern in Kontakt gebracht worden.

Dass es auch anders ging, das lernten wir in den Jahren 2003 bis 2006 in Brasilien. Etwa im Sommer 2003 kam Gerd Schürmann auf mich zu. Ich war damals in einer Kooperation mit der »INI-GraphicsNet Stiftung« in Darmstadt vor allem mit Fragen der Forschungsverwertung beschäftigt. Gerd Schürmann wollte für seine Berliner Arbeitsgruppe bei FOKUS – und »en passant« für die Stiftung in Darmstadt – der EU-Kommission ein Projekt vorschlagen. Er nannte es »Demonstrator Project« und hatte ihm den Titel »Electronic Government Innovation and Access« (eGOIA) gegeben. Das Projekt eGOIA sollte von der EU-Kommission gefördert werden und der Stärkung der akademischen Zusammenarbeit Europas mit Lateinamerika dienen. Die Berliner Gruppe suchte »nur noch« einen passenden Partner in Südamerika. Es war für uns Darmstädter nach der jahrzehntelangen Vorarbeit von Professor Encarnação ein Leichtes, einen passenden Partner an der Universität Coimbra in São Paulo zu finden. Die schließlich formulierte Vision von eGOIA war das Schaffen einer einheitlichen internetbasierten Plattform, mit der alle barrierefrei auf Dienste der öffentlichen Administration einfach und kosteneffektiv zugreifen würden können. Es ging quasi um einen Export von E-Government von Deutschland nach Südamerika.

Ein Prototyp, ein »Demonstrator«, sollte dann nach Maßgabe der von Darmstadt arrangierten Kontakte im Bundesstaat São Paulo und in seinen Städten realisiert werden. Allerdings erwartete uns in São Paulo eine nicht geringe Überraschung. Denn dort hatte man seit etwa 1998 an einem Vorhaben namens »Poupatempo« gearbeitet. Auf Deutsch heißt Poupatempo etwa »das spart Zeit«, und zwar die Zeit der Bürgerinnen und Bürger. Das Poupatempo hatte ihnen mit seinen digitalen Terminals den Zugang zu öffentlichen Informationen und Diensten ganz wesentlich erleichtert. Die Dienstleistungen wurden integriert mit einer einzigen Plattform erbracht, und zwar »sem discriminação ou privilégios com eficiência e cortesia« – »ohne Diskriminierung oder Privilegien, (aber) mit Effizienz und Höflichkeit«. Diese konsequente »brasilianische Kundenorientierung« tönte für die Ohren in deutschen Behörden schon noch etwas befremdlich.

Es waren mit Poupatempo sehr gewöhnliche und einfache, aber häufig verlangte Dienstleistungen verfügbar. Dazu gehörte die Ausstellung von Personalausweisen, Führerscheinen, Fahrzeugzulassungen und auch polizeilicher Führungszeugnisse. Das »Padrão Poupatempo« war zu einem erfolgreichen Dienstleistungsmodell geworden, dem mittlerweile viele Regierungsbehörden und auch private Unternehmen mit öffentlichen Dienstleistungen gefolgt waren. Wir hatten im Rahmen von eGOIA eigentlich gedacht, so etwas wie eine Europäische »Entwicklungshilfe« in Sachen E-Government erbringen zu können. Stattdessen trafen wir auf brasilianische Projektpartner, die uns absolut auf gleicher Augenhöhe einen freundlichen Erfahrungsaustausch anbieten konnten. So lernten wir damals in São Paulo einige Dinge für Deutschland lernen. Neu und lehrreich war für uns der konsequente Pragmatismus der Leute in São Paulo – und ihre konsequente Orientierung an den Interessen der Bürgerinnen und Bürger und nicht an den Interessen der Verwaltung.

Man hat in Brasilien absolut ziel- und kundenorientiert gearbeitet. Es ging darum, Zeit zu sparen. Dafür hat man, im Gegensatz zu den in Deutschland üblichen Ansätzen, sich nicht um ein Verfahren gekümmert, mit dem alle Sonderfälle in allen Prozessen perfekt abgedeckt werden konnten. Man konzentrierte sich auf die häufigsten und wichtigsten Fälle – und mit diesen war den allermeisten Menschen schon sehr viel geholfen. Sicherheitsmechanismen waren pragmatisch gestaltet und nicht an absoluter

Integrität der Daten und Dokumente, sondern am Wert des konkreten Falls orientiert. In Deutschland wäre man manche Anwendung eher mittels »Over Engineering« angegangen – oder hätte gar das ganze System wegen Sicherheitsbedenken gar nicht realisiert. Im Jahr 2018 konnte Poupatempo sein 20-jähriges Jubiläum begehen.

Ungefähr im Frühsommer 1995, als wir in Darmstadt im Rahmen der Konferenz »WWW3« über die Kommerzialisierung des Internets phantasierten, wurde in den USA bereits ein Unternehmen namens »amazon« gegründet mit der Idee, Bücher im Internet per Online-Shop zu verkaufen. Es sollte dann noch circa drei Jahre dauern, bis amazon auch ein Tochterunternehmen in Deutschland haben würde. Es war den Protagonisten der entstehenden Informationsgesellschaft sofort klar, dass amazon mit seinem Buchversandhandel ein absolut überlegenes Konzept adressiert hatte. Ein Buch nicht per Besuch im Buchhandel kaufen zu gehen, sondern es sich super-bequem per Paket direkt nach Hause liefern zu lassen, das hatte unschlagbare Vorteile.

Aber in Deutschland hatte das amazon-Konzept einen klitzekleinen Haken. Der lag in der Buchpreisbindung. Es wurde amazon untersagt, Bücher zu einem anderen, als dem vorgeschriebenen Preis zu verkaufen. Aufschläge wegen Versandkosten etc. waren also nicht möglich. Die Entgelte für Verpackung und Paketdienste musste amazon aus der Handelsmarge der jeweiligen Bücher begleichen. Noch Jahre später kursierte der Scherz, dass man amazon durch das Bestellen von billigen Büchern in den Ruin treiben könne, weil deren Margen die Versandkosten nicht decken würden.

Daher suchte amazon ziemlich schnell nach einer Erweiterung seines Sortiments und wurde von einem Buchhändler zu einem Händler von allen möglichen und allgemeinen Produkten. Ihnen war gemeinsam, dass sie der Kundschaft im Prinzip bereits sehr gut bekannt waren und nicht mehr unbedingt bezüglich Gewicht, Haptik, Geschmack, Geruch beurteilt werden mussten. Wenn man die relevanten Produkt-Informationen über den Bildschirm, mit Bildern, Videos, Texten, darstellen konnte, dann klappte der Verkauf per Online-Handel ganz wunderbar. Und so schaffte es amazon sogar, das sogenannte »Fachhandel-Dilemma« für sich konsequent zu nutzen. Das heißt, dass die Kundinnen und Kunden sich in den örtlichen Fachgeschäften die Waren zeigen und sich auch beraten ließen – und dann doch bei amazon kauften. Das führte natürlich zu massiven Problemen im herkömmlichen stationären Handel. Dieser hatte den Aufwand für Lagerhaltung und Beratung, doch den Umsatz und Gewinn machte amazon.

Im Umfeld des IKTT im Odenwald wollten wir im Sommer des Jahres 1999 im schnell wachsenden Online-Handel auch mittun. Das Produkt-Segment von »Design and Life Style« versprach noch eine echte Marktlücke zu sein. Das hatte amazon damals noch nicht umfassend realisieren können. Und so kam es zur Gründung eines neuen Unternehmens. Wir nannten es »design3000«. Es ist ja gar nicht so einfach, für ein Unternehmen eine markante Bezeichnung zu finden. Der Vorschlag »Design2000« wurde mit dem Argument verworfen, dass das Jahr 2000 ja schon vor der Tür stünde und daher von der »2000« bald nichts Attraktives mehr ausginge. Die Firma »design3000« entwickelte sich in den ersten Jahren des neuen Jahrtausends sehr erfreulich. Ein entscheidender Schub war ein – von design3000 gar nicht bestellter – Fernsehauftritt eines der design3000-exklusiven Produkte. Der Moderator einer Fernsehshow hielt das Teil in die Kamera – und er sagte auch, wo man das bekommen könne. Der Versandhandel bei design3000 hatte bald eine gewisse Größe erreicht. So meinten wir, wir sollten über einen »Exit« und Verkauf des Unternehmens nachdenken.

Unsere erste Wahl für einen Käufer von design3000 war diese aufstrebende Firma namens »amazon Deutschland«. Ich rief dort an, es mag etwa im Sommer des Jahres 2000 gewesen sein. Nach einigem Hin und Her war bei amazon ein freundliches Interesse vorhanden, aber man müsse für so eine strategische Transaktion noch einen gewissen »Jeff« fragen, ob der auch zustimme. Was auch immer dieser Jeff gesagt haben mag, ich habe in dieser Sache keine Rückmeldung mehr bekommen. Im Gegenzug wuchs design3000 als typisches Online-Handelsunternehmen weiter fulminant. Die Artikel wurden so ausgesucht und angeboten, dass sie sich vor allem als Geschenke eigneten. Das hatte den großen Vorteil, dass die Rücksendequoten eher gering waren. Geschenkt ist halt geschenkt. Nach circa zehn Jahren war design3000 zu einem veritablen Einzelhändler geworden. An Spitzentagen wurden ein paar tausend Pakete versandt. Die Lastwagen von der DHL kamen mehrmals am Tag zum Abholen der Fracht. Es waren einige Dutzend Leute beschäftigt, etliche Millionen Euro Umsatzerlös pro Jahr konnten erzielt werden.

Das ganze Geschäftsmodell von design3000 hatte aber einen erheblichen Nachteil. Das immense Wachstum kostete Geld – und der Kapitalbedarf konnte nicht aus den laufenden Einnahmen gedeckt werden. Eigentlich waren nur die geschenkeintensiven Vorweihnachtszeiten profitable Monate. Ein privater Investor stieg bei design3000 mit ein und ging die Strecke mit einigen Millionen Euro ein paar Jahre mit. Die Geschäftsführung von design3000

dachte durchaus »mega«: Es wurden TV-Spots produziert und Fernsehwer-
bung geschaltet. Der aus dem Neuen Markt bekannte Ansatz, eine prächtige
»Geschäftsidee mit Phantasie« irgendwann an einen strategischen Investor
verkaufen zu können, unabhängig von der aktuellen Ergebnissituation, ging
leider nicht in vollem Maße auf. Möglicherweise wurden prospektive Inves-
toren vom Kosten- und Liquiditätsmanagement der Geschäftsleitung abge-
schreckt. Am Ende übernahm der Hamburger Online-Händler »geschenke.
de« die design3000.

Der Hochschulbetrieb in Aschaffenburg war vor dem Jahr 2000 eigent-
lich nur ein Provisorium, nur eine auf Bewährung eingerichtete, bescheidene
»Abteilung« der Fachhochschule Würzburg-Schweinfurt-Aschaffenburg.
Aschaffenburg war mittlerweile aber ein attraktiver Campus im Rhein-Main-
Gebiet geworden. Eine Evaluierung des Wissenschaftsrates empfahl dann die
Verselbstständigung der Aschaffenburger Einrichtung. Und so wurde im Jahr
2000 eine selbstständige »Fachhochschule Aschaffenburg« zur Realität.

Die Bundesregierung hatte kurz vor der Jahrtausendwende einen Beschluss
gefasst. Es sollte ein Denkmal »Amerikanische Hilfe nach 1945« errichtet
werden. Man muss wohl im Bundesrat entschieden haben, dieses Denkmal im
Freistaat Bayern zu platzierten. In Bayern war man der Meinung, das Denkmal
solle nach Aschaffenburg. Denn diese Stadt war ja zum Kriegsende als erste
von den Amerikanern erreicht und viele Jahrzehnte von der US-amerikanischen Armee und ihrer speziellen Kultur geprägt worden. In Aschaffenburg
meinte man wiederum, das von der Bundesregierung geplante Denkmal sei
auf dem Campus der neuen, nun selbstständigen Hochschule gut aufgehoben.

Es wurde gegen Ende des Jahres 1999 ein Wettbewerb veranstaltet, an dem
etliche Entwürfe als Modelle präsentiert wurden. Den Wettbewerb gewann
der Bildhauer Hans-Jürgen Breuste aus Hannover mit einem zweiteiligen
Konzept aus Stahlelementen. An einer Ecke der zentralen Aschaffenburger
Campuswiese sollten etliche Stahlquader übereinander platziert werden, am
anderen Ende runde Walzenelemente, ebenfalls aus Stahl. Die Elemente des
Denkmals hatten eine enorme Masse, es mussten dafür extra Fundamente
betoniert und massive Halterungen gebaut werden. Zur Installation des
Denkmals brauchte man einen riesigen Kran. Das Denkmal war – nicht nur
meiner Meinung nach – sehr gelungen. Freilich gab es auch reaktionäre Geg-
ner des Kunstwerks, aber das scheint das generelle Schicksal der ästhetischen
Avantgarde zu sein. Nun ja: »Fast jedes Genie verursacht augenblicklich eine
Allianz der Mittelmäßigkeit.« Das soll Jonathan Swift einmal gesagt haben.

Der Wiener Kunstmäzen Otto Müller hingegen schrieb seinerzeit über Hans-Jürgen Breuste, er »begänne beim Ende. Altes, ausrangiertes, verlebtes Material ist sein Anfang, (...) Urtriebe schlummern in diesen ungewöhnlichen Dingen: Holzteilen, Eisenstücken, Glasscherben. (...) Aus Trümmern und Fragmenten macht er die neue Realität des Kunstwerkes. (...) Er lässt aber den Dingen die Traurigkeit des Verfalls (...) er lässt ihnen die Melancholie der Vergänglichkeit, den Ernst des Todes«. Am 8. Mai 2000 wurde das Denkmal von der großen Politik enthüllt. Der Bayerische Ministerpräsident Edmund Stoiber und der US-amerikanische Botschafter John C. Kornblum hielten eine Rede. Die U.S. Army war mit einigen Offizieren und ranghohen Militärs vertreten.

John C. Kornblum führte in seiner Rede aus, er sei »davon überzeugt, dass mit der zunehmenden Verknüpfung unserer Nationen durch Kontakte zwischen unseren Unternehmen, unseren Bürgern, unseren Gemeinden und unseren starken Organisationen Lösungen für die vielen gemeinsamen heutigen Probleme nur im Dialog und in gemeinsamen Bestrebungen gefunden werden können. Bayern und Amerika haben in diesem Prozess eine Führungsrolle übernommen. (...) Heute stehen nur noch sehr wenige europäische oder amerikanische Fragen im Raum, lediglich Fragen bezüglich der wirtschaftlichen, sicherheitspolitischen oder technologischen Maßnahmen, die wir durchführen müssen, um unsere gemeinsamen Ziele zu erreichen.« Er konnte damals ja nicht ahnen, wie es um das diplomatische Verhältnis USA-Europa später, Anfang der 2020er-Jahre bestellt sein sollte.

Das Orchester der Städtischen Musikschule sollte und wollte zur Feier die US-amerikanische Nationalhymne spielen. Die US-Army-Offiziere salutierten stramm. Aber das Stück scheiterte an seinem Anfang, schon nach ganz wenigen Takten. Ich musste an die BTW-Tagung in den 1980er-Jahren in Darmstadt denken und an die Sache mit dem Anfang, der laufen muss, und dass es dann quasi von allein ginge. Die Militärs salutierten unentwegt weiter, während sich das Orchester neu arrangierte. Die Musikschule unternahm noch einen zweiten, nun erfolgreichen Versuch. Aber danach betrat ein etwa zehnjähriges Mädchen die Bühne; es war wohl die Tochter des Künstlers Breuste. Sie hatte eine Trompete dabei und bat darum, auch etwas spielen zu dürfen. Und dann gab sie »God Save the Queen« zum Besten, was auch die eher Hartgesottenen unter den Militärs und der Security sichtlich erheiterte. Das Denkmal von Herrn Breuste hat dafür gesorgt, dass die gesamte zentrale Campuswiese zu einem Kunstwerk wurde. Damit war die Wiese im Verfas-

Teilansicht des Denkmals der Bundesrepublik Deutschland »Amerikanische Hilfe nach 1945« von Hans-Jürgen Breuste auf dem Campus der Technischen Hochschule Aschaffenburg. Es wurde im Jahr 2000 enthüllt. Man erkennt die Quader aus Stahl, die von Kindern gerne als Klettergerät und Spielplatz genutzt wurden. Nicht ganz im Sinne der künstlerischen Konzeption pflanzte man ringsum eine Hecke, um den Zugang zu erschweren. Die Fotografie wurde zur Verfügung gestellt von Bernd Ottow.

sungsrang geschützt, quasi sakrosankt – und durfte von nun an nicht mehr überbaut oder anderweitig missbraucht oder profaniert werden.

Die ersten Jahre des neuen Jahrtausends waren dadurch geprägt, dass die Informationstechnologie den Weg in den Alltag der sogenannten »normalen Leute« fand. Das ganze Internet mit seinen Anwendungen, und speziell das WWW, waren nicht mehr eine exklusive, wissenschaftliche Angelegenheit der akademischen Welt. Im Jahr 2001 und den Folgejahren kamen die von Apple so genannten »iPods« auf den Markt. Der kleine Rechner iPod wurde quasi über Nacht für viele Leute über alle Generationen hinweg zu einem »must have«. Das war nach dem iMac das nächste große Ding von Apple. Der iPod ist ein winziger Rechner, der etliche Megabyte Musik- oder Audiodaten speichern und per Kopfhörer abspielen kann. Damit wurde die Erfindung einer Audiodaten-Kompression, wie sie die Erlanger Fraunhofer-Leute mit ihrem »MP3«-Format bereits 1991 vorgestellt hatten, nach zehn Jahren – endlich – kommerziell interessant. Die Apple-Leute um Steve Jobs realisierten zudem eine großartige Grundidee, um das »Problem des Doppelten Marktes« zu adressieren.

Das Problem des Doppelten Marktes macht man sich an einer Analogie leicht klar. Das Betreiben von Mineralöl-Tankstellen macht nur Sinn, wenn es auch Verbrennungsmotor-Autos gibt, die dort tanken, andererseits sind Fahrten mit Autos in Gegenden ohne Tankstellen nicht ratsam. Apple brachte nun das Abspielgerät iPod und(!) die dazu passenden Inhalte auf den Markt, indem sie parallel zum iPod einen Online-Shop »iTunes« realisierten, bei dem man – gegen relativ geringes Entgelt pro Stück – Musik- und Audiodateien kaufen und auf das iPod laden konnte. Die Erfindung brachte zudem den genialen Effekt mit sich, Musik nun materielos verkaufen zu können, als Datei und nicht auf Schallplatte, CD oder ähnlichem. Der große Erfolg von Apple ging zu Lasten der traditionellen Musik- und Tonträgerindustrie. Auch die noch wenige Jahre zuvor so hypermodernen »WalkMan« und »DiscMan« wurden nun nicht mehr gebraucht.

Im Shop der Odenwälder design3000 GmbH hatte man eine Kategorie für die Produkte des Unternehmens »Koziol »ideas for friends GmbH« eingerichtet. Die Firm Koziol produziert Designartikel und Wohnaccessoires aus Kunststoff in Erbach im Odenwald mit einer bemerkenswerten Exportquote. Im Jahr 2009 gab es einen Eierbecher von Koziol, der, von oben betrachtet, einem iPod etwas ähnelte und der daher etwas scherzhaft »eiPOTT« genannt wurde. Apple reagierte prompt und – und klagte wegen Verletzung

Das Produkt der Firma Koziol, das seinerzeit »eiPOTT« genannt wurde, was zu einem Rechtsstreit mit Apple führte. Die Fotographie wurde zur Verfügung gestellt von Stephan Koziol.

der Wortmarke »iPod«. Es wurde eine gerichtliche Verfügung erlassen, mit der Koziol – und damit design3000 – die kommerzielle Verwendung der Bezeichnung »eiPOTT« untersagt wurde.

In den ersten Jahren des neuen Jahrtausends sollten weitere Auftritte am Markt für die Informationsgesellschaft prägend sein, die jeweils alle eine unglaubliche Marktdominanz gewannen. Es bildeten sich, neben amazon, die De-Facto-Monopole von Google, Wikipedia, Facebook und Apple. Das war eine der markanten Folgen der internetbasierten Wirtschaft. In einem transparenten Markt kennen alle Anbieter alle Nachfrager – und umgekehrt. Dadurch bilden sich neue Delta-Epsilon-Mechanismen, der Δ-ε-Effekt, der Nachfrage. Geringste Unterschiede ε in Preis oder Qualität oder Lieferbarkeit führen zu großen Unterschieden Δ in der Nachfrage. Dadurch kondensiert der Markt bei geringsten Unterschieden im Angebot auf wenige Anbieter, auf die dann die gesamte Nachfrage entfällt. The winner takes it all.

Gegen Ende der 1990er-Jahre trat erstmals die Internet-Suchmaschine »Google« im Netz auf, zunächst als eine(!) neben einigen anderen, damals gängigen Suchmaschinen. Sie gewann immer größere Marktanteile und wurde so zum Synonym für die ganze Gattung. Der Duden nahm das Verb »googeln« im Jahr 2004 gar in seine Rechtschreibregeln auf.

Im Jahr 2001 wurde die »Wikimedia Foundation« gegründet, die Trägerin der Wikipedia und der mit ihr verwandten Projekte. Mit Wikipedia entwickelte sich eine generelle und populäre »Faktenquelle« im Internet. Einige der Nutzungsszenarien der Lexika und Enzyklopädien wurden in der entwickelten Informationsgesellschaft durch das Nutzungsszenario der Wikipedia ersetzt. Das bedeutete, dass einige der arrivierten Enzyklopädien nicht mehr so auflagenstark wie bisher verkauft werden konnten. Sie verschwanden wegen mangelnder Rendite vom Markt. Das Prinzip der kollektiven, redaktionellen Bearbeitung durch anonyme oder pseudonyme Redakteure (wie »Autoren« und »Sichter«) der Wikipedia hat allerdings den Nachteil, dass für das Erstellen und Akzeptieren von Artikeln keine echten Verantwortlichkeiten mehr existieren.

Ein Student an der Harvard University, Mark Zuckerberg, gründete seine Unternehmung »Facebook« im Jahr 2004. Facebook war lediglich als ein System für multilaterale Kontakte seiner Mitstudierenden gedacht. Auch Facebook sollte sich in den Folgejahren eine absolut marktbeherrschende Stellung erarbeiten. Sehr viele Personen meinten, sich in Facebook vernetzen zu müssen, und gaben dafür Unmengen persönlicher Daten preis, die Facebook zielgerichtet kommerzialisierte. Die Ambivalenz, gar Schizophrenie, des »Digitalen Facebook-Exhibitionismus« und der Prüderie des Europäischen Datenschutzes ist beeindruckend.

Zu Beginn des Jahres 2007 stellte Steve Jobs von der Firma Apple, wie er es nannte, »one more thing« vor. Es war das »iPhone«. Das war das erste Gerät einer neuen Klasse von mobilen Endgeräten, den Smartphones. Ein Mobiltelefon mit Computerfunktionen zu ergänzen, um damit zum Beispiel E-Mails zu versenden oder im WWW zu surfen, das war an sich nichts Neues. Schon im Jahre 2002 war vom kanadischen Unternehmen Blackberry das Gerät »Blackberry 5810« auf den Markt gekommen. Es hatte eine physische Tastatur, man konnte damit mobil das Internet und das WWW nutzen, und es hatte ein integriertes Mobiltelefon. Das von Apple vorgestellte iPhone griff eine ganze Reihe eigentlich bekannter Erfindungen und Mechanismen auf und kombinierte sie sehr geschickt. In der Konsequenz war die Konstruktion des iPhone kaum durch Patente abzusichern. Schon sehr bald erschienen – im Sinne der Konfuzianischen Philosophie sehr lobenswerte – Nachbauten des iPhone aus Ostasien auf dem Weltmarkt. So entstand der globale Markt für Smartphones, diese Geräte sollten in einer Milliarden-Auflage produziert werden.

Das iPhone brachte strategische Aspekte mit sich, die ihm die überlegene Verbreitung als »das persönliche Gerät« der Informationsgesellschaft ermöglichten. Das iPhone sprach erstens nicht nur die professionelle Geschäftskundschaft an, sondern auch die privaten Konsumenten und Anwender ohne gewerbliches Interesse, die nur reine Unterhaltungsabsichten hatten. Das iPhone hatte zweitens keine echte Tastatur mehr, sondern einen intuitiv bedienbaren Touchscreen. Man tippte nicht mehr, sondern wischte und deutete auf dem kleinen Bildschirm herum. Drittens war das iPhone hoch integrativ, es war nicht nur ein Mobiltelefon und ein WWW-Zugang, sondern auch eine Foto- und Filmkamera, es war ein Radioempfänger, eine Taschenlampe, ein GPS-basiertes Navigationssystem, ein Kompass, ein iPod sowieso. Und viertens hatte Apple wiederum den »doppelten Markt« adressiert, mit einen »AppStore«. Das war ein Portal im WWW, in dem man kleine Programme, die »Apps«, von »application program«, gegen relativ geringes Geld kaufen und auf dem iPhone unkompliziert installieren konnte.

Da die wesentlichen Eigenschaften des iPhone nicht patentierbar waren, sollten sehr rasch andere Systemhersteller, wie etwa Samsung, das neue Marktsegment ebenfalls mit ihren Smartphones bedienen. In fast lustiger Weise nannte man das Smartphone in Deutschland weiterhin »Handy«. Es wurde der wichtigste Gebrauchsgegenstand eines Menschen in der entwickelten Informationsgesellschaft. Ohne ein solches »Handy« war man nichts, es musste immer und in allen Lebenssituationen mit dabei sein. Nach dem iMac, dem iPod war das iPhone der dritte große Wurf eines Informationstechnik-Gerätes der Firma Apple. Das iPhone hat die Verbreitung der IT unter den »normalen Leuten«, demographisch-, vor allem aber geschlechts- und sozial-neutral, maßgeblich voran gebracht. Damit war das Smartphone einerseits das(!) Sinnbild der Besiedlung der Digitalen Welt schlechthin – und das Ende der IT als eine »Männerwelt«..

Gleichwohl war der Protagonist Steve Jobs keinesfalls einer dieser »regular people«, die er als Kunden für seine Produkte sehr erfolgreich gewinnen konnte. Vom 14. bis 18. Oktober 1991 fand in Darmstadt die 21. Jahrestagung der »Gesellschaft für Informatik« (GI) statt. Ich war zu der Zeit damals in Darmstadt mit dem Abschluss meines Promotionsverfahrens an der THD beschäftigt. José Luis Encarnação war die maßgebliche »chair person« dieser GI-Konferenz, die ganz in seinem Sinn unter dem Motto »Telekommunikation und multimediale Anwendungen der Informatik« stand. Er hatte es verstanden, eine Reihe prominenter Sprecher zu Vorträgen einzuladen, darunter James »Jim« D. Foley (»User Interface Software Tools«), F. Robert A. Hopgood (»Visualization Activities in the UK«) und auch Radu Popescu-Zeletin (»From Broadband ISDN to Multimedia Computer Networks«). Aus Berlin war Gerd Schürmann gekommen und hielt einen Vortrag »A Guide for Advanced Broadband Multimedia Applications – The BERKOM Reference Model Application-Oriented Layers«, der unsere gemeinsamen Berliner Arbeiten adressierte.

Als ein eingeladener Vortragender sollte auch Steve Jobs zu Wort kommen, er sollte der GI-Jahrestagung den »NeXT-Computer« vorstellen. Steve Jobs war damals nicht bei Apple, sondern bei der von ihm gegründeten Firma NeXT beschäftigt. Der NeXT Computer war technisch brillant, aber kommerziell nicht der größte Erfolg. Er wurde vor allem in der Forschung verwendet, weniger von der gewerblichen Wirtschaft. So hatte etwa Tim Berners-Lee am CERN den ersten WWW-Server der Welt auf einem solchen NeXT implementiert. Meinen Erinnerungen nach diktierte Steve Jobs für seinen Auftritt in Darmstadt eine Reihe von Bedingungen. So wollte er ein spezielles kleines Mikrophon benutzen, das extra zu beschaffen war. Er verlangte auch eine spezielle Sitzgelegenheit mit dem Logo der »Pixar Animation Studios« auf der Lehne, denn er war Aktionär bei Pixar und hatte offenbar vor, im Sitzen zu referieren. Er war Vegetarier und verlangte daher eine spezielle Verköstigung, keinesfalls war ihm das allgemeine Catering der GI-Tagung genehm. Er verlangte auch, dass sein Buffet in einem speziellen Raum aufgebaut werden müsse, denn im selben Raum mit Normalessern wollte er sich nicht ernähren.

Alles gut und schön, Steve Jobs hielt seinen Vortrag über – oder besser: für – den NeXT Computer. Dann wollte man ihm das Mikrophon wieder abnehmen, um es dem Folgeredner, Jim Foley, zur Verfügung zu stellen. Steve Jobs verweigerte das. Mit dem Mikrophon, das er(!) benutzt hätte, dürfe gefälligst kein Zweiter reden. So musste für Jim Foley eilig ein Ersatz beschafft werden. Es war fast schon konsequent, dass Steve Jobs sich weigerte, einen Text für den Tagungsband, die »conference proceedings«, zu liefern. Was dazu führt, dass von diesem – in der Tat legendären – Auftritt nur die allmählich vager werdenden Erinnerungen der beteiligten Personen bleiben, mehr nicht. Man konnte damals den Eindruck gewinnen, dass Herr Jobs über ein gewisses Übermaß an Selbstbewusstsein verfügte. Aber vielleicht irre ich mich da auch. Eine »regular person« war er sicher nicht.

Vom Wert des Wissens – Computer wissen nichts
(2005 – 2011) (2018 – 2020)

Als man glaubte, dass Computer nicht nur Daten verarbeiten, sondern auch Dinge und Sachverhalte »wirklich verstehen« und auch Wissen erwerben könnten. Wieso das ein großer Irrtum ist – und aus welchen Gründen Computer das menschliche Verstehen der Welt nicht völlig simulieren können.

Man hatte in diesen ersten Jahren des neuen Jahrtausends gelernt, Daten – gut und gerne und massenweise – zu verarbeiten, zu speichern und zu kommunizieren. Es entwickelte sich in der Informationsgesellschaft eine neue Debatte zum Umgang mit Daten mit einem sowohl ökonomischen als auch philosophischen Bezug. Es ging um nichts weniger als das »Wissen« schlechthin. Man glaubte, mit Hilfe von Computern ein sogenanntes »Wissensmanagement« betreiben zu können. Darüber hinaus sprach man von »Wissensbilanzierung«, weil man annahm, dass »Wissen« einen bilanziellen Wert hat.

In diesen Jahren, ab circa 2002, arbeitete man im Nachbarland Österreich an einer revolutionären Idee. Für eine Neufassung des Universitätsgesetzes sollte die Erstellung einer »Wissensbilanz« verpflichtend werden. Alle Universitäten sollten mit einer jährlichen Wissensbilanz ihre Produktivität darlegen. Günter Koch war nicht nur der Chef des öffentlichen »Austrian Research Center Seibersdorf« (ARCS) geworden, sondern auch der TU Wien verbunden. Er arbeitete am ARCS an den Komponenten dieser neuen »Wissensbilanzen«, es sollten Publikationen, Patente, Ausgründungen und anderes mehr berücksichtigt werden. Die ersten Wissensbilanzen wurden 2007 für das Jahr 2006 vorgelegt. Das ARCS und Günter Koch hatten daran einen nicht unwesentlichen, konzeptionellen Anteil und Verdienst. Wir Aschaffenburger hielten intensiven Kontakt nach Wien. Günter Koch war ein wichtiger »corresponding partner« für unsere eigenen Darmstädter und Aschaffenburger Arbeiten in diesem Metier.

Professor Dr. h.c. Günter Koch, Wien
Exkurs – Eine kurze (Vor-)Geschichte der Wissensbilanzierung

Wenn ich das lese, so gebe ich gerne einen kleinen Rückblick auf die Entwicklung der Wissensbilanzierung und Wissensbewertung, in die ich involviert war.

Um den Beginn des neuen Jahrtausends trat ein weiterer Prophet der »neoliberalen Ökonomik« auf. Leif Edvinsson war Vorstandsmitglied einer großen, schwedischen Versicherung und er hatte sich vorgenommen, das Wissen einer Organisation rational zu messen und letztlich monetär bewertbar zu machen. Er war mit dem renommierten Preis »Brain of the Year 1998« bedacht worden, er hatte sich immerhin gegen die damals ebenfalls nominierten Bill Gates und Paul McCartney durchgesetzt. Edvinsson propagierte eine Ökonomie der »Intangibles«, womit an erster Stelle »Wissen« gemeint war. Der sprechende Begriff »Intangibles« umfasst im Weiteren solche Dinge, die an sich immateriell sind, also nicht als materielle Sachen »anfassen« lassen. Zu nennen wären die Produkte der Wissenschaft, Kunst, Literatur – und eben auch Software. Die Intangibles manifestieren sich natürlich auf diesen Gebieten in Form von Publikationen, Kunstwerken, Büchern oder Kompositionen. Diese wiederum können operationalisiert werden. Das heißt, dass die Intangibles »funktionieren« so wie ein aufgeführtes Musikstück – oder aber ein Computerprogramm auf einem Computer.

Im Jahr 1998 wurde ich der Chef des »Austrian Research Centers Seibersdorf« (ARCS) der größten österreichischen Forschungsorganisation. Das ARCS wurde später in »Austrian Institute of Technology« (AIT) umbenannt. Es ist, wenn man so will, die österreichische Version der deutschen Fraunhofer-Gesellschaft. Das ARCS hatte über 1000 Mitarbeiter und war aus einem früheren Atomforschungszentrum hervorgegangen. Die Forschungsanstalt ARCS war in eine massive Selbstfindungskrise geraten, nachdem sich ab dem Jahr 1978 die Republik Österreich politisch zur Vorkämpfernation gegen Atomenergie positioniert hatte. Mir stellte sich die zentrale Frage, was denn eigentlich von der wissenschaftlichen Institution ARCS geschaffen und zum Nutzen des Landes Österreich produziert werde. Insbesondere mussten die gefundenen Antworten auf diese Frage gegenüber der großen Politik vertretbar sein.

Ganz im Sinne des vom Neoliberalismus getriebenen Zeitgeistes und dem von Edvinsson gesetzten Impuls verfiel ich auf die Idee, zusammen mit der Grazer Professorin Ursula Schneider ein Verfahren zur »Messung des Wissens« zu entwerfen. Wir nannten das eine »Wissensbilanz«, eine »nicht-finanzielle Verlängerung« der klassischen bilanziellen Unternehmens-Berichterstattung. Wir konnten ein konzeptionell durchaus schlüssiges Modell entwickeln. Es basiert im Wesentlichen auf einer Fülle von Kriterien und messbaren Indikatoren, die für eine »Wissenseinrichtung« von Bedeutung sind. Das Modell gliedert sich in die Dimensionen Human-, Struktur- und Beziehungskapital als die »Kapitalbasis«, aus der heraus durch diverse Kernprozesse der Wissensproduktion sich immaterielle und materielle Ergebnisse darstellen lassen, wie die Produkte eines Wissenschaftsbetriebs wie des AIT. Das Verfahren der Wissensbilanz und seine Anwendung wurden später durch mein damaliges Team in einem Handbuch beschrieben.

Unser Ansatz wurde von Österreich aus weltweit exportiert, in erster Linie nach Deutschland. Dort erfolgte durch ein Berliner Institut der Fraunhofer-Gesellschaft eine »Nachempfindung« unserer Methode. Es gelang den Berlinern sogar, mit Fördermitteln des deutschen Forschungsministeriums die modifizierte Version unseres Wissensbilanz-Ansatzes unter dem Namen »Wissensbilanz – Made in Germany« bekannt zu machen und bei einigen Hundert Unternehmen einzuführen. Wir Österreicher sahen das mit etwas gemischten Gefühlen. Einerseits ist es schön und gut, wenn die eigenen Arbeiten einen Beitrag zu einer anschlussfähigen Diskussion darstellen, andererseits ist es weniger berauschend, wenn dem Juniorpartner Österreich die »credits« aus dem größeren Nachbarland verwehrt bleiben.

Die Wissensbilanz war, wenn man so will, das erste, erfolgreiche Projekt einer durchdachten Erweiterung des finanziellen Unternehmens-Berichtswesens. Daraus sollte später das professionelle »Non Financial Reporting« (NFR) entstehen. In der entwickelten Informationsgesellschaft zu Beginn der 2020er-Jahre konzentriert sich das NFR priorität auf Fragen des Umwelt- und Klimaschutzes. Es ist in der großen Politik bei der EU-Kommission ein Thema von hoher Konjunktur. Bemerkenswert ist diese mega-politische Normverschiebung weg vom »Wissen« hin zur »Nachhaltigkeit« allemal.

Eine interessante Spin-Off-Linie aus dem Wissensbilanzprojekt wurde durch die EU-Kommission ab circa des Jahres 2004 angestoßen. Die Forschungs- und Unternehmenspolitik der EU-Kommission war in den ersten Jahren des neuen Jahrtausends in der sogenannten »Lissabon-Periode« darauf ausgerichtet, durch hohe Aufwendungen die Gründung von Spin-Off-Unternehmen aus Forschungsprojekten heraus anzuregen. Es zeigte sich jedoch, dass die so motivierten Gründungsunternehmen die Geburts- und erste Wachstumsphase selten überlebten, vor allem, weil es ihnen an der notwendigen Ausstattung mit Geldmitteln fehlte. Die damals prädominanten, konventionellen Finanzierungsinstrumente, wie etwa Bankkredite, standen nicht zur Verfügung, da den dieserart neu gegründeten Unternehmen die Eigenkapitalbasis und die Bilanzgeschichte fehlten.

Es gelang mir mit Unterstützung des Dachverbandes der europäischen Forschungs- und Technologiezentren EARTO die EU-Kommission davon zu überzeugen, das Verfahren der Wissensbilanzierung auf insbesondere diese intellektuell getriebenen, neuen Unternehmen anzuwenden. Damit sollte eine zusätzliche Bewertungsdimension zugunsten der ansonsten kapitalarmen Gründungsunternehmen eingeführt werden, um deren ökonomisches Potenzial nachzuweisen. Einige der Ergebnisse des vormaligen RASY-Projekts am Odenwälder IKTT flossen durchaus in diese Überlegungen mit ein. Es wurde daraufhin von der EU-Kommission eine »High Level Expert Group« eingerichtet, die zu dieser Frage einen wegweisenden Bericht mit dem Titel »RICARDIS – Reporting Intellectual Capital to Augment Research, Development and Innovation in SMEs« mit Empfehlungen an die EU-Kommission vorlegen konnte.

Die Ironie der Geschichte wollte es allerdings, dass der damalige irische EU-Kommissar McCreevy, von Berufs wegen ein klassischer Wirtschaftsprüfer, unsere Vorschläge zur Bewertung des »Intellektuellen Kapitals« als heiße Luft und in ihrer Anwendung als sehr gefährlich erachtete. McCreevy meinte, unsere Vorschläge seien betrugsfördernd. Das hielt daraufhin seine Kommissars-Kollegen davon ab, unsere Empfehlungen, wie ursprünglich vorgesehen, in eine EU-Richtlinie zu gießen. In der Rückschau kann ich nur feststellen, dass hier eine große Chance verpasst wurde, unsere Wissensbilanzansätze zu verewigen. Immerhin blieb, dass die Republik Österreich die Wissensbilanz zur obligatorischen Berichtsverpflichtung für alle öffentlichen Universitäten machte, die in ihrer Rolle als Wissensproduzenten dieser Pflicht von dem Jahr 2006 an nachzukommen verpflichtet sind. Es ist in diesem Zusammenhang der Erwähnung wert, dass immerhin im deutschen Nachbarland Bayern die Ansätze zur Wissensbilanzierung konstruktiv aufgegriffen wurden.

Schlussendlich möchte ich noch die berühmte Managementzeitschriften-Frage »Was ist eigentlich aus dem XY geworden?« präventiv beantworten. Leif Edvinsson wurde Professor an der Universität Lund in Schweden. Er wurde ein Kollege und Freund. Mit ihm konnte ich im Jahr 2005 den Think Tank »New Club of Paris« gründen. Nun, zu Beginn der 2020er-Jahre, gilt es den aus der Wissensbilanzierung gewonnenen Erfahrungshintergrund zu nutzen. Ich widme mich der Frage, ob man so etwas wie »erweiterte NFR-Bilanzen« als Berichtsinstrumente auch für andere Fragestellungen entwickeln kann. Spannend ist etwa die sogenannte »Gemeinwohlbilanzierung«, die dem Ziel dienen soll, ganz und gar »nicht-kapitalistisch« den Umfang und die Qualität unternehmerischen Handelns zugunsten der Gesellschaft und ihrem Wohl zu analysieren und zu belegen. Aber das wäre eine »separate story«, eine andere und neue Geschichte. ¶

An der Hochschule in Aschaffenburg waren wir mit den neuen Themen ebenfalls konfrontiert. Wolfgang Alm und mich erreichte damals eine ganze Reihe von Anfragen aus der Praxis, ob wir bei der Realisierung von sogenannten »Wissensmanagement-Systemen«, den »Knowledge Management Systems« (KMS), helfen könnten. Die Absicht war, das »Wissen« in Betrieben zu bewahren – das hieß, das sogenannte »verfügbare Wissen« irgendwie zu speichern und verfügbar zu machen. Ein wesentliches Ziel war die Erreichung der sogenannten »Personen-Neutralität« des Wissens. Man ging davon aus, dass Wissen zum Teil »nicht dokumentiert« – und damit nur implizit – in den Köpfen der Belegschaft gespeichert sei. Die berechtigte Annahme war, dass damit die Verfügbarkeit von Wissen hochgradig von konkreten einzelnen Personen im Betrieb abhängig und eben nicht »personenneutral« sei. Fielen die entsprechenden Leute, die »Wissensträger« in der Belegschaft aus, so musste man fürchten, dass deren Wissen für den Betrieb verloren ginge. Eine geordnete Ablage in Form eines Wissensspeichers, eines KMS, müsste konstruiert werden können. Das würde sehr helfen.

Um diese Personen-Neutralität erreichen zu können, wurden verschiedene KMS konstruiert. Das waren im Prinzip Datenbanken, in denen die Belegschaft eines Unternehmens – oder einer Behörde oder eines Instituts ihr »Wissen« in Form von »expliziten« und »strukturierten« Datensätzen dokumentieren sollte. Ein systematisches Verzeichnis gab vor, welche Personen welche Inhalte an welcher Stelle des KMS einzufügen hatten. Der erwartete Nutzen der KMS trat aber oft nicht so wie erwartet ein. Es gab teilweise nur ein geringes Interesse der Wissensträger, die KMS zu befüllen. Eine einigermaßen verständliche Dokumentation von Fakten oder Prozeduren erwies sich als weit aufwändiger als gedacht. Es war auch mühsam, in den KMS einen gewünschten Inhalt zu finden. Der alternative und direkte Weg, im Kreis des Kollegiums nach irgendwelchen Fakten einfach zu fragen oder auch danach, wie etwas gemacht werden muss, war viel einfacher und effektiver als die Nutzung der KMS. Die soziale Form des Wissenserwerbs war dem maschinellen KMS in vielen Fällen weit überlegen. Das kollegiale Gespräch war sehr viel effizienter als die Benutzung einer KMS-Maschine.

Ab dem Jahr 2002 konnten wir in Aschaffenburg eine Reihe von Projekten angewandter Forschung starten, sie hießen »Knowledge Asset Management« (KAM). Wir wollten damit zum Ausdruck bringen, dass Wissen ein »Vermögen«, einen »Asset«, darstellt, und entsprechend rational-ökonomisch behandelt und bewirtschaftet werden kann und muss. Die KAM-Projekte wurden zum Teil unterstützt von der sogenannten »High-Tech Offensive« des Freistaats Bayern und vom Bundesforschungsministerium. Als Projektpartner konnten wir Aschaffenburger die Darmstädter INI-Stiftung, das Fraunhofer-IGD in Darmstadt und Fraunhofer-FOKUS mit Gerd Schürmann und Team in Berlin gewinnen. Ein wichtiger fachlicher Ansprechpartner war das ARCS mit seinem Leiter Günter Koch in Wien.

Erste Arbeiten und Erkenntnisse aus dem KAM adressierten rational-ökonomische Aspekte. Schon seit langem war es allgemeine Überzeugung, dass Wissen einen Marktwert, sogar einen monetären Marktwert, haben muss. Es gab ja Unternehmen, die nichts anderes als »Wissen« zu verkaufen hatten. Dazu zählten insbesondere die Beratungsbetriebe, deren ökonomische Nische ein solcher Wissensmarkt ist. Daraus war klar ersichtlich, dass Wissen sehr wohl zu Markte getragen werden kann. Berater verkaufen ihr Wissen gegen ein Honorar.

Die Veräußerung von Wissen wird belohnt – entweder monetär oder doch mindestens ideell, indem die Wissensanbieter einen persönlichen Reputationsgewinn gewärtigen. Letzteres kann sich auch zum Schaden wenden, wenn Inkompetente sich berufen sehen, sich aufdrängend und gratis beratend zu wirken, weil sie sich ein Lob und Anerkennung von ihren »Klienten« erhoffen. Daraus schlossen wir im KAM-Projekt, dass die quasi »Befüllung« von KMS-Datenbanken und der verbundene Verkauf von Wissen entsprechend in den Betrieben belohnt werden muss. Es muss sich am Ende materiell oder ideell auswirken, wenn ein KMS aktiv bedient wird.

Wenn dieses Ergebnis von KAM zutrifft, dann müssten sich, um ein besonders populäres Beispiel zu bemühen, etwa in der internetbasierten Datenbank Wikipedia zunehmend entsprechende Phänomene zeigen. Es würden – aus niederen Beweggründen – pseudo-faktische Artikel produziert werden. Es würden auch Artikel produziert werden, die unvollständig oder schlecht recherchiert sind. Solche Unzulänglichkeiten müssten von Seiten gutwilliger Korrektoren, in zunehmend mühsamer Kleinarbeit, wieder auf ein ansprechendes Niveau gebracht werden. Umgekehrt würden eigentlich brauchbare Artikel gelöscht oder verhindert werden, weil die sogenannten

»Sichter« eigentlich keine Ahnung vom Gegenstand haben, den sie sich zu be-
urteilen erdreisten. Es müssten sich auch zunehmend Fragen der Möglichkeit
nachhaltiger Finanzierung einer Wikipedia stellen, irgendwann werden sich
Forderungen nach Werbeeinnahmen ergeben, oder der Zugriff auf Wikipedia
kostet im Abonnement ein Entgelt. Letzteres würde wiederum Erwartungen
der Leser an die Einrichtung einer – dann doch erforderlichen – qualifizierten Redaktion wecken. Man wird sehen, ob sich solche Phänomene in der
weiteren Besiedlung der Digitalen Welt und bei Systemen, wie der Wikipedia,
tatsächlich zeigen werden.

Eine zweite Erkenntnis des KAM entstand aus der Augenfälligkeit, dass
die Vermittlung von Wissen offenbar »beratende, humane Personen« braucht.
Eine sinnvolle Beratungsleistung kann nicht nur »von einem Computer allein« erbracht werden. Computer können – alle möglichen – Daten speichern
und auf Abruf bereitstellen, mehr aber nicht. Es wurde im Laufe der philosophischen Erörterungen im Rahmen der KAM-Projekte deutlich, dass die Daten, die man in einem Computer speichern kann, dringend einer, wie es damals
bezeichnet wurde, »Erklärungskomponente« bedürfen. Die Bewirtschaftung
von Wissen muss den »Experten und seine Daten« integrativ behandeln.
Die wissenstragende Person und die in einer Datenbank eingestellten Daten
bilden eine untrennbare Einheit. Eine widrige Auftrennung führt entweder
zu Dokumentations- oder zu Verständnisdefiziten der Wissenselemente. Das
»Verstehen« ist ein inter-humaner Prozess, der von einer Maschine, oder auch
von einem Text in einem Buch, nicht geleistet werden kann. Die Daten und
die Bücher wissen quasi »selbst und für sich« nicht, was sie bedeuten.

Im Rahmen der KAM-Projekte wurde in Berlin, Wien, Darmstadt, Aschaffenburg – und darüber hinaus – verstanden, dass Wissen als das Verstehen
und Anwenden von Daten begriffen werden muss. Wissenserwerb ist, ganz im
Gegensatz zur bloßen maschinellen Manipulation von Zeichen, nicht nur ein
technisches, sondern »ein psycho-soziales Phänomen«. Das sogenannte, »nicht
dokumentierte«, menschliche Wissen und Können kann sehr wertvoll sein. Es
wird etwa von Mensch zu Mensch im Rahmen der gemeinsamen Intentionalität
und gegenseitiger Imitation von Handlungen weitergegeben. Große Teile des
Musikunterrichts beispielsweise gehen diesen Weg. Die bittere Nachricht an
die Überschätzer der maschinellen KMS war damit, dass in der Konsequenz das
sogenannte »kodifizierte Wissen« der Maschinen kollabiert. Dies ist der Fall,
wenn die Speicherung von Wissen oder Informationen als bloße Daten erfolgen
soll, ohne dass ein dahingehend »sachverständiger Mensch« die Erklärung

 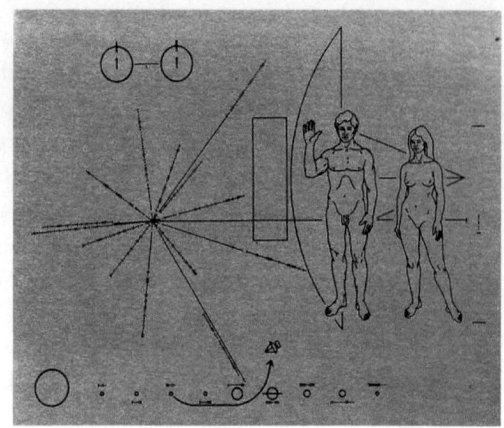

Das »Wissen« existiert nicht von Menschen unabhängig. Der kretisch-minoische »Diskos von Phaistos« – links – ist als Wissensspeicher untauglich, weil die für die Wissensübermittlung nötige »Erklärungskomponente« mittlerweile fehlt. Die Schrift kann niemand mehr interpretieren, obwohl die eigentliche Datenlage noch deutlich lesbar ist. Die Plakette an den Raumsonden Pionier II – rechts – ist schon hier auf der Erde reichlich nutzlos, das liegt an den unerklärten formalen Symbolen. Die adressierten Außerirdischen werden diese Plakette erst recht niemals entziffern können, denn die »Erklärungskomponente« fehlt auch draußen in den Tiefen des Alls.

und die Interpretation vermittelt. Damit war die Illusion massiv relativiert, dass Computer etwas »wissen« könnten. Man kann kein Wissen in einem Computer speichern. Martin Heidegger wird das Bonmot zugesprochen, dass ein Buch nicht wisse, was in ihm stehe. Manchmal braucht der Leser einen Lehrer, der den Inhalt eines Textes erklärt. Dieser fundamentale – eigentlich ziemliche triviale – Umstand wurde durch die KAM-Projekte in das Metier der Wissensmanagement und der KMS eingebracht.

Exkurs – Daten und Wissen

Wenn man das liest, so sollte die Verwechslung der Begriffe »Daten« und »Wissen« etwas weiter illustriert werden. Man kann sich zu einer reinen Datenfrage zusätzliche, erkenntnistheoretisch sinnvolle und notwendige Fragen stellen. Sehen wir als Beispiel die Frage nach einem Faktum, etwa wie die Hauptstadt des US-Bundesstaates Kalifornien heißt. Die Faktenfrage nach der kalifornischen Hauptstadt kann notfalls auch durch ein »KI-System« oder einen Blick in ein Lexikon geklärt werden. Interessanter ist die Antwort auf die Frage, woher man das erfragte Faktum wisse, und noch spannender, woher man denn wisse, dass die Antwort wirklich wahr ist. Das adressiert die Vertrauenswürdigkeit der Quelle. Das Faktum »Sacramento ist die Hauptstadt von Kalifornien« kann eine Auskunft einer Person gewesen sein, wobei man sich an diese Person und den Vorgang selbst gar nicht mehr erinnern muss. Entscheidend war die »Glaubwürdigkeit« der Person, und darum(!) hat man sich das Faktum gemerkt. Das glaubwürdige und damit in einem sozialen Kontext akzeptierte Wissen einer Person ist ein durch Computer nicht simulierbarer »social common sense«. Das wahre und verlässliche Wissen ist ein in der natürlichen Intelligenz biologisch fundiertes, intersubjektiv gebildetes, soziales Phänomen. Ein Faktum gilt dann als »wahr«, wenn es aus einer verlässlichen Quelle stammt, wenn also sozio-psychologisch vertrauensvolle Personen als Autoren fungieren oder fungierten. In der entwickelten Informationsgesellschaft etablierte sich konsequenterweise die Erkenntnis, dass das sogenannte »Wissen« eine anthropozentrisch verankerte gemeinsam-intersubjektive Intentionalität ist.   ∫

In der weiteren Konsequenz bestanden die sogenannten »Wissensbilanzen« in Österreich eben nicht(!) aus der – unmöglichen – Darstellung von Wissen, sondern lediglich aus der Listung von Indikatoren des Forschungsbetriebs. So wurden dann auch die Wissensbilanzen nach dem Österreichischen Universitätsgesetz gestaltet. In Aschaffenburg hatten wir um das Jahr 2008 einen Auftrag vom Münchner Wissenschaftsministerium, ein Referenzmodell für eine Wissensbilanz der Bayerischen Hochschulen zu erarbeiten. Im Prinzip stellten wir eine Liste von Indikatoren auf, dazu zählten messbare Anzahlen und Datenvolumina von Publikationen, erteilte Patente oder auch die monetären Umsatzvolumina aufgrund erteilter Lizenzen. Umstritten war dabei der Wert von Publikationen. Die Frage war, wie diese beurteilt werden sollten. Nicht zuletzt das Kriterium der gegenseitigen Anerkennung in der »scientific community« war strittig. Eine Publikation galt als besonders wertvoll, wenn sie vom »editorial board« eines besonders angesehenen »scientific journals« für gut befunden worden war. Leider war zu beobachten, dass dieser Mechanismus durch das Unterlaufen der doppelt-blinden Begutachtungen und gegenseitige Gefälligkeitspublikationen arrivierter Institute »entre nous« korrumpiert werden konnte.

Im Nachgang zu den KAM-Projekten kam es zu weiteren, quasi »philosophischen« Gesprächen zum Wesen des »Wissens«, die ich ab dem Jahr 2018 mit Guerino Mazzola führen durfte. Er hatte im Jahr 2003 eine zweite Habilitation in Informatik bei Peter Stucki an der Universität Zürich verfasst und war mittlerweile aus der Schweiz in die USA ausgewandert. Er hatte – endlich – eine richtige Professur erhalten, an der University of Minnesota in Minneapolis. Guerino Mazzola war auf eine naheliegende, prinzipielle Frage gestoßen, nämlich, ob man »das Verstehen formal zu verstehen« in der Lage sein könnte. Gelänge dieses »formal«, als »formalen Prozess«, zu beschreiben, dann müsste man solche »Verstehens-Prozesse« konsequenterweise in einem Computer programmieren können. Das wäre das lohnende »Ziel aller Ziele« der sogenannten »Künstlichen Intelligenz« schlechthin. Eine »alles verstehende« KI-Maschine wäre konstruierbar. In Minneapolis fragte Guerino also nach dem Begriff des »Verstehens« – und was die Antwort der modernen Mathematik und Informatik darauf sein könne.

Es war in der KAM-Debatte absolut evident geworden, dass die Datenspeicherungen und Datenverarbeitungen von Maschinen, wie Computern, Robotern etc., mit dem biologischen und sozialen Phänomen des menschlichen Wissens keinesfalls gleichzusetzen sind. Menschliches Wissen beinhaltet Elemente gemeinsamer Intentionalität, die die »Wahrheit des Wissens« markiert. Umgekehrt speichert das menschliche Gehirn sehr wohl – quasi-maschinell – gewisse Dateninhalte, es erfolgt im menschlichen Gehirn auch eine gewisse algorithmische Datenverarbeitung. Der Mensch erkennt nun die partielle Ähnlichkeit seines Denkens mit dem Wirken der Datenverarbeitungsmaschinen – und es kommt zu der psychischen Projektion, dass diese Maschinen menschenähnlich, anthropomorph, etwas »wissen« könnten.

Guerino Mazzola hatte in seinen Überlegungen nicht verkannt, dass es der geradezu selbstverständliche Anspruch der KI ist, einige der physio-biologischen Phänomene des menschlichen Gehirns elektro-mechanisch nachzuahmen. Ein Begriff, der ab dem Jahr 2009 verstärkt durch die Welt geisterte, war der der »Singularität«. Damit meinten einige der KI-Protagonisten den Punkt, an dem die KI die »Rechenleistung« des menschlichen Hirns übertroffen hätte – und damit die KI dem Menschen an »Verstand« überlegen sei. Diese Art der Betrachtung ist aber wenig zielführend, weil das menschliche »Verstehen« von Sachverhalten mehr ist als nur das Anwenden einer – wenn auch enormen – Rechenleistung. Das Gehirn des Menschen ist mehr als eine Rechenmaschine – »homo non solum calculat«.

Jeder Mensch strebt wohl danach, die Dinge, »die Fälle« in der Diktion Ludwig Wittgensteins, seiner materiellen Umwelt zu verstehen, zumindest in dem gewissen Maß, das ihm erlaubt, sich in seiner Umwelt zurecht zu finden. Das Verstehen erfolgt in der Form des Findens, Formulierens und Begreifens von »Modellen«. Als zentral für die weiteren Überlegungen zum Wesen und »Verstehen des Verstehens« wurde daher der Begriff des »Modells« identifiziert.

Exkurs – Modelle und Verstehen

Wenn man das liest, so kann man einen Bezug zur Autobiographie »Der Teil und das Ganze« des Physikers Werner Heisenberg sehen. Er vertritt die Meinung, dass ein Phänomen der materiellen Realität erst dann quasi »richtig« verstanden ist, wenn es komplett »modelliert« werden konnte. Welche Rolle »Modelle« im Kunst-Handwerk des Verstehens und des Lernens, der μαθηματικη τεχνη – mathematike techne, spielen, kann man anhand mathematischer und physikalischer Aussagen deutlich machen.

In der Mathematik führt die unmittelbare Eingängigkeit der Axiome und des Kalküls zu der Illusion, dass mathematische Aussagen quasi »wahre Bilder«, Modelle, der materiellen Realität seien. Das mag eine bloße menschliche »Meinung« sein, man weiß nämlich nicht, wie es Albert Einstein formulierte, warum(!) die Mathematik auf die Gegenstände der Wirklichkeit so vortrefflich passt. Die materielle Realität hat ja keinerlei Kenntnis von einer sie beschreibenden Modellbildung, die Realität ist der Mathematik in keiner Weise verpflichtet. Guerino Mazzola führte als sein Paradebeispiel der Grenzen mathematischer Modelle gerne an, wie mühelos man definieren und – scheinbar – verstehen kann, was eine Primzahl ist. Aber kein Mensch konnte bislang die sowohl trivial formulierte als auch bekannte Goldbach-Vermutung »Jede gerade Zahl größer 4 ist die Summe von 2 Primzahlen« bislang beweisen. Mazzola meinte, dass allein dieses Beispiel schon zeige, dass es zwischen »Modellen« und dem echten »Verstehen« noch ganz erhebliche Differenzen gäbe. Von seiner eigenen Zunft der Mathematiker meinte er, dass sie dahingehend gar nicht so recht wissen, was sie tun. Mathematisch-physikalische Modelle sind abstrakt, sie sind daher einfacher als die materielle Wirklichkeit, die sie adressieren.

Wesentlich für mathematisch-physikalische Modelle ist, dass sie prognostisch sind. Sie erlauben damit das – wenigstens näherungsweise – Berechnen von möglichen oder tatsächlichen, künftigen Entwicklungen in der materiellen Realität. Diese prognostischen Berechnungen führen wegen der Abstraktheit der Modelle per definitionem lediglich zu Näherungsaussagen. Modelle sind als wissenschaftliche Aussagen im Sinne des Kritischen Rationalismus behaftet mit Defiziten, Kontradiktionen, Tautologien und Irrelevantem. Solche Defizite sollten sukzessive im Sinne der Weiterentwicklung der Modelle eliminiert werden können. Modelle sind von der Empirie falsifizierbar. Es ist gleichsam als das Qualitätsmerkmal eines Modells darin zu sehen, wo die Defizite, Kontradiktionen, Tautologien und Irrelevanzen platziert sind, und wo Änderungen vorgenommen werden müssen, um zu nützlicheren Modellen zu gelangen.

Das Modell »dient« dem Verständnis, es »ist« aber nicht das Verständnis. Ein Modell muss potenziell »verständlich« sein, ein prinzipiell unverständliches Modell ist nutzlos. Dieser Umstand wird offenbar, wenn wir fragen, was eine Person A erhält oder gewinnt, wenn ihr eine Person B die Bedeutung eines Modells (einer Aussage, eines Terms, einer Formel etc.) erklärt, und A das Ganze dann versteht. Die Person A verfügte »vor dem Verstehen« sehr wohl bereits über das Modell, etwa ein Blatt Papier mit einer Formel. »Nach dem Verstehen« verfügt die Person A nun außer über dem Modell selbst auch über dessen »Bedeutung«. Beim Erklären und Verstehen wurde von der Person B der Person A etwas quasi »übertragen«. Aber was ist dieses »es«, wenn man davon spricht, dass man »es« nun verstanden habe. An dieser Stelle kam eine Philosophie zum Zug, die nicht zuletzt vom Physiker Erwin Schrödinger in seinem autobiographischen Buch »Mein Leben, meine Weltansicht« vertreten worden ist.

Erwin Schrödinger argumentierte, dass die Person B erkennen (quasi »spüren«) kann, dass die Person A die Erklärung verstanden hat, also tatsächlich (nun) über die Bedeutung und das Verständnis des Modells verfügt. Es gibt sozusagen eine Rückkopplung, an der die Person B erkennt (eben »spürt«), dass das »Es« des Verstehens bei der Person A angekommen ist. Das ist das Wesen der gemeinsamen Intentionalität menschlicher Erkenntnis. Zu beobachten ist, dass das »Es« zum Teil mit der ganzen Physiologie des Menschen übertragen wird – manchmal wird »Es« mit den sprichwörtlichen »Händen und Füßen« erklärt. Und es gelingt erstaunlich oft sehr gut. Als im Jahr 2020 die alltägliche Benutzung von Videokonferenzsystemen die unmittelbaren physischen Begegnungen im Geschäftsleben und auch im Unterricht ersetzten, war zu spüren, dass »etwas« fehlte, das zur Basis des Verstehens und der Herstellung einer gemeinsamen Intentionalität offenbar wichtig ist.   ¶

Es muss Physiologie und Psychologie überlassen bleiben, heraus zu finden, ob dem Menschen ein Drang zum Verstehen, also ein Lehr- und Lernwille, möglicherweise angeboren ist. Denkbar wäre das – als der(!) Beitrag schlechthin zum Globalerfolg des homo sapiens als solchem. Offenbar und glücklicherweise hat sich der homo sapiens eine gewisse Robustheit gegenüber Defiziten der Modellbildung und damit dem Verständnis der materiellen Realität angeeignet. Fundamentale physikalische Fragen, wie etwa nach dem Wesen der Gravitation, des Lichts, auch kosmologische Fragen, etwa warum es nachts dunkel wird, und viele andere mehr, sind noch ohne sinnvolle, abschließende Antwort. Aber man müsse die Welt nicht verstehen, sondern sich nur darin zurechtfinden können, stellte Albert Einstein bereits sehr treffend fest.

Damit ist es ein Resultat dieser Überlegungen, dass das Verstehen eine psycho-soziale Aktion ist und eine Wechselwirkung von physischer Erfahrung und von formalen Systemen und Modellen ist. Guerino Mazzola griff die Erkenntnisse in seiner Publikationstätigkeit zum »Verstehen des Verstehens« weiter auf. Danach ist »Verstehen« die Gesamtheit aller möglichen Perspektiven auf ein zu erkennendes Objekt. Diese Erkenntnis steht damit im Kontext der Arbeiten zum Raffael-Projekt in der Mitte der 1980er-Jahre. Dazu zählen beim Menschen die visuellen, aber auch die haptischen und anderen unmittelbaren biologisch-physischen Erkenntniselemente. Damit wäre klar, dass das, was der Mensch holistisch unter »Verstehen« versteht, einem quasi

»körperlosen« Computer nicht zugänglich sein kann –völlig unabhängig von der Rechenleistung der Maschine. Das menschliche Verständnis der Welt hat seine Ursache nicht in einer reinen Rechenleistung des Gehirns, sondern auch in der biologischen Physis. Da den Maschinen das holistische Verstehen und damit die Bedeutung der Modelle fehlen, kann man sagen, dass die Computer nicht wissen, was sie tun.

Damit musste circa im Jahr 2019 der Begriff der »Singularität« neu verortet werden. In der Entwicklung der Informationsgesellschaft war der Fortschritt speziell in der KI zunehmend als ein Konkurrenzkampf zwischen Mensch und Maschine betrachtet worden. Das wurde etwa daran festgemacht, dass es in 1990er-Jahren Schachcomputern, wie »Deep Blue«, gelang, jeden menschlichen Gegner zu schlagen. Gleichen Erfolg hatte im Jahr 2016 die Software »AlphaGo«, die den Weltmeister im hochkomplexen, aber unkomplizierten Brettspiel Go besiegte. Das System hat, von Beispielen abstrahierend, gewisse Gesetzmäßigkeiten quasi »nachempfunden«, indem das Schema gewonnener Go-Partien erfolgreich simuliert wurde. Das System »AlphaGo« ist sicher nicht in der Lage, zu erkennen, was es »bedeutet«, ein Spiel zu gewinnen. Es hat kein Empfinden im Sinne der Freude des Sieges oder der Anerkennung, die aus dem Beifall des Publikums resultiert. Das kann schon ein Grund einer Abneigung gegen Computerspiele sein, wenn man als Mensch nur eine Maschine als Gegner hat.

Die Befürchtung, dass die maschinelle KI in absehbarer Zeit den Menschen überlegen sein wird, ist nichtsdestoweniger durchaus berechtigt. Allerdings sollte die Vorsicht in die richtigen Bahnen gelenkt werden. Das Problem ist nicht, dass die KI über eine besondere, »singuläre« Rechenleistung verfügt, die der Denkleistung des Menschen überlegen wäre. Selbst einfache Automaten, wie eine Fallgrube, können im Sinne des »Wer anderen eine Grube gräbt, fällt selbst hinein« einem Menschen in einer konkreten Unglückssituation sehr wohl überlegen sein und ihn beherrschen. So kann die KI in Form totalitärer Maschinen Wirtschaft und Gesellschaft normativ beherrschen – fast unabhängig von der Rechenleistung des Systems. Der Bevormundung des Menschen durch sinnlose oder unausgereifte Prozesse und Maschinen muss deshalb besondere Aufmerksamkeit zuteilwerden. Wir kommen auf Entwicklungen zur »Digitalen Ethik« im Laufe dieses Berichts noch zurück.

Bereits im Jahr 1966 stellte Joseph Weizenbaum ein Computerprogramm namens »ELIZA« vor. Es war ein interaktives Programm, es konnte per schriftlichem Wortwechsel verschiedene Gesprächspartner simulieren.

Berühmt wurde ELIZA für die – freilich ziemlich oberflächliche – Simulation einer Gesprächspsychotherapie. Sarkastische Zeitgenossen schlossen daraus, dass die Gesprächspsychotherapie per se eine triviale Angelegenheit sein müsse. Einige euphorisierte, aber ansonsten intellektuell tiefliegende Psychotherapeuten glaubten gar, mit ELIZA die Psychotherapie weitgehend automatisieren zu können. Joseph Weizenbaum war in der Tat darüber mehr als befremdet, in der Folge fand er zunehmend zu einer systemkritischen Position.

Exkurs – Der reflexive Turing-Test

Wenn man das liest, so stellt sich die Frage, ob Maschinen den Turing-Test jemals bestehen und von Menschen nicht mehr unterschieden werden können.

Schon im Jahr 1950 publizierte Alan Turing den nach ihm benannten Test, der der Feststellung dienen soll, ob ein Computer ein »echtes Denkvermögen« hat. Der Turing-Test geht so, dass eine menschliche Person mit einem ihr fremden Gesprächspartner eine Chat-Unterhaltung ohne Sichtkontakt führt. Wenn der Mensch nach angemessener Zeit per Chat nicht erkennen kann, ob er es mit einer Maschine oder einem richtigen Menschen zu tun hat, so hat diese den Turing-Test bestanden. Die Maschine zeigte dann offenbar ein dem Menschen ebenbürtiges Denkvermögen. In der Diskussion über die Grenzen der KI wird seit etlichen Jahren stets neu gefragt, ob eine Maschine diesen Turing-Test jemals bestehen könnte.

So konnte man im März des Jahres 2018 der Presse entnehmen, dass der Zukunftsforscher Ray Kurzweil prophezeie, dass die KI-Maschinen im Jahr 2029 so intelligent sein werden wie der Mensch – und niemand mehr erkennen werde, ob er mit Maschinen oder Menschen spricht. Meldungen dieser Art lesen wir seit vielen Jahrzehnten. Es wird etwa immer wieder intensiv versichert, in »wenigen Jahren« seien »perfekt« funktionierende, natürlich-sprachliche Computer, speziell Sprachübersetzungscomputer, verfügbar.

Ab dem Wintersemester der Jahre 2019/2020 veranstaltete die TH Aschaffenburg Ringvorlesungen. Die erste hatte das Motto »Digitaler Wandel«, gefolgt von einer zweiten: »Künstliche Intelligenz«. Ich durfte mehrmals vortragen, mein Thema war jeweils so etwas wie »Können Computer wirklich denken?« Ich konnte dem Auditorium unter anderem das Konzept eines »reflexiven Turing-Tests« vorstellen, der argumentiert, dass eine Maschine den Turing-Test niemals bestehen wird.

Der »reflexive Turing-Test« geht in etwa so. Wir nehmen an, eine Maschine, wir nennen sie »M1«, wird von einer Person »P« getestet. Nach einigem Hin und Her bekennt P, sie könne nicht erkennen, ob M1 eine Maschine oder ein Mensch sei. Wir dürfen weiter annehmen, dass P über eine hinreichende Qualifikation verfügt. P ist weder naiv, noch leicht zu täuschen. So hat sich P etwa versichert, ob M1 über einen gewissen Humor verfügt und Scherze als solche erkennt. Die M1 besteht also vollumfänglich den von P durchgeführten Turing-Test.

Da aber M1 nur eine Maschine ist, kann sie kopiert werden. Die Kopie nennen wir »M2«, und nun existieren zwei gleiche Maschinen, M1 und M2. Nun führen wir den Turing-Test mit M1 erneut durch, zum »reflexiven Turing-Test« modifiziert. Die Person P wird durch M2 ersetzt, zwei Maschinen testen sich gegenseitig. Es kann so ausgehen, dass M2 erkennt, dass M1 eine Maschine ist. Damit bestünde M1 den Turing-Test – entgegen der Annahme – doch nicht. Oder M2 kommt zu dem Ergebnis, dass M1 sich menschengleich verhält. Damit bestätigen sich zwei Maschinen gegenseitig, dass sie quasi »menschengleich« denken können. Das Testergebnis des »reflexiven Turing-Tests« ist entweder »nicht bestanden« – oder aber absurd.   ❡

Im Laufe des Sommers des Jahres 2020 erlangte ein KI-System »Generative Pre-trained Transformer 3« (GPT-3) eine gewisse Aufmerksamkeit. In den Medien wurde gegen Ende des Jahres 2020 berichtet, dass das GPT-3 ein statistisches Sprachmodell verwendet, das auf einer Wahrscheinlichkeitsverteilung über Wortfolgen basiert. Durch die Auswertung einer Unmenge von Beispielen kann das neuronale Netzwerk des GPT-3 abschätzen, wie ein begonnener Satz wahrscheinlich weitergeht oder welche Antwort wahrscheinlich auf eine gestellte Frage passt. Damit kann das Programm GPT-3 menschenähnliche Texte erstellen. Die von einigen Journalisten so empfundene »Qualität« des von GPT-3 erzeugten Textes ist so beschaffen, dass sie meinten, einen echten »break through« vor sich zu haben. Der Turing-Test sei von GPT-3 bestanden worden.

Man kann in der Debatte einen Bogen sehen, der sich von ELIZA bis zu GPT-3 spannt. Es ist dem Menschen seit jeher eigentümlich, dass er zu anthropomorphen Projektionen neigt. Menschen erkennen auch Nicht-Menschen als menschenähnlich. Vielen Dinge, wie etwa Autos, wird ein menschliches Antlitz zugebilligt. Seit Jahrtausenden erkennen Menschen auch Tiere als Teil-Menschen, wie den Haushund, der den Menschen versteht und von ihm lernt. In Science-Fiction-Filmen werden die außerirdischen Aliens seit jeher mit menschlichen Attributen konstruiert. So wird auch in die Computer und Roboter ein humanes Wesen hineinprojiziert und sie werden damit quasi »sozial und intellektuell überschätzt«.

Versierte Tester werden – auch weiterhin – keine große Mühe haben, die typischen Mechanismen von Programmen wie GPT-3 als »maschinell« zu erkennen. Die vorgelegten Arbeitsproben von GPT-3 – und seinen prospektiven künftigen Kollegen – sind durchaus den Weisheitssammlungen aus einem Abreißkalender vergleichbar. Wer das als »intellektuell großartig« klassifiziert, der dürfte auch die Wikipedia als einen Ersatz für die universitäre Lehre akzeptieren. Unsere Sorge gilt in zunehmendem Maße der Möglichkeit, dass die lieben Mitmenschen, die eher den »simple minds« zugerechnet werden müssen, von Maschinen wie GPT-3 in bedenklicher Form manipuliert werden könnten. Maschinen, wie GPT-3, haben ja keine Konditionsprobleme, sie könnten in faktisch unbegrenzten Verkaufsgesprächen oder in automatisierten Wahlkämpfen mit direkter Ansprache der Kunden und Kundinnen oder Wählerinnen und Wähler eine breite Wirkung entfalten. Es liegt auf der Hand, dass hier eine ethische Debatte und weitere Forschung zur Risikominderung unumgänglich sind.

Die philosophischen Erörterungen zum Wesen des »maschinellen Wissens« und »maschinellen Verstehens« führen direkt zu den Fragen einer sogenannten »Digitalen Ethik« der Informationsgesellschaft. Mir persönlich waren für diese spannende Debatte die Basisbegriffe der Philosophie aus dem Studium an der TH Darmstadt der ersten Hälfte der 1980er-Jahre sehr nützlich, was ich damals nicht ahnen konnte. Diesen Umstand erzähle ich den Studierenden gerne, wenn sie mich fragen, wofür denn ein aktueller Lehrinhalt eigentlich gebraucht werden könne. Man weiß es möglicherweise erst einmal wirklich nicht.

Die Opfer des Netzes
(2000 – 2020)

Wie eine dunkle Seite des Netzes zum Vorschein kommt und wie das Netz diverse soziale, wirtschaftliche, politische und kulturelle Schäden verursacht sowie neue Formen von Delikten und Verbrechen hervorbringt.

Der Nobelpreisträger Werner Heisenberg hat gegen Ende der 1960er-Jahre ein autobiographisches Buch, »Der Teil und das Ganze«, verfasst, in dem er den Werdegang seiner Disziplin Atomphysik in den Jahren ab circa dem Jahr 1920 sehr anschaulich darlegt. Von diesem Buch war ich bereits in meiner Schulzeit sehr beeindruckt. Es dürfte beim aufmerksamen Lesen gewiss auffallen, dass der hier vorliegende Bericht in seiner Struktur eine gewisse Ähnlichkeit mit »Der Teil und das Ganze« aufweist.

Heisenberg berichtet auch davon, dass man etwa gegen Ende der 1930er-Jahre wusste, dass es irgendwann möglich sein würde, einen »Atomreaktor« zu bauen. Das sollte eine Maschine sein, die aufgrund der von Otto Hahn und Lise Meitner entdeckten sogenannten »Atomspaltung« aus dem Metall Uran eine schier unerschöpfliche Energie gewinnt. Enrico Fermi war es dann Ende des Jahres 1942 gelungen, einen Prototyp eines solchen Reaktors zu realisieren. Der erste »Atomreaktor« der Geschichte war amerikanisch-hemdsärmelig mitten in Chicago in einem Stadion aufgebaut worden. Zum Glück ging bei diesem Experiment von Enrico Fermi und seinem Team soweit alles gut. Man sah aber auch die Gefahr einer »Atombombe« voraus, denn die neue Energie aus dem Atom könnte auch explosionsartig aktiviert werden. Das Resultat wäre eine verheerende Waffe. Heisenberg verortete die Möglichkeit, eine real-existierende Atombombe zu bauen, in die weite ferne Zukunft, denn die technischen Probleme und der Aufwand seien in absehbarer Zeit nicht zu bewältigen.

In den USA wuchs während des Zweiten Weltkriegs allerdings die große Furcht, dass man im nationalsozialistischen Deutschland eine Atombombe bauen könnte, welche eine absolute militärische Überlegenheit zur Folge gehabt hätte. Man setzte dieser Möglichkeit präventiv das Manhattan-Projekt entgegen, welches die Entwicklung einer US-amerikanischen Atombombe zum Ziel hatte. Julius Robert Oppenheimer war ab dem Jahr 1942 der wissenschaftliche Leiter dieses Manhattan-Projekts, welches im »Los Alamos National Laboratory« in der Wüste von New Mexico lokalisiert wurde. Über

3000 Personen waren dort beschäftigt. Am 16. Juli 1945 frühmorgens erfolgte mit dem »Trinity Test« die erste Atombombenexplosion der Welt. Sie war fulminant und der Sand in der Umgebung schmolz teilweise und erstarrte zu einem neuartigen künstlichen Glas, man nannte es Trinitit. Viele Jahre später wurde bekannt, dass Enrico Fermi, ebenfalls am Manhattan-Projekt beteiligt, noch kurz vor der Explosion wetten wollte, ob die völlig neue Atombombe in New Mexico nicht die gesamte Atmosphäre der Erde in Brand setzen werde. Er sah die Möglichkeit, dass der Stickstoff der Luft verbrennen könnte. Robert Oppenheimer befürchtete gar die explosionsartige Oxydation des Wasserstoffs der Ozeane.

Am Morgen des 6. August 1945 wurde auf Befehl des US-amerikanischen Präsidenten Harry S. Truman eine Atombombe über der japanischen Hafenstadt Hiroshima gezündet. Nur drei Tage wurde eine zweite Bombe über Nagasaki eingesetzt, mit jeweils verheerenden Folgen für die zivile Bevölkerung. Harry S. Truman bestritt nicht, das diese Atombomben desaströs waren. Er vertrat aber die Meinung, dass dadurch eine Invasion in Japan vermieden werden konnte. Das habe etlichen Tausenden Soldaten das Leben gerettet. Um den Trinity Test geheim zu halten, wurde in den Nachrichten gemeldet, dass ein Munitionslager explodiert sei. Die Wahrheit über den Trinity Test wurde erst einen Tag nach dem Bombeneinsatz in Hiroshima bekannt. Werner Heisenberg schildert, dass man sich im Kreis der deutschen Atomphysiker-Elite, sie waren nach dem Kriegsende in britischer Kriegsgefangenschaft, schwerste Vorwürfe machte. Man war der Meinung, dass die eigenen Arbeiten in der Atomphysik die Atombombe erst möglich gemacht hätten.

Die sogenannte »zivile Nutzung der Atomenergie« schürte in den Jahrzehnten nach dem Zweiten Weltkrieg die alleroptimistischsten Hoffnungen. Alle Energieprobleme der Welt schienen gelöst zu sein. Es gab Ende der 1950er-Jahre einen Disneyfilm »Our Friend the Atom« in dem der deutsche(!) »Fernsehprofessor« Heinz Haber auftrat. Die Vorteile der Kernenergie im Sinne ihrer friedlichen Nutzung erschienen immens. Selbstverständlich sollten im Jahr 2000 sowieso alle Schiffe, möglicherweise auch die Lokomotiven und Lastwagen, mit Atomenergie betrieben werden. In allen Gebäuden und Haushalten würden kleine Atomreaktoren die Quelle nicht versiegender Heizungswärme und elektrischer Energie sein. Alle diese Dinge standen bereits in einem reich bebilderten Kinderbuch, das ich damals im Grundschulalter in den 1970er-Jahren geschenkt bekommen hatte. Das Reaktorunglück von Tschernobyl im Frühjahr des Jahres 1986 – und endgültig das Unglück von

Fukushima im Jahr 2011 – relativierten diese Hoffnungen sehr deutlich. Die Atomenergie war aber auch ein politisches Problem. Befürworter und Gegner standen sich zum Teil unerbittlich gegenüber. Der Kampf, nicht zuletzt vor Ort an den Standorten der Atomindustrie gewaltsam geführt, spaltete – in einem »atomic energy divide« – vor allem in den 1980er- und 1990er-Jahren nicht nur die Atome, sondern auch die Gesellschaft.

Nach dem großen optimistischen Aufbruch der Informationsgesellschaft in der Mitte der 1990er-Jahre war es so circa ab dem Jahr 2000 nicht mehr zu vermeiden, sich auch die »Opfer des Internets« zu vergegenwärtigen. Im Netz gab es keine singulären Katastrophen, die Hiroshima oder Tschernobyl vergleichbar gewesen wären. Aber so wie »das Netz« in einer allmählichen Plötzlichkeit entstanden und im geschäftlichen und privaten Alltag angekommen war, so allmählich entstand auch seine nicht ganz so helle und glanzvolle Seite. Die helle Seite sah man aber als erstes, das Netz sollte quasi »allen Leuten« umfassende Freiheiten der Kommunikation und der Informationsverfügbarkeit verschaffen. Das Netz sollte auch der Demokratie und der Meinungsfreiheit ganz neue Dimensionen eröffnen. Über soziale Netzwerke und Plattformen sollte jeder Mensch sein eigener Zeitungs- und Fernsehredakteur sein können. Die Macht der Verlage und Medienkonzerne schien durch das Netz gebrochen werden zu können, die öffentliche und die herrschende Meinung sollten sich völlig neu und zum Besseren gestalten.

Allmählich kam dann auch die dunkle Seite des Netzes zum Vorschein. Es traten nicht geringe soziale, wirtschaftliche sowie politische und kulturelle Schäden auf. Außerdem hat das Netz neue Formen von Delikten und Verbrechen hervor gebracht.

Eine wichtige »dark side of the moon« des Internets war die digitale Teilhabe, beziehungsweise Digitale Spaltung, die »digital divide«. Sie war quasi »vom Start weg« in der Internet-Infrastruktur eingebaut. Natürlich kann eine entstehende neue Technologie nicht sofort für alle Personen verfügbar sein. Das Automobil, das Telefon oder das Fernsehen war nicht sofort flächendeckend vorhanden und für alle erschwinglich. Es gab einen gewissen Zeitraum der allmählichen Durchdringung. Aber das Internet erlangte innerhalb weniger Jahre eine absolute Wichtigkeit für das berufliche wie private Leben – und war dennoch nicht für alle Personen, Haushalte und Unternehmen verfügbar. Es war relativ rasch von der »digitalen sozialen Kluft« der »digital social divide« die Rede. Mit diesem Ausdruck wurden Unterschiede im Zugang zum Internet bezeichnet. Man sah diesen Aspekt aus einer volkswirtschaftlichen und soziologischen Perspektive, beziehungsweise auf der Ebene von verschiedenen Bevölkerungsgruppen aufgrund technischer, geographischer und sozioökonomischer Faktoren. Aber die Opfer zeigten sich auch auf einer mikro-sozialen Ebene.

Kaum zu überschätzen ist, wie die Verfügbarkeit des Internets die Chancengleichheit in der Schule beeinflussen sollte. So etwa um das Jahr 2005 dürften viele Schulkinder ihre Eltern damit quasi »gelöchert« haben, sie bräuchten einen »Computer mit Internet« für die Schule. Vielen Eltern war zunächst nicht klar, wofür das gut sein sollte, denn die Schulkinder hatten doch ihre Schulbücher. Es konnte damals unmöglich das Erfordernis geben, etwa die Hausaufgaben am Computer zu erledigen und dafür per Internet kommunizieren zu müssen. Bald trat aber der wahre Grund zutage. Die Schulkinder hatten gelernt, dass Lösungen für zu erledigende Hausaufgaben am besten per Google im Netz gesucht und gefunden – und dann kopiert und als eigene Arbeit ausgegeben werden könnten.

Diese an sich sehr verwerflichen, trivialen Plagiate wurden von den – sagen wir vorsichtig: »etwas weniger medienkompetenten« – Lehrkräften nicht als Plagiate erkannt. Die Plagiatoren erhielten durchweg sehr gute Noten, während die ehrlichen Schulkinder mit mühsam erstellten, eigenen Ausarbeitungen durchweg schlechter beurteilt wurden. Das wäre so, wie wenn beim Turnierschach ein Spieler einen Schachcomputer als Unterstützung mitbringt – und der Schiedsrichter nicht einschreitet, weil er solche Geräte nicht kennt. Die ehrlichen Schulkinder waren damit die Benachteiligen und erste soziale Opfer des Internets. Auch der Vergleich zu den Schlesischen Webern drängt sich auf, deren »ehrliches Handwerk« von der industriellen Textilfabrikation hinweggefegt wurde.

Im Sommer 2020 sollte sich dieser Effekt noch in einem anderen Aspekt zeigen. Die Schließung der Schulen wegen der Corona-Verordnungen ließ die Schüler quasi »digital unterteilt« zurück. Die Schüler mit Laptop auf dem Schreibtisch, Drucker und schnellem Internetzugang waren denjenigen gegenüber im Vorteil, die nichts hatten außer einem Smartphone mit einem limitierten Datenvolumen pro Monat. War das Volumen aufgebraucht, so war das Netz faktisch weg. Sie konnten dem Corona-bedingten Fernunterricht nicht mehr sinnvoll folgen. Wer der Schülerschaft den Zugang zu modernen Kommunikationstechniken verwehrt, der hindert deren soziale und wirtschaftliche Entwicklungschancen. Schulen und Lernende bräuchten offenbar einen Gratis-Zugang zum Netz, vergleichbar dem »eduroam« der

Hochschulen, auch wenn dadurch die Umsätze der Internet-Serviceanbieter sinken würden.

Der E-Commerce hatte umfassende Änderungen im Handel mit sich gebracht. In zahlreichen Vorträgen, die ich circa ab der Jahrtausendwende im Umfeld der Aschaffenburger Hochschule, aber auch überregional für den eco-Verband als Sprecher der Kompetenzgruppe E-Commerce halten durfte, habe ich die Paneldiskussion »Commercial Use of the WWW in Europe« im April 1995 an der 3. WWW-Konferenz in Darmstadt immer gern als den »Urknall des E-Commerce« in Deutschland« bezeichnet. So etwa ab dem Jahr 2015 hat das dann immer weniger Zuhörer interessiert. Ich hätte genauso gut von der Fußballweltmeisterschaft des Jahres 1974 erzählen können. Der Darmstädter Event war einfach zu lange her. In den seither vergangenen 20 Jahren war der E-Commerce überall angekommen, er hatte nichts Pioniermäßiges mehr an sich.

Schon wenige Jahre nach der Darmstädter WWW-Konferenz, etwa im Jahr 1999, waren die meisten Problemkreise im E-Commerce identifiziert und gelöst. Der E-Commerce war möglich und seriös und generell akzeptiert. Die medialen Probleme der Wiedergabe von Text, Graphiken, Bildern etc. für die Warenkataloge im E-Commerce waren im Griff, genauso die Bezahlverfahren. Man konnte die Waren per Kreditkarte, Abbuchung, Rechnung, Ratenkredit etc. zuverlässig bezahlen. Es entstand eine hohe Verfügbarkeit von Produkten. Angebot und Nachfrage trafen sich ideal. Die elektronischen Prozesse in der Lagerhaltung, der Warenwirtschaft und der Logistik waren etabliert. Das führte zu höherer Abwicklungsgeschwindigkeit wegen der besseren Daten- und Güterlogistik sowie zu geringeren Kosten und Preisen wegen der Skaleneffekte und Automatisierung. In der Konsequenz fielen die Marktpreise vieler Konsumgüter. Die diversen Verbraucherverbände und Interessenvertretungen jubelten – zunächst.

Der sogenannte »stationäre Handel«, das waren die klassischen Ladengeschäfte und Verbrauchermärkte, erfuhren durch den Internet-Handel und die Digitalen Märkte einen erheblichen Strukturwandel. Das war vor allem der neuen Markttransparenz geschuldet. Die Informationsverfügbarkeit im Netz vereinfachte Preisvergleiche in ganz erheblichem Maß. Der Wettbewerb wurde dadurch massiv verschärft, denn der geringste – gerade noch machbare – Preis einer Ware setzte sich sofort überregional durch. Winzige Preisunterschiede ε führten zu größten Unterschieden Δ in der Nachfrage eines Angebots, weshalb wir das Ganze auch den ε-Δ-Effekt nannten. Die Preise wurden überregional definiert. Aus einer Reihe von Angeboten am Markt setzte sich nur das allergünstigste durch. Die führte zu einer Bildung von Oligopolen, der Markt im E-Commerce wurde im ersten Jahrzehnt des neuen Jahrtausends auf der Seite der Anbieter von ganz wenigen Unternehmen dominiert. Dieser Effekt sollte sich in den Folgejahren noch sehr verstärken.

Zunächst sah der Internethandel das, was beim eco-Verband als die »Gewinner der ersten Generation« bezeichnet worden war. Einige Branchen waren besonders betroffen. Im Versandhandel, der früher mit gedruckten Katalogen arbeitete, hatte man nun Online-Angebote im Netz. Die Versicherungen sowie die Sparkassen und Banken des Finanzsektors, die in allen möglichen Orten Büros und Filialen hatten, konnten »online« das Geschäft effizienter gestalten. Es entstand begleitend ein neues Geschäft im Netz, das der Online-Werbung. Diese Gewinner der ersten Generation betrieben eigentlich ein ihren bisherigen Geschäftsmodellen weitgehend isomorphes Geschäft, ein »business as usual«, nun aber war es elektronisch. Das machte beispielsweise den neuen internetbasierten Versandhandel sehr lukrativ.

Vom neuen Online-Versandhandel profitierten ganz besonders die »CEPs«– das waren die Unternehmen, die »Courier, Express und Parcel« (CEP) anboten. Deren Geschäft nahm einen enormen Aufschwung durch das Wachstum des Internethandels, der auf die Zustellung der Pakete mit den verkauften Waren angewiesen war. Gleichzeitig wurde der Beruf der Paketzusteller zunehmend inhuman. Waren das noch einige Jahre zuvor weitgehend gelassene »Beamte der Bundespost«, die die Pakete brachten, so war nun ein neues Prekariat entstanden. Die mit ihren Transportern durch die Lande und Ortschaften hastenden Berufstätigen im »Delivery Service« sind nicht zu beneiden. Oftmals sind sie juristisch selbstständig, aber ökonomisch sind sie keinesfalls unabhängig.

Man sah in diesen Jahren aber auch die »Verlierer der ersten Generation«. Das waren die stationären Fachhandlungen mit ihren teuer gemieteten Ladengeschäften in den Innenstädten und in den kleineren und mittleren Ortschaften. Sie hatten keine Marktchance mehr, speziell wenn sie standardisierte (aus einem Katalog eindeutig beschreibbare) und versendbare Produkte anboten. Die Folge war die von der Kommunalpolitik so sehr beklagte »Verödung« der Innenstädte. Zu den großen Verlierern gehörten auch die Produzenten und Händler von gedruckten journalistischen und auch enzyklopädischen Informationen, von Übersichten, Verzeichnissen und dergleichen mehr. Sowohl die Anbieter als auch deren Produkte verschwanden vom Markt, wie etwa die Brockhaus-Enzyklopädie, die vormals ein »must have« in jedem Bildungsbürgerhaushalt war. Eine politische Intervention erfolgte fast nie. Im Gegenteil, einen Kulminationspunkt bildete der Satz »Wir brauchen die nicht mehr«, mit dem der Politiker Friedrich Merz glaubte sagen zu müssen, wie irrelevant ein redaktionell betreuter Qualitätsjournalismus aus seiner Sicht geworden ist. Dieser Satz fiel im Januar 2020 beim »Rittertalk« des Aachener Karnevalsvereins. – Nehmen wir diese speziellen Umstände als Anlass, Nachsicht mit der hier gezeigten kulturpolitischen Kurzsicht zu üben.

So etwa in den Jahren 2012 bis 2017 sollte sich dann der sogenannte »New Commerce« herausbilden. Der Internet-Handel und die Digitale Märkte entwickelten sich weiter, man sah die »Gewinner der zweiten Generation«. Das waren die Unternehmen, die es geschafft hatten, den verschärften oligopolistischen Wettbewerb entscheidend zu nutzen, indem sie für sich eine fast monopolistische Position ergattert hatten. Eine Werbung wurde im Netz nicht mehr sinnvoll möglich, wenn man nicht bei »Google« Anzeigen schaltete. Man konnte es als Händler faktisch nicht mehr umgehen, per »affiliate shop« sein Angebot bei »amazon« zu listen. Diese neuen De-facto-Monopole traten simultan auch als neue Vergleichsportale und Meta-Vergleichsportale auf. Die »Verlierer der zweiten Generation« waren die Gewinner des E-Commerce der »ersten Generation« der vorangegangenen Jahre, mit ihrem »normalen Internethandel«. Viele verschwanden, von der großen Wirtschaftspolitik nicht weiter bedauert, wieder vom Markt.

Nach 40 Jahren Entwicklung der Informationsgesellschaft scheint sich das Verhältnis von – in der Diktion Erich Fromms – »Sein und Haben« neu zu positionieren. Es gab schon früher Formen der »sharing economy«, das war die Grundidee etwa der Maschinengemeinschaften in der Landwirtschaft. Es konnte einfach insgesamt günstiger sein, eine teure, aber selten gebrauchte Maschine in einer Gemeinschaft zu beschaffen und dann eine anteilige Nutzung zu organisieren. Das Problem war jeweils das »order matching«, das harmonische, koordinierte Zusammenarbeiten der Nachfrager. Dieses Problem wird durch die im Netz mögliche Informationstransparenz entscheidend verbessert. Die Situation, dass ein Automobil beschafft, versteuert, versichert und ständig betriebsbereit gehalten wird, erscheint absurd angesichts seiner geringen tatsächlichen Fahrleistung. In der Folge nahmen etwa Modelle des »car sharing« einen Aufschwung. Die Entwicklung des »Nutzen statt Besitzen« dürfte weiter an Bedeutung gewinnen.

Das Netz forderte eine weitere Klasse von Opfern. Das waren die legalen Handelsunternehmen, deren Geschäft von einer neuen Art des internetbasierten Schwarzmarkts geschädigt wurde. In den Jahren von 2013 bis 2016 war ich im Auftrag des eco-Verbandes bei einer Projektgruppe »Online Handel« der Bundesnetzagentur (BNetzA) tätig. Es ging dort um eine spezielle Problematik, die aufgrund der sich verändernden Vertriebswege im Online-Handel relevant wurde. Im Netz können Waren von Endkunden »direkt« bei Anbietern bestellt werden, die nicht in der EU ansässig sein müssen. Ein klassischer Importeur ist nicht zwischengeschaltet. Der Nicht-EU-Händler liefert direkt an den EU-Kunden über ein »fulfillment center« (FFC), das sich allerdings innerhalb der EU befindet.

Ein FFC ist nie Partner im Kaufvertrag und wird – ungleich einem klassischen Importeur – selbst nie Eigentümer der verkauften und gelieferten Produkte. Das Ausliefern erfolgt im Auftrag oder im Namen des Nicht-EU-Anbieters. Daher ist einerseits eine Einstufung des FFC als einen der »Wirtschaftsakteure« juristisch nicht ohne weiteres möglich. Andererseits handelt das FFC nach außen im Namen und im Auftrag des Anbieters, der selbst Hersteller, Händler oder Importeur ist. Damit können zum Beispiel Plagiat-Produkte oder nicht CE-konforme Produkte direkt in Übersee bestellt werden. Diese werden an ein FFC in der EU geliefert und direkt an die private Kundschaft weiter gereicht.

Mehrere Gutachten hatten sich mit der Frage auseinandergesetzt, wie die FFC rechtlich zu bewerten sind. Faktisch erschien uns das Netz als eine Grauzone für illegale Produkte. Die nationale Marktüberwachung der Bundesnetzagentur, die den stationären hiesigen Einzelhandel wunderbar im Griff hat und zu überwachen und kontrollieren in der Lage ist, scheint angesichts der FFC faktisch machtlos. Von den Ergebnissen der Projektgruppe »Online Handel« konnte ich zweimal im Rahmen der Jahrestagung der Marktüberwachung der Bundesnetzagentur in Berlin berichten. Es gelang uns damals aber nicht, die politische Meinung auf dieses drängende Problem in dem Maße aufmerksam zu machen, wie dies notwendig und wünschenswert gewesen wäre. Die »Opfer des Netzes« waren diesmal sowohl der legal agierende Einzelhandel, als auch die privaten Konsumenten, denen mit diesen FFC-basierten Handelsstrukturen Plagiate oder auch technisch unsichere Produkte verkauft werden konnten.

Die internetbasierte, mögliche höhere Effizienz der Geschäftsprozesse verbilligte »en passant« auch die »Arbeitsprozesse«, die nötig sind, um eine klassische Straftat zu begehen. Für elektronische Vergehen wurde der Begriff »Cyberkriminalität« populär. Dem »Digitalbarometer«, das im Jahr 2018 vom Bundesamt für Sicherheit in der Informationstechnik (BSI) erstellt wurde, war zu entnehmen, dass circa jeder vierte Internetnutzer in Deutschland schon Opfer von Cyberkriminalität geworden sei. Sehr oft kommt der Betrug beim Onlineshopping vor und das Ausspähen von vertraulichen Daten sowie Schadsoftware-Angriffe durch Viren oder Trojaner. Weniger häufig, aber nennenswert sind Identitätsdiebstahl, Cybermobbing oder auch internetbasierte Erpressungen. Dass Menschen immer häufiger Opfer von Internet-Kriminalität werden, hat einerseits wohl damit zu tun, dass immer mehr Dinge online erledigt werden. Andererseits dürfte eine gewisse Sorglosigkeit eine wichtige Ursache darstellen. Zu viele Internet-Nutzer setzen die – in den meisten Fällen durchaus sinnvollen – technischen Empfehlungen zur Erhöhung der Sicherheit einfach nicht um. Die konsequente Strafverfolgung angesichts der Vielzahl der Fälle scheint ein ganz eigenes Problem darzustellen.

Eine große Zahl von Internet-Opfern sind die Betroffenen des so etwa ab dem Jahr 2010 verstärkt auftretenden sogenannten »Online-Enthemmungseffekts – online disinhibition effect«. Das ist die jedem Anstand und Benehmen ferne und dahingehend ungehemmte, schriftliche Kommunikation im Internet. Man weiß nicht genau, welche Rolle die Anonymität im Internet spielt und welches Verhalten sie hervorruft. Die Verwendung einer falschen Identität, eines Pseudonyms, kann eine gewisse »Befreiung« von den bewährten Anstand- und Moralvorstellungen der normalen Identität mit sich bringen. Da die Kommunikation per E-Mail oder in den sozialen Netzwerken asynchron ist, erfolgt eine Antwort nicht umgehend. Das Fehlen einer Reaktion des Gegenübers in Echtzeit verringert wohl die Empathie in entscheidender Weise. Dies führt nicht selten zu feindseligen Ausdrücken und sogar Bedrohungen und Diffamierungen. Der Hemmungsverlust im Internet verursacht antisoziales Verhalten auf Online-Plattformen, wie den sozialen Netzwerken, und explizit eingerichteten Hassseiten. Die in den diversen Zivilisationen gefundenen Formen des Anstands und des Benehmens sind in vielen Fällen Mechanismen, die die Würde des jeweiligen Gegenübers wahren sollen. Das durch den Online-Enthemmungseffekt hervor gerufene Verhalten erscheint eine systematische Verletzung der Menschenwürde zu sein.

Bereits Mitte der 1990er-Jahre entstand eine Diskussion um die sogenannte »Netiquette«. Der Begriff ist ein Kunstwort, gebildet aus französisch »étiquette« und englisch »net«. Die étiquette steht durchaus für einen ganzen Komplex ethisch korrekten Handelns, der im Deutschen mit dem Begriffsbündel »Anstand, Benehmen, Freundlichkeit, Höflichkeit, Manieren« adressiert werden kann. Damit meint die étiquette eigentlich das Handeln des ganzen Menschen, einschließlich seiner Gesten, Mimik, Pragmatik. Die Netiquette hingegen adressiert vor allem das Verhalten im Rahmen elektronischer schriftlicher Kommunikation in E-Mails, Chats, Foren, Messenger Services, Sozialen Netzwerken und dergleichen. Die einzelnen Aspekte der Netiquette sind nicht einheitlich geregelt. Was als guter Umgang im Internet gilt, hängt vom sozialen Kontext des Kommunikationssystems ab. Manchmal sanktionieren die Betreiber von Kommunikationssystemen auch die ihnen auffallenden Verstöße gegen die von ihnen vorgegebene Netiquette. Es gab frühe Versuche, die Netiquette zu vereinheitlichen, so in den »Netiquette Guidelines« vom Oktober 1995.

Harald Summa, Köln
Exkurs – Über Verantwortung im Internet

Wenn man das liest, so sollten wir nie vergessen, dass es die Technik ist, die dem Menschen dienen soll – und nicht umgekehrt. Aus diesem Grund gehen sowohl der eco als Verband ebenso wie ich als Person verstärkt auf ethische Fragestellungen ein, vor allem, weil wir gespannt darauf sind, neue Sichtweisen, Ziele und Bedenken kennenzulernen. Komplexität und Vielfalt machen das Internet und somit unseren Verband stark und interessant.

Ich bin der Meinung, die wichtigste Ressource ist der Mensch. Ich sehe es als mein Privileg an, gemeinsam mit den Menschen, die ich erreichen kann, eine kritische, zuversichtliche und souveräne Herangehensweise an die künftigen Möglichkeiten zu entwickeln, damit unsere digitale Zukunft eine gute Zukunft wird. Als Techniker interessiert uns oft die Frage, warum etwas funktioniert. Eine berechtigte Frage, die wir uns auch weiter stellen werden. Aber damit sollten wir es nicht gut sein lassen. Wir sollten uns auch immer die Frage nach dem Wozu? stellen – und versuchen, möglichst kluge Antworten darauf zu finden.

Der eco war ursprünglich als Marketing-Netzwerk gegründet worden. Die damals noch eher kleine Branche der Provider in Deutschland war schnell mit gesetzlichen Fragestellungen und Restriktionen konfrontiert, die dazu führten, dass sich der eco zum Interessenverband weiterentwickelte. Einer der ersten Meilensteine der Verbandsarbeit war das erste Digitalgesetz (IuKDG), das 1998 verabschiedet wurde. Es legte unter anderem den Verantwortungsbereich der Dienstleister in der Telekommunikation fest. Das Gesetz bewirkte, dass auch heute noch nicht die Provider als Transportdienstleister für illegale und rechtswidrige Inhalte verantwortlich sind, sondern diejenigen, die die Inhalte ins Netz stellen. Das ist wesentlich auf das Engagement des eco zurückzuführen, da wir von Anbeginn gegen Sperrverfügungen seitens Bundesregierung und Strafverfolgungsbehörden eingetreten sind und faktisch wie argumentativ erreichen konnten, dass sich das Prinzip »Löschen statt Sperren« zur Bekämpfung illegaler Internetinhalte durchsetzt.

In den 25 Jahren von 1995 bis 2020 hat eco einen maßgeblichen Beitrag zur Entwicklung des Internets in Deutschland geleistet, den Aufbau digitaler Infrastrukturen gefördert sowie die Ausgestaltung gesetzlicher Rahmenbedingungen vorangetrieben. Ich bin sehr stolz darauf, dass es uns über mehrere Legislaturperioden gelungen ist, die Politik an das Thema heranzuführen und auch digitales Know-how an die Politik weiterzugeben. Aus dieser großen Bedeutung von Internettechnologien und Onlinediensten hat eco immer schon auch eine spezielle Verantwortung der Internetwirtschaft abgeleitet. Wir stehen für ein Internet, das dem Menschen dienen soll, nicht umgekehrt. Das heißt, wir wollen ein freies, technikneutrales und offenes Netz, das sich an gewissen ethischen, bürgerrechtlichen und demokratischen Grundwerten orientiert, wie beispielsweise Meinungsfreiheit und dem Schutz persönlicher Daten.

Diese Überzeugung ist nicht nur ein Lippenbekenntnis, sondern wir stehen dafür auch seit vielen Jahren ein. Vielleicht das beste Beispiel ist die eco Beschwerdestelle, die sehr erfolgreich gemeinsam mit Internet Service Providern und Strafverfolgungsbehörden daran arbeitet, dass illegale Inhalte aus dem Netz verschwinden und gleichzeitig den Kinder- und Jugendschutz im Internet fördert. ❡

Von besonderem Interesse in der Digitalen Ethik erscheinen anonyme Handlungen, sie sind ethisch »per se« problematisch. Die oftmals in sozialen Netzwerken vorgenommene Anonymisierung der Autoren entlässt diese aus jeder Verantwortung für ihre Handlungen. In der Konsequenz nehmen im Zuge der entstehenden Online-Enthemmung unanständige Äußerungen, Beleidigungen, Unwahrheiten, »Fake News«, »Hate Speech« und dergleichen überhand. Die zentralen, ethischen Forderungen der Netiquette aus den 1990er-Jahren, wie: »Vergessen Sie niemals, dass auf der anderen Seite ein Mensch sitzt!« oder auch: »Ihre Artikel sprechen für Sie – seien Sie stolz auf sie!«, laufen bei anonymen Kommunikationspartnern ins Leere. Es ist nicht zu verkennen, dass pseudonyme Publikationen und anonyme Informationen eine gewisse Tradition haben. In diesen Fällen übernehmen aber Verlage und Zeitungsredaktionen die entsprechende Verantwortung.

Es ist durchaus im Geschäftsinteresse der Dienstanbieter der Plattformen und Kommunikationssysteme, dass diese problematischen, anonymen Beiträge erstellt werden. Denn diese Beiträge werden gelesen, inklusive der sie oft begleitenden Werbung. Der Online-Enthemmungseffekt ist eine Quelle monetären Gewinns für einige Plattformen. Deren Interesse, ihre Nutzer und Nutzerinnen zur Ordnung zu rufen, ist daher eher verhalten.

Exkurs – Die Kehrseite der Entdeckung der Neuen Welt

Wenn man hier von den dunklen Seiten der Entdeckung und Besiedlung der Digitalen Welt liest, dann kann man – in einem gewissen Maße – Parallelen zur Eroberung der Neuen Welt vor etwa 500 Jahren sehen. Die »Conquista« hatte freilich Schattenseiten in noch ganz anderer Dimension.

In einem Beitrag von Rainer Traub berichtet der Spiegel – Spiegel Geschichte – im September 2009 über das Jahr 1520. Unter dem jungen spanischen König Carlos, der seit einem Jahr in Personalunion als Kaiser Karl V. das Heilige Römische Reich Deutscher Nation beherrscht, ist die Eroberung Spanisch-Amerikas in vollem Gang. Da findet am Hof in Madrid eine nicht alltägliche Zusammenkunft statt. Neben dem Monarchen sind die verantwortlichen Spitzenbeamten für die amerikanischen Provinzen anwesend, darunter der Generalnotar Conchillos, der die Interessen des Sklavenhandels vertritt. Man hört den Bericht des Dominikanermönchs Bartolomé de las Casas, der als Priester ein langjähriger Augenzeuge der Conquista war.

Sein Bericht schildert den Eroberungsalltag mit den negativen Begleiterscheinungen, auch unvorstellbare Grausamkeiten. Der Bericht ruft Entsetzen und heftigen Disput hervor – und zeigt kurzzeitig Wirkung. Der Generalnotar Conchillos offeriert seinen Rücktritt. Der Monarch nimmt ihn an, erklärt das bisherige Vorgehen der Eroberer für ungesetzlich und fordert von seinem »Indischen Rat« die Ausarbeitung eines Planes, nach dem die amerikanischen Besitzungen ohne Waffengewalt regiert werden sollen. Aber Amerika ist weit, die Lobby der transatlantischen Ausbeuter übermächtig. An der Praxis der Conquista ändert sich praktisch nichts.

Las Casas lässt sich nicht entmutigen. Nach einigen Jahren wird tatsächlich der Erlass von Reformgesetzen erreicht, die 1542 als »Nuevas Leyes de las

Indias« verkündet werden. Es soll mit den Bewohnern der Westindischen Länder in allen Dingen so verfahren werden wie mit den freien Untertanen der Krone von Kastilien. Denn zwischen diesen und jenen sei kein Unterschied. Die Gesetze stoßen auf den erbitterten Widerstand der spanischen Kolonien und werden nie angewandt. Unter dem Druck der Lobbyisten muss Karl V. seine Reform im November 1545 widerrufen. Las Casas gibt nicht auf. Bevor er, zum Bischof geweiht, nach Lateinamerika zurückkehrt, verfasst er den »Kurzgefassten Bericht über die Verwüstung der Westindischen Länder«, das erschütternde Protokoll eines Völkermords.

Las Casas schreibt, dass die sogenannten Christen, welche hier landeten, ganz untrügliche Mittel wählten, diese bejammernswürdigen Nationen auszurotten. Sie brachten alle ums Leben. So verfuhren sie mit allen Großen des Landes und allen freigeborenen Untertanen. Die Insel Hispaniola (Haiti) war es, wo die Christen zuerst landeten. Sie war die erste, welche verheert und entvölkert wurde. Der einzige und wahre Grund, warum die Christen eine so ungeheure Menge schuldloser Menschen ermordeten und zugrunde richteten, war bloß diese, dass sie ihr Gold in ihre Gewalt bekommen wollten. ❡

Das zum Presserecht äquivalente Mittel einer wirkungsvollen »Gegendarstellung im Netz« ist noch nicht gefunden worden. Die Möglichkeit, Nachrichten, Messages, Posts etc. massenweise quasi »frei« und anonym zu positionieren, hat zu neuen Problemen geführt. Mit dem Ersetzen der Handelnden durch anonyme Personen fällt auch ein zentraler Aspekt der Verantwortung weg. Eine der Folgen ist die digitale Barbarei des »Hate Speech«. Anonymität kennt keine Netiquette. Den Opfern des Cybermobbing hilft auch kein Ortswechsel. Der üblen Nachrede konnte man früher mithilfe eines Umzugs ausweichen. In der Informationsgesellschaft ist das anders, denn wo immer man sich hinbegibt, die üblen Daten sind schon längst da.

Exkurs – Cybermobbing

Wenn man das so liest, so sollte man sich das Ausmaß des Phänomens Cybermobbing gerade unter jungen Leuten vergegenwärtigen. Anfang Dezember des Jahres 2020 berichtet »Die Zeit«, dass 17,3 Prozent – oder circa zwei Millionen – aller Kinder und Jugendlichen schon einmal mit Cybermobbing konfrontiert waren. Die Opfer werden insgesamt jünger, das korreliert mit der zunehmenden Verfügbarkeit von Smartphones in immer früheren Kindesalter.

Laut Einschätzung der Eltern ist etwa jedes zehnte Grundschulkind betroffen. Das Cybermobbing hat am häufigsten die Form von Beleidigungen und Beschimpfungen (72 Prozent). Oft werden auch Lügen und Gerüchte verbreitet (58 Prozent), unangenehme Fotos geteilt und »Fake Profiles« erstellt (30 Prozent). Von Ausgrenzungen, wie der Ablehnung von Freundschaftsanfragen, berichten 41 Prozent der Jugendlichen.

Mobbing im realen Leben und im Internet gehen oft ineinander über. Was auf dem Schulhof geschieht, wird online fortgesetzt und umgekehrt. Im Netz bleiben die Verantwortlichen jedoch teilweise anonym, was die Hemmschwelle herabsetzt. Hinzu kommen internetspezifische Formen der Ausgrenzung, wie die gezielte und systematische Verweigerung von »Likes«. Jugendliche suchen im Internet besonders nach Anerkennung. Wenn ihnen die verweigert wird, kann das katastrophal für die Gemütslage sein – im Sinne einer psychischen Körperverletzung. Die Folgen von Mobbing können verheerend sein. Die meisten Schüler und Schülerinnen fühlen sich vor allem verletzt, viele sind auch wütend. Aber jeder oder jede Vierte denkt an Suizid. Und jeder oder jede Fünfte hat schon aus Verzweiflung Alkohol getrunken oder Tabletten eingenommen. Lehrende berichten auch von Leistungsabfall. ¶

Um das Jahr 2010 traten vermehrt die Opfer der Computerspielabhängigkeit oder Computerspielsucht auf. Diese Art der Abhängigkeit ist an keine Drogensubstanz gebunden und besteht aus der zwanghaften Nutzung von Computer- und Videospielen. Computerspielabhängigkeit kann als Krankheit angesehen werden, weil sie den Freiheitsgrad des Willens der Betroffenen einengt und daraus ein Freiheitsverlust resultiert. Es gab circa 20 Jahre vorher schon erste Effekte. Wir hatten damals bei der Fraunhofer-Arbeitsgruppe in Darmstadt einen lieben Kollegen, der Stunden und abermals Stunden mit dem relativ trivialen Computerspiel »Tetris« verbringen konnte. Das war schon ein bemerkenswerter Verlust an produktiver Arbeitszeit. Mittlerweile schätzt man, dass die Anzahl der Opfer der Computerspielsucht in Deutschland in die Millionen geht. Überproportional betroffen scheinen eher jugendliche Personen zu sein. Es werden pro Tag etliche Stunden mit Computer-basierten Spielen, insbesondere Mehr-Personen-Rollen-Spielen, verbracht. Dabei tritt ein suchtartiges Verhalten mit Kontrollverlust und auch Entzugserscheinungen auf. Der damit verbundene Verlust an sinnhafter Produktivität und auch an Lebenschancen ist wohl horrend. Die Dunkelziffer dürfte nicht unerheblich sein.

Vergleichbar der Nutzung der Atomenergie und deren Opfern war es auch im Internet einfach nicht klar, was man tat. Die politische Willensbildung wurde in Bezug auf die eigentlich notwendige, kompetente Abschätzung der Folgen der neuen technischen Möglichkeiten des Netzes völlig überrollt. Wir bemühen das Beispiel, das schon Friedrich Dürrenmatt in seiner Komödie »Die Physiker« verwendet hatte. Wer weiß denn schon, was er tut, wenn er einen »einfachen« Lichtschalter für ein Neonlicht betätigt? Wer kennt ad hoc die Mechanismen einer Leuchtstoffröhre, den Starter, die Drossel, die Gasentladung, die Lumineszenz. die damit in Gang gesetzt werden? Insoweit ist schon der Vorwurf, die Atomphysik habe nicht gewusst, was sie tat, einigermaßen relativiert. Auch die Protagonisten der Informationsgesellschaft konnten oft nicht »einfach so« wissen, »was sie da taten«.

Angela Merkel handelte sicher nicht in böser Absicht, als sie am Mittwoch dem 19. Juni 2013 beim Besuch des US-Präsidenten Barack Obama in Berlin auf einer Pressekonferenz den berüchtigten Satz sagte: »Das Internet ist für uns alle Neuland«. Die Reaktion der »Internet Community« ließ nicht lange auch sich warten, im Sinne von »das hat sie jetzt nicht wirklich gesagt?« und ähnlichen Tweets. Die Gehässigkeit nahm sofort ihren Lauf. Am 19. Juni 2013 habe die Bundeskanzlerin das »Neuland« entdeckt. Diese Häme ist eher billig als begründet.

Das Internet liegt in der Luft – Case-based Evidence
(2012 – 2016)

In der Informationsgesellschaft wird die Ubiquität des Internets alltägliche Wirklichkeit. Eine wichtige Rolle spielt dabei die allgemeine, soziale und ökonomische Akzeptanz der internetbasierten Technik und Prozesse.

Das erste Jahrzehnt des neuen Jahrtausends war vorbei und ab circa dem Jahr 2012 lag das Internet wortwörtlich »in der Luft«. Die Verfügbarkeit eines »drahtlosen«, lokalen Netzwerks »Wireless Local Area Network« (WLAN) an allen möglichen Orten, Büros, öffentlichen Gebäuden, Gaststätten, aber auch in den privaten Wohnungen war eine Selbstverständlichkeit geworden. Viele Endgeräte, wie Laptops, Smartphones, Tablets etc., hatten daher keine Kabelanschlüsse mehr. Mit der Frage »was ist denn euer Netz?« begannen seit dieser Zeit oft Besprechungstermine und Besuche. Man erwartete es als eine »courtesy«, dass ein beruflicher oder privater Gastgeber eine WLAN-Einwahl zur Verfügung stellte. Gaststätten ohne WLAN hatten mit Besucherrückgang zu rechnen. Auch in den ICE-Zügen der Bahn wurde das WLAN ein Muss. An den Hochschulen wurde das »eduroam« populär. Man hatte damit auf jedem Campus weltweit einen Internetzugang ohne große Fragerei nach der Netz-Einwahl. Außerhalb der WLANs wurde der Mobilfunk der dritten Generation, das »Universal Mobile Telecommunications System« (UMTS) durch das LTE, beziehungsweise das »Long-Term-Evolution-Advanced« (LTE+) als den Mobilfunk der vierten Generation abgelöst. Im Fokus waren beim Mobilfunk längst nicht mehr die Sprachdienste, das Ziel waren höhere Datenübertragungsraten für multimediale Anwendungen. Nichtsdestoweniger nannten viele Leute ihr Smartphone immer noch ein »Telefon« – oder ein »Handy«.

Etwa ab dem Jahr 2012 sollten am damals neu eingerichteten »Information Management Institut« (IMI) an der Hochschule in Aschaffenburg drei fachliche Linien aufeinander treffen. Zum einen waren die alten Arbeiten zur Bedarfsschätzung von Telediensten in der öffentlichen Verwaltung, die Projekte BTOEV mit Helmut Krcmar und die Virtuelle Kommune bei Fraunhofer-FOKUS und der Deutschen Telekom nicht vergessen. Immer aufs Neue fragten Vertreter aus der Praxis, ob und wie man die Nachfrage – und mithin die Akzeptanz – nach einem bestimmten IT-Produkt bestimmen und verbessern könne. Das Problem ist, dass man bei den allermeisten innovativen

Produkten keine der üblichen Methoden der Marktforschung anwenden kann. Man kann die prospektiven User und Userinnen im Bereich der IT nicht einfach »repräsentativ befragen«, wie man dies beispielsweise im Bereich der Konsumgüter oder der Wahlforschung tun kann. Jede Befragung setzt ja voraus, dass die befragte Person über eine gewisse Grundkenntnis bezüglich des befragten Gegenstandes verfügt. Genau das kann man aber bei den meisten Fragen zu einer innovativen IT keinesfalls voraussetzen. Die Befragten wissen einfach nicht, um was es geht. Die Antworten wären unsinnig oder nicht verwertbar. Das ist etwa bei der Wahlforschung völlig anders: Man kann repräsentativ arbeiten, denn auch ein des Lesens und Schreibens Unkundiger darf selbstverständlich an einer Parlamentswahl teilnehmen. Für das Metier der Informationstechnik musste aber eine andere Lösung gefunden werden.

Zweitens startete bereits im Jahr 2009 am IMI mit Förderung des Bayerischen Wissenschaftsministeriums eine Serie von Projekten aus dem »European Social Fonds« (ESF). Diese Projekte, die den Namen »mainproject«, als Wortspiel von »Haupt-Projekt« und »Projekt am Main«, erhielten, adressierten den Wissenstransfer im sogenannten »Netzwerk Hochschule-Wirtschaft«. In diesen ESF-Projekten war die Akzeptanz von IT-Produkten und IT-Dienstleistungen eine wichtige Fragestellung. Die Praxispartner wollten von uns wissen, wie man die Akzeptanz schätzen und gegebenenfalls verbessern könnte. Am IMI wurde als erste WissMA die Diplom-Betriebswirtin Meike Schumacher tätig, die sich sehr erfolgreich im Metier der – später so genannten – »Case-based Evidence« profilieren sollte.

Drittens bin ich nach einigen Jahren Funkstille wieder mit Harald Summa beim eco-Verband in Kontakt gekommen und wurde dort auch operativ tätig. Meine Aufgabe und der »job title« beim eco war »Kompetenzgruppenleiter E-Commerce«. Zu dieser Zeit nahm der eco-Verband einen massiven wirtschaftlichen Aufschwung, nicht zuletzt, weil es dem eco seit dem Jahr 2006 gelungen war, als »cash cow« ein Peer-to-Peer-Rechenzentrum, einen sogenannten »Internet-Knoten« zu etablieren. Die eco-Leute nannten es »Deutscher Commercial Internet Exchange« (DE-CIX). Dieser hatte seinen Standort in Frankfurt am Main. Nach einigen Jahren sollte der DE-CIX einen großen Anteil am deutschen »peering traffic« des Internets abwickeln. Nach seinem Verkehrsaufkommen sollte der DE-CIX der größte Internetknoten der Welt werden. Harald Summa meinte etwa im Jahr 2012: »Dem DE-CIX geht es ganz gut.« Der eco-Verband war damit in das »Big Business« der Internetwirtschaft eingestiegen. Im Jahr 2020 ist die volkswirtschaftliche

Bedeutung des DE-CIX durchaus etwa mit der Bedeutung der Frankfurter Deutschen Börse AG zu vergleichen.

Die Kompetenzgruppe E-Commerce (KG E-Commerce) des eco adressierte sozusagen ein, wenn nicht das(!) historisch gesehen, zentrale Thema des eco-Verbandes. Seit dem notorischen World-Wide-Web-Kongress im Jahr 1995 in Darmstadt waren gut 15 Jahre vergangen. Der E-Commerce, damit meinte man vor allem den Online-Einzelhandel, war seinen Kinderschuhen längst entwachsen, die »neuen Konzerne«, wie amazon, hatten den klassischen Einzelhandel in seiner Bedeutung für den Markt massiv relativiert. Bereits im Herbst 2012 kamen wir zu der Erkenntnis, dass man unter »E-Commerce« die »internetbasierte IT-Unterstützung privater oder öffentlicher Geschäftsgegenstände, wie Handel und Dienstleistung, samt deren Anbahnung, Erfüllung und Unterstützung« zu verstehen hätte. Damit war klar, dass es im Einzelhandel kaum noch ein Nicht-E-Commerce-Unternehmen geben dürfte.

Es machte nach einiger Zeit tatsächlich keinen großen Sinn mehr, von »E-Commerce-Anteilen« im Handel zu reden. »E-Commerce ist überall«, war die Devise des eco-Verbandes. Die Arbeit der KG E-Commerce beschäftigte sich daher vor allem mit dem Erfahrungsaustausch zu den in der Informationsgesellschaft entstehenden, neuen Marktstrukturen. Interessant waren die neuen Mechanismen der Preisbildung, der Herausbildung von Oligopolen, die Wechselwirkung der Konsumenten in den »Social Networks« und anderes mehr. Erst gegen Ende des Jahres 2019 fand man beim eco-Verband, es sei an der Zeit, die KG E-Commerce komplett aufzulösen, da ihre Mission erfüllt sei. Der E-Commerce in Deutschland hatte keine Entwicklungshilfe seitens des eco-Verbandes mehr nötig.

Harald Summa, Köln
Exkurs – Zur Diversität der Debatte um das Internet im eco-Verband

Wenn man das so liest, dann müssen wir sagen, normal war eco noch nie. Zumindest nicht, wenn als »normal« das gilt, was in anderen Industrieverbänden üblich ist. Beispielsweise sind wir nicht dafür bekannt, uns in zähen Hinterzimmer-Verhandlungen mit uns selbst einen minimalen Konsens abzuringen, den wir dann öffentlich mit viel Getöse als einzig gültige Sichtweise auf die Dinge darstellen. Wie sollte das in einer Branche, wie der Internetwirtschaft, auch funktionieren? Unsere Branche lebt genau davon, dass nicht alle das Gleiche wollen. Vielfalt ist hier der Schlüssel zum Erfolg. Nicht

Konkurrenz und Abschottung zahlen sich aus, sondern neue Verbindungen. In der Internetbranche wollen die Menschen Dinge nicht einfach nur jeden Tag ein bisschen besser machen, sondern vielleicht auch mal etwas ganz anders wagen. Das Internet ist komplex und divers.

Wer als Verband der Internetwirtschaft einen Dienst erweisen will, kommt gar nicht darum herum, selbst auch komplex und divers zu sein. Im Internet ging es oft um das große Ganze. Freiheit, Sicherheit und Recht waren Begriffe, die zentral in vielen wichtigen Debatten und auf der großen Bühne diskutiert wurden. Beispielsweise in dem Verbund, dessen Ziel es ist, einen gemeinsamen Raum der Freiheit, der Sicherheit und des Rechtes zu bieten: der Europäischen Union. Auch bei eco gab es genügend Gelegenheiten, konkrete Technologien, Lösungen oder Initiativen mit dem größeren Ziel einer freien, sicheren und gerechten Gesellschaft abzugleichen. Wie immer, wenn es komplex und divers wird, gab es dabei nicht nur reichlich Widerspruch, sondern auch Widersprüchlichkeiten. Es sind Momente wie diese, in denen ganz besonders klar wird, dass eco eben kein normaler Verband ist.

Für mich ist unsere Freude an der Debatte ein Ausdruck dessen, was unsere Branche, was unser digitales Ökosystem so vital macht – die Vielfalt. Jede einzelne Aktivität sorgt mit dafür, die Vielfalt unserer Branche angemessen abzubilden, zu unterstützen und zu steigern. Wer in unserer Welt auch künftig erfolgreich sein möchte, muss sich den Herausforderungen der digitalen Transformation stellen. Dies gilt längst nicht nur für ITK-Unternehmen, sondern auch für traditionelle Industrien. ¶

Es mag so in der zweiten Jahreshälfte 2012 gewesen sein, als die drei genannten Handlungslinien aufeinander trafen. Es ging um Fragen der Akzeptanz des »Cloud-Computing«, kurz die »Cloud« genannt. Beim eco gab es ein Vorstandsmitglied namens Bernd Becker. Er war in Personalunion eine der leitenden Personen des »EuroCloud Deutschland_eco e.V.« Das war eine Art Spezial- und Unter-Verband beim eco für das Thema »Cloud«. Es gab auch ein europäisches EuroCloud-Netzwerk, welches aus diversen nationalen EuroCloud-Verbänden bestand. Bernd Becker fragte nach der Akzeptanz und möglichst präzisen Bedarfsdeckung der »Cloud Computing Services« in Deutschland. Man hatte bei der EuroCloud das Motto »Die Cloud – Motor der Digitalisierung« gewählt. Damit sollte ausgedrückt werden, dass die Cloud von zentraler Bedeutung für die weitere Entwicklung der Informationsgesellschaft sei.

Der Begriff »Cloud Computing« heißt auf Deutsch übersetzt etwa »Rechnen in der Wolke«. Damit wird im engeren Sinn der Ansatz bezeichnet, Computerleistung über das Internet zur Verfügung zu stellen. Man kann also von einem lokalen kleinen Rechner auf zentrale große Systeme und deren Software zugreifen. Das quasi »Wolkenartige« ist darin zu sehen, dass der Benutzer am kleineren »Front-End Computer« gar nicht weiß, wo in der »wolkigen Netzwelt« seine Rechenaufgaben konkret gelöst werden. Die Spannweite der im Rahmen der Cloud angebotenen Dienstleistungen umfasst das gesamte Spektrum der Informationstechnik und beinhaltet unter anderem Infrastruktur sowie Software und deren Wartung, aber auch Speicherplatz und Datenbanken. Angebot und Nutzung dieser Dienstleistungen erfolgen dabei am einfachsten über das https-Protokoll mittels eines Webbrowsers.

Natürlich erinnert diese Struktur der Cloud an die Überlegungen, die wir schon Anfang des Jahres 1987 bei der damaligen Fraunhofer-AGD – und nicht nur wir in Darmstadt – angestellt hatten. Damals dachten wir, dass man über das nagelneue ISDN-B die Rechen- und Speicherleistung von anderweitig installierten Super-Computern auch lokal nutzen könnte. Diese Ideen damals gingen unter, sie waren mindestens so realitätsfern wie Leonardo da Vincis Hubschrauber in der Renaissancezeit. Nun aber wurden sie, nach circa 25 Jahren, erneut aufgegriffen, denn offenbar war die Zeit für diesen Ansatz gekommen. Mit der Cloud lag so ab dem Jahr 2010 das Internet nun wirklich »völlig in der Luft«. Es war nicht nur die »Connectivity« in das Netz über eine »Luftschnittstelle« per Mobilfunk oder WLAN zur Regel geworden, auch die korrespondierenden Internet-Rechner waren nun in der »Cloud« und damit in der »Luft«. Die Cloud war wiederum eine »Kopernikanische Wende« und eine neue IT-Philosophie. Man kann es so formulieren, dass sich das Verhältnis der Nutzer und Anwender zur Computer Hardware fundamental geändert hatte.

Bernd Becker, Paderborn
Exkurs – Cloud Computing und EuroCloud

Wenn man das so liest, dann bestätigt sich in gewisser Weise die alte Lebensweisheit: »Eine gute Idee hat nur Erfolg zur rechten Zeit«.

Cloud Computing als virtualisierte Bereitstellung von Anwendungen, IT-Infrastruktur und Rechenleistung war zu Beginn des 2010er-Jahrzehnts keine neue, bahnbrechende, technologische Innovation, sondern eine neue

Bereitstellungsform von IT Leistungen über das Internet als eine logische Folge von vorangegangenen Entwicklungen.

Die Idee, Rechenleistungen aus der Ferne bereitzustellen, war nicht neu. Bereits zur Jahrtausendwende gab es mit dem »Application Service Providing« (ASP) vergleichbare Ansätze. Doch ASP floppte, da zu dieser Zeit weder Netz- noch Rechnerleistung für eine performante und wirtschaftliche Bereitstellung ausreichten und die Server-Virtualisierung damals noch in den Anfängen steckte. Ab ca. 2010 waren diese technologischen Defizite weitgehend behoben, die großen Internet-Firmen agierten fortan als Cloud Markttreiber. Die gesamte Internet-Branche erkannte die erschließbaren Potentiale. Die Zeit war reif für das Cloud Computing. In dieser Aufbruchsphase wurde 2010 aus eco heraus die EuroCloud Deutschland_eco e.V. als Verband der Cloud Service Provider gegründet. Sie war ein Teil eines europäischen Netzwerks mit zuletzt 23 national- en EuroCloud Verbänden in Europa.

Schnell wurde klar: Cloud ist längst nicht gleich Cloud. Je nach Marktseg- ment bestanden höchst unterschiedliche Anforderungen an die Servicebereit- stellung. Die oftmals US-basierten Cloud Services für private Nutzer verfügten nur bedingt über Zuverlässigkeitsgarantien und Verbindlichkeiten bezüglich Datenschutz und Datensicherheit und waren daher für eine kommerzielle Nutzung völlig ungeeignet. Große Unternehmen mit eigener IT-Expertise adaptierten Cloud Computing als »private cloud« in ihre Betriebsabläufe, ei- nige erweiterten gar ihr eigenes Leistungsportfolio um externe Cloud Services.

Dem gegenüber standen mittelständische Unternehmen den Cloud Ser- vices aus der »public cloud« eher skeptisch bis ablehnend gegenüber. Flächen- deckend gab es nur eine geringe Bereitschaft, unternehmenseigene Daten einem externen Dienstleister anzuvertrauen. Insbesondere in Deutschland dominierte die – freilich trügerische – Meinung, nach der die Daten im eigenen Unter- nehmen besser geschützt werden könnten, als bei einem professionellen Cloud Service Provider.

Für die EuroCloud Verbandsarbeit ergaben sich drei wesentliche Stoßrich- tungen. Dies war erstens die Unterstützung der Cloud Service Provider als EuroCloud-Mitgliedsunternehmen bei der Gestaltung rechtssicherer Verträge. Zweitens war das die aktive Mitwirkung an den Standardisierungs- und Har- monisierungsbemühungen zu Datenschutz und Datensicherheit auf nationaler wie europäischer Ebene und drittens die der Aufklärung und Sensibilisierung der Anwendung in den – vorrangig mittelständischen – Unternehmen.

Tatsächlich bestand für mittelständische Unternehmen ein hoher Informations- und Aufklärungsbedarf, um die Marktakzeptanz zu erhöhen, subjektive Ressentiments abzubauen, den Bereitstellungsprozess von Cloud Services und die damit verbundenen Nutzenvorteile besser zu verstehen. Insbesondere musste man potentielle Risiken besser einschätzen und bewerten können. Bei EuroCloud stellte sich die große Frage, wie die komplexen Sachverhalte rund um Cloud Computing allgemeinverständlich, zielgruppengerecht und nachhaltig kommuniziert werden könnten.

In dieser Situation zählte es für EuroCloud wohl zu den glücklichen Umständen, mit Professor Hofmann und Frau Meike Schumacher am Information Management Institut an der Hochschule Aschaffenburg zusammenzutreffen und von deren Expertise in der Adressierung der Zielgruppe Mittelstand zu profitieren. Deren »Case-Based Evidence«-Studien zu Akzeptanz und vertrauensbildenden Maßnahmen in anderen Branchen und der Ableitung möglicher, vergleichbarer Ansätze für Cloud Computing waren überaus hilfreich und lieferten den EuroCloud-Mitgliedsunternehmen wertvolle Hinweise und Argumente.

Heute ist Cloud Computing am Markt längst etabliert, akzeptiert und zu einer technologischen Plattform geworden, auf der nachfolgende Innovationen aufsetzen konnten – und noch aufsetzen werden.   ∫

Die ökonomische und philosophische Dimension der Cloud lässt sich am Schicksal der Messe »CeBIT« verdeutlichen. Die Hannover-Messe war und ist traditionell eine der großen internationalen Industriemessen. Ein Messesegment namens »Büroindustrie« hatte es schon länger im Rahmen der Hannover-Messe gegeben. Anfangs der 1980er-Jahre stellte sich heraus, dass der Bereich dieser »Büroindustrie« und der IT im Allgemeinen, von zunehmender Bedeutung für die gewerbliche Wirtschaft werden könnte. Man rief auf der Basis dieser Erkenntnis in Hannover eine Spezialmesse ins Leben und nannte sie »CeBIT«. Das stand für »Centrum für Büroautomation, Informationstechnologie und Telekommunikation«. Die CeBIT wurde eine der – auch im globalen Maßstab – größten Messen und Veranstaltungsplattformen für IT. In den Jahren von 1986 bis 2018 gab es jährlich in Hannover eine CeBIT.

Im März 1986 fand die erste CeBIT statt. Sie war ein Erfolg, denn es wurden 334 400 Besucher und Besucherinnen gezählt. In den darauffolgenden Jahren stiegen die Besucherzahlen weiter und weiter. Den größten Publikumszuspruch hatte die CeBIT in den Jahren zwischen 1995 und 2001. Es kamen nicht zuletzt viele private Personen zum damals so genannten »Computer-gucken«. Diese Privatleute waren den professionellen Ausstellern eher nicht so recht, denn sie wollten viel – oder gar alles Mögliche – wissen. Sie nahmen die diversen »Give-aways«, Werbegeschenke, gerne mit, brachten aber keinen Umsatzerlös. Man wollte sie seitens der CeBIT-Messe lieber loswerden. In der Konsequenz wurde die CeBIT ab 2014 nur noch für das Fachpublikum geöffnet.

Einen absoluten Besucherrekord sah das Jahr 2001, als 830 000 Interessierte zur CeBIT kamen. In dieser Zeit wurden tatsächlich noch »Sachen« auf der CeBIT ausgestellt und gezeigt. Der entstehende E-Commerce und seine Systeme waren gefragt, man sah neue PCs, Smartphones und Tablets. Sie hatten neue Prozessoren und waren mit schicken Gehäuse und Tastaturen ausgestattet. Geräte der Unterhaltungselektronik wurden ebenfalls auf der CeBIT gezeigt – fast in Konkurrenz zur Internationalen Funkausstellung IFA in Berlin. Diese Geräte boten die Integration von digitalem TV und Internetzugang. Für die großen IT-Firmen war ein Stand auf der CeBIT-Messe im Frühjahr eines jeden Jahres in Hannover eine absolute Pflicht. Die CeBIT hatte eine internationale Relevanz – und es gab bei der betrieblichen Standard-software echte Weltmarktführer aus Deutschland.

Professor Dr. Andreas Hufgard und Professor Dr. Rainer Thome, Würzburg
Exkurs – Hurra, wir sind Weltmarktführer! – Standardsoftware

Wenn wir das so lesen, so ergreifen wir gerne die Gelegenheit zu einigen Bemerkungen zur Entdeckung der Standardanwendungssoftware als wesentlicher Organisator für die Geschäftsabwicklung.

Bereits seit den 1990er-Jahren konnten wir unseren Studierenden erzählen, dass die SAP AG (das Kürzel »SAP« steht für »Systeme, Anwendungen, Produkte«) im kleinen badischen Ort Walldorf tatsächlich der Weltmarktführer für betriebswirtschaftliche Standardanwendungssoftware ist. Das rief in der Regel ein großes Erstaunen bei den Zuhörern hervor. Ein IT-Champion aus der deutschen Provinz, wie kann das sein? Im Gegensatz zu Apple, Google und anderen ist der deutsche DAX-Konzern SAP in der allgemeinen Öffentlichkeit viel weniger präsent. Es ist aber eine Tatsache, dass die gerne als eine »Softwareschmiede« bezeichnete SAP wirklich das wertvollste deutsche DAX-Unternehmen ist und seit 20 Jahren definitiv in die erste Reihe der Top-IT-Unternehmen gehört. Wie kam es dazu und wird das so bleiben?

Wir würden es so sagen, dass die SAP ihren Kunden auch für komplizierte kaufmännische und organisatorische Aufgaben überschaubare Lösungen anbieten konnte. Das war sozusagen eine »BWL als Fertiggericht in Konservendosen«. Man hatte beim Einsatz des damals gut bekannten Systems »SAP R/3« das gute Gefühl, dass der aktuelle Kenntnisstand betriebswirtschaftlicher Methoden und Verfahren aus Forschung und Praxis sehr sorgfältig und umfänglich in der Software abgebildet war. Viele promovierte BWL-er waren in Lohn und Brot bei der SAP und erklärten ebenso promovierten Physikern und anderen Akademikern, wie die zu entwickelnde Software »ticken« sollte. Wer sich die Zeit für eine detaillierte Betrachtung nehmen will, kann sich gerne selbst davon überzeugen, dass zum Beispiel die Verfügbarkeitsprüfung und Bedarfsübergabe des SAP-Vertriebsmoduls in der Tat Kunstwerke der Umsetzung vieler betriebswirtschaftlicher Methoden als Softwarefunktionalität darstellen.

Mitte der 1990er-Jahre kam deswegen die Frage auf, ob nur das, was im System SAP R/3 quasi »abgefüllt« ist und eingesetzt werden kann, auch umgekehrt als ein kanonisches »Standardlehrthema« für die BWL gelten darf. Der nicht-umsetzbare Rest würde dann in den Unternehmen eben nicht über das Gestaltungsinstrument einer Softwarebibliothek, beziehungsweise als darauf basierender integrierter Geschäftsprozess, genutzt werden können.

Diese Überlegung mag überraschen, aber das Phänomen ist in vielen anderen Ländern zur Realität geworden, da dort der Zugang zu modernen, betriebswirtschaftlichen Verfahren deutlich eingeschränkt war und ist. Die SAP bot und bietet vielen Unternehmen weltweit durch ihre Standardanwendungssoftware quasi einen »Baukasten von guten Lösungen« für deren Aufbau- und Ablauforganisation. Implementierungen auf der Basis des SAP-Baukastens konstituieren faktisch die Ablauf-Organisation der Unternehmen. SAP war mit diesem Ansatz der hohen funktionalen, betriebswirtschaftlichen Qualität und der Integration der damit verbundenen Funktionalität der Geschäftsprozesse sehr erfolgreich – und nicht wegen der Benutzeroberfläche oder der Qualität der Programme.

In diesem Zusammenhang bleibt unvergessen, wie der SAP-Entwicklungsleiter des Vertriebsmoduls eine Release-Präsentation einmal mit dem Satz begann: »Ich will Ihnen zunächst mal erklären, was nicht kommt ...« Wenn man einen Antagonisten zu den vollmundigen und euphemistischen US-amerikanischen Produktpräsentationen gesucht hatte, so wäre man hier fündig geworden. Aber bei folgsamer und korrekter Beachtung der von der SAP für die Betriebe gelieferten Organisationsvorschriften in Form von

Programm-Modulen können tatsächlich komplexe Abläufe zu synergetischen Prozessen kompiliert werden.

Und was ist die Moral von der Geschichte? Verfolgt man den strategischen Wandel, den die SAP nach einer Phase der Übernahmen anderer IT-Unternehmen zu Beginn der 2020er-Jahre hinter sich gebracht hat, liegt der Eindruck auf der Hand, dass die alten Erfolgstugenden da und dort einen gewissen Renovierungsbedarf haben könnten.   ¶

Das Blatt wendete sich klar erkennbar für die CeBIT im Jahr 2011. Es wurde erstmals ein »Schwerpunktthema« für Messe und Fachforen ausgerufen. Ausgerechnet war das die Cloud. »Work and Life with the Cloud« war das erklärte Motto der damaligen CeBIT. Aber wenn die eigentliche Rechenleistung aus der Cloud – quasi »aus der Luft« – verfügbar war, dann wurden die IT-Systeme als Ausstellungsstücke auf einer Messe immer uninteressanter. Die Hersteller der neuen Computer-Hardware für die Cloud, »Server«, konnten ihre Kundschaft viel kostengünstiger direkt erreichen. Eine zentrale CeBIT-Messe war zunehmend obsolet. Es kamen im Jahr 2011 nur noch 339 000 Personen zur CeBIT. Das waren weniger Besucher und Besucherinnen als bei der ersten CeBIT im Jahr 1986.

Die CeBIT suchte ihr Heil in der Setzung von möglichst attraktiven Schwerpunktthemen. Gleichzeitig wurden diese Leitthemen immer abstrakter – und damit immer weniger auf einer Messe-Ausstellung darstellbar. Die CeBIT im Jahr 2013 hatte den Fokus auf »share economy«. Es ging um das gemeinsame Nutzen von Wissen und Ressourcen, das konnte so kaum noch konkret ausgestellt werden. Die Zahl der Besucherinnen und Besucher war auf 280 000 gesunken, sie lag drei Jahre später nur noch bei etwa 200 000. Das Thema im Jahr 2016 war »Global Event for Digital Business« und sollte der CeBIT einen eher nicht-technischen und ökonomischen Anstrich verleihen. Die letzte CeBIT fand im Juni 2018 statt. Man hatte mit einem neuen Termin im Jahr experimentiert – Sommer statt Frühjahr. Man lockte auch mit Angeboten, die weder technisch noch ökonomisch waren. So gab es Konzerte als Rahmenprogramm. Das interessierte nur noch circa 120 000 Leute.

Nach Maßgabe der bedauerlichen Misserfolge der CeBIT meldete die Deutsche Messe AG im November 2018, dass die CeBIT nicht mehr stattfinden werde. Für den Juni 2019 war schon eine CeBIT geplant, aber sie wurde abgesagt. Damit war die »Goldene Epoche« der IT-Hardware endgültig beendet. Die Benutzer der Cloud waren nicht mehr daran interessiert, wie die Hardware konkret aussieht, die sie benutzten. IT-User und Userinnen der entwickelten Informationsgesellschaft suchen ein passendes, »schickes« Endgerät, wie einen Laptop oder ein Smartphone, und eine gute Connectivity zum Internet. Welche Rechner in der Cloud im Hintergrund benutzt werden, ist ihnen egal geworden. Dieser Bruch fiel in der Tat zusammen mit der Einstellung der Steinkohlenförderung in Deutschland. Das Bergwerk Prosper-Haniel in Bottrop wurde im Dezember 2018 geschlossen. Bereits im September war die letzte Kohle im Regelbetrieb gewonnen worden.

Professor Dr. Thomas Wolf, Berlin
Exkurs – Die IT-Abteilung und ihre Leitung im Wandel der Zeit – Das Dilemma der CIOs als Spezialisten und Generalisten

Wenn man das liest, so muss betont werden, dass in der entwickelten Informationsgesellschaft die IT absolut kritisch für jeden Unternehmenserfolg ist. Es gibt kaum noch Unternehmen, ohne dass die dortige IT eine zentrale Rolle in der Wertschöpfung spielt.

Die zentrale Herausforderung in den Unternehmen ist dabei die Integration der IT über die »Silos der Zuständigkeiten« der Abteilungen hinweg. Der unternehmerische Erfolg von Unternehmen, wie Tesla und seiner Elektroauto-Produkte, beruht nicht darauf, dass sie Elektromotoren und Batterien besser verstehen als die klassischen Automobilunternehmen. Tesla entwirft und baut seine Autos konsequent um eine zentrale Steuerungssoftware herum. In den traditionellen Autos wurde die IT als Komponenten-Portfolio gesehen, mit dem entsprechenden darauf folgenden Architekturchaos in der IT.

Ist Digitalisierung die Chance für die CIOs, endlich den Platz im Unternehmen einzunehmen, der ihnen – gemäß ihrer »Wichtigkeit« – eigentlich zusteht? Die CIOs kennen das Thema Integration und beherrschen es methodisch, und sie sind die wahren Digital Masters. Die CIOs werden allerdings lediglich zu oft als die »Leiter IT-Service« im Unternehmen gesehen – und können oft auch nicht mehr als das. Das mag damit zusammenhängen, dass viele CIOs keine hinreichende Qualifikation und Erfahrung in klassischer Unternehmensführung haben. Es soll CIOs geben, die etwa von Produktpolitik keine und von Personalführung wenig Ahnung haben.

Umgekehrt sehen wir CEOs, die den Aspekt der konsequenten IT-Integration als den Kernfaktor des Unternehmenserfolgs unterschätzen. Sie verstehen das Wesen der Digitalisierung nicht wirklich. Sie haben ihre eigene

Karriere den Erfolgen in technologiefernen »Silos«, wie Finanzen, Produkt- oder Regionalsparten, Marketing, zu verdanken. Die wahre Position der IT in Unternehmen und damit der CIOs der Informationsgesellschaft im zu bewältigenden Zielkonflikt zwischen Leistungsfähigkeit und Sparsamkeit, Systemzuverlässigkeit und Agilität, Technologiespezialisierung und Führungsgeneralisierung, Generierung neuer Geschäfte aus Informationen und Optimierung und Automatisierung von Geschäftsprozessen durch die IT muss in den meisten Unternehmen erst noch gefunden werden. ❡

Die Cloud war circa ab dem Jahr 2012 ein »Mega-Trend«. Allerdings stellten sich Akzeptanzfragen. Von besonderem Interesse für die kundenseitige Akzeptanz war der Komplex der Zuverlässigkeit und des Vertrauens in die Cloud-Technologie. In den Jahren um und nach 2012 gab es etliche öffentliche und politische Diskursbeiträge, die die Begriffe »Zuverlässigkeit« und »Vertrauen« nicht nur konsequent zusammen benutzten, sondern sogar als synonym erachteten. Im Kontext der Cloud war die Diktion »zuverlässige und vertrauenswürdige Systeme« gang und gäbe. Ein erster Beitrag seitens des Aschaffenburger IMI für die EuroCloud-Organisation war das Auseinanderfalten der beiden Begriffe.

Die Zuverlässigkeit ist ein technischer System-Parameter, der objektiv gemessen und statistisch modelliert werden kann. Mit einer gewissen Wahrscheinlichkeit zeigt ein System Fehler oder Ausfälle. Und diese Wahrscheinlichkeit ist ein Maß der Zuverlässigkeit des Systems. Vertrauen hingegen ist ein quasi »sozialer Kredit«, der in einem »sozialen Kontext« anderen Personen entgegengebracht wird. Vertrauen entspringt einer gemeinsamen Intentionalität und signalisiert ein Basisverständnis. Vertrauen dient nach Niklas Luhmann der Reduktion der sozialen Komplexität der Umwelt. Misstrauen hingegen verlangt nach Kontrolle und Überwachung, was sehr aufwändig und teuer sein kann.

Damit sind »Zuverlässigkeit« und »Vertrauen« nicht nur keinesfalls synonym, sondern sogar gegenläufig. Je zuverlässiger ein System, desto weniger Vertrauen in dessen Anbieter und Betreiber ist erforderlich. Vertrauen ist nicht technisch darstellbar, es basiert immer auf einer menschlichen und inter-subjektiven Kommunikation. Diese Erkenntnis wurde in der weiteren Entwicklung der Informationsgesellschaft direkt und manchmal gar schmerzlich evident. Die Versuche, die Kommunikation von Unternehmen mit ihrer Kundschaft komplett auf »voll-automatische Systeme« zu übertragen und zu delegieren, scheiterten stets. Am Ende musste man wieder auf einen humanen persönlichen Ansprechpartner als »Back-up« und Quelle des Vertrauens zurückkehren.

Für die Cloud-Akzeptanzfrage nahm in den Jahren 2012 bis 2014 ein methodischer Ansatz Gestalt an, der als »Case-based Evidence fallbasierter Nachweis« bezeichnet wurde. Bei der Case-based Evidence gingen die EuroCloud-Leute beim eco-Verband und wir am IMI davon aus, dass sich bestimmte menschliche Verhaltensmuster, auch im Sinne von »Einstellungen« und Grundhaltungen, von einer Reihe von Analogiequellen auf eine andere aktuelle Problemstellung, dem Analogieziel, übertragen lassen. Dieser Umstand sollte sich hinsichtlich der Akzeptanz von technischen Vorrichtungen und Verfahren nutzen lassen.

Die Case-Based Evidence basiert, im Unterschied zur klassischen, wissenschaftlichen Induktion und Deduktion, lediglich auf Analogieschlüssen. Sie verzichtet damit auf räumlich und zeitlich unbegrenzte »grand theories« zugunsten der sogenannten »Theorien Mittlerer Reichweite«. Diese Theorien gehen einerseits über die bloße empirische Beschreibung sozialer Verhaltensweisen der Akzeptanz hinaus, verfolgen aber andererseits eine synoptische Modellbildung. Man begnügt sich mit quasi »lokalen«, räumlich und zeitlich begrenzten Aussagen. Die Aussagen der Theorien Mittlerer Reichweite sind daher weder als hochkomplex noch als trivial anzusehen. Dieser Aspekt ist von den Sozialwissenschaften bekannt, wo man sich häufig auf quantitative Teils-teils-Aussagen beschränkt. Daher wird die Formulierung allgemein gültiger Gesetze – grand theories – aufgegeben, zugunsten einer quantifizierenden Theorie mittlerer Reichweite.

Exkurs – Methode der »Case-based Evidence«

Wenn man das liest, könnte der Hintergrund der im Laufe der Jahre von circa 2012 bis 2016 entwickelten Methode der Case-based Evidence interessant sein. Sie basiert auf mehreren Teilschritten. Analogieschlüsse bilden das Kernstück und liefern als Ergebnis ein Portfolio von Merkmalen, die aus den Analogie-Quellen – vermutlich – auf den aktuellen Fall übertragbar sind. Diese Merkmale werden zu einem Synoptischen Modell verdichtet und dann in einer Serie qualifizierter Experteninterviews überprüft. Ein nach wie vor schwieriges, offenes Problem ist das Finden geeigneter Analogiequellen. Es gilt, die Komponenten ausfindig zu machen, die vermutlich den größten Einfluss auf das zu lösende Problem haben. Bislang ist leider keine algorithmische Lösung bekannt, wie eine tragfähige Analogie treffsicher gefunden werden kann. Es werden strukturähnliche – isomorphe – Fälle gesucht und identifiziert, die entweder historisch oder auch aktuell in anderen thematischen Bereichen und ökonomischen Branchen zu finden sind. In diesen Vergleichsfällen sind die Parameter, die zu bestimmten kognitiven Prozessen und Verhalten führen, bekannt. Aus den Erkenntnissen der Analogie-Quellen werden Rückschlüsse auf das Analogie-Ziel vorgenommen.

Der Zusammenhang zwischen Analogiequelle und Analogieziel ist freilich nicht kausal, da sie eigentlich unabhängig voneinander sind. Es lässt sich jedoch anhand vieler Beispiele beobachten, dass bestimmte Mechanismen, wie Verhaltensmuster von Menschen, von einem Fall auf einen anderen übertragbar sind. Die Fähigkeit, Analogien wahrzunehmen, und gefundene Isomorphie als »Ergebnisse« von der Analogiequelle zum Analogieziel zu übertragen, erscheint in der kognitiven Psychologie als ein zentraler Prozess, gar als eine wesentliche, kulturelle Errungenschaft des Menschen schlechthin. Gleichwohl ist zu konstatieren, dass Analogiebildungen – wissenschaftstheoretisch – keinerlei kausal-methodische Grundlage haben. Das Ursache-Wirkungs-Prinzip tritt hier hinter das Mittel-Zweck-Prinzip zurück.

Die anschließende synoptische Modellbildung ist ein abstrahierendes Abbild der Summe der Beobachtungen. Das Modell muss Aussagen über den Forschungsgegenstand ermöglichen, speziell und gerade über sein künftiges Verhalten. Das Modell muss in der »scientific community« kommuniziert und verstanden werden können; es darf nicht beliebig und unverständlich sein. Die Verifizierung der Evidenz erfolgt in einem dritten Schritt per strukturierter Interviews mit ausgewählten Experten. Statt einer großen Zahl quasi »repräsentativer« Befragten wird eine vergleichsweise kleine Expertengruppe qualifiziert und strukturiert befragt. Die Auswahl der Befragten unterstellt die sogenannte »Expertenvermutung« und versucht, die abzudeckende Expertise möglichst vollständig zu erfassen.   ¶

Am IMI verfassten wir in den Jahren 2012 bis 2014 zunächst eine Serie von Studien zur Akzeptanz der Cloud für die nationale EuroCloud Deutschland. Wir stellten unsere Resultate bei lokalen, nationalen Konferenzen in Köln und Berlin vor. Bernd Becker war der Chef der Europäischen EuroCloud-Dachorganisation geworden, und so wurden die deutschen Ergebnisse auf einem europäischen Niveau sichtbar. Es gab in der Konsequenz Einladungen zu den großen europäischen EuroCloud-Konferenzen, etwa nach Luxemburg und nach Wien. Unser Ziel war es, operativ umsetzbare Maßnahmen zu entwickeln, die zur Steigerung der Marktakzeptanz des Cloud Computing nützlich sind. Bei den EuroCloud-Leuten hieß es damals manchmal in scherzhafter Weise: »Von Aschaffenburg lernen heißt siegen lernen«. Daher soll hier von den damaligen Ergebnissen berichtet werden.

Die isomorphen Fälle der Akzeptanz zeigten, dass technische Merkmale oder auch der Kaufpreis, die in der Diskussion um die Cloud zunächst als bedeutsam angesehen wurden, doch nicht so entscheidend waren. Stattdessen war es förderlich, das Vertrauen der Käufer und Nutzerinnen weiter zu stärken. Als wesentlicher Faktor hierfür konnte Informationstransparenz identifiziert werden, die Möglichkeit, Informationen über das Produkt und den Herstellungsprozess in Erfahrung zu bringen. Der Aufbau von geschlossenen Kundengruppen wurde empfohlen. Eine bestimmte Qualifikation ist Voraussetzung, Kunde werden zu können. Die Einrichtung öffentlicher Gewährleistungen schloss den Empfehlungskatalog ab. Wir hatten auch gelernt, dass Sympathie und Seriosität für die Akzeptanz der IT-Systeme nützlich ist. Im Gegenzug konnte eine Reduktion der Diskussion um Systempreise und technische Details erfolgen. Für die Anbieter von Cloud-Services wurde es unumgänglich, eine Vertrauenskultur aufzubauen, um Kunden und Kundinnen auf Dauer zu gewinnen.

In der sich entwickelnden Informationsgesellschaft wurde so ab dem Jahr 2015 endgültig und flächendeckend verstanden, dass jeder technische Fortschritt notwendigerweise die Frage nach der Akzeptanz der entwickelten Technologien, Systeme und Verfahren mit sich bringt. Ohne eine Akzeptanz der angebotenen Produkte und Dienstleistungen läuft der technische Fortschritt ins Leere.

Wir hatten in den Folgejahren im IMI etliche weitere Praxisprojekte zu Akzeptanzfragen. Es ging unter anderem um den Neuen Personalausweis, um Elektromobilität, um KI und anderes mehr. Besonders gern erinnere ich mich an ein kleines Projekt, das wir auf Anregung des Corps Hannovera mit einer studentischen Seminargruppe bearbeiteten. Es ging um die Analyse und gegebenenfalls Verbesserung der Akzeptanz der Corps als eine Form der traditionellen Studentenverbindungen. Im Mai 2017 erhielt ich eine Einladung, die Aschaffenburger Erkenntnisse auf der jährlichen Tagung des »Weinheimer Senioren-Convents« (WSC) vorzustellen. Dieser Dachverband der Corps besitzt eine eigene Tagungsstätte, die Wachenburg, oberhalb der Stadt Weinheim am westlichen Rand des Odenwalds. Ich konnte den Eindruck gewinnen, dass die farbentragende – und daher »bunte« – Truppe mit meinem Vortrag durchaus etwas anfangen konnte.

Einen Aspekt in Sachen Akzeptanz konnten wir allerdings überhaupt nicht erahnen, dass in der Corona-Krise des Jahres 2020 die Akzeptanz von Videokonferenzsystemen von ausgerechnet einem Virus massiv befördert werden würde. Beim BERKOM-Projekt in den 1980er-Jahren wurden die Videokonferenzsysteme noch »Multimediale Teledienste« genannt. Möglicherweise ist die Normalität vor dem Sommer 2020 in einigen Teilen eine unwiederbringliche Vergangenheit. »Corona« bedeutet nicht nur eine Krise, sondern auch einen teilweisen Wechsel der Paradigmen.

Lebenslanges Lernen, »New Work« und die neue Provinz (2018 – 2020)

Die alte, analoge Idylle ist unumkehrbar der völligen Durchdringung der Gesellschaft mit internetbasierten Systemen gewichen. Jede Person muss für sich im »New Work« mit einer individuellen Weiterentwicklung und ein lebenslanges Lernen arrangieren.

Noch in der Mitte der 1980er-Jahre konnte man – insbesondere als eine Person ländlicher Provenienz – trotzig argumentieren, dass »Provinz« keine Frage der Geographie, sondern eine Frage der Geisteshaltung sei. Man konnte auch darauf hinweisen, dass es – etwa im provinziellen Südhessen als Teil des antiken Römischen Reiches – schon eine entwickelte Zivilisation und ein Staatswesen gegeben hat, sehr viel früher als dies in Berlin oder München der Fall war. All das half nichts, aus Berliner Perspektive war die ganze Umgebung, im Speziellen Westdeutschland, die »Provinz« schlechthin. Diese Gegend sah man als »jwd – janz weit draußen« an. Nun aber hat die Eroberung und Besiedlung der Digitalen Welt in den vierzig Jahren von 1980 bis 2020 »die ganze Welt« zu einer einzigen Provinz werden lassen.

Die negativ besetzte »jwd-Provinz« existierte ehedem ja wirklich. Sie war dadurch gekennzeichnet, dass weltläufige Güter dort nicht verfügbar waren, dass man Schwierigkeiten hatte, von der Provinz weg und wieder nach dort zurückzukommen. Nachrichten erreichten die »Provinz« erst mit einiger Verspätung, wenn überhaupt. Die erste industrielle Revolution relativierte die »Provinz« maßgeblich, schaffte sie aber nicht endgültig ab. In den 150 Jahren von 1830 bis 1980 entwickelten sich neue Wirtschaftsformen in der Landwirtschaft und im Handwerk. Ab circa dem Jahr 1830 traten neue Antriebsmaschinen auf, wie die Dampfmaschine, später auch die Verbrennungs- und Elektro-Motoren.

Die Möglichkeit der Beleuchtung der Arbeitsplätze mit elektrischen oder fossilen Energieformen erlaubte die Ausweitung der Arbeitszeit pro Tag und damit eine Entkopplung der menschlichen Arbeitszeit vom natürlichen Tagesrhythmus. Produkte konnten mit höherer Abwicklungsgeschwindigkeit und geringeren Produktionskosten gefertigt werden – und sogar mit höherer Qualität und geringeren Preisen. Die Provinz relativierte sich, wegen der besseren Güter- und Personenmobilität unter Nutzung der Eisenbahn und des Automobils. Durch diese neuen Technologien stellte sich ein höherer Energieverbrauch ein, der nur durch die Ausbeutung der fossilen Energieträger gedeckt werden konnte. Es entstanden neue Aspekte des nicht-nachhaltigen Wirtschaftens. Es gingen traditionelle Berufsbilder verloren und neue entstanden.

In der Mitte der 1830er-Jahre wurden die ersten auf der Basis der Technik von Samuel Morse konstruierten Schreibtelegrafen in Betrieb genommen. Schon knapp 20 Jahre später gab es in Deutschland Telegrafenlinien, die schnell ein zusammenhängendes Netz bildeten. Damit waren Nachrichten in quasi »Echtzeit« im ganzen Land verfügbar. Zeitgleich nahm man die Internationalisierung des Telegraphenwesens in Angriff, in Form der Verlegung von Seekabeln über den Kanal zwischen England und Frankreich. Noch brauchte eine Nachricht per Schiff von Amerika nach Europa circa eine Woche. Man konnte in Europa einfach nicht wissen, was aktuell gerade in Amerika passierte. Man erfuhr das halt erst ungefähr eine Woche später.

Dem US-amerikanischen Unternehmer Cyrus W. Field gelang es im Jahr 1858 ein Seekabel zwischen Amerika und Europa zu verlegen. Diese Verbindung war nach einigen Wochen bereits kaputt, aber im Jahr 1866 konnte eine – dann funktionierende – Telegrafenverbindung über dem bzw. durch den Ozean bereitgestellt werden. Anfang der 1870er-Jahre gelang die Realisierung einer Linie durch den Pazifik von China und Japan nach Amerika, über Hawaii. Damit waren große Teile der Erde verkabelt. Ohne Seekabel wäre die entwickelte globale Informationsgesellschaft der 2020er-Jahre nicht denkbar.

Die globale Vernetzung führte zu einer Verringerung der Kosten der Informationsverbreitung. Telegramme waren zwar teuer, aber allemal billiger als die Versendung einer Depesche per reitendem Boten. Noch Anfang der 1990er-Jahre hatte man auf seiner Visitenkarte, so auch im Fraunhofer-IGD in Darmstadt, noch eine Telegramm- beziehungsweise Telex-Adresse. Sie wurde abgelöst durch die E-Mail-Adresse auf der Basis des Internet-Protokolls.

In nur 20 Jahren progressiver Digitalisierung von 1995 bis 2015 ist aus der globalen Wirtschaft eine »Digitale Internet-Wirtschaft« geworden. Die großen Rechenzentren des Internets, wie das CE-CIX in Frankfurt am Main, sind zu den systemrelevantesten Unternehmen unserer Wirtschaft geworden. Es ist ja schon spannend, wenn man etwa bei der Deutschen Bahn oder bei der Lufthansa streikt. Es ist aber kein Vergleich zu dem, was passieren würde, wenn die großen Rechenzentren und damit »das Netz« komplett ausfielen. Es ginge kein Telefon mehr, Rundfunk wäre ebenfalls nicht mehr verfügbar. Man wüsste nicht einmal, was passiert sein könnte. Es gäbe kein Medium, über das man es erfahren könnte.

Exkurs – Nutzerzahlen im Netz und der Smartphones

Am 25. Februar 2020 erschien in der Zeitschrift »Capital« der Titel »So digital ist die Welt 2020«. Daten von den Vereinten Nationen, Regierungen, Aufsichtsbehörden, sozialen Netzwerke und Branchendiensten wurden bezogen auf den Januar 2020 ausgewertet. Weltweit nutzten im Januar 2020 knapp 60 Prozent der Weltbevölkerung, das sind etwa 4,54 Milliarden Menschen, das Internet. 2015, fünf Jahre zuvor, waren es noch 2,83 Milliarden Menschen gewesen. Die Zahl hatte im Vergleich zum Vorjahresmonat um 7,0 Prozent oder 298 Millionen Menschen zugenommen. Die Zahl der Handynutzungen lag dem Bericht zufolge bei 5,19 Milliarden, was einer Durchdringung von 67 Prozent entspricht, mit einem Plus von 2,4 Prozent im Vergleich zum Jahr davor.

Der Bericht beziffert eine »durchschnittliche Nutzungsdauer« des Internets bei Menschen zwischen 16 und 64 Jahren mit 6 Stunden und 43 Minuten täglich. Diese Angabe muss allerdings dahingehend hinterfragt werden, ob im Jahr 2020 fast jede Mediennutzung, inklusive Fernsehen und auch Telefonie, internetbasiert war. Insofern erscheint diese durchschnittliche Nutzungsdauer als eher zu gering bemessen.

Im Februar 2021 veröffentlichte der Branchenverband Bitkom die Ergebnisse einer Umfrage zur Nutzung von – natürlich internetbasierten – Smartphones in Deutschland. Demnach benutzte 79 Prozent der Bundesbürger und Bundesbürgerinnen ein Smartphone, das wären etwa 56 Millionen Menschen. Neun von zehn Befragten gaben an, dass sie sich ein Leben ohne ein Smartphone nicht mehr vorstellen könnten. Immerhin 73 Prozent würden eher auf ihr Auto als auf ihr Smartphone verzichten. Für 82 Prozent war das Smartphone eine große Hilfe, die Corona-bedingten Maßnahmen zu bewältigen.

Die »Provinz des Marktes« ist verschwunden, es gibt keine lokalen Märkte mehr. Vor Jahren hatte ein Händler in Frankfurt noch keine Konkurrenz von seinem Kollegen in Hamburg zu befürchten. Das war aber ab dem Moment nicht mehr der Fall, als die Unternehmen begannen, ihre Produkte im Internet anzubieten. Durch die Markttransparenz des Internets kam im Wettbewerb des Handels eine Preisspirale nach unten in Gang, die den Wettbewerb verschärfte und die Gewinnmarge verringerte. Ein Konzentrationsschub, der in der Marktdominanz ganz weniger Unternehmen resultierte, war die unvermeidliche Folge.

Ab dem Jahr 2015 haben sich die Kostenstrukturen für die Informationslogistik radikal geändert. Die alten Tarifsysteme der Telekommunikation hatten zwei Parameter für die Bestimmung der Entgelte, das waren die Entfernung und die Informationsmenge. Ein Telefonat war umso teurer, desto weiter die Beteiligten geographisch auseinander waren und je länger die Gespräche dauerten. Die Kosten für die Übertragung von Daten im Internet wurden durch das Datenvolumen bestimmt. Ohnehin wurde ab dem Jahr 2015 die »old school«-Telefonie auf das Internetprotokoll umgestellt; die Sprachverbindung wurde über eine verbindungslose Datenpaketübertragung quasi nur noch »simuliert«.

Dann trat ab etwa dem Jahr 2015 die »flat rate« auf. Sie war eine wahre Revolution, die freilich zunächst als eine solche fast gänzlich unbemerkt blieb. Die Kundschaft zahlte nämlich nicht mehr für »eine konkrete Telekommunikations-Dienstleistung«, sondern für die reine Möglichkeit(!), diese zu nutzen. Ob und in welchem Umfang diese Nutzung dann tatsächlich erfolgte, war für das zu entrichtende Entgelt nicht mehr erheblich. Nach der Entrichtung der »flat rate« hatte die dazu gehörige Informationsübertragung keine Grenzkosten mehr. Sie war damit faktisch kostenlos. Das Fehlen der Grenzkosten der Nutzung führte logischerweise dazu, dass die Nutzungsintensität pro Kunde sich sehr dynamisch nach oben entwickelte, gleichzeitig stieg die Auslastung der Netze. Der weitere Netzausbau wiederum führte zur Entwicklung »Bandbreite-hungriger« Anwendungen, die wiederum nach besseren Netzen verlangten.

Man konnte per flat rate nun permanent per Smartphone online sein. Damit wurden Dauertelefonate absolut alltäglich. Vor der flat rate waren sie teuer, nun waren sie gratis. Telefoniert und gesurft wurde nun parallel zu allen möglichen Tätigkeiten. Beim Spazierengehen befindet sich eine Person in Hamburg und eine andere in München. Sie unterhalten sich per Dauertelefonat, als ob sie auf dem gleichen Weg nebeneinander her gingen. Das ist die globale Provinz der Informationsgesellschaft.

Die Möglichkeit der Dauertelefonate produzierte in dieser Zeit das Phänomen der sogenannten »Handyeltern«. Man sieht immer häufiger Eltern mit Kindern, die sich aber null-komma-null »miteinander« unterhalten. Statt mit den Kindern zu reden, die in der Tat »präsent« sind, haben die Handyeltern das Smartphone im Dauerbetrieb. Man hatte das bereits in den letzten Jahrzehnten erlebt, dass eine Unterhaltung mit Gästen in der privaten Wohnung zugunsten eines eingehenden Telefonats glatt unterbrochen wurde. Ähnlich, wenn man in einem Termin in einem Büro eines Amtes oder einer Firma war. Man gab dem eingehenden Telefonat den Vorrang zum Gespräch mit der unmittelbar präsenten Person. Dieses Veralten ist sehr unhöflich, aber irgendwie archetypisch. Das Aktuelle und Unbekannte hat den Aufmerksamkeitsvorzug gegenüber dem unmittelbar Präsenten und Bekannten.

Dieser Archetypus ist in der Informationsgesellschaft als »fear of missing out« (FOMO) bekannt geworden. Es ist die »Furcht vor dem Verpassen«. Typisch ist der aus dieser »Verpassen-Furcht« entstehende Drang, ständig wissen zu wollen, was andere gerade tun oder denken. Das »Netz« bietet der FOMO einen idealen Nährboden, weil es »da draußen« fast unendlich viele Aktivitäten geben könnte, an denen man nicht beteiligt ist. Die entstehende, psychologische Abhängigkeit kann konsequenterweise zu einer pathologischen Smartphone-Nutzung führen. Das Flate-Rate-Smartphone hat bei den Handyeltern wohl exakt diesen FOMO-Archetypus getroffen.

Als ein zweites archetypisches Phänomen könnte die übermäßige Nutzung der photographischen Funktionen der Smartphones angesehen werden. Als die ersten »Handys« mit einer Kamera auf den Markt kamen, wurde die Möglichkeit fast belächelt, mit einem Mobil-Telefon Fotos und Filme aufnehmen zu können. Vom Publikum kam ein: »Wer braucht denn so etwas?«. Diese Reaktion kannte man schon vom Auftauchen der elektrischen Fensterheber und der Funk-Zentralverriegelung beim PKW. Erst benötigt es niemand, aber dann will es jeder haben. In der entwickelten Informationsgesellschaft ist ein Erlebnis nur dann Wirklichkeit – gewesen –, wenn eine Smartphone-Aufnahme und dessen Posting im Netz belegen können, dass es stattgefunden hat. Vielleicht ist es die gewünschte Unterstützung des fotografischen Gedächtnisses des Menschen, das ihn zu allen Zeiten und Kulturen danach streben ließ, Bilder zu malen und zu zeichnen. Das neue Smartphone bedient diesen Wunsch in idealer Art und Weise.

Im Jahr 2020 erlebte dann die entwickelte Informationsgesellschaft die »Corona-Revolution«. Es trat eine bis dahin unbekannte Infektionskrankheit auf. Die gesamte Gesellschaft erlebte in nur wenigen Wochen einen umfassenden – in dieser Form bis dato absolut nicht vorstellbaren – Strukturwandel durch ein weitgehendes Verbot von physischen Kontakten im privaten Bereich und im Geschäftsleben. Seit Mitte der 1980er-Jahre war an den multimedialen Telediensten geforscht worden. Es wurde versucht ihre Akzeptanz zu fördern. Nun war diese Akzeptanz von Telekooperation schlicht per Verordnungslage erzwungen worden.

Dauerbenutzer von Smartphones. Alle Bevölkerungsschichten sind in der entwickelten Informationsgesellschaft von einer speziellen Verhaltensweise betroffen: Dem Dialog mit dem Smartphone und über das Smartphone wird dem Dialog mit anwesenden Personen der Vorzug gegeben. Die Smartphone-User und -Userinnen sind »caught in the trap« eines Aufmerksamkeits-priorisierenden Archetypus der »fear of missing out« (FOMO). Plakate des Niedersächsischen Ministeriums für Soziales, Gesundheit und Gleichstellung aus dem Jahr 2017.

Höchstrichterliche Rechtsprechung in der Informationsgesellschaft – in einer Karikatur von Greser & Lenz. Freundlicherweise zur Verfügung gestellt von Achim Greser und Heribert Lenz, Aschaffenburg.

Damit wurde die Welt zur Provinz und die Provinz wurde zur weiten Welt. Corona brachte eine massive Verringerung von Reiseaufwand, Personenmobilität und Energiekosten. Der Arbeitsplatz im »Homeoffice« wurde üblich, was auch zu einer Ausweitung und Aufweichung der Arbeitszeit pro Tag führte. Die Erwartungen an die isochrone Erreichbarkeit nahmen zu. Es entstanden eine neue Etikette und Umgangsformen wegen der neuen Tele-Präsenz. Die geistige Beanspruchung nahm durch Gebrauch der neuen Medien zu. Aber der Energieverbrauch und die unmittelbaren Prozesskosten sanken.

Regionalität und Globalität sind aufgehoben. Sie sind der Ubiquität des Netzes gewichen. »Die ganze Welt ist eine einzige Provinz.« Im Jahr 1995 – und in den Jahren danach – wurde Telefonie, Fax und auch Internet-Service auf der Basis des ISDN realisierbar. Ein Feature von ISDN war die Möglichkeit, vom eigenen Telefon aus in Eigenregie eine Rufumleitung einrichten zu können. Das war damals eine neu gewonnene und fast unglaubliche Freiheit. Das alles hat Corona dann zu einem »common feature« gemacht. Das Netz hat die Ubiquität des Individuums hergestellt. Die Welt ist in der Provinz, die Provinz ist in der Welt.

Lucia Falkenberg, Köln
Exkurs – Telearbeit – Homeoffice

Wenn man das so liest, kann man kaum glauben, dass ein leidiges Paradigma viele Jahrzehnte herrschte. Man ging davon aus, dass eine Arbeitsleistung nur vor Ort, also im Büro und im Gebäude des Arbeitsgebers erbracht werden könne, wo sie der direkten Kontrolle seitens des Vorgesetzten unterläge. War jemand nicht im Büro, sondern zu Hause, so hatte das den Anschein von »Urlaub«. Erste Versuche, dieses Prinzip aufzuweichen, waren Szenarien der »Telearbeit« in den 1990er-Jahren.

Der Beginn der Corona-Krise im Jahr 2020 brachte den Homeoffice-Szenarien den Durchbruch. Wir haben es alle erlebt: Von einer Woche auf die andere waren im Frühjahr 2020 die bewährten Arbeitsstrukturen nicht mehr nutzbar. Großraumbüros, Präsenzmeetings und Dienstreisen wurden überflüssig. »Collaboration Tools« und »Digital Workplaces« schlagen in der entwickelten Informationsgesellschaft die technologische Brücke zwischen den Menschen im Homeoffice. Das hat viele positive Auswirkungen. Fast 75 Prozent der Beschäftigten verbinden mit der zunehmenden Digitalisierung ihres Berufsalltags Vorteile, beispielsweise die Steigerung der Arbeitseffizienz oder die bessere Vereinbarkeit von Beruf und Familie. Viele sind zuhause auch motivierter, wie eine von eco beauftragte Umfrage im August 2020 zeigte.

Die Pandemie ist aber nicht Auslöserin, sondern nur Beschleunigerin einer Entwicklung, die bereits seit Jahren läuft und vielerorts dafür sorgt, dass sich Arbeit ins Digitale verlagert hat und gänzlich neu gedacht wird. Der Sozialphilosoph Frithjof Bergmann beschrieb bereits Ende des letzten Jahrtausends eine digitale und von der Globalisierung geprägte Arbeitswelt, in der hierarchische Strukturen an Bedeutung verlieren und einer Kultur der Eigenverantwortlichkeit und Selbstorganisation der Arbeitenden weichen. Damit rücken Ergebnisse statt bloßer Anwesenheit in den Mittelpunkt und entlarven den Trugschluss, dass Präsenz ein Garant für Produktivität sei. Auf der Grundlage von Vertrauen und Kooperation entsteht dabei ein neues Verständnis von partizipativer Führung, die den Rahmen für bestmögliche Leistungen schafft und moderiert statt anzuordnen.

Die Pandemie hat die Flexibilität der Arbeitswelt alltagstauglich gemacht. Bürokonzepte werden überarbeitet und die Mehrheit der Unternehmen wird eigenen Aussagen zufolge auch nach Corona auf hybride Arbeitsformen setzen, die eine individuelle Verteilung von mobilem Arbeiten, beispielsweise im Homeoffice, und Präsenz im Office ermöglichen, sofern die Art der Tätigkeit dies erlaubt. Während vor Ort im Büro der direkte Austausch mit den Kollegen und Kolleginnen und die Identifikation mit gemeinsamen Aufgaben und Zielen immer wichtiger werden, gilt es, bei aller Euphorie für die Vorteile der Arbeit im Homeoffice auch die Gefahren im Blick zu behalten.

Die Abgrenzung von Privat- und Berufsleben ist im Homeoffice häufig schwierig, besonders wenn Kinderbetreuung und Homeschooling hinzukommen. Viele Unternehmen hatten IT-Sicherheitsaspekte zunächst zurückgestellt und müssen jetzt hier nacharbeiten. Auch der Gesetzgeber ist gefordert. Noch stärker als bisher muss er daran arbeiten, den regulatorischen Rahmen an die aktuellen Entwicklungen anzupassen. Die Zeit, die bislang auf dem Weg zum Arbeitsplatz verstrich, fiel im Homeoffice weg und konnte nun sinnvoll genutzt werden. Dadurch entsteht zwar der Eindruck höherer Produktivität, allerdings stellen sich neue Fragen: Wie kann eine professionelle Arbeitsumgebung realisiert werden, wie sind Fragen des Arbeitsschutzes (Arbeitszeit, psychische Beanspruchung) und der Haftung zu regeln?

Bereits vor der Pandemie warnte die internationale Arbeitsorganisation ILO vor den Gefahren der Arbeit zu Hause und mahnte fehlende soziale Kontakte, eine mangelnde Abgrenzung zwischen Arbeit und Freizeit und unzureichende Sicherheitsstandards an. Damit weckte sie hässliche Erinnerungen an die ersten Formen der Heimarbeit, deren Schattenseiten bereits im 19. Jahrhundert von Sozialverbänden beklagt wurden, weil sie die Heimarbeitenden in eine prekäre Lage brachte. Telearbeit war damals eine Umschreibung für besonders niedrige Löhne, geringe Produktionskosten und eine ausschließlich am Profit orientierte Ausbeutung der menschlichen Arbeitskraft. Der Wettbewerb um die billigste Arbeitskraft ging vor allem zu Lasten der Frauen, während in der digitalen Arbeitswelt von heute ein verändertes Wertesystem und nicht zuletzt der Fachkräftemangel den Ruf nach mehr Vielfalt und Geschlechtergerechtigkeit lauter werden lassen. Besonders auf dem IT-Sektor könnten die gut qualifizierten Frauen von der Flexibilität der mobilen Arbeit profitieren und die Vorzüge hoher Wachstumspotentiale genießen.

Der Fachkräftemangel befeuert nicht nur das Werben um zusätzliche Bewerbergruppen, sondern auch die Diskussion um gute Arbeitsbedingungen in der digitalen Welt. Fragt man den modernen Wissensarbeitenden nach seinen Erwartungen an das neue Arbeiten, stehen neben fairer Vergütung und Arbeitsplatzsicherheit vor allem Faktoren wie Weiterbildungschancen und Gestaltungsspielräume sowie eine angenehme Atmosphäre im Vordergrund. Zumindest teilweise selbstbestimmt entscheiden zu können, wann und wo Arbeit erbracht wird, rundet dabei das Angebot digitaler Unternehmen sinnvoll ab. Dabei widerlegen sämtliche Studien die gängigen Vorbehalte, die Arbeit zu Hause sei weniger produktiv. Zwar erledigen Mitarbeitende zu Hause nicht zwangsläufig mehr, die Mehrheit der Arbeitenden jedoch honoriert das in sie gesetzte Vertrauen und die Chance, eigenverantwortlich arbeiten zu können, mit höherer Leistungsbereitschaft.

So bleibt zu hoffen, dass die Telearbeit in der digitalen Arbeitswelt nicht nur zur Regel wird, sondern – anders als zu Beginn – auch zu mehr Arbeitszufriedenheit und besseren Ergebnissen beitragen wird. ⸮

In einem nach über 25 Jahren wieder gefundenen, leicht zerknitterten, Artikel über Telearbeit der Zeitschrift »Stern« (Ausgabe Nr. 44) aus dem Jahr 1994 wurden die damals gängigen Klischees auf hohem Niveau bedient. Wir sehen in diesem Artikel Abbildungen mit einem vom Büro befreiten Fraunhofer-Wissenschaftler im idyllischen Grünen und eine Mutter, die mit rechter Hand ihre Programmieraufgaben erledigt und mit linker Hand sich um ihre Tochter kümmert.

Die klassische Humanisierung der Arbeitswelt hatte als wichtige Ziele eine möglichst geringe Arbeitszeit pro Tag und pro Jahr, die Gesundheit und den Arbeitsschutz sowie Teilhabe an und Zugang zur Bildung. Angesichts des Digitalen Wandels stellen sich in allen Unternehmen, von kleinen regionalen Firmen bis zu globalen Konzernen, neue Anforderungen an die Weiterbildung. Nicht nur am IMI in Aschaffenburg fragte man nach den modularen Angeboten, Formaten, Inhalten und Bedingungen, die dem geforderten Niveau und den Bedarfen gerecht werden.

Harald Summa, Köln
Exkurs – Zu den offenen Fragen und Aufgaben in der Digitalen Welt

Wenn man das so liest, dann muss man auch die offenen Fragen und künftigen Aufgaben sehen. Nach wie vor ist nur ein Bruchteil der globalen Gesetzgebung und Regulierung onlinefähig, es gibt immer noch viele weiße Flecken. Das heißt, hier müssen Staat, Zivilgesellschaft und Wirtschaft im engen Austausch eine Regulierung mit Augenmaß entwickeln, die rechtliche Rahmenbedingungen schafft und die persönlichen Grundrechte der Menschen schützt, ohne innovative Geschäftsfelder zu blockieren. Die Corona-Krise der Jahre 2020 und 2021 macht auch deutlich, wo sich in Deutschland Lücken in der Digitalisierung auftun. Wir diskutieren seit rund zehn Jahren, Schulen ans Netz zu bringen. Hätten wir dieses Vorhaben ernst genommen, könnten wir viel besser digital unterrichten. Nun herrscht Zeitdruck und wir merken, wie wichtig diese Themen sind. Digitale Bildung ist eine essentielle Voraussetzung dafür, dass Menschen dazu befähigt werden, digital souverän zu handeln.

Wir brauchen außerdem einen gesellschaftlichen Dialog über den lösungsorientierten und smarten Einsatz digitaler Technologien, der sich an ethischen und nachhaltigen Grundwerten orientiert. Es geht nicht darum, Digitalisierung für alles einzusetzen, was technisch machbar wäre, vielmehr sollten Wissenschaft, Wirtschaft, Politik und Zivilgesellschaft stärker als bisher zusammenarbeiten bei der Frage, wie wir mit digitalen Technologien die drängenden Herausforderungen unserer Zeit, wie beispielsweise die Energie- und Klimakrise, lösen können. Wir müssen uns auch in den nächsten Jahren dafür einsetzen, dass wir in diesen Punkten weiterkommen und dass Deutschland zur globalen Benchmark für ein Netz mit Verantwortung wird. ¶

Der Digitale Wandel stellt die bisherigen Ausbildungsformate in Frage. Es ist kaum noch möglich mit einer einmal absolvierten Berufsausbildung oder einem Studium das ganze Berufsleben zu bestreiten. Das alte Sprichwort, nach dem »der Schuster bei seinen Leisten« bleiben solle, es stimmt einfach nicht mehr. Es gibt fast keine im Berufsleben erfolgreichen Personen, die keine(!) »professionelle Migration« erlebt haben, also aktuell im Beruf etwas anderes machen, als das in der Ausbildung und Studium Erlernte. Als zu IKTT-Zeiten im Jahr 1995 die IHKs einen so genannten »Zukunftsberuf« PC-Elektroniker diskutierten, war mein bissiger Kommentar, dass in absehbarer Zeit ein solcher »neuer Beruf« wieder völlig überflüssig wäre, weil wohl niemand mehr einen PC reparieren würde. Diese Teile würden in naher Zukunft, falls veraltet oder funktionsunfähig, einfach durch einen neuen Computer ersetzt. Daher wäre ein solcher pseudo-moderner Berufstitel gar schädlich für seine Inhaber.

Professor Dr. Andreas Hufgard und Professor Dr. Rainer Thome, Würzburg
Exkurs – Was Hänschen nicht gelernt hat – das muss der Hans nun lernen!

Wenn wir das so lesen, dann sehen wir, dass das uns als Lebenserfahrung bekannte Sprichwort: »Was Hänschen nicht lernt, lernt Hans nimmermehr!« in der entwickelten Informationsgesellschaft schlicht und ergreifend keine Gültigkeit mehr hat.

In den 1990er-Jahren hatten wir an der Universität Würzburg den Studierenden eines der ersten Lehr- und Lernsysteme bereitgestellt. Es hatte den schönen Götterboten-Namen HERMES, war allerdings nicht »online«, sondern basierte noch auf einer CD-ROM als Datenträger. Gerade die Corona-Krise zu Beginn der 2020er-Jahre bewies, wie wichtig solche Grundlagenentwicklungen waren. Vieles hat sich seit den 1990er-Jahren erfreulicherweise verbessert. Aber wir müssen ganz banal und ökonomisch eingrenzen, dass es nur sinnvoll ist etwas zu lernen, wenn das damit gesammelte Wissen auch wirklich anwendbar ist und angewandt wird. Daraus resultiert eine zeitliche und logische Abfolge von Lern- und Anwendungsphasen. An den dazu geeigneten, technischen Hilfsmitteln wird permanent herumgetüftelt. Schon der Lehrer Lämpel in Wilhelm Buschs »Max und Moritz« hatte darunter zu leiden, dass es offenbar keine angenehmen Methoden zur Einspeisung von Wissen in die Köpfe gibt.

Vertrackter Weise haben die Menschen in den vier Jahrzehnten der Entstehung der Informationsgesellschaft gänzlich neue Systeme zur Wissensspeicherung und Lösungen zur Wissensnutzung entwickelt. Anders als Bücher können diese Systeme den Inhalt nicht nur passiv bewahren, sondern auf Anfrage auch reagieren, suchen, verknüpfen und damit direkt unterstützen, ja vielleicht sogar auch Neues elaborieren. Den gesamten textlichen und graphischen Wissensstoff können diese Informationsträger in Nullkommanichts übernehmen. Was gerade an laufenden Neuigkeiten dazu kommen sollte, wird aus globalen Quellen bereitgestellt.

Es kommen auch kommunikative und interaktive Lehr- und Lernmöglichkeiten zum Einsatz. Wir alle verbringen Stunden in Web-Veranstaltungen oder mit anschaulichen Videos und interaktiven Tests. Dabei reift auch die Erkenntnis, dass zum Ablauf vom »Lernen« zum »Anwenden« auch der Wechsel zwischen »digital« und »Präsenz« gehört. Was machen wir Lehrenden und Lernenden dann noch in der Zukunft? Was heißt das, bezogen aufs menschliche Lernen und die dafür vielleicht probaten Hilfsmittel?

Wenn man über eine adäquate Antwort ernsthaft und intensiv nachdenkt, kann man weiche Knie bekommen, denn dann müsste in der Tat »alles« geändert werden. Wir Lehrende schlüpfen dazu in die Rolle und Aufgabe des Theaterdirektors in Goethes Faust, der seine Aufgabe konsequent in der Zusammenführung und Lösung mehrerer Anforderungen sieht. Lehrende sollen »lustige« Personen sein, die eine spaßige Unterhaltung bieten, um die Aufmerksamkeit der Studierenden zu sichern. Lehrende sollen Dichter sein, die eine geistige Anleitung zur Nachdenklichkeit schaffen, um in den Zuschauenden einen Reifeprozess auszulösen. Und wir Lehrenden sind wie ein Theaterdirektorium, die eine Wirtschaftlichkeit seiner Lehre erreichen müssen. Goethe hat damit das letztlich wesentliche Argument beigesteuert, denn »am Golde hängt, zum Golde drängt doch alles...«

Damit wird eine klare Botschaft zur Nutzung aller Hilfsmittel vorgegeben, die zur Erleichterung der Aufgabenstellung und der Wirkung des Resultats beitragen. Die Erfahrung aus jahrelanger Entwicklung multimedialer Lernsysteme für Studierende tropft aber leider gleich Wermut in das begeisternde Konstrukt. Die Adressaten, lernende Menschen, sind geprägt durch ihre frühere, schulische Erfahrung und erwarten deren Weiterführung. Die Bereitschaft zum Ausprobieren neuer Vorgehensweisen ist wenig ausgeprägt. Und noch mehr Bitterstoff ist auch der Umstand, dass es kaum wirklich gute Lernlösungen gibt. Darin liegt die Crux.

So gesehen geht es primär darum, die Lernenden aufzumuntern, die neuen Vorgehensweisen unvoreingenommen auszuprobieren und ihnen gleichzeitig das Gefühl zu vermitteln, damit die Herausforderungen der Prüfung erfüllen zu können. Hier besteht auch eine geistige Hürde, denn beim institutionellen Lernen ist leider den Teilnehmenden insbesondere das Bestehen der Prüfung wichtig. Deswegen lernen sie viele Fakten, Regeln und möglicherweise wichtige Rahmenbedingungen auswendig, anstatt sie tatsächlich zu verstehen.

Wir meinen, dass der Lernstoff von den Füßen auf den Kopf gestellt werden muss. Dass man technische »Wissenshilfen« selbstverständlich auch bei der späteren beruflichen und privaten Aufgabenlösung nutzt, wird für den Lernprozess nicht berücksichtigt. Das war bis vor einigen Jahren noch logisch und konsequent, weil man nicht überall und bei allen aufkommenden Problemen die Möglichkeit zum Rückgriff auf die eigenen, vertrauten Lernunterlagen und noch viel weniger auf den ganzen, zum Beispiel über Wikipedia einsehbaren Kosmos von Erkenntnissen hatte.

Aber das bringt umfassende Konsequenzen mit sich. Das Auswendiglernen von Fakten macht wenig Sinn, wenn man diese mit dem omnipräsenten Smartphone jederzeit – »information at your fingertips« – per Google erfahren kann. Die vorsorgliche Ablage von »Wissensstoff« für alle Fälle im Gehirn verliert an Bedeutung, weil er bei Bedarf überall abgerufen werden kann. Man muss aber wissen, wie das geht, wo man suchen muss und was es wert ist, dann gelesen und für wahr gehalten zu werden. Die Kenntnis der Existenz elektronischer Wissensquellen sowie ihrer Analysemöglichkeiten und speziell die Erfahrung mit ihrem Einsatz, bekommen höchste Priorität. Die digitale Kommunikation weltweit und jederzeit, erlaubt einen globalen Austausch, der allerdings durch persönliche und soziale Kontakte vorbereitet und ergänzt werden muss. Damit werden Lehrende zu Vermittlern von Methoden für ein Aufmerksamkeits- und Wahrheits-Management für ihre Schülerschaft und Studierende.

Und – um es in der Diktion von Busch zu sagen – die »Moral von der Geschicht'« ist, dass sinnvolles, nützliches Lernen in der Informationsgesellschaft gänzlich anders ausgeprägt sein muss, als dies vorher der Fall war. Es wird mehr Systematisierung zum »Learning by Doing« sein, als klassisches »Pauken und Büffeln« von Fakten und Formeln. Aber gleichzeitig wird das »Doing« neu ausgerichtet von bisher mehr praktischen Tätigkeiten auf künftig auch abstrakte, wissenschaftliche, theoretische Fähigkeiten. Schließlich wird eine hybride Kommunikation so zu gestalten sein, dass sie virtuelle und persönliche Treffen sinnvoll kombiniert. Die Chancen, dass wir Menschen davon sehr profitieren, sind außerordentlich gut. Aber der dafür notwendige Umstellungsprozess in unseren Köpfen und die Neuorientierung des gesamten Systems sind schwierig und aufwändig.   ⁋

Es braucht stattdessen eine individuelle, dynamische, akademische Weiterbildung. Die Weiterentwicklung der Expertise des Personals liegt sowohl im Interesse der Beschäftigten als auch der Unternehmen. Für die künftige berufsbegleitende Bildung ist eine »Neue Konzertierte Aktion« erforderlich. Das war ein Vorschlag von der IG Metall Aschaffenburg, der bereits überregional am 24. Ordentlichen Gewerkschaftstag der IG Metall im Oktober 2019 in Nürnberg aufgegriffen wurde. Der Gewerkschaftstag forderte den Vorstand der IG Metall auf, eine konzertierte Aktion mit den Akteuren in Politik und Betrieben und Unternehmen zur Bewältigung der Digitalen Transformation umzusetzen.

Im März 2021 richteten wir vom IMI an der TH Aschaffenburg ein Symposium aus, respektive, es wurde ja nur von uns organisiert, der Veranstaltungsort war Corona-bedingt »das Netz«. Es war mit »Hybrid-digitaler Wissenstransfer in Netzwerken Hochschule-Wirtschaft – Neue Erfahrungen und Perspektiven der Weiterbildung« überschrieben. Der Wissenstransfer und die akademische Weiterbildung haben seit März 2020 durch die Corona-bedingten Maßnahmen auf absehbare Zeit einen umfassenden und radikalen Impuls erfahren. Davon sind auch die Wissenstransfer-Prozesse in den Netzwerken der Hochschulen betroffen. Die Rolle der persönlichen Anwesenheit an Seminaren, Meetings und Veranstaltungen hat sich relativiert. Die Netzwerke Hochschule-Wirtschaft arbeiten »hybrid« – mit nur wenigen anwesenden Personen und simultaner Audio-Video-Übertragung. Oder sie sind gänzlich »ins Netz« verlegt worden.

Dabei ist zu beobachten, dass nicht alle am Wissenstransfer interessierten Personen diesem Umbruch gleichermaßen gewachsen sind. Manche nutzen die Möglichkeiten des Wissenstransfers und der Weiterbildung mit Begeisterung. Andere sehen überhaupt keinen Weiterbildungsbedarf für sich. Es gilt nun, für alle Zielgruppen passende Angebote zu schaffen und Einstiegshemmnisse abzubauen. In seiner Grußbotschaft betonte Bernd Sibler, der Bayerische Staatsminister für Wissenschaft und Kunst, die Wichtigkeit des Wissenstransfers als die »Dritte Aufgabe« – neben Lehre und Forschung – der Hochschulen. Er lobte die TH Aschaffenburg wegen ihrer Vorreiterrolle in diesem Metier. Helmut Krcmar von der TU München hielt einen passenden Impulsvortrag »Wissenstransfer als Komplement der wissenschaftlichen Forschung«. Im Symposium wurden Praxisbeispiele aus Netzwerken »Hochschule-Wirtschaft« von anderen Universitäten präsentiert. Das Thema war in der Debatte angekommen. Wir formulierten »was die Belegschaft kann, bestimmt den Erfolg von heute – was die Belegschaft lernt, bestimmt den Erfolg von morgen« als die generelle Motivation.

Professor Dr. Detlef Krömker, Frankfurt am Main
Exkurs – Zur Digitalisierung der Lehre in der Informationsgesellschaft

Wenn man das liest, so kann man die Frage: »Was ist Lernen?«, stellen. Psychologen oder Erziehungswissenschaftler dürften sie etwa so beantworten, dass Lernen der Vorgang der Aufnahme, Speicherung und Verarbeitung nicht ererbter Informationen ist, die eine Änderung des Verhaltens ermöglichen oder bewirken. Dahingehend befragte Neurowissenschaftler oder Hirnforscher würden vielleicht antworten, dass Lernen eine spezifische Verstärkung bestimmter Nervenzellen im Zentralnervensystem ist, und zwar durch eine verbesserte Signalübertragung an den Synapsen durch biochemische und strukturelle Modifikationen.

Allen Betrachtungsweisen zum Begriff »Lernen« ist wohl die Erkenntnis gemeinsam, dass wir uns gar nicht gegen das Lernen wehren können. Wir Menschen lernen ein Leben lang, quasi immer, für uns bedeutet das »Leben« immer auch ein »Lernen«!

Aber dieses Lernen bedeutet einen vergleichsweise hohen Aufwand für das Gehirn. Oft spüren wir diesen Aufwand gar nicht, aber manchmal wird Lernen durchaus mühselig und anstrengend. Lernvorgänge sind eigentlich nur dann möglich, wenn den Inhalten, die gespeichert werden sollen, auch Aufmerksamkeit entgegengebracht wird. Wissen über Ereignisse im richtigen Kontext abspeichern und auch wieder abrufen zu können, sich per Langzeitgedächtnis zu erinnern, über früher Erlebtes berichten zu können und die Fähigkeit, sich in einer neuen Umgebung zurecht zu finden, sich zu orientieren. Alle diese Funktionen werden von unserem Limbischen System als einem Teilsystem des Gehirns gesteuert. Dabei bewertet dieses System auch die Gedächtnisspuren der Erinnerungen mit Emotionen. Beim Lernen geht es also auch um »Lust« oder »Widerwillen«. Da wirkt der bekannte »innere Schweinehund« in uns, der uns von zu aufwändigem Lernen abhält.

Ganz abgesehen von Müdigkeit oder gar Erschöpfung müssen wir den spezifischen Lehr- und Lernkontext so gestalten, dass eine möglichst hohe Motivation und Lernbereitschaft entstehen, so dass dieser innere Schweinehund also überwunden wird. Betrachten wir zunächst die traditionelle Lehre. Ein Schlüssel zur Motivation ist der sogenannte Methodenwechsel, das heißt eine Variabilität bei den Sozial-, Arbeits- und Organisationsformen. Als Sozialformen unterscheiden wir etwa Formen der Einzelarbeit, Partnerarbeit, Klein- und Großgruppenarbeit in der Klasse oder im Hörsaal. Die Organisationsformen beschreiben die Anordnung der Tische und Stühle für die Lernenden. Und schließlich die potentiell sehr vielgestaltigen Arbeitsformen. Das sind diverse Methoden, wie der Lehrervortrag im Frontalunterricht, Demonstrationen und Versuche, Quellen- und Textarbeit, Rollen oder Planspiel, Stillarbeit und viele mehr.

Ein Ziel der Lehre sollte es sein, bei diesen Formen möglichst häufig zu wechseln, um Eintönigkeit und Langeweile und die damit einhergehende Demotivation zu vermeiden. Außerdem kann man so auch für verschiedene individuelle Lerntypen angemessene Lernanreize bereitstellen. Aber all dies sollte immer angemessen erfolgen und nicht hektisch und künstlich erzwungen werden. Sehr wichtig ist auch noch: Alle Beteiligten müssen diese Methoden kennen, also auf der Meta-Ebene kennen »lernen« und sich damit wohl und sicher fühlen.

Unter eLearning versteht man nun alle Formen des Lernens, bei denen elektronische oder digitale Medien für die Distribution, Präsentation und Interaktion mit Lernmaterialien und zur Unterstützung der zwischenmenschlichen Kommunikation zum Einsatz kommen. Viele Dozierende betrachten eLearning lediglich als eine – aber neue – Lehr-Methode. Aus meiner Sicht ist das aber Unsinn. Mit einem modernen eLearning kann man fast jede Sozial-, Arbeits- und Organisationsform unterstützen und realisieren. Die Flexibilität ist sogar größer als im traditionellen Fall, denn viele eLearning-Methoden können sowohl in Präsenz in der Schule oder Universität als auch in der Distanz eingesetzt werden. Dies gilt selbst dann, wenn man die Methoden-Interdependenzen berücksichtigt. Nicht alle Methoden lassen sich gleichgut miteinander kombinieren.

Insbesondere sind durch die wirklich neuen, technischen Möglichkeiten auch neue Arbeitsformen im Lehrbetrieb entstanden. Hierzu zählen der Einsatz von Multimedia, modellbasierten Simulationen, der Einsatz von »Virtual Reality« und »Augmented Reality«, der Einsatz von Spielen, zum Beispiel

Strategiespiele, »Serious Games«, selbstkorrigierendem Quiz und andere mehr. Der Methodenreichtum erweitert sich in der Informationsgesellschaft erheblich, und ständig werden neue Ansätze entwickelt. Das Potential ist bei Weitem noch nicht ausgeschöpft. Die Sozial- und Arbeitsformen lassen sich weitgehend flexibel, zum Beispiel mit Videokonferenz-Systemen und geeigneten Lernplattformen nachbilden. All diese Formen bereichern das Lernen und machen es interessanter. Die inhärent vorhandene Mühe beim Lernen wird letztlich durch eine intrinsische Motivation überwunden. Lernen macht mittels der neuen Technologien Spaß, ist – wieder – interessant und passt in die Lebenswirklichkeit der jungen Menschen.

Alle diese Technologie-basierten Möglichkeiten müssen intensiv eingeübt sein. Die Methoden, Sozialformen und Organisationen müssen sowohl im Präsenzbereich als auch im Distanzbereich mindestens dem Lehrenden hochgradig präsent sein. Aus meiner Sicht sollte in der Lehramtsausbildung Präsenz- und Distanzlernen absolut in gleichem Umfang gelehrt werden. Und dies war – und ist – in der Realität leider kaum der Fall. Die Lehrenden müssen sich ihrer Sache sicher sein und in ihrer jeweiligen Rolle wohl fühlen, nur so können sie vorbildlich eine Klasse oder ein Seminar leiten. Es ist eine leider traurige Erkenntnis, dass die Defizite und Versäumnisse der Vorjahre gerade in der Zeit der Corona-bedingten Maßnahmen überdeutlich zu Tage traten. Hinzu kommen, und das haben die Schüler und Schülerinnen gerade in der Corona-Zeit schmerzlich erleben müssen, die sehr verschiedenen und zum Teil unzureichenden Geräte- und Raumausstattungen im häuslichen Bereich. Innerhalb eines »Corona-Jahres« hat man für diese Probleme kaum Lösungen schaffen können.

Natürlich braucht das elektronische Lernen eine geeignete und funktionierende Infrastruktur. Die Lehrenden brauchen mindestens eine Lernplattform, ein Videokonferenzsystem, und diverse Werkzeuge für die Erstellung oder Anpassung von Material. Ein Textwerkzeug allein ist natürlich völlig unzureichend.

Selbstsicher und vorbildlich können Lehrende nur dann auftreten, wenn sie die zu lehrende Materie sicher beherrschen. Und dazu gehört, um es für den Bereich der »Digitalen Transformation« deutlich zu sagen, sicherlich keine verbrämte »Medienkompetenz«. Die Dozierenden müssen über Informatikkenntnisse, einschließlich elementarer Kenntnisse des Programmierens verfügen. Das sind die wichtigsten, »neuen« Kulturtechniken des 21. Jahrhunderts. Sie sind dem Schreiben, Lesen und Rechnen ebenbürtig geworden. Aus meiner

Sicht muss dieser Kompetenzerwerb ein Pflichtteil der Lehrerausbildung sein und niemand sollte als Hochschullehrer tätig werden können, der solche Kenntnisse und Fähigkeiten nicht nachweisen kann. Die Lehrenden brauchen Zeit zum »eLearning-Scouting«, dem Suchen und Ausprobieren von neuen Möglichkeiten, von neuen Quellen für Materialien, von neuen Methoden. Dies erzeugt Informatik-Kompetenz und damit die nötige Selbstsicherheit und Virtuosität bei deren Nutzung.

Zugegebenermaßen fehlt bei einem reinen Distanzlernen die persönliche, unmittelbare soziale Interaktion zwischen den Mitstudierenden und natürlich auch den Lehrenden. Dies ist durchaus nicht unerheblich. Wir alle wissen, dass eine direkte Interaktion mit dem »kompletten« Mitmenschen, dem Menschen als einem sozialen Wesen, nicht wirklich durch sogenannte »Medien« ersetzt wird. Eine vielversprechende Lösung ist der Einsatz und die Möglichkeit von »Blended Learning«. Das ist eine Mischform aus traditioneller Präsenzlehre und eLearning. Genau dieses »Mischen« bringt dann weitere Möglichkeiten, wie zum Beispiel den »Inverted Classroom«. Die Lehrenden vergeben die Wissensvermittlung als eine Art »Hausarbeit«, was mit Multimedia-Telediensten wunderbar möglich ist, und widmen sich in der Präsenzzeit der Lösung von Aufgaben. Hier können Lehrende schwächere Lernende gezielt unterstützen und exzellent Transferaufgaben bearbeiten.

Wir schließen mit einem Zitat von Ray Clifford von der Brigham Young University, der schon Anfang der 1980er-Jahren wusste: »Technology won't replace teachers. Teachers who don't use technology will be replaced by those who do.«

Plötzlich war im Jahr 2020 ein neuer psychologischer, statt nur physischer, Arbeitsschutz äußerst dringlich. Bisherige Modelle des Arbeitsschutzes halten dem digitalen Wandel offenbar nicht stand. Wie kann man die neuen »Homeoffice-Workers« vor Burn-Out, Mobbing, Überlastungs- und Suchtprävention etc. schützen? Offenbar braucht es ein neues »management of the self« der Betroffenen. Ein »hide away« war nicht mehr möglich. In den ersten Jahren meiner Berufstätigkeit war man durch die im Büro hinterlassene Nachricht »ich bin unterwegs« vor allfälligen Nachstellungen geschützt. Spätestens ab dem Jahr 2000 war es »no go«, nicht in angemessener Form per Mobiltelefon und später auch per Smartphone und E-Mail erreichbar zu sein.

Die Informationsgesellschaft fragte aber auch nach neuer, nicht-technischer und philosophischer Orientierung.

Digitale Ethik und Jesuanische Philosophie
(2012 – 2020)

Die alte Frage der Ethik nach dem richtigen und guten Handeln stellt sich auch in der Informationsgesellschaft – stets aufs Neue. Aspekte eines digitalen Anstands und menschenwürdigen Umgangs im Netz werden erörtert.

Die Ethik galt noch zu Beginn des neuen Jahrhunderts in der Wirtschaft als ein sogenannter »weicher Faktor«. Sie war zwar intellektuell interessant, aber eigentlich ohne große Bedeutung für die alltägliche, »harte«, unternehmerische Praxis. Die Ethik erschien als Gegenstand einer zum Teil ziemlich abstrakten Diskussion um Begriffe wie »Verantwortung«, »Nachhaltigkeit«, »sozialer Kompetenz«, »moralischen Werten« etc. Für viele Studierende, so auch an meiner Aschaffenburger Hochschule, war das Fach Ethik in der Schulzeit eine durchaus willkommene Alternative zum Religionsunterricht gewesen. Ethik war ein unverbindliches sogenanntes »Laberfach«. »Ethik ist keine große Kunst, das kann doch jeder«, hörte man manchmal sagen.

Das hat sich etwa seit dem Jahr 2010 im Laufe der weiteren Entwicklung der Informationsgesellschaft deutlich geändert. Ethische Aspekte spielen eine wichtige ökonomische Rolle, wenn es um die Akzeptanz von Technologien und Produkten geht. Der Erwerb und Gebrauch einer Ware oder die Inanspruchnahme einer Dienstleistung muss als eine gesellschaftlich-ethisch »vertretbare«, gute und richtige Handlung erscheinen. Keine Akzeptanz erfahren Produkte, die gesundheits- oder umweltschädlich sind oder gegen Tugenden und soziale Gepflogenheiten, gegen die Humanisierung der Arbeitsbedingungen, den Umweltschutz oder dergleichen mehr verstoßen. Firmen mit einer »falschen Ethik« haben größte Mühen, wenn es um die Anwerbung von qualifizierten Mitarbeitern geht. Wenn ganze Branchen ethisch nicht tragbar sind, reagiert der Gesetzgeber mit Restriktionen oder gar mit Verboten für die ganze Branche. Von daher ist die systematische Adressierung ethischer Fragen zu einem in der Tat »wichtigen ökonomischen Faktor« von äußerster Relevanz geworden.

Die »Corona-Krise« hat ab dem März 2020 eindrucksvoll gezeigt, dass ethische Argumente gesellschaftliche Gepflogenheiten und damit auch die Akzeptanz neuer Technologien massiv beeinflussen können. Aus dem ethischen Primat des Gesundheitsschutzes folgte das weitgehende Verbot von physischen Kontakten im Geschäftsleben. Daraus entstand ein Strukturwandel, aus welchem wiederum eine erzwungene Akzeptanz von Telekooperation und Arbeit im Homeoffice erwachsen ist. Diese »Corona-Revolution« entwickelte auch neue digitale Umgangsformen.

Mit Ethiken versucht man seit Anbeginn der Zivilisation, das richtige und das gute Handeln zu beschreiben. Die diversen Ethiken regeln, je nach ihrer gesellschaftlichen Akzeptanz und Umsetzung, unser Tun und Lassen. Die Zivilisationen haben weltweit ein ganzes Portfolio ethischer Systeme und Modelle hervorgebracht – mit jeweiligen Vorteilen und Nachteilen. Die ethischen Vorgaben können als die »Normen des richtigen Handelns« explizit formuliert werden, oder sie folgen den »Werten des richtigen Handelns« – letztere sind allerdings nicht immer normativ fassbar.

In der Informationsgesellschaft erscheinen ethische Normen auch in Gestalt von normativ wirkenden Maschinen und digitalen Automaten, Algorithmen und Prozessen. Sie leiten den Menschen zu einem – im Sinne der Programme und Systeme richtigen – Handeln an, oder zwingen ihn gar dazu. Die normativen Automaten der sogenannten »Künstlichen Intelligenz« wirken nützlich und bevormundend, aber mitunter auch bedrohend. Dies hat die Frage nach einer spezifischen »KI-Ethik« zur Folge. Die ethische Debatte hat mit dem technischen Fortschritt, der Digitalen Transformation, offenbar nicht immer Schritt gehalten. Die Frage »Was soll ich tun?« muss daher aufs Neue gestellt werden.

Im Anschluss an die Debatte, die ich ab etwa dem Jahr 2018 mit Guerino Mazzola über Semiotik führte, stellten wir uns die Frage, was gut und schlecht, beziehungsweise richtig und falsch, in einer »Digitalen Ethik« der Informationsgesellschaft bedeuten könnte. In der Konsequenz kamen wir zu der Einsicht, dass Handlungen immer auch einen Zeichencharakter haben: »sie bedeuten etwas«, sie können dahin gehend bewertet werden. Damit kamen wir zu einer semiotischen Sicht auf Handlungen. Handlungen haben eine Bedeutung, sie sind quasi gestische »Zeichen«, griechisch σημειον – semeion. Damit konnten wir es etwas abstrakter formulieren »Die Ethik ist die Lehre von der Semiotik der Handlungen«.

Eine Leitfrage ist, was passiert, wenn ein Mensch – oder auch eine Maschine – »digital« handelt? Wir verfügen über Theorien des Handelns, die Motivation, Planungen, Folgen etc. adressieren. Was aber konstituiert eine »Handlung an sich«? Ist den »Handlungen« überhaupt ein »Existenzcharakter« zuzubilligen? Man mag sich angesichts dieser – trivial anmutenden – Frage an eine Situation zu Anfang des 20. Jahrhunderts erinnert sehen. Seit

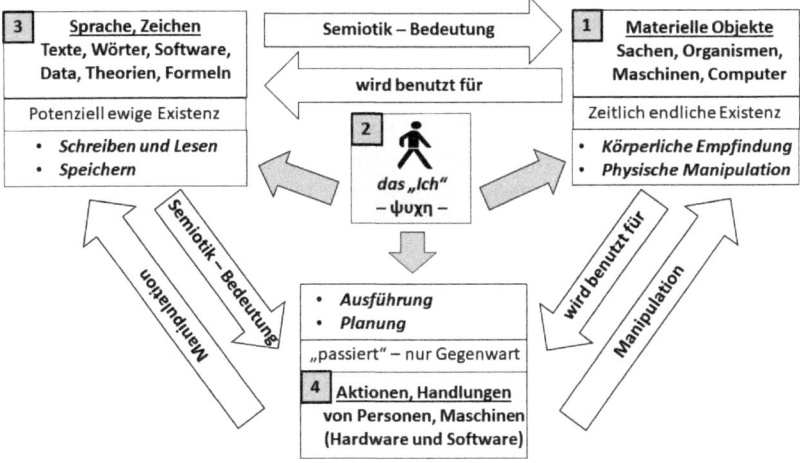

Das Modell der vier Welten. Das bekannte Drei-Welten-Modell von Popper und Eccles ist um die vierte Welt der Handlungen ergänzt.

der Antike konnte man algorithmisch rechnen, was aber ein »Algorithmus« genau ist, musste noch geklärt werden.

Das Modell der »Drei Welten« von Karl Raimund Popper und John Eccles war sehr nützlich, als es um das Verstehen der Beziehung von digitalen Maschinen und Erkenntnis ging. Man kann nun weiter nach dem Platz von »Handlungen« in diesem Modell fragen. Die Handlungen sind weder materiell (in Welt 1), noch immateriell (in Welt 3) positionierbar. Die Handlungen bilden quasi eine »eigene vierte Welt« – um die das Drei-Welten-Modell des Kritischen Rationalismus zu ergänzen ist.

Hat eine Handlung »überhaupt eine Existenz«? Man muss das bejahen, und in der Konsequenz ist das Modell der Drei Welten des Kritischen Rationalismus um eine »Welt 4 der Handlungen« zu ergänzen. Das circa im Laufe der Jahre 2019 und 2020 entwickelte Verständnis ist, dass Handlungen »nur in ihrer unmittelbaren Präsenz existieren«. Handlungen können von Personen oder Maschinen ausgeführt werden, sie manipulieren Elemente der Welten 1 und 3. Nach ihrer Ausführung sind sie vorbei. Allerdings können einmal durchgeführte Handlungen – auch wenn sie keine sonstigen speziellen Spuren hinterlassen – nicht mehr ungeschehen gemacht werden.

Dieser Aspekt des »nie mehr ungeschehen« ist für eine Digitale Ethik sehr relevant, denn es gibt viele Handlungen in der Digitalen Welt, die eine Wirkung entfachen, obwohl sie keine Elemente in Welt 1 modifizieren und obwohl sie keine bleibenden Daten in Welt 3 hinterlassen. Das sind etwa unwahre Behauptungen oder Beleidigungen etc., die in einem Sozialen Netzwerk oder Messaging Services gepostet werden. Sie sind zwar nur in ihrer unmittelbaren Präsenz existent. Sie werden aber auch in nach einem Bemerken und Löschen – »notice and take-down«– nie mehr ungeschehen sein. Sie haben daher als in der Situation existente Behelligungen, gar psychische Körperverletzungen, eine ethische Relevanz

Professor Dr. theol. Ruben Zimmermann, Mainz
Exkurs – Zur Hermeneutik, der Theorie des Verstehens

Wenn ich das so lese, so sehe ich natürlich als Theologe die Überschrift des Kapitels mit der »Jesuanischen Philosophie« mit einem gewissen Wohlgefallen. Wir interpretieren in unserem Metier vor allem Texte, insbesondere biblische Texte. Daher sollen zunächst an dieser Stelle, bevor wir zu den eigentlichen ethischen Fragen kommen, ein paar Sätze zur Hermeneutik, der Theorie des Verstehens, voran gestellt werden.

Wie können ausgerechnet Texte einen Erschließungscharakter entfalten? Sind nicht nur die Naturwissenschaften, sondern auch die Sozial- und Wirtschaftswissenschaften heute auf empirische Daten als der einzigen Basis rationaler Erkenntnis- und Theoriebildung verwiesen? Das von Georg Rainer Hofmann vorgestellte »Vier-Welten-Modell« begrenzt sich allerdings nicht auf die Deskription »objektiv« erhobener Daten, sondern versteht sich als bedeutungsorientiertes, semiotisches Zeichen-System, das Sprache, Wörter und Texte von vornherein mit einbezieht. Im Sinne der Semiotik von Charles Sanders Peirce gibt es aber nicht nur das Bezeichnete (Signifikat) und das Bezeichnende (Signifikant), sondern immer auch einen »Betrachter«, der einen Deutungsprozess vollzieht und in Gang setzt. Texte, und schon gar kulturell wirksam gewordene, kanonische Texte, wie die der Bibel, sind geronnene Artefakte solcher Deutungsprozesse. Sie können als Gesprächspartner im jeweiligen und neu vollzogenen Deutungsprozess herangezogen werden. Sie stellen ganzheitliche Sinn- und Deutungspotentiale bereit, die nicht aus den puren empirischen Daten zu gewinnen sind.

Die Parabeln Jesu bieten nun in mehrfacher Hinsicht gute inhaltliche Anknüpfungspunkte für diesen Deutungsprozess und den interdisziplinären Dialog. Szenen der sozialen und auch ökonomischen Lebenswelt werden von Jesus aufgegriffen, aber mit einem speziellen Fokus oder einer überraschenden Pointe erzählt, um dadurch dem Hörer oder der Leserin die Augen zu öffnen und Denkprozesse in Gang zu bringen. Nicht selten entfalten diese Texte hierbei auch eine systemkritische Kraft, William R. Herzog spricht sogar von »Parables As Subversive Speech«, weil sie nicht nur zum Nach- sondern auch zum Umdenken anstiften wollen. In theologischer Diktion sprechen sie von »Gottes Wirklichkeit«, die in einem spannenden Diskurs und kontrafaktisch – oder auch visionär – der aktuellen Wirklichkeit gegenüber gestellt wird. Mit einem weiten Verständnis von Ökonomie kann man wahrnehmen, dass auch Jesus – damals aktuelle – wirtschaftliche Fragen und Strukturen seiner Zeit in den Blick nimmt. So ist von Gastmählern der Wohlhabenden und Machthabern die Rede (Matthäus 22, Parabel vom Gastmahl), von der Vermehrung von Gütern in komplexen Subunternehmen (Lukas 19, Parabel der anvertrauten Pfunde), Schuldschein-Praktiken (Lukas 16, Parabel vom unlauteren Verwalter), der Lohnauszahlung (Matthäus 20, Parabel vom Weinberg) oder einem pauschalen Schuldenerlass (Matthäus 18, Parabel vom undankbaren Sklaven) die Rede.

Stets werden dabei Menschen in den Mittelpunkt der Betrachtung gestellt, was dann wiederum kritisch bis paradox in die bestehenden Verhältnisse der Informationsgesellschaft hineinwirken kann.　　　　　　　　　　ꝫ

Die Entwicklung der Informationsgesellschaft brachte eine neue Frage mit sich, nämlich, wie mit normativen Automaten umgegangen werden soll, die Menschen vorschreiben, was zu tun ist. Die Konstruktion des Automaten folgt einem abstrakten, formalen und idealen »Modell«. Es wird unterstellt, dass der Benutzer und die Benutzerin die Anweisungen auf dem Bildschirm des Automaten lesen, verstehen und befolgen kann und dergleichen mehr. Durch den Digitalen Wandel haben normative Automaten eine neue Qualität erlangt. Zum einen sind die Automaten von globaler Ausdehnung und ihre Lebensdauer ist zum Teil eminent. Automaten ersetzen den direkten, sozialen Kontakt und bestimmen die Art, wie wir einkaufen oder konversieren. Dienstleistungen und Kontakte werden nicht mehr von Menschen für – und mit – Menschen, sondern von entsprechenden Maschinen für Menschen erbracht. Das hat massive Auswirkungen auf das, was wir unter »gesellschaftlichem Umgang« verstehen.

Wenn Entscheidungen von normativen Maschinen nicht sinnhaft sind, dann müssen diese erkannt und modifizierbar sein. Sinnlose oder unausgereifter Prozesse oder Maschinen brauchen »nicht-normative Auswege«, damit einer Bevormundung des Menschen durch Systeme entgangen werden kann. Wie soll etwa mit dem Fahrgast in der Bahn umgegangen werden, der den Fahrkartenautomaten am Bahnhof schlicht nicht verstehen konnte? Wie ist mit Patienten zu verfahren, die erkannt haben, dass die computergestützte Diagnose offenbar falsch ist? Was soll ein Steuerpflichtiger tun, der wegen eines Programmierfehlers einen falschen Steuerbescheid erhalten hat?

Die Nicht-Sinnhaftigkeit oder Fehlerhaftigkeit einer Automatisierung lässt sich kaum vorhersagen. Wir brauchen deshalb Mechanismen, um gefährliche Automaten quasi zu »bändigen«. Durch Automaten verursachte Unglücke, wie die Abstürze von Flugzeugen des »Boeing 737 Max« in den Jahren 2018 bis 2020 sind nicht akzeptabel. Diesen Unglücken kann wohl kaum die Qualität einer Straftat zuerkannt werden, denn es ist nicht klar, ob es Personen gibt, die als verantwortliche Täter identifiziert werden können. Damit ist die KI quasi »jenseits von Gut und Böse«, denn die KI verantwortet nichts.

Der Kritische Rationalismus liefert auch im Metier der Automatisierung einen Ansatz. Es ist nicht entscheidend, wie man einen sinnhaften Automaten konstruiert – dies ist aus kritisch rationaler Sicht auch nicht unbedingt nötig. In den Vordergrund rückt der Kritische Rationalismus stattdessen die Frage, wie schlechte und fehlerhafte Automaten erkannt und verbessert werden können.

Selbst primitive Automaten, wie die bekannte einfache Fallgrube zum Fangen wilder Tiere, können einerseits eine nützliche und mächtige Wirkung entfalten – und andererseits gefährlich sein, wenn ihr Handeln nicht dem idealen, intendierten Modell entspricht. Das hat man schon früh erkannt, dass Automaten eine solche Kehrseite haben können. In den biblischen Sprüchen Salomos, Kapitel 26, Vers 27, lesen wir bereits »Wer anderen eine Grube gräbt, fällt selbst hinein«. Die normativ wirksamen Automaten verlangen nach einer anthropozentrischen Ergänzung, so dass der Mensch nicht unter die Räder des Gesetzes und der normativen Vorgaben kommen kann.

Über einen – weiteren von vielen – schieren Zufällen kam ich mit Fragen der Ethik intensiver in Kontakt. Der in der benachbarten Stadt Breuberg tätige und mir gut bekannte Pfarrer Thomas Geibel fragte mich, ob ich nicht als ein »wirtschaftlicher Berater« den Betrieb der lokalen Diakoniestation unterstützen könnte. Als direkte Folge meiner Tätigkeit für die Breuberger Diakoniestation hatte ich mir in den Kopf gesetzt, die Samariter-Parabel bei Lukas, Kapitel 10, Verse 25 bis 37 neu zu verstehen. Ihre ethische Botschaft ist für Sozialstationen – wie die der Diakonie und der Caritas – von äußerster Relevanz. Ein Fokuspunkt war für mich der ökonomische Sachverstand, der offenbar aus dieser Parabel sprach, die positive Sicht auf das Geld, das Verständnis für die ökonomische Situation des reisenden Samariters.

Das müsste im Frühjahr des Jahres 2014 gewesen sein, als ich zur Samariter-Parabel einen Aufsatz verfasste. Nachdem Pfarrer Thomas Geibel mir angedeutet hatte, dass meine Erkenntnislage aus theologischer Sicht nicht völlig wertlos sein könne, drängte es mich förmlich, das Thema auf universitärem, theologischem Niveau zu erörtern. Mein super-naiver Ansatz war, per Google herauszufinden, wer sich denn im Metier »Auslegung von Parabeln des Neuen Testaments« auskennen könnte. Mir fiel kein Geringerer als Professor Ruben Zimmermann in Mainz auf. Er war ein maßgeblicher Autor des Werks »Kompendium der Gleichnisse Jesu« – da musste er sich ja mit der Samariter-Parabel und ihrer Deutung ganz gut auskennen. Ruben Zimmermann war auf einen Anruf hin in seinem Büro gleich selbst am Telefon.

Ich erzählte ihm von meinen »Findings« zu den ökonomischen Aspekten im Samariter-Gleichnis. Seine spontane Antwort »Das ist ja interessant, was

Sie da sagen« ist mir bestens in Erinnerung. Es sollte sich ein spannender Austausch zur Ethik anschließen. Es bestand durchaus der Anspruch, die diesseitige Lehre des praktischen Philosophen Jesus von Nazareth für die ökonomische und für die digitale Ethik zu verstehen. Der Fokus lag auf dem Aufspüren der technischen und ökonomischen Aspekte der Jesuanischen ethischen Vorgaben.

Professor Dr. theol. Ruben Zimmermann, Mainz
Exkurs – Das Mainzer Zentrum »Ethik in Antike und Christentum« (e/ac)

Wenn ich das so lese, bin ich überrascht und erfreut, dass meine Disziplin in einem Feld, wie der Ökonomie und der Ethik der Informationsgesellschaft, ein Impulsgeber sein kann.

Die historische Bibelwissenschaft hat sich intensiv um die Erhellung und Rekonstruktion der antiken ökonomischen Verhältnisse bemüht, um die gesellschaftliche Basis dieser Texte besser verstehen zu können. Dies ist prinzipiell natürlich gut und nützlich. Nicht selten hat man sich hierbei allerdings so tief in Details der Quellenarbeit hineinbegeben, dass die Frage nach einem bleibenden Wert oder einer möglichen Übertragung auf gegenwärtige ökonomische Verhältnisse ganz aus dem Blick geriet. Georg Rainer Hofmann hingegen liest mit den Augen und Fragen des Wirtschaftswissenschaftlers und Ingenieurs im Horizont gegenwärtiger Herausforderungen.

Und gerade das machte ihn zum interessanten Gesprächspartner in unserem Mainzer Forschungszentrum »Ethik in Antike und Christentum« (e/ac). Das vorrangige Ziel des e/ac (www.ethikmainz.de), das ich gemeinsam mit Kollegen der Ev.-theologischen Fakultät der Universität Mainz im Jahr 2010 gegründet habe, ist es, die antike und ganz besonders die biblische und frühchristliche Ethik auf einer meta-ethischen Ebene so zu durchdringen, dass sie wieder anschlussfähig wird für gegenwärtige Diskurse. Dies kann freilich nicht im hermeneutischen Schnellschuss geschehen, sondern erfordert einen differenzierten, hermeneutischen Zugang, der der historischen Entstehung des biblischen Textes Rechnung trägt und zugleich seinen zeitübergreifenden Wert anschlussfähig beschreibt.

Mit regelmäßigen, interdisziplinären Tagungen, den so genannten »Mainz Moral Meetings«, versuchen wir im Gespräch mit Fachexpert*innen die grundlegenden und bleibenden Elemente biblischer Texte zu untersuchen und Brückenschläge in gegenwärtige Diskursfelder, wie z.B. der Molekularbiologie, des Klimawandels – oder eben auch der Digitalisierung, zu vollziehen.

Georg Rainer Hofmann war einer der häufigen und gerne empfangenen Gäste in diesem interdisziplinären Gespräch. Denn er trug als Professor für Information Management und mit seinem Hintergrundwissen sowohl in Wirtschaft als auch Technik nicht nur einen völlig anderen Erfahrungs- und Denkhorizont bei, er kannte sich auch in überraschender Weise gut mit biblischen Texten aus. Als Fachfremder brachte er der Bibel in wohltuend unbeschwerter Weise ein neugieriges Interesse entgegen und war zu überraschenden Entdeckungen in der Lage.

Dass er in den biblischen Texten besonders die »nicht-normativen« Dimensionen der Ethik wahrgenommen hat, verbindet ihn besonders mit dem Anliegen des e/ac als Forschungszentrum, das sich mit Begründungsweisen der Ethik, also mit meta-ethischen Fragestellungen befasst.

Damit bin ich direkt bei der Überschrift »Digitale Ethik und Jesuanische Philosophie« des Kapitels angekommen. Die Bibel wurde zwar einst als »norma normans«, der normgebenden Norm, allen Handelns beschrieben. Ein genauerer Blick in die Texte offenbart allerdings, dass die Begründungswege ethischer Texte der Bibel ein breites Spektrum aufweisen, das keineswegs nur unter dem Label einer »normativen Gebotsethik« subsummiert werden kann. Schon von der einen Ethik der Bibel zu sprechen, widerspricht der Vielfalt der Stimmen, die aus den unterschiedlichen Schriften des Kanons hörbar werden. Metaethisch betrachtet, finden sich, zum Beispiel bei Paulus, neben deontologischen auch teleologische Begründungsfiguren oder quasi utilitaristische Güterabwägungen. Die Begründung des angemessenen und guten Handelns bleibt nicht auf Argumentationen beschränkt, sondern umfasst das breite Spektrum sprachlicher Ausdrucksweisen, wie Hymnen, Metaphern oder Erzählungen. Gerade diese metaphorischen und narrativen Reflexionsweisen, wie man sie etwa in Parabeln antrifft, wollen den Lesenden zu, um die Formulierung von Paul Ricoeur zu gebrauchen, »Forschungsreisen des Guten und Bösen« einladen. Der Text wird somit zu einem Laboratorium von Gut und Böse, in das Lesende selbst eintreten können und auch müssen. ❡

Für eine ökonomische und digitale Ethik kann herausgestellt werden, dass Jesus von Hause aus in der Tat einen »technischen Beruf« hatte, er war ein wohl selbstständiger Handwerker. Bei Markus in Kapitel 6 wird er sehr glaubhaft als ein tekton – »τεκτων« bezeichnet. Diese Berufsbezeichnung wird traditionell mit »Zimmermann« übersetzt. Man könnte auch von einem »Bauhandwerker« sprechen. Jesus hatte mithin einen sozio-ökonomischen Horizont und verfügte sowohl über technische als auch ökonomische Kenntnisse. In etwa der Jahresmitte 2018 konnte ich dazu eine Monographie vorlegen. Sie trug den Titel: »Impulse nicht-normativer Ethik für die Ökonomie. Die Evangelien zu Geld und Ruin, zu Versagen und Neubeginn«. Ich habe das Buch oft spaßeshalber als eine »zweite Dissertation« bezeichnet.

Im Sommer des Jahres 2020 erhielt ich dann von Ruben Zimmermann die Einladung, für sein großes Herausgeber-Werk »Die Ethik des Neuen Testaments« das Kapitel »Unternehmensethik und Neues Testament« zu verfassen. Diese Anfrage ehrte mich angesichts des illustren Kreises meiner Ko-Autoren schon sehr. Es war, wenn ich das mit meinen Informatik-Tätigkeiten in den 1980er-Jahren vergleiche, nun quasi eine »Meta-Meta-Meta-Aufgabe«. In diesen Beitrag griff ich den Aspekt eines »Jesus Oeconomicus« auf, denn der Philosoph Jesus war ja von Haus ein »Tekton«, ein Bauhandwerker und wohl auch selbständiger Unternehmer. Jesus zeigt in den drei Parabeln vom Säen bei Markus in Kapitel 4 ein profundes, ökonomisches Verständnis Ein Investor tätigt dort eine risikoreiche Investition in Form der Aussaat von Saatgut. Er sieht drei Misserfolge, aber der eine Erfolgsfall ist über die Maßen rentierlich. Die Aufzählung der drei Investitionsformen ist erschöpfend: Auch heute sind keine anderen Wertschöpfungsmöglichkeiten bekannt. Das risikobehaftete Unternehmertum und wirtschaftlicher Erfolg erscheinen in der Jesuanischen Philosophie keinesfalls negativ besetzt.

Professor Dr. theol. Ruben Zimmermann, Mainz
Exkurs – Die Parabel vom Sämann im Markus-Evangelium

Wenn ich das so lese, so werde ich an die Parabel vom Sämann und dem vierfachen Acker erinnert (Markus 4,1-9), bei der das Wort (sei es als Wort Gottes bzw. Jesu oder als Wort der Bibel) auf unterschiedlichen Boden mit ganz unterschiedlichem Erfolg ausgesät wird.

Dabei mag es paradox erscheinen, dass Theologie und Kirche heute eher dem steinigen oder dornigen Grund entsprechen, der durch die »Krise des Schriftprinzips« kaum Raum zum Wachsen und Entfalten gewährt. Auf fremdem Terrain, wie dem hier adressierten »Ackerfeld« der Digitalen Ethik der Informationsgesellschaft, hingegen kann der Samen Wurzeln schlagen und vielfältige Frucht bringen.

Eine Darstellung von der Parabel vom vierfachen Acker ziert das Cover von Georg Rainer Hofmanns Buch »Impulse nicht-normativer Ethik für die Ökonomie« aus dem Jahr 2018, das seinerseits schon das Ergebnis eines fruchtbaren Dialogs zwischen dem Wirtschafts-Ingenieur und dem Bibelwissenschaftler darstellt. Dass dieser Dialog über die Interpretation von Parabeln begonnen wurde, mag nicht zufällig sein. Schon der Begriff der »Parabel« (von παραβαλλειν – »paraballein« – nebeneinander werfen/setzen/stellen/legen) fängt das Spezifikum dieser Miniaturerzählungen ein.

Zwei eigentlich nicht genuin miteinander verbundene Bereiche werden in Beziehung gesetzt und dem Prinzip der Metapher folgend entsteht gerade so eine neue Einsicht und nicht selten sogar ein Handlungsimpuls. Entsprechend könnte man in der Ökonomie und Technik auf der einen und der Bibelwissenschaft auf der anderen Seite die beiden Bereiche sehen, die »prima vista« auf ganz unterschiedlichen Klaviaturen des Wissenschaftsdiskurses spielen, aber einmal in Beziehung gesetzt, doch eine erstaunliche Dynamik entfalten. ⸗

Exkurs – Die Parabel von den »Arbeitern im Weinberg«

Wenn man das liest, so versteht man, dass sich der Terminus der »nicht-normativen Ethik« fast von selbst anbietet, wenn man die Parabel von den »Arbeitern im Weinberg« analysiert. In der Parabel bei Matthäus in Kapitel 20 geht es um einen Alleinbesitzer eines Weinberg-Betriebs. Er stellt gleich am Morgen Tagelöhner ein und er vereinbart mit ihnen einen Denar als Tageslohn. Der Weinbergbesitzer stellt im Laufe des Tages, alle drei Stunden und zum Schluss eine Stunde vor Feierabend, Arbeiter ein. Am Ende des Arbeitstages lässt er zunächst den zuletzt Gekommenen – mit nur eine Stunde Arbeit – einen Denar auszahlen. Die anderen Arbeiter erhalten ebenfalls den gleichen, jeweils vereinbarten Denar als Tageslohn. Diese Arbeiter beschweren sich und fordern mehr Lohn, weil sie auch mehr arbeiteten. Der Besitzer wehrt sich gegen den Protest. Er weist darauf hin, dass er sich vertragsgemäß verhalten habe und überdies mit seinem Geld machen könne, was er wolle. Man könne ihm doch keinen Vorwurf machen, nur weil er sich gnädig und kulant verhalten habe.

Das Weinberg-Paradoxon zeigte uns nun eine »Unvollständigkeit der normativen Ethik«. Es gibt das ethisch »gut« zu nennende Handeln, das sich paradoxerweise einer Normierung entzieht. Das ist eben die dann so genannte »nicht-normative Ethik«. Wir fanden drei Symptome, die für die nicht-normative Ethik typisch sind. Erstens ist das Paradoxon typisch. Macht man die Gnade oder Kulanz zur Norm, dann werden künftig alle Arbeiter im Weinberg danach streben, erst kurz vor Feierabend mit der Arbeit zu beginnen; das wäre ökonomisch paradox und wenig vorteilhaft. Zweitens ist das Prärogativ zu sehen. Der Weinbergbesitzer nimmt sich die nicht der Norm entsprechende Wohltat autokratisch heraus. Er reklamiert für sich souverän, dass er ja mit seinem eigenen Geld und mit seinen eigenen Leuten nach Belieben umgehen könne. Und drittens der Protest. Er wird erhoben von denjenigen »normalen« Arbeitern, die sich durch die (an den anderen Arbeitern) begangene Wohltat des Weinbergbesitzers benachteiligt sehen. Ihnen hält der Hausherr entgegen, es könne nicht als böse angesehen werden, wenn er Gutes tue.   ⸲

Dieser – an sich ziemlich nicht-technische – Diskurs zu einer »nicht-normativen Ethik«, erinnerte mich an das Studium der Theoretischen Informatik an der TH Darmstadt und den sogenannten »Unvollständigkeitssatz« des Kurt Gödel. Damit wird die Ableitbarkeit von Aussagen innerhalb der Formalen Systeme adressiert, und damit deren Grenze gezeigt. Eine wichtige Folge ist die Nicht-Lösbarkeit des Halteproblems. Das ist die Frage, ob ein Algorithmus (vulgo ein Computerprogramm) für beliebige Eingaben anhält, also zu einem Ende gelangt. Alan Turing konnte beweisen, dass es kein Verfahren oder Algorithmus geben kann(!), der dieses »Halteproblem« für alle möglichen Algorithmen lösen kann. Das hat massive Auswirkungen im praktischen Leben. Es wäre ja zu schön, wenn ein Computer für einen bestimmten Datenfall immer(!) sagen könnte, ob er in nützlicher Zeit zu einem Ende gelangt. Aber das geht nicht. Das Kürzel »WWW« wurde nicht zuletzt deshalb gerne mit »world wide waiting« verballhornt.

Die nicht-normative Ethik ist von spezieller Bedeutung, wenn Menschen in Kontakt mit normativen Automaten treten. Wenn durch die erkenntnistheoretischen Untersuchungen von Guerino Mazzola gelernt wurde, dass Maschinen nichts »wissen« können, dann wissen die Maschinen logischerweise auch nicht, »was ihr Tun bedeutet«. Die Semiotik der Handlungen, die Ethik schlechthin, ist ihnen nicht zugänglich. Für das Agieren der Automaten tragen die Maschinen daher keine ethische Verantwortung. Im Sinne einer – nicht zuletzt Jesuanischen – Anthropozentrik dürfen Menschen nicht »unter die Räder des Systems kommen«. Daher brauchen die normativen Maschinen als Vorsichtsmaßnahme zwei Mechanismen der Falsifikation.

Der eine ist ein »OFF«, verstanden als das kontrollierte Abschalten (»kill button«) von Automaten und Prozessen. Diese Funktion gab es schon länger als »Not-Aus« (»emergency switching off« und »emergency stop«) bei den klassischen Maschinen. Der andere ist ein »ESC«, ein kontrolliertes Ausweichen vor dem Handeln eines Automaten, also das Wiedererlangen der sozialen Kontrolle, indem handelnde Menschen an die Stelle des fehlerhaften Automaten treten. Auch die akademische Debatte bemühte sich zunehmend um solche Kontrollmechanismen im Bereich der Robotik und der künstlichen Intelligenz. Im Mai 2019 veranstaltete die Universität Mainz einen Workshop. Ich war als Redner eingeladen, denn Ruben Zimmermann meinte, dass die entwickelte »nicht-normative Ethik« anschlussfähig sei für die aktuelle moralphilosophische und gesellschaftliche Debatte. Es nahmen am Workshop eine ganze Reihe professioneller Theologen und Philosophen teil, so auch der Hessen-Nassauische evangelische Kirchenpräsident Volker Jung. Was sich dann in den Jahren 2019 und 2020 an Vortragstätigkeit zum Thema der »Digitalen Ethik« anschloss, erinnerte mich nach all den Jahren sehr an meine Raffael-Schule-von-Athen-Tournee in der Mitte der 1980er-Jahre.

Eine »Auflösung« des Weinberg-Paradoxons und die daraus folgende Unvollständigkeit der normativen Ethik ist im Rahmen derselben nicht möglich. In einem populär-wissenschaftlichen Essay »Das Weinberg-Paradoxon« über nicht-normative Ethik wurde dargelegt, dass man über »Hilfskonstruktionen«, Verbot, Ausnahme und Geheimhaltung, Tragen des Aufwands, in der lebenspraktischen Behandlung der Paradoxa nicht hinauskomme.

Am Ende landen wir so bei der »Großen Philosophie«. In der Mathematik würde man eine solche Unvollständigkeit, wie die der normativen Ethik, durch einen Wechsel der grundlegenden Axiome zu adressieren versuchen. Das ist angesichts der Russellschen Antinomie – »die Menge aller Mengen, die sich nicht selbst als Element enthalten« – gelungen, indem man von der Naiven Mengenlehre zu Axiomen-basierten Ansätzen wechselte. Eine Lösung des allgemeinen, nicht-trivialen Halte- und Entscheidungsproblems ist hingegen bislang nicht gefunden worden. Das mag damit zusammenhängen, dass es (noch) kein Berechenbarkeitsmodell gibt, das über die Turing-Berechenbarkeit hinausgeht.

Vergleichbar wäre in der Digitalen Ethik meta-ethisch zu reflektieren, ob etwa der generell-normative Anspruch einer Gültigkeit für alle Individuen aufzugeben sei. Die Konsequenz wäre die Konstruktion von Modellen »selektiv-normativer Ethik«. Dann sind das »richtige Handeln« und die Beurteilung von Handlungen vom jeweiligen Individuum und der jeweiligen Situation abhängig. Womöglich liefe es auf das bekannte geflügelte Motto »aliis si licet, tibi non licet« des römischen Komödiendichters Terenz hinaus, »auch wenn es anderen erlaubt sein mag, so doch nicht dir«. Es erscheint als unauflösbarer Zirkel, wenn wir dann wiederum nach »normativen Bedingungen« fragen, nach welchen wem was erlaubt sei. Wir kämen dann wieder auf die Ebene der generell-normativen Ansätze zurück, die es gerade zu überwinden galt.

Professor Dr. theol. Ruben Zimmermann, Mainz
Exkurs – Der Kern der Ethik der Jesuanischen Philosophie

Wenn ich das so lese, kommt mir ein Vorwurf in den Sinn, den man der Jesuanischen Philosophie und biblischen Ethik heute häufig entgegenbringt, dass sie doch veraltet und unzeitgemäß sei. Auf einer Meta-Ebene betrachtet, muss man die Zeitbedingtheit der Jesuanischen Ethik aber keinesfalls beklagen. Sie ist vielmehr das Beispiel einer Moralreflexion, die dem Leben und dem Menschen in ihren jeweils konkreten Kontexten und Verhältnissen gerade angemessen ist.

In der Moralphilosophie werden immer wieder Versuche einer rationalen Letztbegründung gestartet, während sich eine biblisch orientierte Ethik von vornherein auf bereichsspezifische und zeitorientierte Ethik beschränkt. Gegenüber einer abstrakten und zeitenthobenen Prinzipienethik, zum Beispiel dem Ethikverständnis bei Immanuel Kant, betont die biblische Ethik die Lebensnähe und Komplexität des guten Handelns in dichten Lebenssituationen.

So kann es in der Tat sein, dass in einer Situation ein bestimmtes Handeln richtig ist, das gerade in einer anderen falsch wäre. Nur an einem Punkt gibt es in der Ethik der Jesuanischen Philosophie keine Kompromisse, wenn es um das Wohl des Menschen geht. Georg Rainer Hofmann nennt dies hier einen »Anthropozentrismus«, den er in einem Gegenüber zu normativen Automaten und Algorithmen sieht. Hier trifft er tatsächlich den »Kern der Ethik« der Jesuanischen Philosophie.

Um Missverständnisse zu vermeiden, möchte ich aber hinzufügen, dass es in den biblischen Texten zwar auch um das Wohl und Glück des Einzelnen geht, der Mensch aber doch stets in sozialen Bezügen, ja weiter noch in die Schöpfung von Mensch, Tier, Pflanze und allen Seins eingebunden bleibt. Anthropozentrismus ist im Sinne Hofmanns insofern nicht mit dem autonomen, einzelnen Menschen als Maß aller Dinge zu verwechseln, wie ihn bestimmte liberale Lesarten der Aufklärung aufs Podest gestellt haben. Die digitale Ethik wird insofern nicht nur wachsam gegen die Versklavung des einzelnen oder ganzer Gruppen, sondern auch das menschenwürdige und gerechte Miteinander der Menschen im Einklang mit der übrigen Schöpfung im Blick behalten.

Nach etwa 40 Jahren Entwicklung der Informationsgesellschaft können wir als ein Fazit unserer Überlegungen festhalten, dass der Umgang mit normativen, digitalen Automaten und Systemen nach einer neuen anthropozentrischen Ergänzung verlangt. Die quasi »Entdeckung« der nicht-normativen Ethik erscheint als ein Beitrag zu einer anthropozentrischen Digitalen Ethik. Auch die immerwährende Verbesserung der ethischen Normen durch eine geschickte Normenkritik »kann eine Menschlichkeit der Gesellschaft nicht formal oder algorithmisch fassen«. Das »ignoramus et ignorabimus« – das »Wir wissen es nicht und wir werden es nicht wissen«, das David Hilbert fälschlicherweise für die Mathematik geleugnet hatte – es existiert (ebenfalls) für die Ethik. Die Frage »Was soll ich tun?« ist normativ nicht abschließend zu beantworten.

Epilog: Tranquility Base here – the Eagle has landed

Der Bericht schließt mit Hinweisen auf im Jahr 2021 bestehende Herausforderungen der entwickelten Informationsgesellschaft. Die Gestaltung des digitalen Wandels bringt – wenig überraschend – noch offene Fragen mit sich.

Als dieser Text entstand, sind seit der berühmten Weltumrundung des Magellan exakt 500 Jahre vergangen. In den Monaten vor exakt einem halben Jahrtausend hatte die Expedition Magellans den Weg um Südamerika herum gefunden, und war dann nach der Überquerung des Pazifiks in Asien. Man unterschätzte damals dieses Manöver in sträflicher Weise. Statt der erwarteten Überfahrt, die in wenigen Tagen zu bewältigen sein sollte, war man fast ein Vierteljahr über den sich schier unendlich hinstreckenden Pazifik unterwegs. Die Folgen waren ein entsetzlicher Mangel an Proviant. Der Berichterstatter Antonio Pigafetta hat – anders als viele seine Gefährten – diese erste Fahrt um die ganze Welt gerade eben so überlebt.

Wir wissen mittlerweile natürlich, dass die Reise des Magellan nur eine der ersten von vielen Pioniertaten der Eroberung der Neuen Welten war. Man war bis ins 20. Jahrhundert hinein immer wieder mit der Entdeckung und Befahrung abermals Neuer Welten gut beschäftigt. Noch um das Jahr 1850 herum wusste man vom Inneren Afrikas nicht allzu viel, auch weite Teile des äußersten Nordens und Südens der Erde waren unbekannt. Viele Gipfel hoher Berge warteten noch auf eine Erstbegehung.

Einen vorläufigen Endpunkt der wirklich großen Pionier-Reisen mögen die Expeditionen zum Mond des US-amerikanischen Apollo-Programms Ende der 1960er-und Anfang der 1970er-Jahre gewesen sein. Neil Armstrong funkte im Sommer des Jahres 1969 »Tranquility Base here – the Eagle has landed« vom Mond. Kurz darauf stellte er dort eine US-amerikanische Flagge auf. Man war nun sogar auf dem Mond angekommen. Die Eroberung der Geographie war damit an einer Art vorläufiger Endstation angelangt. Die »Neue Digitale Welt« war hingegen kaum noch betreten. Armstrong konnte auf dem Mond noch kein Video auf Band aufnehmen – und er hatte natürlich noch keine digitale Kamera zur Verfügung. Er musste klassische Fotoapparate und Kameras mit Filmen benutzen. Für erste Livebilder vom Mond gab es eine analoge Schwarz-Weiß-Fernsehkamera mit relativ geringer Bildauflösung. Neil Armstrong trug an seinem Raumanzug eine mechanische Armbanduhr. Es gab aber zu den Zeiten der ersten Mondlandung schon »kleine« portable Quarzuhren. Sie waren etwa so groß wie ein Schuhkarton.

Die großen Entdeckungen hatten stets das gleiche große Motiv als Hintergrund. Das war die Mehrung von politischer oder ökonomischer Macht. Die Expedition des Magellan, unglaublich verlustreich an Material und Personal, war dennoch ein finanzieller und politischer Erfolg. Der Marktwert der vom letzten verbliebenen Schiff Magellans zurückgebrachten Gewürze reichte aus, die Verluste des gesamten Unternehmens mehr als wett zu machen. Einige der von Magellan »besuchten« Länder sollten unter spanischen kulturellen Einfluss geraten – und auf Jahrhunderte auch bleiben. Die Aussicht auf Erlangung von mehr Macht war wohl durchgängig der Anlass für die diversen Entdeckungsreisen in der Historie. Neue Macht verhilft zu neuem ökonomischen Reichtum an Boden und an Gütern. Neue Macht bringt die Möglichkeit mit sich, über fremde Menschen zu verfügen, denen man vorschreiben kann, was sie zu tun und zu lassen haben.

Seit erdenklichen Zeiten sieht das Hoffnungstier Mensch in allen möglichen technischen Entwicklungen schier unendliche Möglichkeiten für eine positive Entwicklung des künftigen Geschehens. Freilich ist zum großen Erfolg das große Scheitern komplementär. Ungezählt sind die gescheiterten Versuche von Seefahrten in ferne Länder, die gescheiterten Fahrten in das Innere Afrikas oder in die Wüsten Zentralasiens oder auch in die Polargebiete. Die Geschichtsschreibung kümmert sich lieber um die singulären Erfolge als um die lehrreiche Analyse des vielfältigen Scheiterns. Den Entdeckern der Alten Schule ging es um die Beherrschung geographischer Strukturen, dort pflanzten sie ihre Flaggen und Kreuze auf. Bei der Besiedelung der Digitalen Welt hingegen ging es um die Kontrolle über das immaterielle Netz. Nichtsdestoweniger war die Gewinnung neuer sozio-ökonomischer Machtbereiche auch hier das zentrale Ziel. Und ähnlich der klassischen Geschichtsschreibung lesen wir in Case Studies lieber von erfolgreichen Start-ups im Internet, als von denjenigen internetbasierten Unternehmensgründungen, die leider gescheitert sind. Lehrreich wären die Letzteren allemal – als eine Art Sammlung pathologisch relevanter Fälle der Betriebswirtschaft.

So wie die Zeit der klassischen Entdeckungsreisen, so sah auch die Entwicklung der Informationsgesellschaft immer wieder fehlgeleitete Investitionen in der Form übersteuerter Erwartungen. Um das Jahr 1980 hatte man völlig übertriebene Erwartungen in die Möglichkeiten der neuen Computer, die übertreibend auch »Elektronengehirne« genannt wurden. Am Neuen

Markt an der Frankfurter Börse rächten sich im Jahr 2000 überzogene Erwartungen und forderten viele und hohe finanzielle Verluste. Die sogenannte »Künstliche Intelligenz« ist in den circa 40 Jahren von 1980 bis 2020 sozusagen »dauerüberschätzt« worden. Meine gegen Ende der 1980er-Jahre an einem GI-Fachgespräch geäußerten leichten Zweifel riefen größte Empörung hervor. Ich hatte gesagt, dass im Jahr 2000 menschliche Dolmetscher im internationalen Politikbetrieb nicht(!) durch KI ersetzt werden könnten und daher tatsächlich nicht(!) überflüssig seien. Die Euphorie um die Blockchain ab dem Jahr 2018 hat die in sie gesetzten Erwartungen, gelinde gesagt, nicht erfüllt. Andere Entwicklungen wurden hingegen jahrelang unterschätzt – so die Bedeutung des WWW für den Versandhandel und die Finanzwirtschaft. Wenn man um das Jahr 2000 prophezeit hätte, dass in relativ naher Zukunft die Kapazitätsplanung der Kommunikationsnetze vom Gebrauch des WWW im Internet bestimmt sein würde, das wäre damals lächerlich gewesen. Es ist aber genauso gekommen.

Nach 40 Jahren fortwährender und intensiver Entwicklung der Informationsgesellschaft ist der Weisheit letzter Schluss, dass der Weg von der Betrachtung eher kleinteiliger Details hin zu der holistischen Lösung der Meta-Probleme führen muss. Die weitere Entwicklung der Informationsgesellschaft ist zu wichtig geworden, um sie jeweils exklusiv den Technikern – oder gar den Nicht-Technikern – zu überlassen. Wir wollen den Versuch – »exemplary versus exhaustive« – einer Listung von Fragen unternehmen, die sich Analogie zu den Ereignissen vor circa 500 Jahren ergeben.

In der Zeit zwischen den Jahren von 1490 bis 1530 wurde Jakob Fugger in Augsburg der bedeutendste Unternehmer Europas. Es gelang ihm in der Folge der neuen politischen Verhältnisse sein Unternehmen global zu positionieren. Sein Baumwollhandel, die Montanwirtschaft mit Abbau von Silber und Kupfer, auch von Quecksilber, waren über ganz Europa verteilt und erreichten teilweise Monopolpositionen auf dem Metallmarkt. Jakob Fugger gestaltete mit seinen finanziellen Möglichkeiten die große europäische Politik der Habsburger maßgeblich mit. Er finanzierte die Wahl des spanischen Königs Karl I. zum – dann – römisch-deutschen Kaiser Karl V. Diese Finanzierung der Kaiserwahl darf man sich quasi als »Ausgleichszahlungen« an die den neuen Kaiser wählenden Kurfürsten vorstellen. Und Fugger erinnerte Kaiser Karl V. später verschiedentlich daran, wem(!) er sein Amt zu verdanken habe, wenn es darum ging, günstige politische Rahmenbedingungen für die Fuggerschen Geschäfte zu arrangieren. Jakob Fuggers immenses Vermögen könnte – »cum grano salis« – wohl der heutigen Kaufkraft von etwa 400 Milliarden Euro entsprochen haben. Von daher war auch von Jakob Fugger als »dem Reichen« die Rede.

Gegen Ende der 2010er-Jahre hat die wirtschaftliche Macht der internet-basierten Unternehmen beeindruckende Ausmaße erreicht. Die drei größten sind wohl der Onlinehändler amazon mit circa 280 Milliarden US-Dollar Jahresumsatz, das IT-Unternehmen Apple mit circa 260 Milliarden US-Dollar und Alphabet inklusive Google mit 160 Milliarden US-Dollar Umsatz. Addiert man diese drei Umsatzerlöse, so ergeben sich mehr als 700 Milliarden US-Dollar. Damit liegt die Umsatzerlössumme dieser drei Unternehmen ungefähr zwischen dem Bruttoinlandsprodukt der bundesdeutschen Länder Bayern und Baden-Württemberg – oder einem Fünftel des Bruttoinlandsprodukts der gesamten Bundesrepublik Deutschland. Auf internationaler Ebene liegt die Umsatzerlössumme dieser drei Unternehmen circa auf Platz 19 der Länderliste. Sie ist etwas geringer als das Bruttoinlandsprodukt der Niederlande, aber höher als das der Schweiz.

Die fulminante, wirtschaftliche Entwicklung der drei exemplarisch genannten Internet-Unternehmen hat ihre Ursache im Nutzwert, den ihre Produkte für ihre Kundschaft darstellen. Diesen großen Firmen ist es durch eine geschickte Standortwahl zudem gelungen, sich von den nationalen, politischen Vorgaben, wie dem Datenschutz oder auch der Versteuerung ihrer Gewinne in einem gewissen Maß unabhängig zu machen. Eine Problemlage ergibt sich umgekehrt, wenn diese marktbeherrschenden Unternehmen als »totalitäre Organisationen« erscheinen. Den Kunden wird per »Registrierung« eine umfassende Preisgabe ihrer persönlichen Daten und Identität abverlangt. Ihre digitale Identität wird damit eine funktionale Komponente der Geschäftsprozesse. Google und amazon, aber auch das Oligopol der »Internet Service Provider« gehören quasi zur täglichen Grundversorgung. Die persönlichen, materiellen und geistigen Folgen für ein Individuum, das von den genannten Unternehmen ausgegrenzt und nicht – oder nicht mehr – bedient wird, sind sicher nicht ganz unerheblich. Daraus folgt deren »demokratische Steuerung« als eine künftige globale, wirtschaftspolitische Aufgabe.

Betrachtet man die Entwicklung von medialen Erzeugnissen, so sieht man in der Mitte des 15. Jahrhunderts eine wichtige Rationalisierung bei der Herstellung von Büchern. In Mainz hatte Johannes Gutenberg damit begonnen, Bücher mit Seiten aus billigerem Papier statt aus Pergament herzustellen. Hinzu kam die Verwendung von modularen Druckplatten, die aus

Einzelbuchstaben aufgebaut waren. Vordem wurden Buchseiten »en bloc« im Holztafeldruck fabriziert oder eben mit der Hand geschrieben. Die Verfahren von Gutenberg ermöglichten es, dass Bücher nun in größeren Serien hergestellt werden konnten. Besaßen vordem nur reiche Bibliotheken oder begüterte Personen Bücher, wie beispielsweise die Gebetbücher der Herrschenden, so waren Bücher nun von faktisch jedermann käuflich zu erwerben. Ganz billig waren diese ersten, gedruckten Papierbücher sicher nicht, aber jeder hinreichend betuchte Bürger konnte nun Bücher kaufen und besitzen.

Vor etwa 500 Jahren, zur Zeit der großen Entdeckungsfahrten, erschien zudem eine ganz neue Form von Medien Das waren die »Flugblätter«. Sie bestanden meist nur aus einer Seite und konnten relativ einfach und schnell in großer Auflage hergestellt werden. Flugblätter trugen wesentlich zur Verbreitung der neuen politischen und philosophisch-religiösen Botschaften der Renaissance bei. Der Erfolg der Aufklärungsphilosophie und der Reformation wäre ohne den Einsatz von Flugblättern nicht möglich gewesen. Flugblätter wurden auch als Werbemittel wie Waren- und Preis-Listen eingesetzt und erfüllten so einen wichtigen Auftrag bei der Kommerzialisierung der Gesellschaft Mitteleuropas. Auf die Liberalisierung der Medienlandschaft, die vor circa 500 Jahren ihren Anfang nahm, reagierten die Herrschenden. Sie regulierten den Markt, indem sie Lizenzen für den Buchdruck erteilten, oder auch eine Zensur ausübten. Die Zensur sollte eine Gefährdung der herrschenden Verhältnisse durch revolutionäre Schriften verhindern. Sie sollte auch die Verbreitung von – zu den jeweiligen historischen Zeiten ganz verschiedenen – ethisch nicht vertretbaren Inhalten verhindern.

Die Medien haben in der Entwicklung der Informationsgesellschaft in den Jahren 1980 bis 2020 eine nochmalige, massive Liberalisierung erfahren. Massenmedien, wie Druckschriften, und der Rundfunk wurden per Internet durch ihre digitalen-analogen Medien ergänzt, wenn nicht gar ersetzt. Über Beiträge, »postings«, in den sozialen Netzwerken ist nun jeder in der Lage, in die Nachrichtenlage einzugreifen. Eine Plattform, wie YouTube, legte Video-Audio-Medien in die Hände einer jeden Person. Per Wikipedia war jeder zu einem Produzenten von enzyklopädischen Quasi-Standard-Artikeln geworden. In der zweiten Hälfte der 1990er-Jahre wurde dieser Umstand gefeiert als »eine neue sensationelle Mündigkeit« des Internets. Man glaubte, dass das eigentliche Ziel der Aufklärungsphilosophie nun erreicht worden sei, denn jedem Menschen standen nun Massenmedien zur Verfügung, mit denen eine Person alle anderen Personen erreichen und ansprechen konnte.

Leider hat die Informationstransparenz des Netzes dazu geführt, dass »fakes and hates«, das sind merkwürdige Meinungen, aber auch glatte Falschaussagen und Unwahrheiten, in – sagen wir – geradezu idealer Weise zueinander finden können. Vor den Zeiten des Internets blieben solche »fakes and hates« weitgehend isoliert und wurden als exotisch abgetan. Im Internet treffen sich diese Merkwürdigkeiten und verstärken sich untereinander in Resonanzkatastrophen. Am Ende bildet der »Meinungsmüll« im Netz eine relevante Größe im politischen Diskurs. Die Informationsgesellschaft konnte die Frage zwar stellen, aber noch nicht beantworten, inwieweit Instrumente einer »Neuen Digitalen Zensur« angebracht sind, um den Kern der humanen Zivilisation vor der Barbarei im Netz zu schützen. Immerhin gibt es eine Bundesprüfstelle für jugendgefährdende Medien, die Medien prüft und gegebenenfalls in die Liste jugendgefährdender Medien zum Zwecke des medialen Jugendschutzes aufnimmt. Vielleicht braucht man so etwas auch für Erwachsene – als »Bundesprüfstelle für gefährdende Medien«. Das rührt natürlich an den Grundfesten der Meinungsfreiheit und des vernunftoptimistischen Glaubens an das mündige Individuum. Der Informationsgesellschaft steht hier eine schwierige Debatte noch bevor.

Vor 500 Jahren hat das Zeitalter der großen Entdeckungen eine Besiedlung der Neuen Welten nach sich gezogen, die zu einer massiven Reduktion der kulturellen und materiellen Diversität geführt hat. Wenn man im Jahr 2020 eine Weltkarte mit den jeweils vor Ort dominanten Sprachen betrachtet, so wird man leicht sehen, dass nur eine Handvoll, ursprünglich europäischer, Sprachen den Globus weitgehend beherrscht. Weltweit ähnlich dominant ist die Verbreitung der Abrahamitischen Religionen und die mit ihnen verbundenen ethischen Konzepte, wie beispielsweise die Regelung des Alltags durch eine Sieben-Tage-Woche. Auf materieller Ebene sehen wir europäische Erfindungen, wie das Fahrrad und das Automobil, oder auch den europäischen Kleidungsstil oder europäische Ernährungsnormen als global fast omnipräsent. Vergleichbar dem durch die Industrialisierung hervorgerufenen, biologischen Artensterben sehen wir ein durch die europäische Dominanz hervorgerufenes Sterben der globalen, kulturellen Vielfalt.

Die Entwicklung der Informationsgesellschaft hat in den Jahren 1980 bis 2020 ebenfalls zu einer massiven Reduktion der kulturellen Diversität geführt. Weltweit dominieren nach 40 Jahren der intensiven Entwicklung die »Formalen Systeme« den Alltag. Allgemein ausgedrückt bestehen Formale Systeme aus zwei Komponenten, nämlich einer Menge von endlich vielen »Symbolen« und einer endlichen Menge von »Regeln« oder Vorschriften für die Umwandlung einer Symbol-Anordnung in eine andere. Die Symbole können etwa Daten sein, auch Zahlen, Buchstaben, Zeichen, Formeln oder Zeichen allgemeiner Art. Die Regeln haben die Form von Rechenvorschriften, Datenmanipulationen, auch quasi »Spielregeln« zur Behandlung der Symbole. Die Anwendung der Regeln kann dabei ohne Kenntnis der Bedeutung der Symbole, also rein syntaktisch erfolgen. Das Formale System weiß nicht, was es bedeutet.

Exkurs – Formales System

Wenn man das so liest, so sollte man sich noch einmal verdeutlichen, was ein Formales System in seinem Kern ist. In einem Wikipedia-Artikel aus dem Jahr 2020 zum Thema »Formales System« wird sehr schön beschrieben, dass die Grundrechenarten der Arithmetik, damit auch die Addition, ein Formales System bilden. Dieses Formale System wird in der Grundschule gelehrt, von daher ist es den meisten Menschen ziemlich gut bekannt.

Es geht so: Nimm die Symbole für die Ziffern 1, 2, 3, 4, 5, 6, 7, 8, 9 und ein Symbol 0 für die Null. Die Addition erhält das Symbol »+«. Man kann jetzt die Symbole aneinanderreihen und erhält Symbolketten, wie zum Beispiel »123+45« oder »7+0« oder auch »987+789«. Die drei Beispiele entsprechen den – hier nicht weiter zu erläuterten – Regeln für wohlgeformte Symbolketten in der Addition.

Nun betrachten wir die Regeln – oder Vorschriften – für die Addition: Nimm die beiden am weitesten rechts stehenden Ziffern jeder Ziffernfolge und ersetze sie durch folgende Vorschrift: 0+1=1, 1+1=2, 1+2=3, ..., 5+5=0+Übertrag, ... 9+9=8+Übertrag. Schreibe die sich ergebenden Ziffern an die rechte Stelle der neuen Ziffernkette und merke dir den Übertrag. Nimm jetzt die zweite Ziffer von rechts aus jeder Kette und ersetze sie durch dieselbe Vorschrift. Falls ein Übertrag im vorhergehenden Schritt vorhanden war, wende die Ersetzung auf die neue Ziffer und 1 an. Ersetze im Ergebnis die zweite Stelle von rechts durch das neue Symbol und merke dir wiederum den Übertrag. Setze das Verfahren von rechts nach links fort, bis keine Ziffern mehr vorhanden sind. Falls eine Kette kürzer als die andere ist, ersetze fehlende Ziffern durch »0«. Falls am Ende ein Übertrag vorhanden ist, schreibe im Ergebnis ganz links eine »1«.

Die Kette »987+789« wird durch Anwendung dieser Additionsregel also durch die Kette 1776 ersetzt. Um dieses Vorgehen in die oben beschriebene

Formalisierung zu übertragen, können wir sagen, dass die Symbolkette »1776« von der Kette »987+789« abgeleitet worden ist. Dabei müssen wir uns jedoch bewusst machen, dass die Ableitung allein auf reiner Zeichenebene erfolgte.

Wenn ein Grundschüler eine Addition durchführt, so muss er nicht wissen, was das Ganze bedeutet. Und trotzdem kann er ein formal korrektes Ergebnis ausrechnen. Der Begriff der »Summe« im Sinne unseres alltäglichen Sprachgebrauchs gehört der Semantik an und ist damit außer Reichweite der mathematischen Systeme. ¶

Man kann Formale Systeme sehr gut in Computern programmieren. Der Computer führt die Regeln auf der Basis von Symbol-Anordnungen dann aus. Betrachten wir das Spiel Schach, so sehen wir in die Symbole der 64 Felder mit der Belegung durch die Figuren. Jede Spielsituation stellt eine Symbolanordnung dar. Die Spielregeln sind quasi »nur« die Überführung einer gültigen Spielsituation in eine andere. Da Schach ein Formales System darstellt, gibt es Computer, die sehr gut Schach spielen können. Man kann sich leicht klar machen, dass Fußball kein(!) formales Spiel bzw. Formales System ist. Entsprechend ist es nicht programmierbar. Es gibt keinen sinnvollen Algorithmus, der zum sicheren Gewinnen eines Fußballspiels eingesetzt werden könnte.

Die uns umgebene Welt ist weit mehr als nur ein Formales System. Sie ist nicht komplett über Symbole und deren Regeln zur Umformung modellierbar. Die physische und psychische Natur des Menschen und seine Handlungen, das Tun und Lassen, sind nur zu einem ziemlich kleinen Teil formal beschreibbar. Schon die Art und Weise, wie eine Person einer anderen Person zu einem Vertragsabschluss die Hand reicht, und welche gemeinsame Intentionalität damit verbunden ist. Das ist weit jenseits des Formalen angesiedelt.

Der große Abbau der kulturellen Diversität in der entwickelten Informationsgesellschaft resultiert aus dem Umstand, dass man versucht, quasi »die ganze Welt und all ihr Handeln« als ein Formales System zu verstehen. Denn so lässt sich »die Welt« durch Formale Systeme beherrschen, was in der Tat sehr effizient sein kann und daher einen hohen ökonomischen Nutzwert darstellt. Man kann das beispielsweise daran erkennen, dass man Personen durch eine sogenannte »Digitale Identität« ersetzt. Es ist nicht mehr interessant, ob einem eine bestimmte Person gegenwärtig ist, sondern ob diese Person den richtigen, sie beschreibenden Datensatz vorzeigen kann. Das kann etwa ein maschinenlesbarer Ausweis sein, der die Symbole der Identität der fraglichen Person beinhaltet.

Andreas Kindt, Inning am Ammersee
Exkurs – Einige Bemerkungen über die 40 Jahre von 2020 bis 2060

Wenn man all die Berichte über das Werden der Informationsgesellschaft in den 40 Jahren von 1980 bis 2020 liest, so fragt man sich mit einem typischen Reflex – fast unwillkürlich – wie es in zeitlich-symmetrischer Projektion in den nächsten 40 Jahren von 2020 bis 2060 wohl weitergehen könnte.

Machen wir uns – gerne jeder Leser für sich, im Rahmen einer Fingerübung – klar, wie viele Dinge des täglichen Lebens es vor 40 Jahren noch nicht gab. Umgekehrt, von welchen Dingen glaubte man vor 40 Jahren sicher nicht, dass sie so bald verschwinden würden. Und dann kam es doch ganz anders, und sie waren plötzlich weg. Man kann einige Trends fortschreiben, einige sind positiv, einige negativ besetzt – wahrscheinlich wird die Zukunft interessant sein, aber anders als erwartet und als gedacht. Die weitere Reise in die »terra incognita« bleibt ein Aufbruch in etwas Unbekanntes, welches per definitionem nicht hervorgesagt werden kann.

Ein bekanntes Phänomen der letzten 40 Jahre ist natürlich die zunehmende Verbreitung der Informationstechnik. Möglicherweise ist das ein stabiler Trend, der sich in den nächsten Jahren konsequent fortsetzen wird. Eine sinnvolle Frage war früher, wie viele Computer es in einem Unternehmen gäbe. Später fragte man, wie viele Computer im Haushalt, im Auto existieren. Die aktuelle Frage ist, wie viele Computer der Mensch ständig mit sich herum trägt, mit allen möglichen Sensoren und Speichern und überall auch Datenfunk. Geht es so weiter, werden alle möglichen, menschlichen und maschinellen Tätigkeiten und Handlungen von der IT vernetzt »registriert« werden. Wer aber wird diese vollumfassenden Datenmengen in welcher Form zu welchem Zweck benutzen? Das wissen wir noch nicht.

Die Erfindung der elektrischen Antriebsmaschinen war ein wesentliches Element der industriellen Revolution. Im Jahr 1980 hatten Autofenster, Zahnbürsten oder auch Fahrräder noch keinen Elektromotor – das ist im Jahr 2020 mit einiger Wahrscheinlichkeit allerdings der Fall. Überall im Alltag gibt es kleine Antriebsmaschinen. Sie sorgen für unsere physische Bequemlichkeit. Man kann in einer Analogie fragen, ob die »KI« den gleichen Weg nimmt wie die Elektromotoren. Was werden wir im Jahr 2060 alles per »Mini-KI« verbessert haben – als »daily assistents«, die uns irgendwelche lästigen Datenprozesse freundlicherweise abnehmen. Vielleicht sind in 40

Jahren die klassischen Typewriter-Tastaturen längst Geschichte, weil alle Daten per Spracherkennung erfasst werden können, und wir per KI ganz neue Formen einer »psychischen Bequemlichkeit« erreichen.

Möglicherweise werden uns in 40 Jahren tatsächlich diverse quasi »geographische« Ziele noch attraktiv erscheinen. Vielleicht kann man – endlich – Reisen zum Mond und zum Mars buchen oder auch in die Tiefsee. Es gibt Orte, da will man hin, aber nicht, um dort zu bleiben. Bislang haben drei Tage Dauer pro Mondaufenthalt ausreichen müssen, und seit etwa 50 Jahren ist Mondfahrt-mäßig große Pause. Sicher wird man aber von den neuen Zielen gleich Selfies posten wollen und können. Fast jede Mars-Sonde schickt ja bereits schon zu Beginn der 2020er-Jahre erst mal eine Art Selfie aus ihrer Neuen Heimat.

Ich habe eine gewisse Vermutung, dass sich aus der Summe der kleinen »Digitalen Alter Egos« in den Sozialen Medien, in Spielen, in virtuellen Realitäten und so weiter, noch viel mehr Phänomene ausprägen werden, als wir uns Anfang der 2020er-Jahre vorstellen können. Die menschlichen Personen sind alle und weltweit vernetzt und können miteinander nicht nur kommunizieren, sondern können selbst die exotischsten Themen miteinander teilen und sie in Resonanz verstärken. Einige dieser polarisierenden Stammtischthesen hätten in der alten Welt das Wirtshaus nie verlassen können. Möglicherweise muss die Rolle von Mehrheitsentscheidungen in politischen Entscheidungen überdacht werden, wenn abstruse »Meinungs-bildungen« von vernetzten Individuen gefunden und verbreitet werden.

In einer EU-weiten Online-Umfrage im Februar 2018 sprachen sich 84 Prozent der Teilnehmenden für eine Abschaffung der Sommerzeit-Um-stellung aus. Leider ließ sich dieses Votum nicht so einfach umsetzen, weil man sich nicht auf die Art der Abschaffung – immer Sommer- oder immer Winterzeit – einigen konnte. Leider sind destruktive Meinungsbilder »im Netz« viel einfacher zu finden als konstruktive Lösungen. Eine Volksab-stimmung bei der sich eine Mehrheit gegen den Klimawandel ausspricht, dürfte kaum einen Wert haben. Schon heute ist fast jede mögliche Politik im Netz schnell als »falsch« gekennzeichnet. Der mittlerweile im Netz leider verbreiteten Wissenschaftsleugnung wird hoffentlich eine neue Kultur der Wissensvermittlung und eine seriösen Erklärungskultur entgegengesetzt werden.

Wer sich heute an 40 Jahre Vergangenheit erinnern kann, wird das kaum ein zweites Mal tun können. Kaum jemand wird bei geistiger Gesundheit so alt.

Wir selbst sind dann mal aus dem Geschäft raus. Was auch immer eines unserer Kinder nach weiteren 40 Jahren so schreiben wird, wahrscheinlich werden sie ihre Freude daran haben festzustellen, wie sich die Dinge in den Jahren von 2020 bis 2060 entwickelt haben – und dass sie dabei sein durften.　　¶

Das sogenannte »Internet der Dinge« funktioniert nach einem Schema, das reale Objekte der realen Welt durch ihren Datensatz ersetzt, der wiederum in digitalen Prozessen verarbeitet werden kann. Der Kauf einer Ware in einem Verbrauchermarkt ist ein formaler Prozess, in den die Ware durch ihre EAN-Nummer ersetzt wurde, die wiederum die Ermittlung des Preises nach einer formalen Regel ermöglicht. Das Bezahlen ist das Vorzeigen eines Datensatzes namens »girocard«, der wiederum die Manipulation anderer Datensätze in einem Geldinstitut veranlasst, die das Geldvermögen des Kunden bzw. der Kundin darstellen.

Die Formalen Systeme, die mithilfe von vernetzten Computern realisiert werden, sind soweit gut und schön. Das Drama beginnt, wenn diese Systeme in ihren Regeln einen Fehler aufweisen, der realen Welt aber die Freiheit verwehrt ist, diesen Fehler zu korrigieren. So kann der Zugang zu einer Wohnung zwar formal nur über einen Haustürschlüssel vorgesehen sein. Hat man diesen Schlüssel aber vergessen mitzunehmen, so kann sich durch Klopfen an die Tür und Verständigung mit den zu Hause Gebliebenen gegebenenfalls einen Einlass verschaffen. Einem Mitbewohner wird man kaum vor der Tür stehen lassen, das wäre schon arg boshaft.

In der Tat steht etwa das sogenannte »Formale Digitale Geldvermögen« auf tönernen Füßen. Was wäre, wenn es Kriminellen mit einem Computerprogramm gelänge, in einem Geldinstitut ein Depot, ein Konto und alles, was »das Geld« war, restlos zu löschen? Oder gar vorzutäuschen, dass die Gelddaten völlig legal an einen – leider unbekannten Empfänger – überwiesen worden sind? Wir kennen in den hochgradig vernetzten Systemen bei Weitem nicht alle(!) Zusammenhänge und Schwachstellen. Es sind funktionale Katastrophen durch unsichere Systeme absolut möglich. Es ist vor einer quasi »totalitären Unsicherheit der Formalen Systeme« eindringlich zu warnen.

Ich möchte das Problem mit einer Episode illustrieren. Vor einigen Jahren, an einem Samstag, war ich an einer Tankstelle, es galt, den PKW zu betanken. Dann, an der Kasse, eine kleine Überraschung. Das Terminal mit dem Kartenleser meldete, dass ich mit meiner elektronischen girocard die Tankrechnung leider nicht bezahlen könne. Daher werde der Zahlungsvorgang abgebrochen.

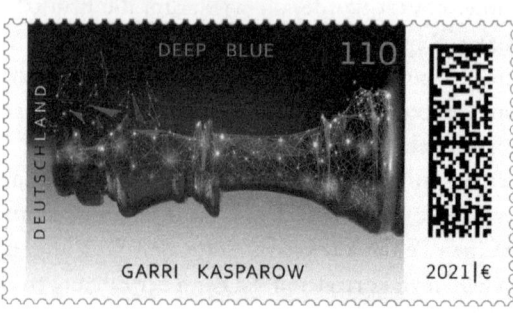

Zwei sehr bemerkenswerte Briefmarken »Sonderpostwertzeichen«, die in Deutschland Anfang des Jahres 2021 ausgegeben worden sind.

Eine Sondermarke – oben – würdigt den digitalen Wandel. Das Motiv zeigt ein menschliches(?) Gesicht, das durch dreieckige Polygone näherungsweise modelliert und damit formal beschreibbar wird. Damit ist der Mensch – als solcher – sowohl in seinem Wesen auf »das Digitale« massiv reduziert, als auch ein Gegenstand des digitalen Wandels. Dieses Sonderpostwertzeichen war erstmals mit einem Matrixcode ausgestattet. Damit ist jede Briefmarke ein Unikat und jeder Brief im Rahmen einer »Registrierung« individuell gekennzeichnet, der Laufweg jeder einzelnen Briefsendung ist nachvollziehbar.

Eine Gedenkmarke – unten – würdigt(?) den 25. Jahrestag der Niederlage(!) des damaligen Schachweltmeisters Garri Kasparow gegen den IBM-Schachcomputer »Deep Blue«. Das allgemeine Interesse an diesem Duell »Mensch gegen Maschine« war groß. Dass maschinelle Rechenkraft – punktuell – stärker als die menschliche sein kann, hat die Computerfachwelt eigentlich nicht weiter überrascht. Es war ein logisches und vorhersehbares Ereignis, dass Maschinen in einem Formalen Spiel, wie es Schach ist, Menschen überlegen sein werden. Man kann durchaus darüber sinnieren, warum es damals keine Sondermarke gab, als die erste Eisenbahn schneller als eine Pferdekutsche gefahren ist.

Nun kannte ich die Person an der Kasse persönlich, was mein Glück war. Ich sagte ihm, ich ginge zu einem Geldausgabe-Automaten der Bank, der ganz in der Nähe war, um Bargeld zu holen. Der Automat bei der Bank wiederum meinte, dass der Kontostand des mit meiner girocard verbundenen Kontos leider nicht ausreiche, um mir Bargeld auszuzahlen. Das wäre, an sich und für sich, eine – sagen wir – kleine Unannehmlichkeit geworden. Aber die Person an der Tankstellen-Kasse war gleichzeitig der mir gut bekannte Inhaber der Tankstelle. Ich wurde in Gnaden entlassen, mit der Bitte, das Geld doch bei nächster Gelegenheit vorbei bringen zu wollen. Schon dieser vertrauensbasierte Vorgang des »Anschreibens« als situativen Ratenkredit wäre formal nicht modellierbar. Für das Formale System der Kasse war ich nur ein mittelloser Betrüger. Wahrscheinlich war es programmiert, in einem solchen Fall Alarm auszulösen und die Ordnungskräfte zu verständigen, wegen Diebstahls des Benzins.

Am Montag darauf dann ein Anruf bei der Bank. Die Auskunft eines Menschen(!) dort lautete, dass mein Konto völlig überzogen sei. Weitere Nachforschung ergab, dass sich das hiesige Finanzamt in einer Steuer-Vorauszahlung – leider, leider – um eine Kommastelle vertan hatte. Daher wurde mein Konto um das Zehnfache belastet, und daher war ich erstmal pleite. Der Mensch(!) in der Bank meinte, dass sei jetzt sehr unglücklich gelaufen, weil die Bank dem Finanzamt keinerlei Limit für Anweisungen setzt. Ja, man könne diese Zahlung wieder rückgängig machen. Damit war schlussendlich das Problem aus der Welt. Nicht auszudenken, was passiert wäre, wenn dieser Zahlungsvorgang an das Finanzamt nicht mehr revidierbar gewesen wäre. Es gibt nicht wenige Propheten der Formalen Systeme, die es als Vorteil anpreisen, dass ein Formaler Prozess quasi »super-sicher« ist und nicht mehr durch humane Intervention korrigiert werden kann.

Anfang der 2020er-Jahre gibt die Entwicklung des »Digitalen Humanismus« Anlass zu berechtigter Hoffnung. Von Informatikern an der Technischen Universität Wien wurde das Projekt des Digitalen Humanismus initiiert, von Professor Hannes Werthner wurde diese Initiative wesentlich geprägt. Im Mai des Jahres 2019 wurde das sogenannte »Wiener Manifest für Digitalen Humanismus« veröffentlicht. Darin wird eine anthropozentrische und humane Nutzung der internetbasierten Systeme gefordert. Neben den prominenten Autoren des Manifests fanden sich in den ersten Monaten mehrere Tausend Mitunterzeichner.

Exkurs –Auszüge aus dem »Wiener Manifest für Digitalen Humanismus«

Im November des Jahres 2017 betont Tim Berners-Lee, einer der Mitbegründer des WWW, dass die Digitalisierung zwar beispiellose Möglichkeiten eröffnet, aber auch ernste Bedenken aufwirft, gar dass das System scheitert: »The system is failing« (The Guardian, 16. November 2017). Die Gründe hierfür sind die Monopolisierung des Web, die Ausbreitung extremistischer Verhaltensmuster, die von sozialen Medien orchestriert werden, ebenso wie die Filterblasen und Echokammern als entkoppelte »Wahrheiten« und weiter der Verlust der Privatsphäre sowie die weite Verbreitung digitaler Überwachungstechnologien.

»The system is failing«. Mit dem Zitat von Tim Berners Lee beginnt das »Wiener Manifest für Digitalen Humanismus«, das bereits von 1000 »leaders worldwide« unterzeichnet wurde:

»(...) Digitale Technologien verändern die Gesellschaft fundamental und stellen unser Verständnis in Frage, was unsere Existenz als Menschen ausmacht. Viel steht auf dem Spiel. Die Herausforderung einer gerechten und demokratischen Gesellschaft mit dem Menschen im Zentrum des technologischen Fortschritts muss mit Entschlossenheit und wissenschaftlichem Einfallsreichtum bewältigt werden. Technologische Innovation erfordert soziale Innovation und diese erfordert ein breites gesellschaftliches, demokratisches Engagement. (...)

Wir erleben die Ko-Evolution von Technologie und Mensch. Die Metamorphose vom eigenständigen Computer zu einem weltweit vernetzten System führt zu einer globalen industriellen und gesellschaftlichen Revolution. Eine Flut von Daten, Algorithmen und Rechenleistung beeinflusst unser gesellschaftliches Gefüge in fundamentaler Weise. Menschliche Interaktionen, gesellschaftliche Institutionen, Volkswirtschaften, politische Strukturen sowie die Wissenschaften werden verändert. Dieser Wandel schafft und bedroht Arbeitsplätze, schafft und zerstört Wohlstand, verschiebt Machtstrukturen und hat massive ökologische Auswirkungen, im Guten wie im Schlechten. Die bisherigen Grenzen zwischen dem Persönlichen und Professionellen, dem Privaten und Öffentlichen sowie zwischen Mensch und Maschine verschwimmen.

Im Zentrum steht der Ruf nach Aufklärung und Humanismus. Der revolutionäre Aspekt der Informatik hängt mit ihrer Fähigkeit zusammen, menschliche Aktivitäten zu automatisieren. Bereits jetzt übertreffen Maschinen bei vielen Aufgaben das, was der Mensch an Geschwindigkeit, Präzision und sogar analytischer Ableitung leisten kann. Es ist an der Zeit, humanistische Ideale mit einer kritischen Reflexion des technischen Fortschritts zu kombinieren. Wir verknüpfen dieses Manifest daher mit der intellektuellen Tradition des Humanismus, die am Weg zu einer aufgeklärten Moderne stets im Zentrum gestanden ist. (...)

Wir fordern einen Digitalen Humanismus, der das komplexe Zusammenspiel von Technologie und Menschheit beschreibt, analysiert und vor allem beeinflusst, für eine bessere Gesellschaft und ein besseres Leben unter voller Achtung universeller Menschenrechte. (...)

Es müssen wirksame Vorschriften, Gesetze und Regeln festgelegt werden, die auf einem breiten Diskurs beruhen. Sie sollen Fairness und Gleichheit, Verantwortlichkeit und Transparenz von Softwareprogrammen und Algorithmen sicherstellen. Die Regulierungsbehörden müssen gegenüber Technologiemonopolen intervenieren. Die Wettbewerbsfähigkeit des Marktes muss wiederhergestellt werden, da Tech-Monopole die Marktmacht ausnutzen und Innovationen ersticken. Staaten sollen nicht alle Entscheidungen den Märkten überlassen. Entscheidungen, deren Folgen die individuellen oder kollektiven Menschenrechte betreffen können, müssen weiterhin vom Menschen getroffen werden. Die Entscheidungsträger*innen müssen für ihre Entscheidungen verantwortlich und haftbar sein. Automatisierte Entscheidungssysteme sollen die Entscheidungsfindung durch den Menschen nur unterstützen und nicht ersetzen. (...)

Wir stehen an einem wichtigen Kreuzungspunkt in Richtung Zukunft. Wir müssen handeln und die richtige Richtung einschlagen!«   ⟨

Und so endet der Rückblick auf die 40 Jahre von 1980 bis 2020 des Werdens unserer so alltäglichen und ganz selbstverständlich gewordenen Informationsgesellschaft mit dem Appell, dass wir in der Neuen Digitalen Welt keinesfalls die bewährten Orientierungspunkte der individuellen Freiheit, der sozialen Gerechtigkeit und vor allem der Mitmenschlichkeit gegen die in Aussicht gestellten Nutzwerte der Digitalen Systeme eintauschen.

Das Verfassen dieses Berichts war ein Vergnügen – es ist dem »Schüler Hofmann« ja sehr leicht gefallen.

Register der handelnden Personen – zum Ende des Jahres 2020

Prof. Dr. Wolfgang **Alm** war gegen Ende der 1990er-Jahre der Geschäftsführer der »ESI Service GmbH« in Erbach im Odenwald, der deutschen Außenstelle des »European Software Institutes« (ESI) in Bilbao. Seit dem Jahr 2001 ist er Professor an der TH Aschaffenburg.

Bernd **Becker** war Vorstandsmitglied des »eco – Verband der Internetwirtschaft e.V.« und Vorstandssprecher der »EuroCloud Deutschland_eco«. Von 2013 bis 2016 war er der Président Européenne der »EuroCloud Europe a.s.b.l.«.

Sir Timothy »Tim« John **Berners-Lee** arbeitete im CERN »Conseil Européen pour la Recherche Nucléaire« in Genf und ist als quasi »Mit-Erfinder« des WWW allgemein bekannt.

Dr. Christof **Blum** war WissMA im »Fraunhofer-IGD« in Darmstadt. Er war bei verschiedenen »Deutschen« Unternehmen beschäftigt, wie der Deutschen Bank, der Deutschen Bahn, der Deutschen Telekom. Er war wesentlich an der Entwicklung des Image Interchange Format IIF der ISO/IEC beteiligt.

Robert **Cailliau** arbeitete im CERN »Conseil Européen pour la Recherche Nucléaire« in Genf. Ende des Jahres 1990 veröffentlichte er gemeinsam mit Tim Berners-Lee das Konzept für ein weltweites Hypertext-Projekt, aus dem das World Wide Web hervorging.

Tim **Cole** ist ein deutsch-amerikanischer Internet-Pionier und einer der ersten Blogger im Netz. Er lebt heute im Lungau in Österreich.

Dr. Ralf **Cordes** arbeitete bei »Bosch Telenorma« und im Rahmen der »Multimedia and Hypermedia Information Coding Expert Group MHEG« an den Grundlagen des WWW. Er arbeitet heute bei dem internationalen Assurance Unternehmen DNV und lebt in Nürtingen.

Prof. Dr. Wolfgang **Coy** war im Jahr 1975 der erste Doktorand in der Informatik in Darmstadt. Er wurde Professor an der Universität Bremen und an der Humboldt-Universität zu Berlin.

Rolf **Ditter** war Wirtschaftsförderer im Landratsamt des Odenwaldkreises. Er lebt seit seiner Pensionierung in Erbach im Odenwald.

Peter **Egloff** war ein Abteilungsleiter bei »Fraunhofer-FOKUS« und wesentlich an der Entwicklung des BERKOM-Referenzmodells beteiligt. Er lebt in Berlin.

Prof. Dr. José Luis **Encarnação** war seit 1975 Professor an der Technischen Universität Darmstadt und ein Pionier im Metier des »Graphischen Kernsystems« (GKS). Er war der Gründer und Direktor des »Fraunhofer-IGD« und wurde nach seiner Emeritierung im Jahr 2008 der Vorstandsvorsitzende der »INI-GraphicsNet Stiftung« bis zu deren Auflösung. Er lebt im Odenwald und in Berlin.

Lucia **Falkenberg** ist die Personalchefin des »eco – Verband der Internetwirtschaft e.V.« und der »DE-CIX Group AG«.

Pfarrer Thomas **Geibel** war Gemeindepfarrer in Breuberg im Odenwald. Er lebte nach seiner Pensionierung im Jahr 2010 in Fulda. Er ist an Weihnachten 2019 verstorben.

Prof. Dr. Christine **Giger-Hofmann** war Abteilungsleiterin am »IGD« in Darmstadt und ab dem Jahr 1995 Professorin an der ETH in Zürich. Sie verstarb im Herbst 2016.

Dr. Bettina **Horster** ist heute im Vorstand der »VIVAI AG« in Dortmund tätig.

Prof. Dr. Andreas **Hufgard** ist Vorstandsmitglied der »IBIS Prof. Thome AG« in Würzburg und Professor an der TH Aschaffenburg.

Steve **Jobs** ist als einer der Gründer von »Apple« und »NeXT Computer« allgemein bekannt. Er verstarb im Jahr 2011.

Jürgen **Kanzow** war der Leiter von BERKOM und später Geschäftsführer der »DeTeBerkom GmbH« in Berlin. Er verstarb im Jahr 2006.

Herbert **von Karajan** war im Jahr 1988 der wohl bekannteste Musiker der Welt. Er hat zu Beginn der 1980er-Jahre wesentlich zur Akzeptanz des Digitalen Tonträgers »compact disc« (CD) beigetragen. Er verstarb im Jahr 1989.

Andreas **Kindt** war Prokurist der »DeTeBerkom GmbH« und später der Vorstand für Technik der »T-Online AG«. Er hat wesentlich zur Popularisierung von t-online und des WWW beigetragen und lebt heute am Ammersee.

Studiendirektor Richard **Knapp** ist der Leiter des Gymnasiums Michelstadt im Odenwald. Er unterrichtet die Fächer Biologie und Chemie.

Prof. Dr. h.c. Günter **Koch** war ab dem Jahr 1993 Direktor des »European Software Institute« in Bilbao und ab 1998 der Chef des »Austrian Research Centers« mit Sitz in Seibersdorf. Er lebt heute in Wien und Teneriffa.

Prof. Dr. Helmut **Krcmar** war an der Universität Hohenheim der damals jüngste BWL-Professor in Deutschland. Er wechselte 2002 zur TU München an den Lehrstuhl für Wirtschaftsinformatik.

Prof. Dr. Detlef **Krömker** war Abteilungsleiter beim »Fraunhofer-IGD« in Darmstadt und ab dem Wintersemester 1999 Professor an der Goethe-Universität in Frankfurt am Main. Er wurde im Jahr 2020 pensioniert. Er ist heute Nichtraucher.

Herbert **Kuhlmann** war seit 1984 Geschäftsführer des »ZGDV e.V.« in Darmstadt. Er lebt seit seiner Pensionierung in Darmstadt.

Matthias **Kurth** war Staatssekretär im Hessischen Wirtschaftsministerium und später der Präsident der Bundesnetzagentur (BNetzA).

Prof. Dr. Guerino **Mazzola** ist heute Professor für Mathematische Musiktheorie an der University of Minnesota in Minneapolis.

Dr. Thomas **Middelhoff** ist allgemein bekannt.

Dr. Götz **Niederau** war ein Abteilungsleiter im BMFT. Er ist verstorben.

Prof. Dr. Radu **Popescu-Zeletin** war von der Gründung im Jahr 1987 bis zum Jahr 2017 der Leiter von »GMD-FOKUS«, später »Fraunhofer-FO-KUS«. Das Institut hat der Akzeptanz Offener Systeme entscheidenden Vorschub geleistet. Er lebt in Berlin.

Prof. William K. **Pratt**, PhD, arbeitete an der University of Southern California (UCLA) in Los Angeles. Er war der Gründer und Direktor des dortigen »Image Processing«-Instituts und ein Pionier im Metier der digitalen Bildverarbeitung und Bildkodierung. Er lebt in Los Altos, Kalifornien.

Alexander **Rabe** ist Geschäftsführer des »eco – Verband der Internetwirtschaft e. V.« und Mitglied des Präsidiums der »Gesellschaft für Informatik e. V.«, deren Hauptgeschäftsführer er zuvor war.

Klaus **Reichenberger** studierte Gestaltung an der Hochschule in Offenbach. Er ist geschäftsführender Gesellschafter der »intelligent views GmbH« in Darmstadt.

Olaf **Reubold** ist seit 1995 geschäftsführender Gesellschafter der »STTI – Service to the Internet GmbH« in Erbach im Odenwald.

Gerd **Rossbach** war der Geschäftsführer der »Gesellschaft für Informatik« (GI). Er war beim Springer-Verlag tätig und hat den »Deutschen Multi-Media Kongress« (DMMK) initiiert. Später hat er den »dpunkt-Verlag« gegründet.

Oberstudiendirektor Ernst **Ruppert** war der Leiter des Gymnasiums in Michelstadt im Odenwald. Er unterrichtete Mathematik, Physik und Philosophie.

Prof. Dr. Bert **Rürup** war bis zu seiner Emeritierung 2009 Professor an der Technischen Universität Darmstadt. Er war der Vorsitzende des Rats der Wirtschaftsweisen. Nach ihm ist die »Rürup-Rente« benannt.

Horst **Schnur** war der Landrat des Odenwaldkreises. Er hat im Rahmen der regionalen Wirtschaftsförderung das »IKTT« maßgeblich mitgestaltet. Er lebt im Odenwald.

Gerd **Schürmann** war ab dem Jahr 1988 ein WissMA bei »GMD-FO-KUS« und vor seiner Pensionierung im Jahr 2018 der stellvertretende Leiter von dann »Fraunhofer-FOKUS«. Er war der Gründer des »eGov-Labs« und ein Protagonist des E-Government. Er lebt in Berlin.

Prof. Dr. Hans-Georg **Stark** ist Professor an der TH Aschaffenburg und der Leiter des dortigen »Zentrums für Wissenschaftliche Services« (ZeWiS). Er war in den Jahren 2007 bis 2019 Vizepräsident der Hochschule.

Harald **Summa** ist der Gründer und Hauptgeschäftsführer des »eco – Verband der Internetwirtschaft e.V.« Er ist der Vorstandsvorsitzende der »DE-CIX Group AG«, des größten Internetknotens der Welt.

Prof. Dr. Rainer **Thome** war Professor für Wirtschaftsinformatik an der Universität Würzburg. Er ist der Gründer von mehreren Unternehmen der »IBIS«-Gruppe.

Dr. Bernd **Willim** war Journalist im Metier Film und Fernsehen. Er ist verstorben.

Prof. Dr. Thomas **Wolf** war Partner bei der »KPMG Unternehmensberatung« und später bei »AT Kearney« in Berlin und Honorarprofessor in Karlsruhe. Er lebt heute im Odenwald und in Berlin.

Prof. Dr. Ruben **Zimmermann** ist Professor für Evangelische Theologie an der Universität Mainz und der Mitbegründer des Forschungszentrums »Ethik in Antike und Christentum« (e/αc). Seine Forschungsschwerpunkte sind Neues Testament, Hermeneutik und Ethik.

Nachweise der Abbildungen

Ein Original-Computer WANG
Bild aus https://technikum29.de/de/rechnertechnik/personalcomputer.php#wang2200.
Die Fotographie wurde zur Verfügung gestellt vom technikum29 Computermuseum.
technikum29 Computermuseum, Am Flachsland 29, 65779 Kelkheim (Taunus)
www.technikum29.de

Ein IBM-Lochkartenstanze
Bild aus https://www.technikum29.de/de/rechnertechnik/lochkarten-edv.php.
Die Fotographie wurde zur Verfügung gestellt vom technikum29 Computermuseum.
technikum29 Computermuseum, Am Flachsland 29, 65779 Kelkheim (Taunus)
www.technikum29.de

Die Aschaffenburger Jäger-Kaserne
Entnommen der Webpräsenz der TH Aschaffenburg. https://www.th-ab.de/
Copyright 2021 TH Aschaffenburg

Diskos von Phaistos
https://de.wikipedia.org/wiki/
Datei:Diskos_von_Phaistos_04a.jpg
Beschreibung: Der am 3. Juli 1908 in der Ausgrabungsstätte von Phaistos gefundene
Diskos von Phaistos (Seite A), ausgestellt im Archäologischen Museum Iraklio, Kreta,
Griechenland
Datum   14. September 2012
Quelle   Eigenes Werk
Urheber   Olaf Tausch

Weitere Abdruckerlaubnisse sind bei den jeweiligen Abbildungen direkt vermerkt.